U0922800

America

From White Settlement to World Hegemony

Victor Kiernan

原罪　梦想与霸权

美国四百年

[英] 维克多 · 基尔南　著　　邵杜罔　译

北京时代华文书局

图书在版编目（CIP）数据

原罪　梦想与霸权 ：美国四百年 / （英）维克多·基尔南著 ；邵杜罔译. -- 北京 ：北京时代华文书局，2019.7

书名原文：America: From White Settlement to World Hegemony

ISBN 978-7-5699-3063-4

Ⅰ．①原… Ⅱ．①维… ②邵… Ⅲ．①美国－历史－研究 Ⅳ．①K712

中国版本图书馆 CIP 数据核字（2019）第 099878 号

北京市版权著作权合同登记号 字：01-2016-2931

原罪　梦想与霸权：美国四百年

Yuanzui Mengxiang yu Baquan Meiguo Sibai nian

著　　者 | （英）维克多·基尔南
译　　者 | 邵杜罔

出 版 人 | 王训海
责任编辑 | 周　磊
装帧设计 | 观止堂·未氓　孔舒琴　段文辉
责任印制 | 刘　银

出版发行 | 北京时代华文书局 http://www.bjsdsj.com.cn
北京市东城区安定门外大街 138 号皇城国际大厦 A 座 8 楼
邮编：100011　电话：010-64267955　64267677
印　　刷 | 三河市兴博印务有限公司　电话：0316-5166530
（如发现印装质量问题，请与印刷厂联系调换）
开　　本 | 700mm×1000mm　1/16　印　张 | 30　字　数 | 498 千字
版　　次 | 2019 年 10 月第 1 版　印　次 | 2019 年 10 月第 1 次印刷
书　　号 | ISBN 978-7-5699-3063-4
定　　价 | 118.00 元

前言

艾瑞克·霍布斯鲍姆[1]

就历史学家出版物所涉课题的广泛性和涵盖的时间段而言，可能没有一个人能超过维克托·基尔南（Victor Kiernan）。没有人曾以如此精湛的专业知识写过古罗马诗人贺拉斯[2]，20世纪的乌尔都语诗人（他翻译了诗作）和华兹华斯[3]关于法国大革命时期的早期现代欧洲和英国，以及关于莎士比亚、决斗、烟草和1854年西班牙革命的著述。在由他合编的《马克思主义思想词典》中，他亲自撰写了有关不可知论、基督教、马克思时代的帝国、印度教、史论研究、知

① 艾瑞克·霍布斯鲍姆（Eric Hobsfoawm，1917—2012）英国著名历史学家，英国皇家科学院院士，也是巴尔扎恩奖（Balzan Prize）得主。

② 贺拉斯（Horace，前65—前8），罗马帝国奥古斯都统治时期著名的诗人、批评家、翻译家，代表作有《诗艺》等。

③ 华兹华斯（William Wordsworth，1770—1850），英国浪漫主义诗人，曾当上桂冠诗人。其诗歌理论动摇了英国古典主义诗学的统治，有力地推动了英国诗歌的革新和浪漫主义运动的发展。

识分子、保罗·拉法格[①]、斐迪南·拉萨尔[②]，国家、民族主义、宗教、革命、罗易[③]、发展和战争的不同阶段等章节。除了对帝国和帝国主义作了大量的研究工作之外，他最为人所知的可能是《从征服到崩溃的欧洲帝国》，以及我个人最喜爱的那本极为出色的《人类的主人：帝国时代的黑人、黄种人和白人》的论著。但即便在专业领域内看，他仍然是一个知识渊博、集毕生精力研究帝国和帝国主义，并笔耕不辍的人。

基尔南于20世纪30年代在剑桥开始了他的辉煌的历史学职业生涯（双星一等学生，在三一学院获得教职，并出版了一本《1880年至1885年期间英国在中国的外交》的书），他在1934年成为共产党员。所有的共产党人都是坚决反对帝国主义的，但即便如此，维克多仍是这一领域内的专家，因为他在当时正照顾着一群来自大英帝国"殖民地"的学生——从理论上说，他们并不从属于英国共产党。出于某种原因，这群学生是由一群正在致力于使历史不再以欧洲为中心的历史学家们交替带领的。维克多的四年教职提供了一年的出游费用，而他与来自印度次大陆的同志们结下了深厚友情，其中包括了"殖民地"学生群的大部分成员，从而让他很自然地觉得应该"带着一些历史研究的方案"去印度，并为总部在孟买的印度共产党带去了一份冗长的共产国际文件。孟买那个城市似乎从那时起就已经忘记了它的左倾传统。战争使他留在了印度，并在那里度过了整个第二次世界大战时期。他在那里教学，并做了大量与战争有关的

---

① 保罗·拉法格（Paul Lafargue，1842—1911），19世纪末20世纪初法国和国际工人运动的著名活动家，杰出的马克思主义思想家和宣传家，法国工人党和第二国际的主要创建人之一。

② 斐迪南·拉萨尔（Ferdinand Lassalle，1825—1864），普鲁士著名的政治家、哲学家、法学家、工人运动指导者，社会主义者。德国早期工人运动著名领导人，全德工人联合会的创立者，国际共产主义运动中机会主义路线的重要代表。

③ 罗易（Manabendra Nath Roy，1887—1954），印度革命家、哲学家、政治理论家及活动家。早年曾为共产主义领袖及理论家。

电台广播工作（直到苏联人插手之前，那样做是要冒着触犯他的党的规定的风险的）。他大部分时间居住在现在是巴基斯坦一部分的拉合尔。他在那里燃起了对那一代的两位伟大诗人伊克巴尔[①]和法伊兹[②]的热情，并翻译了他们的一些杰出诗篇。

他于1946年从印度返回英国。他在船上了阅读修昔底德[③]的《伯罗奔尼撒战争史》[④]。他晕船，而且不知道自己的未来在何方。结果他在苏格兰找到了着落，爱丁堡大学向他打开了大门。从1948年开始，他就在那里继续着他的学术研究直至退休。在1946年时，他参加了由一批历史学家和历史教师组成的（英国）共产党历史学家小组。尽管他们的年龄都大得足以经历过第二次世界大战了，但其中大多还是年轻人。他们急于扩展自己的历史认知，并想让小组为他们所认同的事业服务。仅有几个人在大学里找到了教职（而且是低资历的职位），而在“冷战”开始后这一选项也被关闭了十年左右。还有一些人加入了成人教育运动。在接下来的十年里，这个群体的辩论、写作和集体自我教育的活动对以后的史论研究产生了重大的影响。即便是在今天，到谷歌上去搜索一下“共产党历史学家小组”，也会发现相当数量的直接引用链接。

维克多·基尔南对英国的马克思主义历史学派形成所作出的中流砥柱般

---

① 穆罕默德·伊克巴尔（1877—1938），英属印度最著名的乌尔都语和波斯语诗人、哲学家，他第一个提出穆斯林从印度独立出来，他死后被尊为巴基斯坦的国父。

② 法伊兹·阿哈迈德·法伊兹（Faiz Ahmad Faiz，1911—1984），一名巴基斯坦左派诗人、作家和乌尔都语的最著名的作家之一，曾获得诺贝尔文学奖提名和列宁和平奖。

③ 修昔底德（Thucydides，约前460—前400/396年），雅典人，古希腊历史学家、文学家和雅典十将军之一。因其严格、标准的证据收集工作，客观的分析因果关系，被称为“历史科学”之父。

④ 《伯罗奔尼撒战争史》是古希腊史学家修昔底德创作的历史著作，全书讲述了伯罗奔尼撒战争是以雅典为首的提洛同盟与以斯巴达为首的伯罗奔尼撒联盟之间的一场战争，几乎涉及了当时整个希腊世界。

的贡献并不广为人知。他不仅坚持要以批判的眼光来阅读马克思和恩格斯的著作，不能为正统的观点所左右，而且执着并自觉地把搞清楚阶级和文化的问题放在首位。在小组内部的讨论中，他的贡献主要集中在专制君主制及国家和军队组织发展的一些原创想法上。像往常一样，他的著作涵盖了文化、宗教和从中亚到巴拉圭至少包括三大洲的19世纪的历史、南美洲太平洋战争，以及对西班牙1854年革命的大量研究。然而直到20世纪60年代，在出现了古巴和越南问题以及英法殖民主义遭到清算的十年期间，他才把他的关注转向帝国征服、帝国意识和帝国统治的问题上。

本书就是维克多在那一阶段的著作。它是在“冷战”期间写成的一本书，随着时间的推移难免有些过时。书是在爆发了尼加拉瓜革命，而华盛顿支持了反政府的武装活动之前写的，而南美洲军人政权的倒台也使美国在那一时期的作用得到了更多的暴露。书中对20世纪60年代和20世纪70年代拉丁美洲事务的简要介绍显然已经过时。但书中曾预言在20世纪80年代，美国会因对抗阿富汗的共产主义而动员和武装包括本·拉登[①]在内的“伊斯兰圣战组织”，并武装萨达姆·侯赛因[②]（包括毒气、恐怖行动和其他的一切）以抗衡伊朗阿亚图拉的革命[③]，从而制造出自己的敌人。他很早就预见了苏联的解体、20世纪90年代的海湾战争和巴尔干战争，以及以色列极右翼的胜利对美国中东政策的冲击。这本书的出版与2001年9月11日世贸中心两座塔楼的倒塌之间相隔了二十多年。

---

① 本·拉登（Osama bin Laden，1957—2011），沙特阿拉伯王国利雅得省人，“基地”组织首领，该组织被认为是全球性的恐怖组织。本·拉登笃信伊斯兰教逊尼派瓦哈比派。

② 萨达姆·侯赛因（Saddam Hussein，1937—2006），伊拉克共和国第五任总统、伊拉克政治家。

③ 伊朗伊斯兰革命，20世纪70年代后期在伊朗发生的历史事件。1979年沙阿（伊朗君主）穆罕默德·礼萨·巴列维领导的伊朗君主立宪政体在过程中被推翻，阿亚图拉（革命领袖）鲁霍拉·穆萨维·霍梅尼成立了政教合一的伊斯兰共和国。

然而，三个连续性将“冷战”时代全球化的美国与自2001年以来坚持自行其是称霸世界的意图联系了起来。

第一个连续性是它所具有的国际主导地位。这在“冷战”时期是处于共产党国家势力范围之外，而自苏联解体以后已成为全球性的现实。这样的霸权不再依赖于美国经济的庞大规模。尽管美国经济的规模依然庞大，但它已从1945后的压倒性地位下降了。它仍然占全球GDP和互联网用户总量的三分之一，但所占的比例正在迅速减少，美国只占全球制造业产出的四分之一。在2000年时，美国汽车工业（不包括在美国装配的外国车型）生产的汽车产量不到世界产量的14％。工业化世界的中心正在迅速地转移到亚洲的东部。与旧日的帝国主义国家不同，与其他大多数发达工业国家也不同的是，美国已不再是资本净出口国，也不再是国际上在其他国家购买或建立公司的最大玩家。美国的财政实力依赖于其他国家，主要是亚洲国家的持续的意愿，以维持一个原本不可能容忍的财政赤字。

今天的美国经济所具有的影响力在很大程度上是经由“冷战”而遗留下来的。一方面，美元被用作世界货币，美国企业（特别是与国防相关的产业）在“冷战”期间建立起来的国际联系，按照美国要求重组的国际经济贸易和商业运作——会计事务、信贷竞争、商业咨询等，往往都是在美国公司和一群具有美国或美国风格的商学院MBA学位的高管的主持下，按照美国的意愿进行的。这些都是有着巨大影响力的资产，其作用只会慢慢地减弱。另一方面，正如伊拉克战争所表明的那样，以真正“愿意与美国结盟”反对苏联为基础的美国在海外的巨大的政治影响力，也在柏林墙倒塌后失去了稳定的基础。只有美国拥有决然庞大的军事和技术力量，在可以预见的未来，还远远不会遇上任何潜在的国家或联盟的挑战。这使美国成为能够在短时间内，在当今世界的任何地方进行有效军事干预的唯一超级大国，而它也已经两次证明它有能力以极快的速度和极大的有效性赢得小规模的常规战争。在需要的情况下，美国毫无疑问可以战胜比萨达姆·侯赛因的伊拉克更为强大的对手。然而，正如伊拉克战争所显示的那样，即使这种无与伦比的破坏力也不足以有效地控制一个抵抗的国家，更不用说去控制全球了。

然而，美国的主导地位是真实的。在倒台之前，全球很大一部分地区的共产党政权是捆在一起的，因而苏联的解体使之成了真正全球性的事件。有谁会在1989年预见美国的军事基地将出现在苏联的中亚地区？

第二个连续性是美国独特的帝国风格，它一贯喜欢充当卫星国家或前殖民地的保护国。在大西洋东海岸13个独立的殖民地所选择的国家名称（美利坚合众国）中就隐含着面向美洲大陆的扩张主义，而不是殖民主义。它设想并实现了占领北美洲“从大洋到大洋”的所有土地，并在新的领土上实施与美国政治体系的同化（这一目标只是在加拿大遭受了挫败）。按照美国前国务卿威廉·H.苏厄德[①]的观点，扩张主义的“既定目标”既指向西半球，也指向东亚地区，仿照的是大英帝国全球贸易和海上霸权的模式。人们甚至可以说，在断言美国对西半球持有霸权时，美国的勃勃雄心早已超出了殖民统治的局限。1898年西班牙战争后美国曾短暂投身到欧洲风格的殖民主义扩张之中，尽管这为美国在加勒比海和太平洋地区提供了类似英国所有的海军基地，但那并没能持久。

因此，美利坚帝国是由基本上按华盛顿的意志行事，但理论上来讲是独立的国家组成的。而鉴于它们的独立性，这就需要作好准备随时对那些政府施加直接或间接的压力，并且在可行的情况下（如对加勒比海地区的那些弱小共和国），时不时地由美国实施单方面的武装干涉。正如基尔南对伍德罗·威尔

---

① 威廉·H.苏厄德（William Henry Seward，1801—1872），美国律师、地产经纪人、政治家，曾任美国国务卿和纽约州州长。国务卿任内，他从沙俄手上买下了俄属北美，即今日的阿拉斯加州。

逊[①]1913—1916年墨西哥政策的分析中所显示的那样，早在把它扩展到旧世界的区域范围之前，当“政权更迭”适合美国需要时，那就是华盛顿拉丁美洲政策的一个组成部分。

第三个连续性将乔治 · 布什[②]的保守主义与清教徒殖民者们认定自己是神在地球上的工具和美国革命联系了起来。像所有的大革命一样，曾由此发展出了向世界传播的信念，唯一的限制是希望新的潜在的普遍自由社会的完美不要受到未经改造的旧世界的腐败侵蚀。如何在一个民主社会中，最有效地调解孤立主义和全球主义之间的冲突曾在20世纪中被系统地尝试过，而在进入21世纪后仍然在为华盛顿的意愿服务着。这就像在外面发现了一个外星来的敌人，它威胁着美国的生活方式和美国公民的生命安全。危险不仅看上去像是真实的，而且是即刻并致命的。苏联的解体解除了最明显的威胁来源，但一个意识形态的学术专家很快就在1993年探测到了下一个在西方文化和其他不愿接受它的文化，特别是伊斯兰教之间由“文化冲突”导致的威胁。因此，华盛顿的世界霸权主义者们立即就认识到并利用了“基地”组织“9 · 11”恐怖主义暴行所带来的巨大的政治潜力。

第一次世界大战使美国成为一个全球性的大国，见证了第一次将改变世界的愿景变为现实的尝试，而伍德罗 · 威尔逊（Woodrow Wilson）的失败是有目共睹的。这也许是华盛顿那些将威尔逊视为前辈的当代美国伟大的意识形态专家们应该接受的教训。直到“冷战”结束前，另一个超级大国的存在使他们受

---

① 托马斯 · 伍德罗 · 威尔逊（Thomas Woodrow Wilson，1856—1924），出生于美国弗吉尼亚州，在佐治亚和南卡长大，博士、文学家、政治家、美国第28任总统（1913—1921）。

② 乔治 · 沃克 · 布什（George Walker Bush），政治家，1946年7月6日出生于美国康涅狄格州，被称为“小布什”。于2001—2009年担任美国第43任（第54届—第55届）总统，任内美国遭遇了2001年的“9 · 11”事件，他因此发动了一连串反恐战争。

到了限制，但苏联的解体消除了这些限制。弗朗西斯·福山[①]过早地宣布了“历史的终结”，他说的是美国版本的资本主义社会的政治和经济运作方式取得了全面且永久的胜利。与此同时，美国所具有的单方面明显压倒性的军事优势以及后苏联时代的行动自由，鼓励了一个庞大而强盛的国家不切实际的野心，以为自己有着大英帝国从来未曾享有过的主宰世界的能力。事实上，当21世纪开始的时候，美国占据着独一无二的历史地位，并拥有前所未有的全球权力和影响力。而现在，按照传统的国际政治标准，它仍然是唯一的超级大国，而且是唯一一个权力和利益遍布全球的国家。它高居于所有其他国家之上。历史上，所有的大国和帝国都知道，它们不是世界唯一的，没有一个能够真正地统治全球，没有人相信自己是无敌的。所有对历史有足够了解的人都知道世事无常。即使是巅峰时期的中华帝国也知道它是可以被征服的，可以被分裂一段时间，它的皇朝可能会垮台。也许这并不令人诧异，美国的政客们受到了无所不能幻觉的诱惑。

然而这并不能完全解释，自从华盛顿的一伙圈内人士认定“9·11”给了他们理想的机会来宣告单方面统治世界以后，美国的政策所表现出来的明显的妄自尊大。这比从过去的趋势简单外推而得到的预期结果要复杂得多。就总体而言，它缺乏1945年战后支撑美利坚帝国的传统支柱的支持。那些支柱包括外交部门、军队和情报机构，以及像基辛格[②]和布热津斯基[③]那样研究“冷战”霸权

---

① 弗朗西斯·福山（Francis Fukuyama，1952—），日裔美籍学者。哈佛大学政治学博士，现任约翰霍普金斯大学、保罗·尼采高级国际问题研究院、舒华兹讲座、国际政治经济学教授，曾师从塞缪尔·亨廷顿。曾任美国国务院思想库政策企划局副局长。

② 亨利·阿尔弗雷德·基辛格（Henry Alfred Kissinger，1923—），德国犹太人后裔，美国著名外交家、国际问题专家，美国前国务卿。

③ 兹比格涅夫·卡济米尔兹·布热津斯基（Zbigniew Brzezinski，1928—2017）波兰犹太裔美国人，作家，民主党人，美国前总统卡特的国家安全顾问，美国著名地缘战略理论家，以极端反苏著称。

的政治家和思想家。他们有的是一些像拉姆斯菲尔德[①]或沃尔福威茨[②]那样无情的男人或女人。毕竟，就在20世纪80年代初他们当政时期，危地马拉曾发生过一次高达六位数字，类似灭绝玛雅人那样的大屠杀。但是，有关它的电视新闻并没有得到很多人的关注。而他们在世界的很多地方推行由他们制订并掌控的帝国霸权政策已有两代人之久，并为把它扩展到全球作好了充分的准备。当苏联解体，甚至连非共产主义的俄罗斯再也不是国际强权时，这样的政策就变得可行了。尽管它的细节还不清楚，后“冷战”时期的“世界新秩序”就是扩大了的美国霸权。这对五角大楼的策划者们和信奉新保守主义的世界霸权主义者们来说一直是至关紧要的。因为除了用军事力量将霸权强加于人之外，那些人对此根本没有任何明确的想法，而那样做的后果就将美国在外交和军事策划方面积累的所有经验都抛弃掉了。毫无疑问，尽管他们不愿接受，但可以预期并曾被预见的伊拉克的失败将证实他们的谬误。

即使是那些与持美利坚世界帝国观点的旧日的将军和政要们（就是那些民主党或共和党政府的官员）意见不同的人也会同意，无法在美国帝国野心的利益或美国资本主义的全球利益方面为华盛顿目前的政策作出任何合理的解释。这可能是因为它只有在政治算计、争取选票或涉及美国国内政策时才有意义。这可能是美国社会中更深层危机的征兆。这也可能代表了一群倾向革命的教条主义者们曾短暂持有过的希望——由华盛顿来强力推行殖民统治（至少有一个充满激情的前马克思主义的布什支持者曾半开玩笑半认真地告诉我：“毕竟，这

---

① 唐纳德·亨利·拉姆斯菲尔德（Donald Henry Rumsfeld），1932年7月9日出生于美国芝加哥，美国前国防部长（1975—1977，2001—2005）。他一直被认为是美国鹰派代表，是当代美国最具影响力的政治家和军事战略家。

② 保罗·沃尔福威茨（Paul Wolfowitz，1943—），美国前国防部副部长，美国国防部军事策划人之一，是美国著名鹰派人物。

看起来像是以我的方式去支持世界革命的唯一机会。”）。目前，这些问题还不能得到解答。但可以有理由确定，这样的行动将会失败。然而，当它还在不断进行的时候，它就将使那些直接暴露在美国军队占领下的地区成为令人无法忍受的地方，并让世界的其余地方变得更不安全。

序言

维克多・基尔南

几十年前，一位美国人曾经写道，“新大陆的历史充满了帝国主义的色彩。而美国在那段历史时期中一直是处于中心地位的”。他接着在开头的几章里讲述了美洲大陆的发展史和与印第安人的战争，并指出“由此而产生的某种反对帝国主义的情结是在任何其他国家从未见到过的”。这两者之间的对立，可能影响了整个国家的心态，使之烙上了残酷无情的印记，从而让一个通常是友好相处的国家变得令人难以理解。这在美国在亚洲所进行的战争中体现得十分清晰。美国似乎被强拉着再次投入了比早期与印第安人的冲突规模更大的战争。

定义什么是帝国主义并非易事。在人类历史上，帝国主义的存在有着千变万化的形式，而现代资本主义则赋予了它特别的新形式。美国的资本主义已经成了被称为新殖民主义的隐性帝国主义的主要代表。这与由欧洲帝国所代表的通过兼并和占领并对人民实行直接统治的早期帝国主义是完全不同的。尽管有所不同，两者在本质上是一样的。广义而言，不管起作用的经济和其他力量之间的关系如何，今天的帝国主义将在国外施加强力来展示自己，通过这样那样的方式掠夺本可以通过简单的商业交换而获得的财富。在这个意义上，它可以被看作是“附加的经济强制”在资本主义时代的延续或重演，而那正是所有封建统治的标志。

美国作为一个国家的发展史与欧洲国家的发展史是完全不同的，它甚至没有一个民族的称谓，它的国民是第一代移民，然后成了叛民，再后来成了欧洲各国国民的混合体。这样的国家无法把自身的存在看作是自然形成的结果，因而需要新的思想、信念和对未来的揣测来发展壮大，同时还需要一种宗教的指导力量使它的信仰能有所依存。它的欲望从来没有被限制在自身变化的疆界之内，而是包含了人类所有的命运寄托。在外人看来，美国人似乎常常是，而且现在也正是比旧日的占星家们更善于诠释神的意志，更善于解读马克思的辩证法。1850年，一位著名的作家曾呼吁人们看清楚“国家的形式必须使之属于我们自己”。“‘上帝’已经指示，而人类也正期待着我们这一人种来完成我们的灵魂所感受到的伟大事业。”1893年，一位德裔美国人曾对那种“以为只要施展它的政治机构的魔幻魅力，这个共和国……就可以将我的国家，不管其中居住的是何等人种，改变成一个类似自己的国家的那种充满年轻人乐观主义”的想法摇头不已。

换句话说，人类的其他部分只是被动的原料，一堆将由陶工之手制作成型的黏土。可以把这种想象出来的优势称为经由美国的幅员和财富放大了的大英帝国岛国心态的遗产。它会使人养成一种带着宽容并轻蔑的冷漠观察世界其他地方的习惯。马克西姆·高尔基[①]在1905年俄国革命失败后到了美国，在撰写他的小说《母亲》时就曾经遇到过这样的情况。他很喜欢美国作家费尼莫尔·库

① 马克西姆·高尔基（Maxim Gorky，1868—1936），苏联作家、诗人、评论家、政论家、学者，代表作有《海燕》《母亲》《童年》《在人间》《我的大学》等。

柏[①]的小说《开拓者》，他说库柏的小说曾受到俄国评论家别林斯基[②]的赞赏，并鼓舞了一大批俄罗斯革命者。但当他试图为俄国革命募款时，他遇到了不小的挫折。甚至在自尤金·德布斯[③]而下的社会主义者中间，也没有任何人对俄罗斯的事情表现出理解与支持，他觉得他们只是被当作正在那里发生的某种事情。一位持有社会主义思想倾向的女士说，在俄罗斯“总是会有霍乱、革命或某种事情发生的”。

一位英国人对他于1910年在亚马孙河流域深处见到的美国人感到半信半疑，“他们很自然地就把自己当成了亚当的当然继承人”。他们在热带丛林中的成功可能证明了他们所享有的“神赐的恩惠是如此完整，以至于屡受挫折也不能动摇那些幸运的神的传承人的信心”。但是，在当时，当地的居民对他们的工作是否有益于南美洲或其他地区是持怀疑态度的。著名的美洲解放者玻利瓦尔[④]在1829年写给一位朋友的信中指出，“美国似乎注定将以自由的名义在美洲大陆施虐、折腾”。当1892年庆祝（不是由它的本土人民）发现新大陆的第四

---

① 詹姆斯·费尼莫尔·库柏（James Fenimore Cooper，1789—1851），美国作家，其父是国会议员兼法官。1803年进入耶鲁大学学习，因违犯校规被开除。1806年起在一艘商船上当水手。1808年起在美国海军服役三年。30岁时开始从事文学创作。1826—1833年去欧洲考察，曾担任过美国驻法国里昂的领事。代表作系列长篇小说《皮护腿故事集》（包括《开拓者》《最后一个莫希干人》《草原》《探路者》《杀鹿者》），赞扬印第安人的正直，揭露殖民主义者的贪婪残暴，情节惊险曲折。其他作品有《间谍》《舵手》《领港员》《火山口》等。

② 别林斯基（1811—1848），俄国革命民主主义者、哲学家、文学评论家，是俄国文学批评与文学理论的奠基人。他的文学评论与美学思想在俄国文学史上起过巨大的作用，对车尔尼雪夫斯基、杜勃罗留波夫美学观念的形成有直接的影响。

③ 尤金·维克托·德布斯（Eugene Victor Debs，1855—1926），美国杰出的工人运动领袖，社会主义的宣传家，美国社会党的创始人。

④ 西蒙·玻利瓦尔（Simon Bolivar，1783—1830），拉丁美洲政治家、革命家、思想家和军事家。拉丁美洲独立战争的先驱，先后领导军队从西班牙殖民统治中解放了哥伦比亚、委内瑞拉、厄瓜多尔、巴拿马、秘鲁和玻利维亚，被称为“南美洲的解放者”“委内瑞拉国父”。其独立思想至今仍影响着美洲政治思想。

个一百年时，西班牙发现它的前殖民地变得友好一些了，因为“那反映了以在西班牙统治下的政治的殖民主义来交换在美国影响下的经济的殖民主义毫无收获的悲哀”。

总体来说，美国对世界的看法和它在世界上的地位是摇摆不定的。在第一次世界大战期间，H. G. 威尔斯[①]曾经写道，欧洲人正“带着一种将信将疑的态度”转向一种国家形态。在那里，“更为聪慧的知识分子”对更好未来的新思想开始占有一席之地。他希望看到美国最终能为安定世界而承担责任，但他遗憾地补充道：“在欧洲，现在几乎没有人会爱上美国。”近九十年后，这些话听起来还是一样地真切。在20世纪30年代的一部小说中，他把一位美国总统描绘成了在一场疯狂的国际仇恨战争中的人类理智的喉舌，而这同时也成了一个例证，“美国人的形象是一个奇特的混合物，具有前瞻性的想象力，不畏艰苦的创业精神，崇高的目标和显然无法分割的玩世不恭态度，使旁人对他感到迷茫和困惑……”。

而美国本身，或者是美国那些“更为聪慧的知识分子”，则经历了一段心情沮丧的时期。在阴郁的18世纪90年代，国民意识对在阶级冲突中为资本家所雇用已感觉淡漠。伍德罗 · 威尔逊曾在1914年之前不久感受过那样的情绪。在1941年之前的大萧条时期，沮丧感又再次降临。在所有那些场合中，整个国家就好像在努力奋斗而不讲道德，有时候在经济层面上也是如此。直至今日，它总是像在真空中不断地扩展，先是在北美大陆荒芜的旷野上，然后是在争斗的旧世界的政治沙漠中，美国总是会与那种旧日的愚蠢形成清晰的对比。1945年后，当它第一次下决心将自己的文明赋予或强加到世界各地和各人种时，它第

① 赫伯特 · 乔治 · 威尔斯（H.G. Wells，1866—1946），英国著名小说家，新闻记者、政治家、社会学家和历史学家。他创作的科幻小说对该领域影响深远，如“时间旅行”“外星人入侵”“反乌托邦”等都是20世纪科幻小说中的主流话题。

一次遇到了一股称为共产主义的力量，那股力量至少具有同样的理性、同样的现代意识和活跃，并能更好地与欧洲以外的民族主义和年轻一代携手合作。

在接下来的竞争中，美国的传统价值似乎经常遭受与资本主义的自由企业一起被狭隘定义的自由说教的扭曲。一个为听到世界其他地方的人谈论美国而感到烦恼的美国人，有时必然会像卡西乌斯[①]那样感到内心的抗争，

> 他的所有过错都已记录在案，都已被分析和研究过了。
>
> 我将对他求全责备。

然而，他的国家的那些好心的人们早已哀叹过那种病态的症状，因为美国一直是现代世界进步的一个重要组成部分，它在某种程度上已成为所有欧洲人的第二个祖国。它曾经不止一次显示了复兴的活力。它的生命火花、它的向前迈进的能力还远远没有耗尽。

---

① 卡西乌斯（Gaius Cassius Longinus，前85—前42），古罗马将军、刺杀恺撒的主谋者之一。早年随克拉苏争战帕提亚，公元前42年，腓力比战役中，所率队伍被安东尼打败，自杀身亡。在但丁的《地狱》中，卡西乌斯出现在地狱的最底层，作为对背叛和杀害恺撒的惩罚。

导言
约翰·特伦波尔[①]

维克托·基尔南（1913—2009年）撰写的关于欧洲帝国主义的著作带动了对帝国主义进行激烈批判的下一代人，其中较为知名的有塔里克·阿里[②]，诺姆·乔姆斯基[③]和爱德华·萨义德[④]。当Zed出版社于1977成立时，出版社的创始者们就委托维克托·基尔南撰写一些紧凑的有关美国崛起及其独特的帝国主

① 约翰·特伦波尔是哈佛大学法学院劳工和工人生活研究项目的部门主任。

② 塔里克·阿里（Tariq Ali），英籍巴基斯坦裔作家、制片人。著有关于世界历史和政治的二十余本著作及七部小说。主要作品包括《加勒比海盗：希望的轴心》《1968年：反叛的年代》《与爱德华·萨义德谈话录》等。现居伦敦。

③ 诺姆·乔姆斯基（Noam Chomsky，1928—），美国著名语言学家、哲学家，麻省理工学院荣休教授。他的《生成语法》被公认为是20世纪理论语言学研究领域最伟大的贡献。他被公认为当代杰出的思想家和政论家，是当代反西方霸权主义的泰斗，被誉为“最伟大的持不同政见者”，一直受到西方政治界和知识界的极大关注，他的著作在西方知识精英群体中拥有广泛的读者和支持者。

④ 爱德华·萨义德（Edward Said，1935—2003），文学与文化批评家之一。从1963年起在美国哥伦比亚大学任教，教授英语文学和比较文学，是享有盛誉的文学和文化批评家，同时也是乐评家、歌剧鉴赏者、钢琴家。

义模式的历史的著作。基尔南的全欧洲和全球性的视野将为读者理解美国成为世界霸权的含义提供一个更为广阔的画面。

在20世纪60年代后期及20世纪70年代初期，学生运动、女权主义和新左翼运动在主流出版商中开辟了新的空间，与类似炎热文化沙漠的“冷战”初期的情况相比，出版了更多激进且尖锐批判的书籍。但到20世纪70年代中期，这些展现不同想法的绿洲开始在许多主流出版商和书店中蒸发了。最明显的信号就是商业出版公司华纳模块公司决定不出版诺姆·乔姆斯基和爱德华·赫尔曼[①]关于华盛顿支持海外专制政权及其暴行的书籍。最终，乔姆斯基和赫尔曼的批判之作成了两卷本的《人权政治经济学》，后来在美国由当时刚开张的激进的南方出版社，在英国由伯特兰·罗素基金会属下的发言人出版社出版了。

维克托·基尔南欢迎Zed出版社的成立，认为那将是确保批判的思想能找到观众和活动家的一个有效途径。他的这本书加入了Zed出版社1977—1978书季的出版书目，书目中包括了乌里·戴维斯（UriDavis）的《以色列的阶级结构》，贝琳达·普罗伯特（BelindaProbert）的《北爱尔兰的政治经济学》和萨米尔·阿明（SamirAmin）的《阿拉伯世界的民族主义》。

在2001年9月11日后的几年里，当美国政府发起了对伊拉克的入侵和反恐战争时，Verso出版社问艾瑞克·霍布斯鲍姆和我是否可能与维克多·基尔南合作重新出版本书。当时，尽管九十多岁的基尔南正在拼命完成其他的写作项目，但他还是欢迎我们在21世纪将事后的评论添加到他对美国著作的导言和后记之中。当2005年出版第2版时，正是布什—切尼新右翼实施“震慑”干涉的年

① 爱德华·塞缪尔·赫尔曼（Edward Samuel Herman，1925—2017），美国经济学家、媒体学者、社会评论家。他最出名的是媒体批评，从意识形态上讲，赫尔曼被描述为“献身的激进民主党人”，是一种反对企业控制、支持直接民主的意识形态，与其他激进运动保持距离。

代。而这次第3版的发行，正是在奥巴马时代行将结束的时刻，帝国主义的想象力已被无人机和机器人的技术发展与资本主义的国家监控所主导了。Zed出版社认为这种全球资本主义持续困扰的时代正是重新出版维克多·基尔南著作的极好时机，因而再次将他敏锐的历史观察介绍给新一代的读者。

当然，美国的政客们极力捍卫美国人杰出论的想法，他们认为美国具有与世界其他地区截然不同的独特品质。2014年5月，美国总统贝拉克·奥巴马①在他的西点军校毕业典礼的演讲中宣告："我完全相信美国人杰出论。"而前路易斯安那州州长鲍比·金达尔②则认为奥巴马并没有对"美国负有特殊使命，而它的伟大是独一无二的"这一理念给予了足够的承诺。事实上，共和党总统候选人金达尔指责奥巴马"是历史上不相信美国人杰出论的第一位总统"。其他共和党候选人也发表了相同的指责，大骂总统削弱了美国人杰出论。

在1986年自由女神像揭幕一百周年的庆祝活动中，拉塞尔·贝克③向他的美国同胞们说道："在蓝色的月光下拍打一下你自己的肩背是情有可原的，但不断地捶打着你的胸膛以显示你是如何的神奇将很快使你在朋友和邻居面前陷于困窘。"

---

① 贝拉克·奥巴马（Barack Obama，1961—），美国民主党籍政治家，第44任美国总统，为美国历史上第一位非裔美国人总统。2008年11月4日当选为美国总统；2009年10月9日获得诺贝尔委员会颁发的诺贝尔和平奖；2012年成功连任当选第57届美国总统；2017年1月20日正式卸任美国总统。

② 鲍比·金达尔（Piyush Bobby Jindal，1971—），印度裔美国人，天主教徒，前任路易斯安那州州长。2007年10月20日，金达尔以54%的得票率自州长选举中胜出，成为全美最年轻的现任州长。此外，他是路易斯安那州自南北战争后的首位非白种人州长，也是美国史上第四位亚裔州长、首位印度裔州长。

③ 拉塞尔·贝克（Russell Baker，1925—2019），美国著名记者和专栏作家。拉塞尔·贝克的《成长》出版后曾连续72周高居畅销书排行榜前列，先后被多个国家翻译引进，直至今天仍然在全球各地畅销，总发行量已经超过220万册，创下美国出版史上的一个奇迹。他被称为美国"当代的马克·吐温"。

弗雷德里克·道格拉斯[①]在逃离了奴隶制以后，曾就对19世纪中叶的非裔美国人在7月4日庆祝作为世界上最伟大的国家——美国的生日是如何地震惊作出过一个发人深省的提示。他写道：

> 7月4日这一天向他展示的是比一年中所有其他日子更为严酷的不公正和残忍，而他始终是受害者。对他来说，你们的庆祝是一个假象；你们所吹嘘的自由准许了不道德的行为；你们所说的伟大国家只是膨胀的虚荣；你们的欢呼声是空洞并无情无义的；你们对暴君的谴责只是黄铜装饰的厚颜；你们高呼的自由和平等是空洞的嘲弄;对他而言，你们的祈祷和赞美，你们的布道和感恩，以及你们所有的宗教游行和盛典都纯粹只是吹捧、隐瞒、欺骗、不诚实和虚伪——一层用以遮盖将玷污一个野蛮人国家罪行的薄薄的面纱。在这个时刻，地球上没有一个国家犯有比美国更令人震惊和血腥的罪行了。

19世纪60年代废除奴隶制和20世纪60年代废除《吉姆·克劳法》[②]无疑是美国民主取得进步的一刻。但正如本书的结尾部分将简要探讨的那样，今天美国在监狱关押人数上居于世界领先地位。在2012—2013年度，每10万美国人中被监禁人数为716人，这大约是西欧国家的5到10倍（英格兰和威尔士为148人；西班牙为147人；法国为98人；德国为79人；丹麦为73人；瑞典为67人）。

---

① 弗雷德里克·道格拉斯（Frederick Douglass，1817—1895），19世纪美国废奴运动领袖，杰出的演说家、作家、人道主义者和政治活动家。他的母亲是一个黑人奴隶，父亲是一个白人，他生为奴隶，从未见过生身父母。1838年9月，他在友人帮助下成功出逃，挣脱了奴隶的枷锁。

② 《吉姆·克劳法》（Jim Crow laws），泛指1876年至1965年间美国南部各州以及边境各州对有色人种（主要针对非洲裔美国人，但同时也包含其他族群）实行种族隔离制度的法律。这些法律上的种族隔离强制公共设施必须依照种族的不同而隔离使用，且在隔离但平等的原则下，种族隔离被解释为不违反宪法保障的同等保护权，因此得以持续存在。但事实上黑人所能享有的部分与白人相较往往是较差的，而这样的差别待遇也造成了黑人长久以来处于经济、教育及社会上较为弱势的地位。

非裔美国人和拉丁裔美国人加在一起占了美国监狱人口的绝大多数。当基尔南在1978年出版这本书时，美国的整体监禁人口比率仍接近西欧的水准。随着后来数十年间监狱人口的爆炸式增长，法律学者米歇尔·亚历山大[①]将它称之为“新吉姆·克劳法”的兴起。

对现代的历史学家和社会科学家们来说有一个潜在的根本问题：为什么美国这个“自由的甜美家园”和“美国人杰出论”会在20世纪后期以鹤立鸡群的监狱之家的面貌出现？18世纪的文学巨匠塞缪尔·约翰逊[②]认为这可能归结于美国的命运：“他们（美国殖民者）是一个罪犯的种族，他们应当感谢我们没把他们吊死。”他指出了美国人痴迷于自由，同时又提倡扩展奴隶制这一令人眩目的悖论：“如果我们在黑人司机中听到了对自由最响亮的呼喊，你会怎样？”对最尖锐的批评们来说，美国已经履行了它的承诺。作为一个实验室，在同一个地方实现乌托邦与反乌托邦，成为天堂和地狱。这个悖论的21世纪版本就是高科技支持下的自由与监视和监狱同存。人们可能忘了，法国政府曾在1831年将亚历西斯·德·托克维尔[③]派往美国视察监狱状况。与约

---

① 米歇尔·亚历山大（Michelle Alexander，1967—），美国纽约联合神学院客座教授，作家，民权倡导者。她最著名的作品是2010年出版的《新吉姆克劳：色盲时代的大规模监禁》（The New Jim Crow: Mass prison in The Age of Colorblindness），她还是《纽约时报》（The New York Times）的观点专栏作家。

② 塞缪尔·约翰逊（Samuel Johnson，1709—1784），英国作家、文学评论家和诗人。1728年进入牛津大学学习，因家贫而中途辍学。经九年的奋斗，终于编成《英语大辞典》（1755），从此扬名。1764年协助雷诺兹成立文学俱乐部，参加者有鲍斯韦尔、哥尔德斯密斯、伯克等人，对当时的文化发展起了推动作用。一生重要作品有长诗《伦敦》（1738）、《人类欲望的虚幻》（1749）、《阿比西尼亚王子》（1759）等，还编注了《莎士比亚集》（1765）。

③ 亚历西斯·德·托克维尔（Alexis de Tocqueville，1805—1859）是法国的政治思想家和历史学家。他最知名的著作是《论美国的民主》（De la démocratie en Amérique，1835）以及《旧制度与大革命》（L'Ancien Régime et la Révolution，1856），在这两本书里他探讨了西方社会中民主、平等、与自由之间的关系，并检视平等观念的崛起在个人与社会之间产生的摩擦。

翰逊的见解不同，托克维尔认为某些社会成员（人数增加了的律师）和法律保障（普通美国人对法律的尊重）可能改善了由多数人的暴政所强加的牢房的生存环境。

托克维尔警告说，发表对美国现状进行批判的言论可能是一桩危险的买卖："没有什么比美国人的那种让人恼怒的爱国主义更令人讨厌的了。外国人很乐意对他们的国家给予很多赞扬，而且也希望能被允许作些批评，但这被断然拒绝了"。基尔南对那些挑战他们社会镇压特质的美国持不同政见者怀有极大的尊重。他曾向欧洲人指出，与美国的新帝国主义相比，他们应该注意到他们的帝国主义方式更为顽固并更墨守成规。沙希·塔鲁尔[①]指出，当英国在18世纪抵达印度时，印度拥有世界经济总量的23%。当他们在20世纪中叶离开时，印度经济已经跌到了全球总量的4％。

基尔南注意到，在其早期历史阶段美国挑起战争的能力是有限的："的确，不同于叫嚷着要战争，发起战争的特权通常总是慷慨地留给较穷的一方，那些更穷的贵族——包括在欧洲或日本都是这样的。在遥控的科学战争手段进化到今天的水准之前，缺乏这样的军事热情就意味着美国的叫嚷通常比它的打击更加厉害。"随着远程控制的科学战争手段的迅速发展，今天的笔记本轰炸机似乎更少叫嚷。因此，奥巴马在每周二"打击恐怖主义"的会议上表现得非常冷静，指定白宫杀人名单上将予以宰杀的最新目标。敌人将被快速、凶猛的打击而消灭，致命的武力将以兆字节的速度传输出去。随着派出卫星和无人机寻找并摧毁敌人的目标，美利坚帝国已经展示出了一个新的无敌时代。然而，混合着网络通信与中世纪式屠杀的野蛮军队已经说服了正

① 沙希·塔鲁尔，1956年出生于英国伦敦，印度著名作家，现任联合国副秘书长，负责联合国传播和公共咨询方面的工作。他曾写过8部小说，是多个报纸杂志和文学刊物的特约撰稿人，并获得多种文学和新闻奖项。他还是印度—美国艺术学会的董事。

在接受招募的新的恐怖分子，抵抗绝非是徒劳无功的。突然间看起来不那么灵活的美利坚新帝国主义将面对着21世纪冲突的世界，而那些冲突将是令人厌烦，残酷并持久的。

谨以此纪念伯莎·麦金托什（Bertha Macintosh）和她的家人

目录

第一篇
赢得国土

第一章
一个国家的诞生

美国的早期定居者们离开了一个被进步的冲击所震撼的英格兰，看上去
3 似乎正在旷野中建设起一个平等派运动梦寐以求想在英国建立的更好的社会。但是，在这片新的土地上总是存在着一种双重性，一种与黑白之间的种族分裂一样深刻的灵魂的分裂。对新的生活的向往永远不会完全屈从于我们的先辈们所说的“灵魂的敌人”，然而那种诱惑一直是强有力的。纵观美国的历史，对帝国主义的渴望一直是其发展的后果之一，并最终成为其最突出的特征。除了以罗马、莫卧儿或英国所代表的经典的帝国主义形态之外，还有许多不同种类的帝国主义。甚至可以说每个社会都有自己独特的模式，可能是由其经济和心理状态决定，外向针对邻国；也可能或多或少为狭隘的利益所驱使，或主要是由于国内利益冲突所造成的分裂，或者可能是整个社会生命固有的功能。美国从旧世界里继承了许多行为模式，但是都给它们打上了自己的烙印，甚至起了新的名字。对自己和他人而言，它永远是一个谜。因为以前从未试过，没有传统的压力，所以难以估量。与任何欧洲国家相比，

它没有阴影，一个像孩子一样的年轻巨人，曾经英勇但带有破坏性，一个无
意中践踏了他人的齐格飞①—— 在1876年它百岁生日时瓦格纳曾为它谱写了 4
一首进行曲②。

美国在建国时并不是一个很大或很重要的国家，但却因为渗入了一种新生的、与它出生以前的世界截然不同的感受，它成了一个意识到伟大使命的早熟的国家。英国当时还处于工业革命的启蒙阶段；而工业革命想要达到的神奇的新的增长目标并不是显而易见的。亚当·斯密③和其他许多人对孩子超过父母的预期可能比现实的发展来得更快。作为一个年轻的新兴国家，美国比保守的英国对科学和技术的发展前景更加开放，正如本杰明·富兰克林④在1780年写给约瑟夫·普里斯特利⑤信中所指出的那样，“人类对物质的控制将会不断加大，疾病将被医治，甚至有一天重力也会消失”。此外，在大西洋的彼岸，这个伟大的远景可以与神的意志合为一体（而不像在欧洲那样要经历太长的过程），它将有助于召唤一个新的文明社会的出现，并使之成为全人类的榜样。但对于接触过它

---

① 齐格飞，德国叙事诗《尼伯龙根之歌》中的屠龙英雄。第一部分《齐格飞之死》的主要角色。他沐浴龙血，从而刀枪不入。但是背后被椴树叶遮盖处是他唯一的死穴，也成了他的致命伤。

② 德国作曲家威尔海姆·理查德·瓦格纳（Wilhelm Richard Wagner）于1876年创作的《美国百年纪念进行曲（American Centennial March）》。

③ 亚当·斯密（1723—1790），经济学的主要创立者。出生在英国苏格兰法夫郡（County Fife）的寇克卡迪（Kirkcaldy），代表作为《国富论》《道德情操论》。

④ 本杰明·富兰克林（Benjamin Franklin，1706—1790），出生于美国马萨诸塞州波士顿，美国政治家、物理学家，英国皇家学会院士。同时也是出版商、印刷商、记者、作家、慈善家；更是杰出的外交家及发明家。他是美国独立战争时重要的领导人之一，参与了多项重要文件的草拟，并曾出任美国驻法国大使，成功取得法国支持美国独立。本杰明·富兰克林曾经进行多项关于电的实验，并且发明了避雷针，最早提出电荷守恒定律。

⑤ 约瑟夫·普里斯特利（Joseph Priestley，1733—1804），发现氧气的伟大英国化学家。他的职业是牧师，化学只是他的业余爱好。1766年当选为英国皇家学会会员。1782年当选为巴黎皇家科学院的外国院士。

最多的那些人来说，这一切很快就成了一个欧洲所长期熟悉的膨胀的国家虚荣心的翻版，就像大气中的氧气一样，已经成了所有爱国主义的组成元素。托克维尔曾经写道，美国人的虚荣“已不仅仅是贪婪，而且焦躁和小心眼……既准备乞讨，同时又想争吵”。

当富兰克林在给普里斯特利的信中补充道：“道德科学正试图找出一条改进的道路，人类将不再会像狼那样相互对待……”时，他已悲观地认识到物质世界对人的诱惑，同时也预言了美国自相矛盾的未来。殖民者们很容易就通过他们的独立战争让自己成了一个国家。因为在西欧，这样形态的国家早就牢固地建立起来了；而侵略性像自我之爱一样，已是它不可分割的一部分。就像荷兰曾在西班牙帝国世界内成长，然后背离它开始寻找自己的殖民地一样，美国不可能不被欧洲的激烈竞争和野心所影响。汉密尔顿[①]在联邦党人的声明中宣称，就他所知，一个软弱的国家其处境是悲惨的。如他所说，欧洲正在践踏所有其他大陆，如果可能的话将保持西半球的贫穷和落后。他呼吁他的同胞们扯掉伪装，建立起一支强大的海军，“目标是在美洲事务的体系中提升力量”，他期待着门罗[②]总统能有所作为。但是在保护西半球和支配西半球之间，在弥赛亚主义和统治权力之间，各种思想在一开始就是混淆不清的。

作为出生在西印度群岛的苏格兰商人的儿子，汉密尔顿与一个富有的纽约家庭联姻。苏格兰人和爱尔兰新教徒们在建立和管理英国的领土方面表现突

① 亚历山大·汉密尔顿（Alexander Hamilton，1755 /1757—1804），美国开国元勋之一，美国宪法的起草人之一，财经专家，美国的第一任财政部部长，美国政党制度的创建者，因政党相争而决斗丧生。

② 詹姆斯·门罗（James Monroe，1758—1831），美国第5任总统，参加过独立战争，1811年任国务卿，1816年当选总统，1820年连任。

出，人们可以发现他们对美国扩张的贡献也同样重要。西奥多·罗斯福[①]就具有苏格兰和爱尔兰的血统。美国的殖民者们在战胜了法国人之后获得了他们的荣耀和胜利。伊甸园从来就不是原始无罪的，它豢养了一批富有的商人和船东，他们往往关注着海外的冒险。这些人生来嘴里就含着一把帝国的勺子。在英国国旗的掩护下，他们从西印度群岛进口蔗糖，然后制成朗姆酒，再去非洲海岸购买奴隶。这种16世纪40年代开始的西印度群岛奴隶买卖的三角关系将新英格兰和旧英格兰联系了起来，有一些西印度群岛人移民去了美洲大陆殖民地，来自巴巴多斯的庄园主们在南卡罗来纳州的建立和发展上发挥了很大的作用。

许多美国人曾在英国长期居住，经常作为商人与英国的属地西印度群岛交易。毫无疑问，当独立战争爆发时，新生资本家的成员们都成了忠于皇室的人。他们的梦想是在一个强大的横跨世界的大英帝国中扩大贸易。像许多后来的爱尔兰人和印度的民族主义者一样，富兰克林本人和许多其他为独立而奋斗的人们曾有很长一段时期一直希望大英帝国能发展成为一个联邦。而这个联邦体制下的伙伴关系将使美国进一步地沿着帝国的道路迈进，甚至极有可能从南方的庄园主中发展出一个美国的富豪阶层。纵观大卫·奥克特罗尼[②]爵士的职业生涯人们可能会认识到这一点。这位出生在波士顿的苏格兰贵族后裔——他的父亲是一个效忠于皇室的人——在1777年去了印度，并在1803年成为德里的统治阶层一员。赫珀主教在二十年后见到他时，他正沐浴在皇家的辉煌之中。

---

① 西奥多·罗斯福（Theodore Roosevelt，1858—1919），被称为“老罗斯福”，美国军事家、政治家、外交家，第26任美国总统。曾任美国海军部次长，参与美西战争。1900年当选副总统，1901年时美国总统威廉·麦金利被无政府主义者刺杀身亡，他继任成为美国总统，时年42岁，是美国历史上最年轻的在任总统。他的独特个性和改革主义政策，使他成为美国历史上最伟大的总统之一。

② 大卫·奥克特罗尼（David Ochterlony，1758—1825），英国少将，生于马萨诸塞州，英属印度东印度公司将军。他在德里莫卧儿王朝（Mughal court）担任英国驻地要职。

因此，独立和驱逐保皇党就成了反抗帝国的双重措施，服从帝国并反对帝国。然而，殖民时代的许多习性仍然存在。美国还远不是完全平等并充满博爱的。
6 即便不算庄园主们，仍然有一大群在独立战争中胃口变得更大的大商人和有钱人，私有制为一大批财富奠定了基础。新英格兰人的天性也使胃口变得更大。一位访客曾看到，当土地不够养活他们时，他们就把它卖了，再转移到别的地方去。“他们是合众国的苏格兰人”，具有优良的品质，“是那种通过行动获得收获的人”，他们很不喜欢“行动迟缓的纽约州和宾夕法尼亚州的荷兰人和德国人”。有了这种追逐机会的热情，他们不会错过欧洲殖民扩张所提供的开放，并且以一种更为宽松，非官方的方式与正在迅速扩张的大英帝国继续合作。这样的合作常常是非法的。尼尔森（Nelson）曾写道，“那些殖民者美国人掌控了几乎所有从美国到我们西印度群岛的贸易；作为和平的回报，他们忘了这一点……他们成了外来者”。事实上，作为1784—1785年停靠在背风群岛补给站的一艘舰船的指挥官，尼尔森抓了许多船只，看上去像在执行航行法，他在那些美国人和西印度群岛的岛民中间并不受欢迎。

但是对英国来说，美国仍然是一个良好的贸易伙伴。如同一直以来就存在的欧洲内部冲突一样，从1792年到1815年的长期的欧洲战争对新兴的国家是一个意想不到的帮助。正是这一点使美国人能够在一段时间里成了世界的运输商，就像荷兰人曾经有过“荷兰的新时代”一样。根据1794年的《杰伊条约》[①]，他们确保了与印度（和用小船与英属西印度群岛）直接贸易的权利，

① 《杰伊条约》（Jay's Treaty）是1794年美英双方签署的友好、通商与航海条约。因美方代表美国首席大法官约翰·杰伊而得名。1794年，美国总统乔治·华盛顿为了避免战争，缓和同英国的关系，派遣约翰·杰伊去伦敦与英国签订杰伊条约。《杰伊条约》是一个不平等条约，它承认了英国在北美大陆内河航行的自由和在西印度群岛贸易中的优势地位，使美国丧失了自己在领土主权和贸易方面的部分利益，因此在美国国内引发了以亲法的民主共和党为主的广泛不满。

并且自由地解释了这种特权，使他们很快就在印度所有的进出口贸易中占据了重要地位。英国的船东们可能会在私底下抱怨，但在战争年代，美国的船只更容易让印度的货物进入法国控制的欧洲。而且用美国船只也更经济划算，因为他们的价钱更便宜，船员人数较少，并且更少喝醉。他们也进入与中国的贸易，但仅限于广州单一港口。在1815年之前的20年，这一领域的主要特征就是美国份额的大幅增长。美国航运把中国、印度与欧洲连接起来了，它在那里卸下了装载的大部分茶叶。美国自己对远东的主要出口就是一种殖民地产品——毛皮。那些毛皮通常要穿过西班牙的辖区，在太平洋的海岸边汇集。在1810年时，中国贸易的先驱艾利斯·德比（Elias Derby）似乎成了纽约最富有的人。

代表商业利益的联邦党要求建立一支海军来保护他们，1794年通过的一项提供舰船来对付北非海岸海盗以保护地中海贸易的法案就成了贻害百年的开 7
端。战舰是昂贵的，高昂的费用激怒了内陆的乡镇和农民，在他们和沿海岸的商业中心之间产生了一种人们熟知的不和，就像在旧日的荷兰或是在刚赢得独立的阿根廷所见到的那样。杰斐逊[①]和共和党在1800年的胜利标志着国家的优先将从海岸转到内陆，而内陆优先则有一个在陆上西进的扩张计划。这并不是那些追求和谐田园生活的人们所幻想的那样，意味着金钱力量的溃疡将被遗弃，民主麦田中的寡头杂草将会枯竭。对财富的渴望在西进运动一开始的时候就成了它的一部分，如同海洋贸易的诉求一样，即便不是精确定义下的帝国主义，也包含着许多帝国主义的成分。

在英国的保护下，一种附属的帝国主义开始在陆地和海洋上孵化出来了。这

---

① 托马斯·杰斐逊（Thomas Jefferson，1743—1826），美利坚合众国第三任总统（1801—1809年），他在任期间保护农业，发展民族资本主义工业。从法国手中购买路易斯安那州，使美国领土近乎增加了一倍。他也是《美国独立宣言》主要起草人，美国开国元勋之一，与华盛顿、本杰明·富兰克林并称为美利坚开国三杰。

有点像一个世纪后的澳大利亚那样，发展出了一种在太平洋上进行吞并的精神，尽管在伦敦像威廉·格莱斯顿[①]那样的部长们有时试图对此加以控制。西进运动受到了英国人划出的阿勒格尼山脉线界的限制，从而在穷人和富人中都孕育出了一种焦躁。贫穷的人们需要新的生养之地（在老殖民地上人口的增长需要更多的可用土地），而富人们则寻求更多的赚钱机会。美国人希望他们的新国旗能在比13个殖民地更为广阔的疆域上飘扬。富兰克林在与英国进行和平谈判时特别想得到加拿大，如果他当时能更坚定地坚持下去的话很可能就得到了。根据《巴黎条约》[②]的规定，美国的边界向西迁移至密西西比河，这使美国的面积大约扩大了一倍。在那条边界向西延伸过去的是还未划入版图的法国拥有的“路易斯安娜”。美国人在1803年从拿破仑手中把它买了下来，当时法国与路易斯安娜的连接已经被英国海军切断了。这再一次显示出欧洲的冲突促成了美国的壮大。

东部那些缺地或不安分守己的农民们可以自由地进入这一大片新的土地了。这是缺少土地的殖民者们向往的“人民的帝国主义”，就好像当年的俄罗斯农民向东迁移越过了西伯利亚，或者像几个世纪以来越南农民向南迁移到了湄公河三角洲。在迁移的过程中，他们取代了原始的住民。但是复杂程度不同的每一种社会都会依赖于耕作者的基本诉求以外的其他动机和压力。沙皇俄国和越南是封建的军人国家，俄国人和越南人是迁徙的民族。而美国在边界土地开始开放时资本主
8 义正在兴起。对东海岸城市中的投资者们来说，贩卖土地、木材和毛皮所产生的

---

① 威廉·尤尔特·格莱斯顿（William Ewart Gladstone，1809—1898）英国政治家，曾作为自由党人四次出任英国首相（1868—1874、1880—1885、1886以及1892—1894）。在19世纪下半叶，他和保守党领袖本杰明·迪斯雷利针锋相对，上演了一场又一场波澜壮阔的政治大戏。格莱斯顿是美国总统伍德罗·威尔逊的偶像，始终被学者排名为最伟大的英国首相之一。

② 《巴黎条约》是1783年9月3日，美国与英国在巴黎签署的和平条约。1775年美国独立战争爆发后，北美殖民地与英国战争期间利用欧洲国家与英国的矛盾，同法国、西班牙和荷兰结成联盟并争取俄国，一同对抗英国。英国被迫承认美国独立。

高额利润足以与令人陶醉的新文明的希望和理念相般配。在这一点上从海洋或从大陆追求盈利终于殊途同归。当1803年密西西比的障碍刚刚被移除后，美国的探险家们就一个大步跨到了太平洋海岸，而俄国人、英国人或加拿大人早在他们之前就已经到了那儿。1811年，来自德国的移民约翰·雅各布·阿斯特[①]在哥伦比亚河口创建了阿斯托利亚，他死时成了美国最富有的人。他和他的下属们在那片山地丛林中任意自行执法，以同样的骑兵方式创建政府机构，处置印第安人。

随着疆土的扩展，占有加拿大的念头一直困扰着美国人的心灵。这并不完全是一个从加拿大割下一块领土的愿望，尽管它的并入将扩大并加强合众国。核心问题是消除美国向西部和西北部扩张的障碍。湖泊的地理位置使纠纷不可避免。对于“西部”的政客们来说，这就产生了足够的摩擦来源。对于他们中的一些人来说，这至少是沿着政治阶梯向上攀爬的最简单的途径。殖民地前沿的记者、商人、士兵和官员们也经常以同样的手段操纵着欧洲的政府。反对英国的宣传不仅指责英国眼下和独立前一样希望让美国处于封闭状态，而且加进了更加苦涩的味道——指控边境的印第安人被英国煽动起来反对美国的定居点并屠杀定居者。约翰·昆西·亚当斯[②]在圣彼得堡与一位英国官员会谈后在他的

---

① 约翰·雅各布·阿斯特（1763—1848）是一位德裔美国商人、房地产大亨和投资者，他的财富主要来自皮毛贸易和在纽约市或纽约市周边的房地产投资。他在美国独立战争后移居美国。他在毛皮行业建立了一个垄断企业，管理着一个一直延伸到大湖地区和加拿大，后来又扩展到美国西部和太平洋沿岸的商业帝国。1830年，由于需求下降，他退出了毛皮贸易，通过投资纽约市的房地产进行多样化经营，后来成为著名的艺术赞助人。他是阿斯特家族的第一个杰出成员，也是美国第一个千万富翁。

② 约翰·昆西·亚当斯（John Quincy Adams，1767—1848）是美国第6任总统（1825—1829）。他是美国第2任总统约翰·亚当斯及第一夫人爱比盖尔·亚当斯的长子。在詹姆斯·门罗时期担任美国国务卿，并发展“门罗主义”。解决与英国的许多纠纷，从西班牙手中取得佛罗里达，因此，被认为是美国历史上“最有成就的国务卿之一”。1829年卸任后被选为国会众议员，是唯一一位当选美国众议员的卸任总统，担任众议员直至逝世。

日记中写道，“英国人大谈他们的荣誉和国家道德，但有时并没有特定的含义，只是一种比例相等的虚伪和妄自尊大幻觉的混合物”。成百上千的外国人肯定会在他们的日记中对美国人写下类似的内容。然而相信有一个煽动“红种人”的阴谋很容易被美国人接受，就像后来策划对印第安人采取另一些行动时所发生的情况相似。它在剥夺印第安部落的领地和获取加拿大时给了美国人更好的良心安慰。

南方有自己的扩张方式，那就是在贪婪的驱动下为新的奴隶种植园获取新
的土地。西班牙占领的墨西哥湾及其河流出口，切断了美国的西进通道，这对
9 美国是进一步的刺激。而西班牙像英国一样，也曾被怀疑试图利用与美国敌对
的印第安人。西班牙在这一地区稀疏的人口和微弱的控制为蚕食占领开了一个很大的口子。甚至像崇尚道德的政治家杰斐逊那样的人也赞成让美国定居者进入边境土地定居，以此使那些地区最终能和平地纳入美国的版图。1803年购买的路易斯安那使美国获得了重要的密西西比三角洲，但这并不包括“西佛罗里达”的海岸地带和由此向东的东佛罗里达半岛。夺取佛罗里达的渴望是如此高涨，政府终于在1811年初被说服采取行动。马修斯[①]将军当时负责处理这一地区的事务，他认为在半岛上发动一次革命并没有任何困难。自那时以后，许多美洲国家政府也通过它们的派出机构作出了类似的保证，而事实上革命也是经常发生的。马修斯立即着手动员了一个“爱国者”派系，在庄园主和奴隶们的配合下，美国的占领者们宣布了西班牙统治的终结。这事情看上去有点过于粗

---

① 乔治·马修斯（George Mathews，1739—1812）在美国独立战争期间担任大陆军军官，晋升为布莱卫准将;他曾任佐治亚州州长和美国国会议员。1810年，他被詹姆斯·麦迪逊总统指派煽动东佛罗里达的一场革命，并为美国占领该地区。这项倡议现在被称为东佛罗里达的爱国者战争。马修斯发动了革命，占领了费尼南达海滩和阿梅利亚岛，之后麦迪逊总统担心与西班牙及其盟友开战，召回他并否认了这一秘密任务。得知召回的消息后，马修斯前往华盛顿，就这一决定与麦迪逊对质。他在前往首都的途中死于佐治亚州的奥古斯塔。

暴，麦迪逊[①]总统和他的国务卿门罗不得不声明不支持马修斯。然而他们找到了借口来保持事实上的美国占领。

虽然北方（或西方）和南方有着各自不同的发展目标，但他们都不想看到另一方有过度的扩张，因为他们都担心那会使他们在合众国中的影响力发生有利于对方的失衡。他们之间的相互嫉妒可能会使任何扩张刹车。但如果出现了两者能同时都有收获的机会时，这就可能成为一种激励，正如欧洲人在亚洲或非洲的竞争中所显示的那样，在一个国家获取了某些东西的时候另一个国家获得了“补偿”的余地。当1812年与英国爆发战争时，战争的起因最初是由于英国对法国的封锁干扰了美国的航运业，但它同时受到了想拿下加拿大的北方人和想夺取佛罗里达的南方人的欢迎，因为西班牙是英国的盟友。此外，西班牙当时处于弱势，正在与拿破仑的入侵军队战斗。西班牙是如此的虚弱，似乎由美国发起一场墨西哥“革命”也是确实可行的。曾有一篇激昂的报纸文章呼吁为人民的自由、为农民和金融家的利益、为美国的荣耀而解放“天边的墨西哥”，听上去就像教皇乌尔班二世[②]在1095年发布的第一次十字军东征的传诏。

对海洋的诉求代表了沿海贸易中心的另一个趋同点。亨利·克莱[③]作为国会

---

① 詹姆斯·麦迪逊（James Madison，1751—1836），美国第4任总统（1809—1817）。他与约翰·杰伊及亚历山大·汉密尔顿共同编写《联邦党人文集》。他是一名共济会成员，曾担任大陆会议代表（1780—1783）、联邦众议员（1789—1797）和国务卿（1801—1809）。他还是制宪会议的主要人物、北部联邦党人文件的起草人之一、民主共和党的组织者。

② 乌尔班二世（Urban Ⅱ，1042—1099），罗马教皇（1088—1099），中世纪四大拉丁神父之一。他在神圣罗马帝国皇帝的重压下，另辟战场，发起了十字军东征，重振了教皇的权威。他继续推行前教皇格列高利七世的教会教革和教权至上的政策，比起前任取得更大的成功。

③ 亨利·克莱（Henry Clay，1777—1852），美国参众两院历史上最重要的政治家与演说家之一，辉格党的创立者和领导人，美国经济现代化的倡导者。他曾经任美国国务卿，因善于调解冲突的两方，并数次解决南北方关于奴隶制的矛盾维护了联邦的稳定而被称为“伟大的调解者”。

主战的领导人在他的演说中把注意力集中到了这一点上。他在1813年1月拥护新
10 军备法案的讲话中，把英国军舰给美国海员留下的印象放在最突出并最具吸引力的部分。他像罗马公民那样针对那个问题上雄辩地说道：“当美国自由人的神圣权利受到攻击时，所有人都应该团结起来，每一条手臂都应该伸出来支持他的斗争。”他接着呼吁要征服加拿大，因为那儿已经成了“野蛮人”磨利战斧的巢穴，印第安人的部落可以从那里实施其可怕的侵吞和谋杀。所有殖民地战争都有大量的关于暴行的指控。

但在当时，与英国保持良好的关系并在亚洲充当他们的帮手将使美国的航运业获利更多。在冲突期间，由于英国海军的封锁，美国的航运业遭受了严重的损失。新英格兰人对战争毫无兴趣，他们甚至借了更多的钱给敌人，而不是购买自己政府的公债。这几乎像旧日的爱国者和保皇党的分歧一样。美国在这一点上是有信誉的，当国家呈现侵略性时，批评和反对的声音是一直不断的，这是真正的新文明的另一个方面。虽然英国人先有一些动作，但美国并没有因此而建立起一支真正的海军和陆军。这部分是由于国会在1784年规定的基本原则确认常设军队是对自由的威胁。因而当处于战争状态时，无论是作为常规士兵或是临时志愿者，国家没能招募到多少新兵。如同在战前或战后一样，还存在着一个实际的障碍，即大多数美国人日子过得太舒服而不愿意成为士兵或水手。像拿破仑战争或克里米亚战争时期的中产阶级英国人一样，他们可能会周期性地陷入战争的狂热，但并不想自己穿上制服，他们宁愿让别人去打仗。安德鲁·杰克逊①曾用一支由民兵、克里奥尔人、黑人和海盗组成的杂牌军在新奥尔良抵抗了英国人的进攻。实际上，战斗的特权不同于战争的叫嚣，通常是慷

① 安德鲁·杰克逊（Andrew Jackson，1767—1845），美国第7任总统（1828—1836），首任佛罗里达州州长，新奥尔良之役战争英雄，民主党创建者之一。

慨地留给穷人的——这包括在欧洲或日本那些较穷的贵族。在科学使战争进化到了可由遥控操作之前，这种缺乏军事行动的热情意味着美国人的叫嚷通常比他们的打击更为激昂。

获取加拿大的希望随着入侵意图的失败而逐渐趋于破灭。当和平谈判开始时，国务卿门罗正式提出了要求英国放弃领土的声明。他写道，“历史证明，英
国参与湖泊地区的管治和航行，将会导致立即爆发新的战争的危险……如果英 11
国政府坚持这样做，即便在眼下，另一场不可避免的战争必然会通过武力使那些省份从英国分裂出去”。然而加拿大正在成为一处海市蜃楼，这意味着北方人将不太会为南方人的野心承担义务。在1813年2月，参议院撤销了一个收购东佛罗里达的议案，政府不得不撤出其军队。1814年4月，又决定不承认仍然在那里的那些“爱国者”们，不接受他们和佛罗里达加入合众国。南方人因此也就不愿意支持北方对加拿大的领土要求。因此，过去的战争努力都白费了。当1814年底签订《根特和约》时，美国的地位并没有比战前有任何改善。亨利 · 克莱是参加和谈的成员之一，他后来对此有了更清醒的认识，所以他在老年时就反对1846年对墨西哥的战争。似乎是某种形式的“报应”，他的儿子在那场战争中被打死了。

美国迅速地恢复了其上升力。一个令人振奋的原因是西班牙在中南美洲统治的崩溃。突然之间，美国发现自己尽管不是一个世界帝国，却掌控着一群弱小且没有经验的共和国，一群渴望向它学习的学生。一个美国人在1828年时写道，很明显“西班牙统治下的美洲的解放将在事实上成为我们政治存在的一个新时代，将使我们从二等国家提升到一等国家，将让我们置于世界冲突的领导地位，基督教的世界将因这场巨大革命的影响而被抛弃”。欧洲的政治家们“按

照惯例会遵循马基雅维利[①]的原则找出理由”，来竭尽全力破坏美国与其新邻国的关系，美国必须提高警惕以挫败他们的阴谋。同一位作者还指望他的国家迟早会走上大英帝国的道路，并取代英国成为“地球的商业和政治中心”。几年后，对美国不乏同情的科布登[②]将美国视为比俄国在商业而不是军事方面对英国更具威胁的国家。与此同时，门罗学说在1823年谈论到了对整个美洲大陆的霸权。当这种论述被当时的国务卿，后来很快成了总统的约翰·昆西·亚当斯作
12 为美国对外政策的框架时，他的政策就不允许欧洲政府从新世界获取土地，但不会因此束缚美国自己的手脚去顺手牵羊，像日后在得克萨斯或古巴所干的那样。乔纳森大哥[③]（当英国人称之为山姆大叔时，他们仍然认为他只是一个助力的后辈，而不是家庭的头头）是好牧人，但牧养羊群和剪羊毛是一起完成的。

这是为了未来，而不是为了眼下。然而那样一个似乎像月亮般遥远的未来，在美国人的眼中已是近在手边了。“命运”“上帝”“自然”，都为一个信念提供了象征性的表述，这个新的国家的现状只是一个帝国扩张主题的序言。一位国会议员在1811年在众议院宣称“圣劳伦斯湾和密西西比州的水域在许多地方是连接在一起的，人类活动的倾向是这两条河流应该属于同一个国家的人

---

① 尼可罗·马基雅维利（1469—1527），意大利政治思想家和历史学家。在中世纪后期政治思想家中，他第一个明显地摆脱了神学和伦理学的束缚，为政治学和法学开辟了走向独立学科的道路。他主张国家至上，将国家权力作为法的基础。代表作《君主论》主要论述为君之道、君主应具备哪些条件和本领、应该如何夺取和巩固政权等。他是名副其实的近代政治思想的主要奠基人之一。其思想常被概括为马基雅维利主义。

② 理查德·科布登（Richard Cobden，1804—1865），英国政治家。他被称为“自由贸易之使徒”（Apostle of Free Trade），是英国自由贸易政策的主要推动者。

③ “乔纳森大哥”，本是英国人对美国人的蔑称，却被美国人当成好话接受了下来。“山姆大叔”的原型是一个早期漫画人物，名叫“乔纳森大哥”（Brother Jonathan），此人在美国独立战争时期非常出名。到了19世纪50年代，“乔纳森大哥”和“山姆大叔”这两个名字几乎可以互换使用。不过，乔纳森大哥和山姆大叔有着不同的象征意义：乔纳森大哥象征着国家，山姆大叔象征着政府和权力。

民”。从另一个层面来说，这清楚地宣称，“自然的创造者在墨西哥湾标下了我们在南部的极限；并在常年冰冻的地区标下了我们在北部的极限”。查找《圣经》以从其隐晦的说法中找出意义的旧时习惯使人们更容易解释其他的神话，并找到革命的法国称之为“自然疆界”的宗教证明。在日常生活中，善良的人们仍然将每天发生的事情解释为神的某个重要意愿。一个渴望平等或卓越的年轻国家必然看到神像一个舞台提示者那样在召唤着它。拉丁美洲的自由运动是一个明显的迹象。一位爱国者在1828年写道，不承认有义务去帮助他们，从而接受“由事件的过程，或换句话说由‘神的意志’所赋予我们的崇高并应承担责任的位置，”那将是美国缺乏勇气并胆小的表现。天堂的号角在西方和南方响起。在墨西哥战争期间，一位马里兰州的议员听到了召唤让他的同胞们向太平洋打过去，以实现“盎格鲁－撒克逊种族的命运”，满脑子想的都是“‘上帝’通过他的伟大的政府所赋予他们的崇高地位”。

所有这些想法都被一个老加尔文主义的教义所困扰。那个教义认为人的“选择”体现了他的美德，而只有那些美德才能让他获得财富。向前发展将让美国证明自己值得神的关爱。如果用世俗的话语来表述，那将成为一种粗暴的历史决定论。达拉斯[①]副总统在1847年时确信美国完全接受了“由不可避免的事件的力量所赋予它的巨大任务——做一个庞大并结盟的美洲大陆的监护人”。各类事件因此就随运而生。一开始就是行动，而不像无效的欧洲那样仅使用词语。然而这种美国式的实用主义并不想摆脱它的崇高制约：上天的指令和地上 13
的现实是相辅相成的，面包的两面都涂上了奶酪。崇尚帝国主义的参议员贝弗

① 乔治·达拉斯（George Miffin Dallas，1792—1864），曾任任美国参议员（1831—1833），美国任驻俄罗斯公使（1835—1839），在波尔克（James K. Polk）总统任内担任第11任美国副总统（1845—1849）。

里奇[①]在半个世纪后的另一场战争中曾说道，“发生的事件是‘上帝’意愿的证明，这远强于人类用言语表述的论证”。历史的声音就是“上帝”的声音。并不是只有美国人能在星空（和条纹）上读出上天的“旨意”，能看到美国和上天带着相互信任的精神并肩行走。福音派时代的英国人就曾清醒地意识到他们正站在对世界负责的首要地位，必须使他们的国家足够强大以履行他们的责任。而他们中较为开明的人则愿意接受一个伙伴或追随者。孟加拉公民服务部门一位热情的年轻人在1834年一份关于地方收入政策的正式报告中写道，“让别人去说三道四吧。英国和美利坚合众国是‘神’在他所建立的和平与爱的王国中施舍恩典时喜爱使用的工具”。他的话听上去像是在邀请美国一起来分担白种人的责任，这远在吉卜林[②]关于帝国主义的警笛之歌发表之前。

---

① 阿尔伯特·耶利米·贝弗里奇（Albert Jeremiah Beveridge，1862—1927），美国印第安纳州参议员，美国历史学家，是美国首席大法官约翰·马歇尔（John Marshall）和亚伯拉罕·林肯（Abraham Lincoln）总统的传记作者。

② 拉迪亚德·吉卜林（Rudyard Kipling，1865—1936），作家和诗人，英国短篇小说大师。由于吉卜林在作品中颂扬帝国主义战争，他作为严肃作家的声誉受到损害，但他的儿童作品一直受到人们的欢迎。1907年，他因“观察的能力、新颖的想象、雄浑的思想和杰出的叙事才能”荣获诺贝尔文学奖。

第二章
对幸福的追求

尽管美国人的脑海中闪烁着弥赛亚的光芒，但他们是通过发财这样一种严格的商业模式来达到伟大的。托克维尔很可能会被这样一个整个国家狂热追求财富的场面所震撼。这是历史上第一次有了一个纯粹的资产阶级的赚钱社会，它认为自己的所作所为是人类挣脱封建束缚后理所当然的自然方式，这和卢梭时代的欧洲人认为红色印第安人只是还没有进入文明的原始人的想法是一样的。1836年在美国度假的一位爱尔兰游客在日记中写道，美国人看上去很不一样。他对他所住的酒店“拥有一些非同一般的动物和罕见的人类物种标本的规模巨大的展品”感到大为惊讶。酒店的另一个特点是吃饭时间的短暂，为的是让他们更快地回到自己的房间——“第一天早上吃早餐时，我为他们下巴的运

动速度感到震惊”。很难猜想奥利弗·温德尔·霍姆斯[1]是如何去掌控他的早餐演说的听众的。

在这场发财的狂欢中，同样让外国人感到惊讶的是一种周期性的宗教反弹。因为并不是每个人都能在财富的竞争中获得好运，而贫穷的新移民也正在成倍增长，宗教就有可能带来一些安慰。新移民中很多是天主教徒。进入了一
16 个根深蒂固的新教的国家后，他们在19世纪30年代感觉到的潮流有一种明显的反天主教的色彩，这也同样影响到了对绝大多数为天主教的美洲大陆其他国家的情感。其他的紧张关系和阶层的选择也从来没有停止过，并且随着工业化进程的加速而更加公开化了。一位激进分子谴责了“由商界和金融界的封建势力快速扩张并不断强化的新贵族阶层正在取代由贵族和武士组成的旧贵族”。经济变化正在直接改变着政治生活。这不像在欧洲，在那里国与国之间的分隔要深沉得多。在安德鲁·杰克逊担任总统的1828年至1837年期间，腐败的系统被精心构建起来，道德的残缺四处可见，伍德罗·威尔逊曾谴责了那一段历史时期中特有的那种暴民作乱的精神状态。一些英国人可能会想起亚当·斯密曾预言的一个脱离了母国良性影响的美国。

作为调和分歧的手段，内部的争斗会鼓励将矛头对外。对当时正被批评的美国权势者们和欧洲不受欢迎的统治者或统治阶级来说，吞并的企求可能是一种方便的选择。占有外国领土可以成为医治所有弊病的灵丹妙药，看来亚当·斯密关于控制殖民地无益于国家致福的论证并没有给美国带来多大影响。对富人来说，或多或少都能获利。在新的政策氛围下，他们已经作好准备让政府来贯彻他们的想法。波尔

---

① 奥利弗·温德尔·霍姆斯（Oliver Wendell Holmes Jr.，1841—1935），美国法学家，1902年至1932年任美国最高法院副大法官，1930年1月至2月任美国代理首席大法官。他以长期服务、简明扼要的意见和对选举产生的立法机构的决定的尊重而著称，是美国历史上被引用最广泛的最高法院法官之一。霍姆斯的演讲至今影响仍然很大，是法学院学生的必读经典名作。

克[①]总统曾抱怨花费高昂的“由前国会成员领导的院外游说团体，其专门业务就是对国会施加压力，促使国会议员投票支持他们”。有钱人发现眼下很容易招募士兵去国外打仗，而激进的工人则会为此感到担心。穷人将被迫为征服的旗帜而战，那面旗帜一旦展开就将遗祸无穷。波尔克呼吁应平均财富。对此，那些财富所有者们的经典答复是整个国家应该寻求更多的财富，换句话说就是更多的领土。在当时，尤其是在美国，这是一个有说服力的说法。众人认同的新的教义是以物质财富的增长和城市、军队、人口以及银行收支的规模来衡量的。在威尔斯（H.G.Wells）的科幻小说《指人为神》中，人类唯一与“上帝”相似的特征是他们越长越高，这可能就在无意中使这个单纯的信仰沦为荒诞。在这块遍布机遇的土地上，每一个人都有机
会成为像上天一样的百万富翁，满怀这种崇高激情的人将支持任何使他们的国家扩 17
张，让他们足以生存的计划。他们将带着比英国人看着大英帝国地图时更大的热情来关注美国在地图上的国境线。即便是穷人也能够分享这种扩张的感受，爱国热情会比任何有意识的《宪法》学习更好地教育贫穷的移民们成为良好的公民。

一些外国人期待能看到美国接手世界事务，并希望找到一个用以抗衡他们对手的平衡力量。早在1775年，当法国人还在准备帮助美国赢得独立时，法国外交部部长弗金斯伯爵[②]就心存疑虑，他感到这样一个国家可能会迅速发展起一

---

① 詹姆斯·诺克斯·波尔克（James Knox Polk，1795—1849），美国政治家，律师，美国第11任总统（1845年3月4日—1849年3月4日）。他在短短的四年任期内，完成了对选民的四大承诺：降低关税；恢复独立国库制；解决俄勒冈边界问题；取得加利福尼亚地区。把美国领土向北扩张到北纬49°线，向西扩张到太平洋，向南几乎兼并了墨西哥一半领土，今天美国领土的四分之一是他取得的。他每天工作18小时以上，而且没有休闲活动，以至于未老先衰，离开白宫三个月后就病逝了，他被历史学家评为美国最勤奋最有效率的总统。

② 查理·格拉维耶·弗金斯伯爵（Charles Gravier de Vergennes，1719—1787），法国政治家、外交家。他从1774年路易十六统治时期开始担任外交部部长。在美国独立战争期间，他通过向北美洲殖民地居民提供援助，帮助他们在美国独立战争中摆脱英国的统治，从而削弱英国在七年战争胜利后在国际舞台上的主导地位。同时他还成功地在欧洲创建起一个稳定的力量均势。

支不可抗拒的海军力量，足以支配新世界并吞噬法国和英国在西印度群岛的利益。随着西班牙和葡萄牙的衰败，尽管法国也一直在努力要重新恢复，英国和俄罗斯成了仅存的两个世界帝国。俄罗斯的亚历山大一世[①]非常愿意与共和的美国人友好相处，他们可以被用来对付英国。而英国首相坎宁[②]则通过让美国总统门罗支持他对神圣同盟及其恢复西班牙对南美统治计划的蔑视而加以反击。一年后，一个长期居住在印度的英国人家，在听多了俄罗斯军队将要到来的谣传之后，推测美国迟早会出手干预，否则就有可能会让俄罗斯实现其对“亚洲的全面控制……极有可能的是，俄罗斯和美国将在世界舞台上出演宏伟篇章，而印度斯坦的平原将出现帝国争霸的场景”。托克维尔也将美国和俄罗斯视为新的世界巨头。

然而，在19世纪上半叶，建立一支威权政策所需并远离海岸的海军力量的行动却非常迟缓。整个国家自我感觉具备了无限的后备力量，因此不需要将它们变为实际上的武器。人们预期美国可能会显示出来的创造精神，被一种比在欧洲更为僵硬的专业保守主义扼杀了。那种专业保守主义甚至不喜欢像蒸汽机那样的所有新奇的东西。美国在1837年建造了世界第一艘真正的蒸汽军舰，不久后又试用了第一个螺旋桨，但在完成这些实验后没有任何后续行动。当欧洲海军迅速披上钢铁盔甲时，美国在内战期间还继续建造木船。当然，即使是木船，也是远远不够的。从1815年开始，随着地中海舰队的建立和几年前与北非

---

① 亚历山大一世·帕夫洛维奇（Alexander I，1777—1825），亚历山大一世，俄罗斯帝国皇帝（1801年3月23日—1825年12月1日在位）。由于他在拿破仑战争中组建反法同盟击败法兰西第一帝国皇帝拿破仑一世，复兴欧洲王室，从而被欧洲各国和俄罗斯人民尊称为“欧洲的救世主”，加上其作为战后欧洲神圣同盟的领导人物，故又被称为“神圣王”。

② 乔治·坎宁（George Canning，1770—1827），英国杰出的外交家，他放弃欧洲协调原则，抛弃了神圣同盟，承认了南美洲各国的解放，自诩用新世界来平衡旧世界，支持希腊独立运动。他于1827年就任英国首相，100天后病逝于任上，被称为“百日首相”。

海岸海盗战斗的重启，美国开始逐渐在常设的海外兵站部署小型部队。尽管美
国舰队的规模不大，但英国的先例证明了每一次遥远的海军行动所带来的巨大 18
利益。

这样做是可以被接受的。因为1814年后，美国的扩张又回到了以前的战略，跟在英国这条鲸鱼后面，在其侧翼进行试探。1815年的公约[①]延长了美国航运直接在本国港口和印度之间进行贸易的权利。与英属西印度群岛的贸易也早就重新完全开放了。在远东地区，借助于非法交易，与广州的贸易更深地进入了内地。这激怒了清朝帝国和东印度公司的官吏们，但却受到了英国制造商的欢迎，美国船只有时也为这些制造商们运送货物。这些制造商们呼吁开放中国市场，而将鸦片作为攻开城门的大槌，这就导致了1840年的鸦片战争——美国像其他国家一样从中受益，但无需承担任何污名。在那几十年中，存在着英国向印度提供警察，印度向中国提供鸦片（非法地通过武装走私），而中国向英国供应茶和丝绸这样一个庞大的三角贸易，而美国市场为其增加了第四个组成部分。没能进入竞争激烈的从印度运出鸦片的业务（东印度公司顾虑名声而不愿自己干），美国船东们建立了来自中东的另一条供应通道。1815年之后经由这条通道的运输量显著增长，嗅觉敏锐的阿斯特（Astor）于1816年加入了进来。

尽管如此，美国还是显示出了一些软弱的迹象。随着拿破仑战争的结束，美国失去了运输贸易中的特殊地位。其独立的鸦片供应数量相对较少，质量也较差。它自己的主要商品产量正在减少。除了在太平洋海岸要与加拿大和俄罗斯的毛皮交易商竞争，海狸和海豹的数量也由于浪费和破坏性的狩猎而在减少。不久之后，伴随着美国在斐济的运作，加之1817年之后在夏威

---

① 1815年，美国与英国签订的《贸易公约》（Commercial treaty with Great Britain），建立了美国、英国和大英帝国大部分地区（不包括爱尔兰）之间的自由贸易。

夷的运作，对中国的皮毛销售就被大量的檀香木贸易所替代了。贸易商们担任了当地君主的顾问，作为岛上的统治者和债务收款人来收取皇家垄断的檀香木。传教士们帮助巩固了这一地位，而夏威夷也由此开始了最终依附于美国的漫长历程。

所有这些海上的扩张，与美国在1820年之后获得了新的推动力而在陆上
19 向西的扩张相比都是位居其次的。和以前一样，那是一个混乱并令人沮丧的过程，私人对自然资源的占有没有考虑过任何公共利益的需要。弗雷德里克·杰克逊·特纳[①]将这种自由与“欧洲科学管理系统”加以对照，他给了欧洲太多的信誉。然而在美国，极少数几个宣传环境保护理念开明人士的声音确实就是在旷野中的哭泣。从另一方面来看，十年或二十年后美国似乎不再有要吞下整个美洲大陆的胃口了。当1824年国会辩论这个议题时，一致的共识是洛基山将成为美国的自然国界。在1840年以前，人们一直担心人口会过于稀薄。直到那以后，人口才开始向太平洋沿岸的“俄勒冈”地区扩散。杰斐森和其他人很早就持有，而直到1848年丹尼尔·韦伯斯特[②]才提出的另一种观点是，美国的播种人能够并应该扩展到太平洋沿岸，但洛基山另一边的土地应该形成一个独立的国家。在1825年，有一位作家认为，试图将那么遥远的一个地区保持在的联邦之内将使政府的民主模式运营成本过高，从而使它无法有效工作。

这里有一些类似维多利亚时代英国的哲学逻辑，希望殖民地的人口增长，但期望他们在壮大之后能以自己的方式站稳脚跟，并同时与宗主国保持良好

---

① 弗雷德里克·杰克逊·特纳（Frederick Jackson Turner，1861—1932），美国历史学家。1893年在芝加哥美国历史协会年会上他宣读《边疆在美国历史上的重要性》一文，奠定其在美国史学界的地位，该理论被称为“边疆理论”。该学说对美国的史学研究产生重大影响，并由此形成一个颇具影响、在美国史学界占据统治地位40年之久的“边疆学派”。

② 丹尼尔·韦伯斯特（Daniel Webster，1782—1852），美国著名的政治家、法学家和律师，曾三次担任美国国务卿，并长期担任美国参议员。

的客户和朋友关系。在美国，19世纪40年代殖民运动与东部航运巨头对太平洋港口高度的需求汇集形成了一股反对这种思维的潮流，两者都需要政府支持来对付外国的竞争对手。纽约州的财政优势的作用越来越大。正如米歇尔·舍瓦利耶①在1835年所写的那样，纽约州是通过其“宏大、统一和集中”的品质从而赢得了“帝国之州”的称号的，这包括对银行和学校实施强硬的监督。他注意到这个新英格兰地区的邻居并没有那种“美国人所特有的崇尚分裂的精神”。在其他许多国家中，例如德国，往往会由一个位于边境的省份起带头作用，而纽约市作为世界霸权的金融中心，有朝一日也会以另一种方式来证明其“帝国名望”。

《1818年条约》②将美国与加拿大的边界沿北纬49度线平行延伸至洛基山脉，从而为两国的开拓者们开放了巨大的旷野。但即便1814年后官方关系有所改善，旧有的仇恨和对加拿大仍在英国手中所感到的愤怒依然难以止息。 20

① 米歇尔· 舍瓦利耶（Michel Chevalier，1806—1879），法国工程师、政治家、经济学家和市场自由主义者。他1834年被法国内政部派遣，前往美国和墨西哥考察美洲的工业和金融情况。正是在这次旅行中，他还提出了这样一种观点，即美洲讲西班牙语和葡萄牙语的地区与所有具有浪漫文化的欧洲民族有着共同的文化或种族亲和力。他假设美洲的这一地区居住着“拉丁人种”，他们可能是“拉丁欧洲”与“日耳曼欧洲”“盎格鲁－撒克逊美洲”和“斯拉夫欧洲”斗争的天然盟友。这个想法后来被19世纪中后期的法国和拉丁美洲的知识分子和政治领袖所接受，他们不再把西班牙或葡萄牙视为文化模式，而是把法国视为文化模式，并创造了“拉丁美洲”这个术语。

② 《1818年条约》，全称为《尊重渔业、边境和赔偿奴隶的协定》（Convention respecting fisheries，boundary and the restoration of slaves），是美国和英国于1818年在伦敦签订的条约。该条约解决了两国之间的大部分边境争议，并允许两国联合控制俄勒冈乡村地区（英国称之为哥伦比亚地区）。两国同意划定一条包括北纬49度的边界线，部分原因是，与现有的基于分水岭的边界线相比，直线边界线更容易测量。该条约标志着英国在现在的美国大陆上最后一次永久性的重大领土损失，也标志着美国将北美领土永久地、重大地割让给外国。英国割让了鲁伯特在北纬49度以南和大陆分水岭以东的所有土地，包括该纬度以南的红河殖民地，而美国割让了北纬49度以北密苏里州领土的最北端。

1837—1838年加拿大上部和下部地区的叛乱活动让美国人兴奋不已。1838年初，伦敦的马尔姆斯伯里爵士在他的日记中记下了由一个事件而引起的喧闹。“美国的多家激进报纸对英国极其仇视，他们正在竭尽全力煽动民众发起一场战争……威胁要报复，写出了极为荒唐的长篇大论。”让他感到欣慰的是美国总统和国会似乎更加克制。美国在民主方面领先的标志之一就是年轻的民主党扩张主义者约翰·路易斯·奥沙利文①所沉迷于其中的报纸上的煽动性言论。托克维尔发现新闻有“一种非凡的力量”，能奇妙地将善与恶混杂在一起且影响巨大，但沉迷于“以开放和粗暴来唤起民众的激情”。

在1842年签订了《韦伯斯特—阿斯伯顿条约》②之前，早期的西部边界争端一直没有停止过，这就为耸人听闻的新闻不断地提供着素材。但到了那时，俄勒冈州又出现了新的问题。对英国人将垄断太平洋海岸北段的疑虑被煽动起来了。有一种隐约的暗示，做事从不正派的英国正在与墨西哥联手占有加利福尼亚，这将把美国彻底排除在太平洋之外。简而言之，虽然美国从英国学到的帝国仪态远不止于海上，但美国人害怕英国会在洛基山以西的地区模仿他们。同时，扩张主义还有另一个激励器，对大英帝国在美国南方影响的扩大感到恐慌。英国于1834年在自己的殖民地上废弃了奴隶制，但却通过向美国南部的棉花提供最大的市场来帮助实行永久的奴隶制。这样做主要是为了向印度大量出口机器制造的布匹，从而让工业加入政治征服之中。

南方社会通常只会通过极其残忍的手段来实施征服，但他们所拥有的黑人奴隶

---

① 约翰·路易斯·奥沙利文（John Louis O'Sullivan，1813—1895），美国专栏作家、编辑。1845年，他用“天定命运论”一词，推动美国吞并得克萨斯州和俄勒冈州。因为著名的短语“天定命运论”可以追溯到他，原本在20世纪已经默默无闻的他得以重新回到人们的视线中。在富兰克林·皮尔斯总统执政期间（1853—1857）担任美国驻葡萄牙公使。

② 《韦伯斯特－阿斯伯顿条约》是美国和英国间为确定美国东北部边界和两国在取缔奴隶贸易中进行合作而订立的条约。

是通过买卖，而不是征服得来的。它与整个美国的商业心态是一致的，国家领土的很大一部分是通过向外国政府或印第安部落支付现金而获得的。对美国人来说，美元就和欧洲王朝经常所做的联姻一样有用。不管情况如何，即便领土在征服者们中换手，也不会有人来咨询当地居民的意愿。1819年，西班牙放弃了它当时仍然拥有的佛罗里达，那是在购买的伪装下进行的。[1]过了一年，对密苏里的妥协限制了
奴隶制向北方的扩散；西进的道路被突起的墨西哥的北部挡住了。在美国试图从墨 21
西哥购买得克萨斯之前，墨西哥刚刚实现了独立。这使墨西哥对美国产生了疑虑，就像美国怀疑英国一样。人们记得，在辞去杰斐逊任内的副总统职位之后不久，阿龙·伯尔[2]曾企图在1806年夺取得克萨斯，甚至整个墨西哥，但未能成功。

然而，美国通过其正在进入的新时代的典型方式——经由私人企业很快就拿下了得克萨斯州。如同佛罗里达的早期情况那样，定居者们被分送到人烟稀少的地区。那些人大部分来自南部各州，他们意气风发、意志坚定。非常像两代人之后在德兰士瓦[3]的英国移民劳工[4]或英国定居者们一样，他们感到压力并

---

① 1819年时的美国和西班牙签署《亚当斯—奥尼斯条约》，西班牙决定把佛罗里达州卖给美国并和美国订出与新西班牙总督辖区的边界。该条约解决了两国之间存在的边界争端，且被认为是美国外交的胜利。

② 亚伦·伯尔（Aaron Burr，1756—1836），美国政治家、律师。他是美国第三任副总统（1801—1805），在托马斯·杰斐逊总统的第一届任期内任职。1804年，伯尔在一场著名的决斗中枪杀了他的政治对手亚历山大·汉密尔顿，汉密尔顿的死终结了伯尔的政治生涯。1805年，伯尔在副总统任期结束后前往西部边境，阿勒格尼山脉以西的地区和俄亥俄河谷，最终到达路易斯安那州。伯尔从西班牙政府那里租用了路易斯安那州瓦赫塔河沿岸的4万英亩（1.6万公顷）的土地，称为巴斯特洛普地区。

③ 德兰士瓦共和国（Transvaal Republic）是1852—1877年和1881—1902年间阿非利卡人在现在的南非共和国北部建立的国家，首都比勒陀利亚。

④ 1886年独立的德兰士瓦共和国（Transvaal Republic）发现黄金后，在地球上已知的最大黄金资源产地威特沃特斯兰德盆地（ Witwatersrand basin）淘金热期间，涌入大量外国（主要是英国）移民劳工。

公开抱怨。托克维尔曾在当时评论说，“得克萨斯仍然是墨西哥国家的一部分，但它很快就不再会有墨西哥人了。”各类事件以及那些神圣的争执，很快就应验了他的预言。1836年，定居者们击退了墨西哥总统桑塔·安纳①试图控制他们的努力。他们的领导人山姆·休斯顿②是一个具备不同气质的美国混杂血统的人物。他在童年时期曾在印第安人中间生活了三年，学会了他们的语言，在与印第安人的交流中养成了他的魅力和自尊。他相信能与印第安人和平相处，但他不相信墨西哥人。杰克逊总统迅速认可了得克萨斯的独立。许多欧洲国家，包括英国在内也都承认了得克萨斯共和国。众所周知，英国一直希望得克萨斯能成为一个独立的国家，并被怀疑持有险恶的动机。许多美国人，特别是南方人则反其道而行之，希望得克萨斯能加入联邦，把它看作是自己领土的扩大。以土地为生的人们和土地投机者们大肆宣传，把得克萨斯人称为“争取自由的英雄”。政府代理人在幕后工作以说服得克萨斯选择加入美国，部分是因为他们和墨西哥之间存在的冲突。经过议会投票，得克萨斯决定加入合众国。泰勒③总统

---

① 安东尼奥·洛佩斯·德·桑塔·安纳（Antonio López de Santa Anna，1794—1876），简称桑塔·安纳。19世纪墨西哥将军和独裁者。1836年3月2日，得克萨斯州对墨西哥中央政府的不满使该州宣布独立。1836年3月27日，桑塔·安纳在戈利亚德屠杀了被打败的得克萨斯州战俘。4月21日，他的军队在圣哈辛托战役被打败，他本人被俘虏。后来，他与得克萨斯州签署条约，被迫承认得克萨斯州的完全独立。

② 山姆·休斯顿（Sam Houston，1793—1863），美国最出名的牛仔之一，少年就流浪成为印第安酋长养子，婚姻失意后辞去田纳西州长职务再次入籍印第安部落。在圣哈奇托湾战役大破墨西哥军队，1836年9月当选得克萨斯共和国第一任总统，得克萨斯并入美国后任得克萨斯州州长。美国第四大城市休斯敦即以他命名。

③ 约翰·泰勒（John Tyler，1790—1862），第10任美国总统，辉格党人，是第一个因在任总统逝世而以副总统继任为总统的人。在他的坚持下，副总统得在继任总统之后取得和总统一样的地位。约翰·泰勒1841年就任副总统，一个月后继任总统，迅速巩固了手中的权力。在总统任期内，他改组美国海军，建立美国气象局，结束佛罗里达的第二次塞米诺尔战争，平息罗得岛多次叛乱，合并得克萨斯州。

于1845年在民众的支持下，完成了参议院在一年前不让他做的一件事，接纳得克萨斯加入美国。北方反对这样做，把它视作为延伸奴隶制的行动。泰勒是弗吉尼亚人，和休斯顿不同，他是死硬的邦联派。看一下伍德罗·威尔逊从历史学家角度对这个事件以及泰勒总统所作的有关著作，就能更好地理解总统威尔逊后来在处理墨西哥事务中的举措了。

公众舆论，或者说是公众的吵闹声，使泰勒能在1844年的总统选举中
把接纳得克萨斯作为他的竞选纲领之一，他的继任者波尔克总统也是极力赞 22
成这一点的。在与英国在俄勒冈地区的争执中波尔克也采取了强硬的路线，而当时争执也已接近了爆发点。如同在1812年时一样，地区扩张野心的竞争刺激着相互双方。“原则上，得克萨斯和俄勒冈的情形与1812年时佛罗里达和加拿大的情形是相似的”。它们都属于1845年第一次被称之为的“必然命运”。纽约的一篇文章写道，人们“绞尽脑汁以找到新的国家来加以吞并”。无须儒勒·凡尔纳[1]的丰富幻想，就能让他的“扬基[2]空间旅行者”们认为如果墨西哥拒绝了他们想要据此发射枪弹的山顶位置，那就是一种战争行为。

---

① 儒勒·凡尔纳（Jules Verne，1828—1905），19世纪法国小说家、剧作家及诗人。凡尔纳的文学创作事业取得了巨大成功，以《在已知和未知的世界中的奇异旅行》为总名，代表作为三部曲《格兰特船长的儿女》《海底两万里》《神秘岛》以及《气球上的五星期》《地心游记》等。他的作品对科幻文学流派有着重要的影响，因此他与赫伯特·乔治·威尔斯一起被称作“科幻小说之父”。

② 扬基人（Yankee），美国独立战争以前，人们把服役于美国殖民地军队里的新英格兰人称为“扬基人”。独立战争时期，美国人在康科德（Concord）战役首次击败英国人，并开始自豪地称自己为“扬基人”。南北战争时期，美国南方人把去南部的北方人，不管是政客、商人，还是军人、律师，一律统称为“扬基人”。第一次世界大战后期，美国派兵赴欧参战，欧洲用“扬基人”统称所有的美国人。现在，“扬基人”一词在美国国内和国外有两层意思。在美国国外，它泛指一切美国人；在美国国内，它指的是新英格兰和北部一些州的美国人。

波尔克可能从来也没有打算真正与英国开战，但他的格言是“对付约翰牛[①]的唯一办法就是直看着它的双眼”。尽管波尔克有着苏格兰—爱尔兰血统，是一个严格的教徒，但边缘政策对喜爱赌博取胜的美国人来说一直是有吸引力的。此外，也不能确定普通老百姓是否真的想要战争。丹尼尔·韦伯斯特在上次冲突将近结束时的一次征兵辩论中说过：“你可以向他们唱各种各样征服加拿大的歌，但他们不会就此被迷住。”在我们的时代，如果事先知道代价将是大规模的征兵，那么20世纪60年代征服亚洲的歌曲也就不会那么令人受用了。像他的一些后序继任者们一样，波尔克部分地成了那些支持他上台的战争狂热者们的囚犯。但在1846年初，当英国准备派遣海军增援时，他决定采取守势，西北部的争端很快就合理地解决了。

对被那些顽固的批评家们批得一无是处的波尔克来说，在另一个场合来证明自己说话算数和实力取胜将更为有利，那样做风险更少。已经被鼓动起来的情绪将以向墨西哥方向的扩张释放出去。加利福尼亚是一个看得到的奖品。那儿也可以找到无处不在的美国定居者，一个虽然不大但却呼声响亮的殖民地。而且由于中国的门户已被打开，加利福尼亚的港口将为一个远大的新远东贸易的愿景增添价值。占领加利福尼亚和后来占领菲律宾一样，主要是用来作为向中国进行商业渗透的基地。得克萨斯独立了，美国人正感受着一种高涨的愿望，他们的目光凝视着西方，像休斯敦那样的人们高谈阔论着自己延伸到太平
23 洋海岸的帝国。美国承接了这样的野心，而他们与墨西哥的争执也愈演愈烈。刚开始时，美国政府准备支付二千五百万美元来购买上加利福尼亚和新墨西

① 约翰牛（John Bull），是英国的拟人化形象。这源于1727年由苏格兰作家约翰·阿布斯诺特所出版讽刺小说《约翰牛的生平》，主人公约翰牛是一个头戴高帽、足蹬长靴、手持雨伞的矮胖绅士，为人愚笨而且粗暴冷酷、桀骜不驯、欺凌弱小。这个形象原来为了讽刺辉格党内阁在西班牙王位继承战争中的政策所作，随着小说的风靡，逐渐成为英国人自嘲的形象。

哥，或者说为较小的交易支付较少的金额。但是，墨西哥拒绝出售，这导致了1846年5月爆发的战争①。

在1814年时，一位苏格兰反战争激进分子曾在报纸上以挖苦式的惊愕来抨击美国人“他们居然与我们开战——先生，我们一直是那么友善并宽容地对待他们”。美国人现在对墨西哥人有胆量蔑视他们感到惊讶。吞并主义者的念头膨胀成了占领整个墨西哥的提议。正像欧洲人在面对类似诱惑时常说的那样，为什么要在一个樱桃上咬两口呢？墨西哥看上去很虚弱，不用很久就会崩溃的。谣传中的丰富矿藏把它描绘成了一个新的黄金国度，而加利福尼亚的淘金热很快就为那些不切实际的梦想提供了某种程度的证明。人们甚至开始谈论一条通过地峡的运河。

在冲突开始时，国务卿布坎南②在一次内阁会议上敦促美国应拒绝任何吞并主义目标：否则“几乎可以肯定英国和法国将参战，并与墨西哥站在一起”。结果，他发现自己很孤独。波尔克对这个“不必要和不恰当”的想法感到“非常吃惊”。他认为墨西哥和俄勒冈是相互分开的问题;美国不会为领土而开战，但领土将是可接受的战争赔偿。如果英国和法国进行干预，他将抗拒他们“或抗拒来自基督教会的所有力量”，并在“冲突中战至最后一人”。

战争的真实意图一部分是阻止欧洲的干预，特别是要制止英国人获取加利

---

① 美墨战争（墨西哥—美利坚战争，Mexican-American War），是美国与墨西哥在1846年至1848年爆发的一场关于领土控制权的战争。美国通过这场战争，夺取了墨西哥230万平方千米的土地，一跃成为地跨大西洋和太平洋的大国，美国从此获得在美洲的主宰地位。墨西哥丧失了大半国土，元气大伤。

② 詹姆斯·布坎南（James Buchanan，1791—1868），美国第15任总统（1857—1861），生于宾夕法尼亚州。1845—1849年出任美国国务卿。在皮尔斯总统上任后，被任命为驻英国公使。在此期间，布坎南做得最有成效的事情是改善了与英国的关系。布坎南出任总统时，正值美国处于历史上的一个重大关头。当时，南北双方在奴隶制问题上的斗争愈演愈烈。他尽管为避免南北分裂做过不少努力，但还是无力扭转局势，后来内战终于爆发。

福尼亚的任何行动。事实上，尽管有一些当地人在催促，英国政府当时并没有这样的计划。实际情况是当墨西哥提出以加利福尼亚作为英国财政援助的回报时，帕麦斯顿[1]拒绝了，他不愿冒与美国开战的风险。波尔克处在一个幸运的位置，他面对着一个没有启动的对手从而能够赢得一场胜利的比赛。英国的资源被大量消耗在1845—1846年的第一次英国－锡克战争[2]和紧接而至的1848—1849年最终征服印度的战争[3]中。当班克罗夫特[4]在担任海军部部长后于1846年
24 9月以部长的身份去伦敦时，他向波尔克保证将不会有人站出来反对占领整个墨西哥的。

当时，美国开始像欧洲一样，着眼于一个长远的文明使命，一种对那些“上帝”顾及不周的人民实行启蒙的义务。因为它的机制更加开明，它在某种程度上更加自以为是地认为应将美国的国旗插到任何有人居住的土地上去。欧洲人真诚地相信，他们的统治使亚洲人或非洲人活得比他们自行管理时更好。美国人确信能让所有的各色人种（也许除了红色印第安人和黑人以外）过得更

---

① 亨利·约翰·坦普尔·帕麦斯顿（Henry John Temple Palmerston，1784—1865），英国首相（1855—1858，1859—1865）。英格兰第二帝国时期最著名的帝国主义者。原为托利党人，后成为辉格党人。三度担任外交大臣（1830—1834，1835—1841，1846—1851）。奉行内部保守、对外扩张政策。两次发动侵略中国的鸦片战争并镇压太平天国革命；挑起克里米亚战争，与俄国争夺地盘；镇压印度民族起义；美国南北战争时，支持南方奴隶主集团。

② 第一次英国—锡克战争（1845—1846）。英国在1843年征服信德后，即把侵略矛头指向印度次大陆最后一个独立的旁遮普国。1845年12月13日英军攻击萨特莱杰河南岸锡克军，战争爆发。英军于英军强渡萨特莱杰河，于20日攻占旁遮普首都拉合尔。1846年3月，旁遮普国被迫签订《拉合尔条约》，割地赔款，裁减军队。

③ 第二次英国—锡克战争（1848—1849）。锡克人不满英国殖民压迫，于1848年起义，并得到阿富汗的支持。1849年3月，英军将阿富汗军队逐出白沙瓦。锡克军投降，旁遮普被并入英属印度。至此，英国完成对整个印度次大陆的征服。

④ 乔治·班克罗夫特（George Bancroft，1800—1891），美国历史学家、政要，著有10卷本《美国史》，被誉为“美国历史之父”。曾任美国海军部部长（1845—1846）和美国驻英国、普鲁士和德意志帝国公使。

好。文明和宗教自由将创造奇迹——美国是一个道德的弥达斯[①]，他的触摸将会把最底层的金属变成黄金。一些人对将墨西哥这样一个庞大而不成熟的人口纳入合众国是否明智存有疑虑。答案之一是墨西哥将被同化为更有影响力的美国种族，而不再是一个单独的实体。这是对美国基因和机制活力所具有的勇士般的信念，然而美国早已忙于吸收数以百万计来自欧洲的新移民了。

当时，所有对墨西哥人的评估都是被歪曲的，那些预先假定推广文明将使人受益的人都还没有进入文明社会。墨西哥人是一个非常混杂的种族，既包含有印第安部落，也包含有那些住在更北部的人群。即使是对更高一层的新世界的拉丁人，美国人的感觉也类似于英国人，必定是从英国人那里学来的。他们确信之所以要实施强权是因为拉丁人在政治上的无能和不负责任。雅各布·皮亚特·邓恩[②]在1886年时曾写道："当墨西哥人没有别的事情可忙活的时候，他就起来造反了。"多年来对墨西哥人的暴行和残酷的报道引发了更为敌对的情感。这将是殖民战争如何经常对预定的受害者提出暴行指控的又一个例证。

美国体制内一个较少被提及的部分就是奴隶制，它在墨西哥是非法的。在19世纪30年代，废除奴隶制的运动正在兴起，这使南方人更焦急地想要扩大其影响范围。奴隶制问题很快就使关于吞并多少墨西哥领土的辩论趋于复杂。传播文明和扩大奴隶制之间的差异是非常明显的，反对奴隶制的政党普遍担心从墨西哥所取得的更多的土地，将像得克萨斯州那样成为新的邪恶滋生地。波尔

---

① 弥达斯（Midas），希腊神话中的佛律癸亚国王，关于他点石成金的故事非常有名。弥达斯获得了点金术，凡是他所接触到的东西都会立刻变成金子。但这实际是个巨大的灾难，他因而祈求狄俄倪索斯收回赐予他的点金术。

② 雅各布·皮亚特·邓恩（Jacob Piatt Dunn，1855—1924），美国历史学家、记者、作家。作为一名政治作家和改革家，邓恩致力于基于澳大利亚投票制度的选票改革问题，撰写了新的印第安纳波利斯市宪章，并担任印第安纳州州长托马斯·马歇尔和美国参议员塞缪尔·拉尔斯顿的顾问。

克对此不屑一顾，他出生在北卡罗来纳州，然后在田纳西州定居，他是一个反
25 废奴主义者，但他必须考虑他的决定将会产生多大的影响。整个西部地区都是吞并主义的支持者：在过去的几十年里，扩张主义凶猛猖獗，就像俄罗斯在亚洲或者英国在印度的那些拓荒者们一样。然而坚定废奴的新英格兰地区怀疑扩张及其动机。纽约主张尽可能多地吞并，以便从中分享战利品。人们普遍认为奴隶主的立场都是一样的，但在现实中他们似乎是分裂的，他们中的许多重要人物反对过度扩张。他们需要消化得克萨斯；他们可能担心在墨西哥的其他地区实现行奴隶制在经济上并非可行，引入奴隶制将会引起废奴的政治风暴。

不管有无奴隶制，墨西哥人并没有接受他们邻居的文明，或者听从“上帝”和历史的声音，他们拒绝交出任何土地，而对抗被证明是长期并执着的。对美国人来说这又一次让他们大惊失色，他们原以为过来，看看，就可以征服——就像埃尔南·科尔特斯[1]的士兵曾在阿兹特克帝国干过的那样，让征服者们退化的后代散开来就是了。当战争爆发时，参加占领加利福尼亚行动的来自朴茨茅斯的士兵们都喜气洋洋，正如其中一个人所说的，“吹嘘扬基们的所有荣耀。只靠自己的舰船，我们就可以拿下墨西哥的整个海岸。甚至敢于断言，在整个墨西哥，没有足够多的土人能抵挡我们，或阻止我们按自己的意愿和乐趣登陆”。这段话的作者是一位普通的海员，他持有一种玩世不恭的调侃意味，就像英国海员和士兵在他们的殖民运动中所留下的记录一样。这一定是通过不计其数的英语募兵运动才进入美国海军的。海军“渴望战斗”，它的军官们毫无疑问比士兵更渴望战斗。尖刻的佩里是这样写墨西哥人的，“他们都是恶棍”，但他又想要占有很多的墨西哥人，这也许缺少了一点逻辑。他一直在写文章提醒人

① 埃尔南·科尔特斯（Hernando Cortes，1485—1547），出生于西班牙，西班牙军事家、征服者。他于1519年率领一支探险队入侵墨西哥。建立了城市维拉克鲁斯后，由于他的狡诈和贪婪，先后征服了阿纳华克地区的阿兹特克人，在墨西哥城传扬天主教的思想。

们，美国拥有的战舰太少了：在1836年只有2艘，而当时法国有15艘，英国有23艘。美国没有蒸汽船舰，而英国有21艘。战争所带来的额外的好处就是把海军和它的需要呈现在公众眼前了。

墨西哥没有军舰，但它的爱国精神远远超出了预期。由于入侵者的笨拙的战争计划和低劣的军事行动，墨西哥可以坚持两年。美国在19世纪的所有军事行动都属于业余水平，这就限制了它的帝国野心。当时的标准做法是在行动开 26
始时组建志愿部队，在极短期间内完成基本训练，就像中世纪的封建奴仆那样一年中只服役了这么多天。为这场战争，政府起初招募了5万名志愿者。事实证明这些人没有什么用处，而他们的行为常常使墨西哥人将他们的文明使命拒之门外。最糟糕的是一些骑兵团，对老百姓完全没有纪律约束，我们是从一个士兵留下的记述中得知他们的行为的。他们是一群“野蛮并鲁莽的年轻人”，他们中的许多人是“拓荒者中间的寻衅者或恶棍……”。将“墨西哥人”与他们自己的黑人奴隶当作同一社会阶层来看待，他们掠夺和虐待墨西哥人、侮辱妇女，有时还当着父亲和丈夫的面这样干。如果男人们胆敢干扰骑士们的“娱乐”就将被捆绑起来并被鞭挞。

直到1847年8月斯科特[①]将军进入墨西哥城以后，正规军的规模才得以扩大。墨西哥仍然拒绝交出任何领土，这使吞并主义者们提出了更高的要求。如果不是全墨西哥或全中美洲的话，佩里[②]至少想要特旺特佩克地峡。他向华盛

---

① 温菲尔德·斯科特（Winfield Scott，1786—1866），美国历史上任期最长的军队统帅。早年参加1812年战争，深感美军素质低下，因此厉行改革，1846年指挥美军击败墨西哥，为美国夺得大片领土。战后竞选总统未成，但成为美军历史上继华盛顿之后第二个中将，1861年内战爆发后，他出任总司令，制定了击溃南方的战略计划并最终获得胜利。

② 马修·卡尔布雷思·佩里（Matthew Calbraith Perry，1794—1858），美国海军准将，曾指挥过1812年战争和美墨战争（1846—1848）。他在1854年神奈川会议上领导了日本向西方的开放。他是美国海军现代化的主要倡导者，并被认为是美国“蒸汽海军之父”。

顿报告说一家英国公司正在考察那里的运河路线，这必须掌握在美国手中，命运已“清晰地决定”，北美洲终有一天将全部属于美国。仍然有各种各样的人对这一想法感到不满，从而在政府中作了调和。墨西哥的顽强抵抗使永久占领的极大困难和高昂代价显而易见。从根本上讲美国一直想让它的冒险能在快速并戏剧性的成功后结束——就像《威克菲尔德的牧师》中的好人渴望他的爱情一样。而这场冒险所呈现的是令人厌倦的迟缓而拖拉的战况，人们所喜爱的解放者角色已经萎靡不振了。而且国内总是有很多事情，国外冲突的补偿只是时有需要，并不像欧洲那样不可缺少。辉格党反对派和反奴隶制的人们谴责“波尔克的战争”，1846年11月的选举使辉格党在国会众议院占有了多数。

1848年2月，波尔克决定接受他的不听话的代理人特里斯特[①]最后搞定的条约。条约给了他新墨西哥州和上加利福尼亚州，这样美国就有了一条完整的
27 从墨西哥湾到太平洋的运输通道——尽管事实上这片土地大部分是沙漠。国会也接受了这一条约，但辉格党掌控的众议院设法通过了一项决议，连本带利向总统清算。该决议指出这场战争是“不必要地并违宪地由总统开启的”，波尔克并不是遭到这样指控的最后一位总统。一位观察员评论说道：“正如奥康奈尔（O’Connell）常说的那样，人民……发现他们被骗了。”无论他对错与否，在经历了沙文主义之后，迅速改变主意又一次救了美国。而美国的领土则从1844年的180万平方英里[②]扩大到了眼下的300万平方英里。

---

① 尼古拉斯 · 菲利普 · 特里斯特（Nicholas Philip Trist，1800—1874），他在西点军校念书，师从托马斯 · 杰斐逊，并与杰斐逊的孙女结婚。他是安德鲁 · 杰克逊的私人秘书，独自谈判结束了美墨战争。

② 1平方英里= 2.59平方千米。

第三章
白人与印第安人

美利坚合众国有一半的州名来自印第安语，就像野蛮的武士从被打败的敌人那里夺来的战利品。与欧洲相比，美国在外交关系中体现了更加平和的规 30
则。在独立前的两百年和独立后的一个世纪里，美国在国内或在边界上与以前的原住民们一直有冲突。曾经有人说过，这为美国士兵留下了关于战斗经验，掩护、设伏和运动部队的艺术等“宝贵的遗产”，一直受用至朝鲜战争。对于国家而言，这份遗产就类似于欧洲人在亚洲和非洲所获得的殖民主义者心态，以及对它进行间歇性抗议的习惯。同时，这也可能成了美国人经常为之哀叹的暴力倾向的部分缘由。

在移民初期所遇到的大多数印第安人对进行贸易并没有不太友好，而新移民们的态度也有很大的差异，但并不缺乏善意。如同温斯洛[①]在《关系》一书中

① 约西亚·温斯洛（Josiah Winslow，1628—1680），五月花号移民领袖爱德华·温斯洛的儿子，哈佛大学毕业。1673年至1680年担任普利茅斯（Plymouth）殖民地总督。他在任期间最重要的事件是“菲利普王战争”，这场战争给英国人和印第安人带来了巨大的灾难，永远地改变了新英格兰。约西亚·温斯洛是美国殖民地第一位土生土长的州长。

所描绘的，当一支拓荒队认为有必要对某些干坏事的人采取行动的时候，“我们对让那些人流血感到非常难过，我们的原意和一直在做的都出自善意，这是贯穿在我们所有行动中的原则”。当时，这两个人种在人数上比以后要更为均衡，新奇感让白人对他的红种人邻居持有一定程度的兴趣，他发现印第安人“非常灵巧并善于观察”，完全值得与之进行以物易物的交易。

友好的思维由贵格[①]教徒威廉 · 佩恩[②]而达到了其最高点。他对印第安人随
30 遇而安，愿意接受现实给予所有一切的生活哲学印象深刻。“他们不斤斤计较，因为他们想要的很少……他们不会对装卸或交换货物的账单感到不安，也不会对法院的诉状或政府的税收感到困惑。”他也被印第安人部落会议的庄严和装饰所震撼。“我从来没有见过比这更自然的灵魂……他应该享有明智的声誉，他们将遵循任何条约中他们所能理解的东西。”他认为，坏的基督徒比印第安人更应对对两个人种之间的麻烦负责。他无法想象不久之后，他的宾夕法尼亚州将会悬赏征求特拉华州印第安人的头皮，包括女性的头皮。这是1648年由荷兰殖民者们发起的一个活动，而荷兰早已在对东亚的征服中变得越来越强硬，征服已成为必要。

苏格兰和英格兰的先驱们在他们自己的国家里也是相当残忍的，在皇家许可下建立的苏格兰凯尔特人定居点，对爱尔兰的长期征服，以及1611年英格兰—苏格兰在阿尔斯特建立的“种植园”，其后果至今仍使我们备受困扰。越过爱尔兰海和大西洋来占据领土时遵奉的是同一个帝国的信条。在美国的早期定

---

① 贵格（Quakers），兴起于17世纪中期的英国及其美洲殖民地，创立者为乔治 · 福克斯。“贵格”为英语Quaker一词之音译，意为颤抖者。贵格会的特点是没有成文的信经、教义，最初也没有专职的牧师，无圣礼与节日，而是直接依靠圣灵的启示，指导信徒的宗教活动与社会生活，始终具有神秘主义的特色。

② 威廉 · 佩恩（William Penn，1644—1718），是北美殖民地时期的一位重要政治家、社会活动家，宾夕法尼亚殖民地的开拓者。他同时也是贵格会（Quaker）的主要支持者和宗教改革家。

居者中很少人具有贵格教徒的品格。那些最认真地学习《旧约》的人所看到是自己为“上帝”所选子民，现在来占领另一个迦南[①]。经历着艰苦的斗争以征服荒野和荒野上的居民，他们需要一个强硬的宗教来支撑他们。由于神学分支所引起的社会分歧，他们经常承受着在自己人之间燃起仇恨的危险。与异教的印第安人的争执可以让他们更好地团结在一起，并让有序的社区成长壮大。

清教徒的前辈移民们也是如此。就在他们登陆之前，住在他们进入地区的印第安人就因瘟疫和内部冲突而人口锐减。“这就是神通过清除异教徒而为他的子民前行开道。”异教徒有时也可以被妥善使用。例如在一位殖民地领导者1622年的报告中就陈述了他是如何捕获一位印第安人的“首领”，并把他作为人质来“迫使他的臣民带着锁链劳作，直到让所有人都为我们作了贡献。而我们当时可以说是一无所有”。在其他场合，殖民者们受到了印第安人的骚扰，而他们就完全有理由来进行报复了。一些冲突以人类曾经历过的各种可怕方式发生了，只是其规模较小，形式更为隐晦。殖民者的行为就像是另一个美洲部落，像印 31
第安人一样的野蛮。他们在1637年包围了印第安人在康涅狄格州佩科特人[②]的集居地并将它烧毁了，有四百多名印第安人被活活烧死，或在试图逃跑时被杀死。“看到印第安人在火中煎烤是一个令人恐惧的景象……可怕的是那股恶臭和气味。但胜利似乎让牺牲变得甜美，人们赞美‘上帝’的神力……”。当克伦威尔在十二年后攻占德罗赫达时，当美国两个世纪后在越南投掷凝固汽油弹时，他们都显示出了同样的正义自信。

---

① 迦南，由以色列或其位于约旦河和地中海之间的部分组成的一个古代地区。《旧约》中，它被称为乐土。“迦南”一词主要出现在《圣经》中，其实它就是希腊人所称的“腓尼基”。

② 佩科特人，操阿尔冈昆语的印第安人，住在今康涅狄格州泰晤士河谷，以种植玉蜀黍及渔猎为生。莫希干人（Mohegan）同佩科特人一起由佩科特首领萨萨库斯（Sassacus）领导，后来副首领温卡斯（Uncas）举义，莫希干人才得以独立。

对此感到兴高采烈的是佩科特人的宿敌纳拉甘西特人[①]，佩科特人曾恳求纳拉甘西特人与他们，而不是与英国人携手。在1675年，殖民者烧毁了一个纳拉甘西特人的村落，烧死了村落中所有的人，其中大多是老人、妇女和儿童。连一些攻击者也认为那是“一个最为可怕和悲惨的场面”。下一年发生的一场战争导致了另一个部落酋长“菲利普王”[②]的失败和死亡。他在继承了印第安人部落的酋长爵位后试图曾建立一个对付入侵者的统一战线。入侵者虔诚地祷告着，“所以‘上帝’……通过授以我们异教徒的遗产，扩展了我们的边界。那些异教徒由于不讲道理的叛乱而被没收遗产。”在弗吉尼亚，经过将近一个世纪后，印第安人差不多被变成了奴隶。1705年的一项法案使之成为非法，但它还是又持续了几十年。克雷夫科尔[③]对他作为其中一员的美国人的少数批评之一就是殖民者个人就可以肆无忌惮地伤害印第安人，这种伤害引发了1774年印第安人对弗吉尼亚的一次攻击。

在北方，易洛魁联盟[④]的“六国”形成了一个强大的永久联合体，路易

---

① 纳拉甘西特人，操阿尔冈昆语的印第安部落，分布在纳拉甘西特湾以西的今罗得岛州大部地区。纳拉甘西特人原与白人保持良好关系，1675—1676年的菲利普王战争（King Philip's War）中，由于反对白人，被白人殖民者以伤亡207人的代价杀死了约500名纳拉甘西特人武士，在这次战斗中，白人又纵火焚烧房舍，导致500名妇女儿童葬身火海。

② 梅塔科迈特（Metacomet）是印第安万帕诺亚格人（Wampanoags）的首领，英国人称其为“菲利普王”。菲利普王率领族人在1675年夏发动了对新英格兰殖民地的攻击，冲突持续了近一年，最后以英国殖民者胜利告终。

③ 克雷夫科尔（Crevecoeur，1735—1813），法裔美国作家和博物学家，他的作品提供了新世界生活的广阔图景。

④ 易洛魁联盟（Iroquois Confederacy），是一群居住于今日美国纽约州、宾夕法尼亚州、俄亥俄州和加拿大魁北克的印第安人，在16世纪末，由五大部族——莫霍克人、奥奈达人、奥农达加人、瑟内萨人和卡尤加人在纽约地区北部组成联盟，塔斯卡洛拉族人于后来加入成为第六个部族。易洛魁联盟是美国东北部和加拿大东部最强大的原住民势力。

斯·亨利·摩尔根[①]先生曾称之为“一群充满活力和智慧的人……说辞雄辩，战斗英勇，坚持不懈，不屈不挠……他们相互间的关系显现了某些人类的最高美德。”与东部边境地区的许多部落一样，他们不再是森林里的游牧民，而是住在大型并相当精致的定居点里。此外，他们的生活方式只有一半是安定的，因为农活都是妇女干的，而男人则专注于更受人尊崇的狩猎和战斗。这可能是一个谜，为什么他们人已很少，但仍然坚持靠大片森林谋生。在某种意义上，这种两性之间的分化可能比任何部落之间的分裂要深刻得多，那将使他们毁灭。然而，由于白人散落的枪械和皮毛贸易引起的嫉妒，使部落间的敌意更加致命。
易洛魁人和欧洲人都侵犯并抢劫了他们的邻居。在南方，人们想要的是奴隶， 32
而不是毛皮。印第安人被引诱去打仗，俘获囚犯后加以出售。西非提供了一个现成模式，从非洲买来的奴隶也是以同样的方式获得的。

英国和法国在北美大陆上的战争让印第安人以更大的规模相互残杀。他们在对立的帝国之间的处境对易洛魁联盟特别重要：如果他们站在英国人的一边可能有助于使他们得益，这样将在整个现代世界的史册上留下了它的标记。在对手之间保持一个独立的区域是一个反复出现的想法。一百年后，就有提议让英国离开阿富汗，把这个中亚的旧王国作为英国和俄国人之间的缓冲区。当七年战争在1763年结束时，胜利的英国人面临着由一个曾站在法国一方，名为庞蒂亚克[②]的

---

① 路易斯·亨利·摩尔根（Lewis Henry Morgan，1818—1881），出生于纽约州奥罗拉，是美国著名的民族学家、人类学家。他从家乡的易洛魁人开始，推而广之，深入研究了原始社会人类的社会制度、姻亲制度、氏族制度。1851年出版的《易洛魁联盟》是世界上最早的印第安人民族学著作。他的最重要的学术著作《古代社会》于1877年出版，在此书中，指出氏族是原始社会的基本细胞，继而提出原始的母权制氏族是一切文明民族的父权制氏族以前的阶段。

② 庞蒂亚克（Pontiae，约1720—1769年）美国渥太华印第安人酋长，美国最伟大的部族联盟领袖之一。曾领导联盟对抗占领北美五大湖区的英国人，史称“庞蒂亚克战争”（1763—1764）。善于用兵和运用韬略，为渥太华、波塔瓦托米（Potawatomi）和奥吉布瓦（Ojibwa）诸部族联盟的首领。1766年7月庞蒂亚克与英国签订和约。

酋长带领的部落联盟的又一次挑战，这次是抗议对西部更远地带的土地蚕食。虽然那次挑战被击败了，但英国政府感到了压力，不得不在当年宣布除非得到特别准许和印第安人的同意，禁止在阿勒格尼山脉以西的地区设置定居点。

西进的扩张是由投机者组成的公司计划的，跑在最前沿的是弗吉尼亚的贵族土地所有者，其中就有乔治·华盛顿①，他轻描淡写地将法令说成只是“一个临时的平伏印第安人心情的权宜之计”。与之后不久和西班牙控制的美洲发生对抗相似，与英国分离的主要动机是希望能与土著居民自由交手，不受来自欧洲政府的干扰。历史投下了长长的阴影，失去美国必然使英国人感到困扰。多年后，当自由派的英国政府于1909年将南非交给白人少数统治时，小心翼翼地回避了土著居民的所有抗议。

在反对英国的独立战争期间，美国人是第一个寻求印第安人帮助的。但当他们在1776年进攻加拿大失败后，大多数印第安人部落转而投向英国人了。因为英国是更远的邪恶，待遇又给得更好，所以英国人的威胁就更小。让敌人雇用了印第安人和德国军队，这成了美国人的一大遗憾。也曾有人指控英国想煽动黑人奴隶反对他们的主人。这自然产生了认为两个有色人种有罪的焦虑。美国人在1779年对其中的一个进行了报复，华盛顿下令对易洛魁族村庄进行“破
33 坏和毁灭”。残酷的命令被执行了，它摧毁了“墨西哥以北地区北美印第安人最好的文明社区”。

美国没能继承英国在北美洲的优势，所以不得不一点一点地摸索着长大。在建国初期，部落被承认为“国内的附属国”。这个模糊的头衔可能意味着他们将成为像英国人管制之下的印第安人“土著国家”，小的共和国而不是君主制，

---

① 乔治·华盛顿（George Washington，1732—1799），美国杰出的资产阶级政治家、军事家、革命家，美国开国元勋、国父、首任总统。1775年至1783年美国独立战争时任大陆军（Continental Army）的总司令。1787年，他主持了制宪会议，会议制定了现在实施的美国宪法。

驻扎在那里的是政府的代理人，而不是定居的殖民者。和以前一样，人们对此的态度是多种多样的。独立革命提升了公平原则的影响力，一部分公民对此是非常认真的。它激励人们去思考，至少有少数人开始思考。从那时起，美国人开始客观地研究印第安人，并向欧洲学者提供可靠的信息。此外，独立也激励了对种族和种族不平等的思考，需要为实行奴隶制找出合适的理由。在此之前，奴隶制一直被认为是理所当然的，结果使美国成了“一个有意识的种族主义社会”。如何看待黑人必然会影响到如何看待印第安人。

在这个问题上，新的国家的领导者们所说的那一套听上去极为仁慈，但实际上是极不现实的。华盛顿表示尊重印第安人的条约权利，但他希望红种人将随着白人的到来从西部撤出，而不必等到被赶走。杰斐逊宣称，“北美印第安人所给出的天才证明，他们在未开垦的国土上置于与白人相等的水平。我看到了成千上万的自己，我与他们进行了很多的交谈，并在他们中间找到了一个完全可以理解的男性。”他同样是一个美国命运的坚定信仰者，并且轻易地认为他们可以与印第安人和睦相处。他向印第安人宣讲白人生活的方式，特别注重农业和私有制所带来的好处。所有这一切与贝利·贾维（Baillie Jarvie）提出要把罗布·罗伊（Rob Roy）的儿子们从山区带到格拉斯哥当编织匠的徒弟一样愚蠢。[①]1785年时，美国战争部部长亨利·诺克斯[②]也是如此，他坚持应把文明带给印第安人，并乐观地想象将只会有少数人反对这么做。他感到遗憾的是美国人比西班牙人更具破坏性，在美国人口众多的地区，红种人几乎消失了。

不幸的是，只有少数美国人接受这样的看法。打败了乔治国王和他的红种人

---

① “罗布·罗伊”是18世纪一个传说中的苏格兰罗宾汉的绰号。作家沃尔特·斯科特整理了关于他的传说，经过加工，创作成小说历史小说《罗伯·罗伊》（1817）。

② 亨利·诺克斯（Henry Knox，1750—1806），美国书商、军官、政治家，美国独立战争时期，任炮兵总司令，是乔治·华盛顿的亲密顾问，曾任美国战争部部长（1789—1794）。

34 朋友之后，大多数人的心情都倾向于不能让印第安人喘过气来。约翰·杰伊[1]在1786年给杰斐逊的信中写道，“在我看来，我们的印第安人事务管理不善……印第安人被我们的人冷血般地谋杀了，但我们的人并不满足，也没有因为我们获得了他们的土地而兴高采烈”。他赞成应逐渐地，有计划地扩大殖民地，而不是随心所欲地蛮干。但一个强硬的政府看准了这个通过大块土地的销售而筹集资金的最好机会。原则上，这是通过购买而不是强占获得的，但实际上部落对是否出售可能少有选择。新英格兰现在准备跟随弗吉尼亚州的步伐，向西开拓新的领土。土地投机让每个人头脑发热，就像日后美国的股票和股份一样成了娱乐和热情所在：国家漫无止境且尚未开发的财富使它成了赌徒的温床。只当有种地的人来购买并在地里工作时，土地才会变成钱财。会有一个膨胀的定居者人群向前沿涌去完全是仍自视高贵的欧洲的过错，因为它使大多数人民陷入赤贫。但投机者也是有责任的，他们在欧洲大作广告，从而吸引了更多的移民漂洋而来。需要更多的人手来扶持犁把，就像日后需要更多的人手来操控机器一样。

当时有个别的州，尤其是南方的州，对印第安人的权利远远不如联邦当局那样上心。他们也有沉重的债务需要偿还，而大量地产被少数几个南方的辛迪加拿走了。例如田纳西公司就拿走了400万公顷。[2]担任过田纳西州州长的约翰·塞维尔[3]是最贪婪的掠夺者之一，他也是当地的政客之一。他想摆脱任何约

① 约翰·杰伊（John Jay，1745—1829）出生于英属美洲纽约省，是一位美国政治家、革命家、外交家和法学家。他与本杰明·富兰克林和约翰·亚当斯一同出使法国、与亚历山大·汉密尔顿和詹姆斯·麦迪逊一起撰写了《联邦党人文集》。他还曾在1789年到1795年出任美国首席大法官。

② 1公顷=10 000平方米。

③ 约翰·塞维尔（John Sevier，1745—1815），美国军人、拓荒者和政治家，也是田纳西州的建州元勋之一。在田纳西州建州前的时期，他在军事和政治上都发挥了领导作用，并于1796年当选该州首任州长。塞维尔在1780年的国王山战役中担任上校，在18世纪80年代和18世纪90年代指挥边境民兵与切罗基人战斗数十场。

束，正考虑并谈论着分离。如果对把红色人种扫地出门感到不耐烦是美国脱离英国的一个强大动力的话，那这也可能成为田纳西州或佐治亚州从美国脱离出去的一个动力。

往北方去，只是使用的词语存在着差异，但意图都是一样的。1787年的一
项联邦法令核准了一个横跨俄亥俄州的推进计划，150万公顷地以一首歌曲的代
价被卖给了一家公司，虽然有保证说“将永远以最大的诚意对待印第安人”。在
民主的美国由于缺乏官方保密，使许多用语在官方记录中被到处复制。当时，
由于军队的严重减员，美国最好的政策选择是保持诚实，兑现自己的诺言。但 35
预期的印第安人的反抗被大大低估了，从而导致了1791年计划不周的圣克莱尔
远征惨败[①]。这是历史上对印第安人战争代价最大的一次失败。到了那个阶段，
拨款建设军队或者说“军团”以推动帝国建设的潮流已是必不可少的了。当
1793年印第安人部落拒绝放弃俄亥俄河边界后，美国军队在1795年的一次更为
成功的战役中突破了他们的防线。南部的奇克索人[②]协同政府参与了在西北部的
战斗，但在1803年收购路易斯安那后，美国军队开始了与南部印第安人部落的
战斗。在1801年至1806年担任总统期间，杰斐逊安抚了大量的红种人朋友。然
而，定居者的蝗虫般的队伍仍在蔓延并侵入了留下来的印第安人领地。联邦政
府一次又一次地下令驱逐侵入者，有时这些命令被执行了，但久而久之，它们

---

① 圣克莱尔惨败也被称为瓦巴什之战，瓦巴什河之战或千人之战，这场战役于1791年11月4日在美国西北地区打响。作为西北印第安人战争的一部分，美国军队面对的是印第安人的西部邦联。这是“美国军队历史上最决定性的失败”，是印第安人所取得的最大胜利。美洲印第安人联盟的军队在黎明时发动了进攻，突袭了阿瑟·圣·克莱尔将军率领的约1 000人的部队。在圣克莱尔的部队只有24人安然无恙。乔治·华盛顿总统迫使圣克莱尔辞职，美国国会开始对行政部门进行首次调查。

② 奇克索人（Chickasaw），操穆斯科格语（Muskogean）的北美印第安部落，原住在密西西比州和亚拉巴马州北部。

变得功效甚微。由于没有足够的军队与印第安人作战，联邦政府根本没有力量来控制自己国民的动乱。

与英国的争斗又一次兴起了波澜。正如美国人大声指责的那样，英国政府的代表成功地与印第安人结成了新的同盟。这也是印第安人从北到南的各个部落结成阻止白人扩张联盟的最后一次机会。印第安人的精神领袖特库姆塞[①]是拒绝白人文明的代表，而他的兄弟“先知”则是原始宗教的复兴主义者。这位杰出领导人的行为准则表现出了至少像他的大多数对手一样的“文明”。他鼓励进一步转向农业，劝阻饮酒，是文明社会潜在的最好的盟友之一。他想要以政府给予土地来换取联盟所有成员同意接受政府和约。诸如印第安纳州州长哈里森[②]那样的白人领导人在粗鲁的拓荒人的压力下，决定不接受这一原则。哈里森带领队伍入侵了肖尼地区，执行的是一个“先发制人的进攻”的策略。从1945年以后，这个策略也成了美国战略思维的一部分，而与印第安人的战争无疑提供了大量的先例。1812年8月，特库姆塞占领了拓荒者的堡垒底特律，那个曾让庞蒂亚克感到头疼的地方。他手下的队伍壮大到了3000人，这对印第安人的武装来说是一个惊人数字。看起来就像美国人曾在法国的援助下获得了他们的独

① 特库姆塞（Tecumseh），北美肖尼族酋长，以骁勇善战，试图在中西部地区组建印第安部落联盟著称。生于俄亥俄州，自幼痛恨白人文化的扩张。为捍卫家园，青年时代多次与美军作战，1791 年曾大败入侵者圣克莱尔将军。1805 年，与孪生弟弟（外号“先知”）在俄亥俄发起复兴自卫运动，号召革除酗酒陋习，停止割让土地，发扬本土宗教，组建部落联盟。1808 年移至印第安纳地区，继续联络各部落抗御白人文化，并开始接受英国资助。1810 年，与美国政府印第安纳领地总督哈里森举行会谈，痛斥白人扩张主义罪恶，拒绝割让土地，号召全体印第安人团结一致。

② 威廉·亨利·哈里森（William Henry Harrison，1773—1841），出身于弗吉尼亚种植者贵族家庭，是美国第9任总统，第一届大陆会议代表，及《独立宣言》签署人之一。他在印第安纳州打败肖尼族印第安人，人称“提帕卡农英雄”。他也是美国历史上执政时间最短的总统，在他宣誓就职后不久即患肺炎，1个月即不幸去世。他的孙子是美国第23任总统本杰明·哈里森。

立一样，印第安人在英国的援助下有可能获得他们的独立。但特库姆塞带着英国人授予的异乎寻常的准将军衔，在1813年的战斗中被打死了。他是英国人有史以来最杰出的盟友之一。他的事业也就随着他的死亡而终止了。由于这个胜利，哈里森在27年后就任总统。

哈里森在南方的同道是安德鲁·杰克逊，他在1813年领导了对佐治亚州克
里克[①]印第安人的军事行动，因为他们也冒昧地抵制了白人的侵犯。那次军事行 36
动结束时，友好或敌对的克里克人的大部分土地被剥夺了。土地投机交易是最快的致富捷径，很早就进行土地投机交易的塞西尔·罗得斯[②]和杰克逊一样是帝国的建设者。对他们而言，公共责任和私人利益和谐地混合在一起了。杰克逊在1828年当上了总统，这是又一个军人政客——与拉丁美洲的一些军人政客并没有什么本质上的不同。他通过反对“红种人”的战绩证明自己是土地占领的有力开道人从而登上了权力的宝座。

在1814年向加拿大扩张受阻后[③]，美国又倒回来进一步蚕食印第安人的领

---

① 克里克人（Creek），是北美印第安人的一支，属于操穆斯科格语（Muskogean）的北美印第安部落，原居住在佐治亚州和亚拉巴马州的大片平地，经济大体上以种植玉蜀黍、豆类及南瓜为主。

② 塞西尔·罗得斯（Cecil John Rhodes，1853—1902），英国殖民者，南非钻石大王，金融家和政治家。1870年赴南非，并于10年后创办了“德比尔斯矿业公司”，逐渐成为狂热的帝国主义分子，鼓吹英国“真正的目标和方向就是要扩大不列颠在全世界的统治”，力促建立从开普敦到开罗的殖民帝国。1890年出任开普殖民地总理，积极向外扩张，至1895年，夺得赞比亚河和林波波河河间地区及赞比亚河以北地区，并以其名命名为“罗德西亚”。1896年因袭击德兰士瓦失败，被迫辞职。后曾参加英布战争。因心脏病死于南非。南非罗得斯大学也以他的名字命名。罗得斯设立了罗得斯奖学金，奖学金由他的遗产资助。

③ 1812年战争。1812年6月18日，美国向英国宣战。1812至1813年，美国攻击英国北美殖民地加拿大各省。这场战争是独立不久的美国为了领土扩张、乘英国正陷于拿破仑战争之机而发动，最终由加拿大民兵、原住民武装和英军组成的联合军队在1814年打败了美国的入侵。此战过后，美国希望通过武力吞并加拿大的希望彻底破灭，将领土扩张的目光瞄向了墨西哥和印第安人的土地。

地。英国再次提出了和平谈判，但谈判中并没有提及建立一个印第安人缓冲区的议案。美国政府继续声称将严格遵守条约，但职业道德再次与被宠坏的贪婪发生了冲突。土地投机者再次出现，其中包括由巴林公司作经纪人的英国投资者们。他们在英国通过广告鼓励移民，对美国相当了解的威廉·科贝特①将他们的广告方式称之为欺骗。毛皮是另一个获利的来源。自1796年以后，国会授权政府开设“工厂”或贸易站，以公道的价格交换商品。但这些都成了私人企业的眼中钉，他们的策略是设陷阱套住“红种人”，就像他们设陷阱套住野物一样。他们让印第安人欠上债，或被灌得烂醉，然后就巧取豪夺。在同一时期，在其他一些欧洲人的殖民地也可以看到同样的做法。例如在孟加拉，东印度公司和靛青染料的庄园主们就用债务束缚住织布工人和农民。

在这个阶段，有组织的反抗主要发生在南部，那儿的印第安人部落已经像克里克人那样聚结成了几个大联盟。最大的挑战来自“野人”塞米诺尔②部落，他们是由克里克人和其他死硬分子混合而成的。1817年，因为美国指责他们窝藏逃跑的黑奴而爆发了第一次塞米诺尔战争。印第安人对奴隶制并不陌生，其中一些人开始学会使用黑奴——这是他们从文明邻居那儿学到的最糟糕的东西之一，即便他们的奴役不像白人种植园那样繁重。为了追击塞米诺尔人和逃跑
37 的黑奴，杰克逊毫不犹豫就侵入了佛罗里达。当1819年西班牙正式放弃了佛罗里达之后，塞米诺尔人被贬至到那儿的一块保留地去了。

在1824年出版的一本书中，驻纽约的英国领事谴责了在那场战争中对印第

① 威廉·科贝特（William Cobbett，1762—1835），英国散文作家，记者。英国政治活动家和政论家，小资产阶级激进派的著名代表人物，曾为英国政治制度的民主化而进行斗争。

② 塞米诺尔人（Seminole），操穆斯科格语（Muskogean）的北美印第安部落，为克里克人（Creek）的旁支。塞米诺尔人中间杂有印第安人和黑人逃亡奴隶，还有逃避佐治亚州的美洲白人与印第安人权力角逐而到这里的人们。

安人采取的某些野蛮行径，并寻求“激发起对那个被压迫并经受苦难的种族的真正同情”，而这个种族几乎被当时所有的人指责为“残酷、血腥、奸诈、没有文明”。讨厌不友好的扬基可能会让一个英国人同情印第安人。而在加拿大因为人口压力较小，种族间的摩擦也就更少。或许可以说，在英国领事的家乡苏格兰高地刚刚发生的清地运动与将印第安人从他们祖先的家园中驱逐出去并没有什么不同，而正在扩大的美国移民潮应该对此负有责任。

1826年《最后的莫希干人》一书出版了。在这本美国文学史上第一部蜚声世界文坛的小说中，费尼莫尔·库柏通过想象中的印第安人角色描绘了大量印第安人的残酷和嗜血，但也表达了对压制红种人的真实义愤。虽然他的头脑回到了现实世界，但他认识到新的世界与旧的世界一样，不能由抽象的正义来统治，他也无法在基督教的传播中找到哪怕一丝的安慰。种族之间的友谊只存在于个人之间，就像年迈的莫希干酋长和鹰眼，两人都是与自己的种族隔绝的。即使在那样的时刻，白人也总是意识到他和他的同伴之间的巨大差异。总而言之，库柏的莫希干人象征着整个印第安人种族，就像许多人所认为的那样，那是一个垂死的种族，现代人可能会对其古典美德怀有一种带着遗憾的敬意。随着时间的推移，向西部的开拓一步更进一步，新的部落印第安人出现了。那本小说必然鼓舞了更多的明智眼光。当战场的噪声移往远处去时，东部的人可以承受某种程度的放纵来宽恕印第安人。

到那时，还没有人从中得出任何有用的道德教训。托克维尔的美国正在迅速成长，但一个真正意义上的知识阶层，以及由革命所引发的探索精神却成长得非常缓慢。欧洲人自己很早就对前工业社会产生了好奇，并在19世纪开始了系统的实地研究。在此之前，作为新科学的人类学在很大程度上是受到种族主
义感染的伪科学。美国的摩尔根于1877年在他的《古代社会》一书中指出他的 38
同胞们根本没有仔细研究过印第安人的部落结构，而那些印第安人是曾与他们自己的祖先共同生活过的社会组织的后人。

一个感觉自己代表人类现在和未来并远远领先于欧洲，更不用提亚洲的美国，实际上应与任何一个国家一样赞赏史前社会的品质。美国人诅咒这种以部落形式出现的土地集体所有权，就像对待我们今天所看到的类似的其他形式的集体所有权一样。一位印第安人事务专员在1838年简明地规定："共同财产和文明是不能共存的"，只有个人持有才可能让企业发展和道德教养深入到印第安人中间去。在这一点上，欧洲同样是不开放的。在英国、西班牙或其他地方，从普通人那儿没收来的土地成了共同土地，但那最终成了富人的地产，而不是穷人的家产。

根据《反异族通婚法》[①]，政府为希望接受文明的印第安人拨付了一小笔年度款项，用于购买织机、犁和其他设备。虽然白人的偏见仍然没有改变，但在南方的"五大文明部落"[②]中，随着外部血液和思想的影响日益增长，一些新鲜事物取得了令人意想不到的进展。传教团体正在深入部落，并提供进一步的帮助，但这往往破坏了部落无论是武装防卫还是和平生存时的团结。在殖民地世界的各个地方，常常是传教士说服人们接受了不公平的条约。他也可能会让印第安男子接受招募，为他们的新主子攻打其他的印第安人，不管他们与自己

---

① 《反异族通婚法》（The Nonintercourse Act），又称《印第安人禁止通婚法》（The Indian Intercourse Act），是美国国会于1790年、1793年、1796年、1799年、1802年和1834年通过的六项规定印第安人保留地边界的法令的总称。这些法案还规范了美国人和印第安人之间的贸易。该法案最引人注目的条款规定了美国原住民所有权的不可剥夺性，这是近200年来持续不断的诉讼来源。禁止未经联邦政府批准购买印第安人土地的禁令起源于1763年的《皇家公告》和1783年的《联邦国会公告》。

② "五个文明部落"（Five Civilized Tribes），该词起源于美国历史上的殖民和早期联邦时期。它指的是五个美洲印第安民族——切罗基族、奇卡索族、乔克托族、克里克族和塞米诺尔族。这些是最早被盎格鲁—欧洲移民认为是"文明"的五个部落。这五个部落的殖民地特征包括信奉基督教、有中央集权的政府、使用文字、参与市场交易、有成文的宪法、与美国白人的通婚，以及种植园的奴隶制度。五个文明的部落倾向于与欧洲人保持稳定的政治关系。

是否曾有任何过节。在俄勒冈州南部被邓恩称为美国人打过的最非正义的一场战争中，曾有60名印第安人童子军。他们的带头人受洗后成了唐纳德·麦凯[1]。“事实证明他们是宝贵的助手，唯一不足的是他们断然拒绝在星期日做任何事情。”他们对圣经显然是字字照办的。

在美国独立之后不久，耶鲁大学的一位杰出人物曾在布道时证明印第安人是迦南人的后裔，他们是被约书亚从他们的祖居之地赶出去的，因此也可以合法地把他们从美国赶出去。在今天，除了曾持有奴隶经济的南方，这种论调已经过时了。但有一些非常类似它的东西被编织进了世俗理念，形成了一个在达
尔文之前的社会达尔文主义版本：“低级”的人种必须给“高级”的人种让道。 39
这种信念是如此坚定，以至于最高法院关于维持印第安人部落主权的一系列裁决无法执行。政府在过去和现在一直采取行动试图制止那些侵犯印第安人领地的入侵者，但公众的支持却少得可怜，而政府的决心又不足以保证能实现自己的意图。

门罗总统想要把欧洲人拒之于新世界的门外，因此并没有很大的意愿让美国人从印第安人的领地上撤走。恰恰相反，他在1825年提出将部落转移到未开放的西部地区，他要移除的是印第安人，而不是入侵者。尽管门罗和其他一些人慷慨陈词，国会没有批准他的提议。有些人真诚地相信让部落成员留在被“文明”和它的影响的包围下必然会导致退化，而未经训改的野性才能拯救他们。极为自相矛盾的是，“文明部落”曾如此迅速地被现代社会同化，而今却被

① 唐纳德·麦凯（Donald McKay，1836—1899），美国童子军、演员和发言人。他在莫多克战争和美国印第安战争期间担任温泉印第安人的领袖而为人所知。1852年，麦凯在印第安事务局和美国陆军担任翻译。1872年，在莫多克战争期间，美国陆军授予麦凯一个临时的队长职务，领导沃姆斯普林斯印第安侦察兵。莫多克战争结束后，麦凯带着几名温泉印第安侦察兵在全国巡回演出，在当时西部荒原的演出大受欢迎。

邀请回到野外，并再次成为“高尚的野蛮人”。他们的退出是为更多的奴隶种植园腾出了空间，这意味着正面意义上的归朴，而非进化。然而与其他任何地方相比，将对良心和钱袋的奖励糅合在一起的愿望是美国公众生活中一个更加根深蒂固的习惯。吉辛[①]曾这样描述过典型的英国人，对他的国家的道德优越从不怀疑，这可能至少也是美国人的写照。“称他为伪君子是远远不够的……他是一个自以为是正义的纪念碑……这不是个人，而是国家意义上的。”

1828年任职的杰克逊总统，不是一个羞于逻辑狡辩的人。正如伍德罗·威尔逊所说的，他对印第安人的看法“坦率地说就像前线的士兵。在他看来，印第安人没有权利挡在白人的路上”。针对“文明部落”中的传教士们和其他人道主义者的强烈抗议，他于1830年推动并通过了《印第安人迁移法案》[②]，授权他将所有的印第安人运送到密西西比州以西的地区。这开启了“美国历史上最黑暗的篇章之一”，印第安人经受了与被贩卖的黑奴越过大西洋时所经受的同样的苦难。1832年，在伊利诺伊州和威斯康星州爆发了镇压在一个名叫“黑鹰”[③]的酋长领导下的部落抵抗战争。亚伯拉罕·林肯[④]是那场战争中的一个民兵，而他

---

① 乔治·吉辛（George Gissing，1857—1903），英国小说家，散文家。他曾被遣送往美国教语言课数月，在芝加哥过着穷困潦倒的生活，几乎濒于绝境。他的代表作品包括：《新寒士街》《在流放中诞生》《四季随笔》。

② 《印第安人迁移法案》（Indian Removal Act），是美国政府的印第安人迁移政策的一部分，于1830年5月26日由安德鲁·杰克逊总统签署为法律，法律规定为印第安人可以使用美国境内的土地。

③ 黑鹰（Black Hawk，1767—1838），又名马克泰莫斯特齐亚亚克，北美印第安人苏克和福克斯部族领袖，1832年曾领导反对美国的“黑鹰战争”。美国黑鹰直升机就是以他命名的。

④ 亚伯拉罕·林肯（Abraham Lincoln，1809—1865），美国政治家、思想家、战略家，共和党人，黑人奴隶制的废除者。第16任美国总统，其任总统期间，美国爆发内战，史称南北战争，林肯坚决反对国家分裂。他废除了叛乱各州的奴隶制度，颁布了《宅地法》《解放黑人奴隶宣言》。林肯击败了南方分离势力，维护了美利坚联邦及其领土上不分人种、人人生而平等的权利。

日后在一场更大的竞争中的对手杰弗逊·戴维斯[①]则是一个正式军官。就在同一
年，政府决定第二次拔除塞米诺尔人。一些酋长们被迫同意了一个流放条约，
但部落中的大多数人拒绝接受，第二次塞米诺尔战争[②]在1835年爆发了。这场在
佛罗里达沼泽地里进行的战争一直持续到1841年，一共投入了3万名士兵，花费 40
了2000多万美元。

政府工作人员中的一名中尉发表了关于那场战争开始阶段时的一些细节。他认为那些条约是不合法的，印第安人从美国建国以来就一直在战争中遭受“雇佣军的大肆掠夺”，被当野兽一样对待，备受羞辱。“印第安人的权利……被践踏踩在脚下，他们的情感从来没有获得尊重……”最终，大约有四千名幸存者被集中起来赶往西方。另一个认为印第安人比镇压他们的人更罪恶深重的战争参与者，在看到他们被驱逐流亡，有时甚至被锁在长链上时，禁不住产生了怜悯之情。他描述了一个这样的场景，“这是一幅令人忧伤的景象。当这些自豪的土地的主人离开他们的祖居之地走向一个遥远的地方时，他们所面临的是地狱般的恐怖。好些人宁可自杀也无法忍受离开故地的悲伤，因为这里埋葬着他们祖先的遗骨。”

在所有的驱逐行动中，最触目惊心的是对切罗基人的行动。切罗基人那时已经有了书面语言，他们在1827年模仿美国模式通过了一部宪法，声明对领地

---

① 杰弗逊·汉密尔顿·戴维斯（Jefferson Hamilton Davis，1808—1889），美国军人、政治家，美国历史上最有影响力的政治人物之一，于美国内战期间担任美利坚联盟国首任，也是唯一一任总统。戴维斯毕业于西点军校，内战前曾任职于密西西比议会，合众国众议院及参议院。他于美墨战争中以军事志愿团上校的身份领军作战，其后在富兰克林·皮尔斯总统在任期间加入内阁，担任美国战争部部长。

② 第二次塞米诺尔战争（Second Seminole War），也被称为佛罗里达战争，是1835年至1842年在佛罗里达州发生的一场冲突，冲突双方是被统称为塞米诺尔人的各印第安部落和美国。第二次塞米诺尔战争是美国所打的最昂贵的印第安战争。

的主权。但1831年佐治亚州的一项法律判决不承认“切诺基国家”。他们在1838年被驱逐到了俄克拉荷马的指定给“五大文明部落”的保留地。杰克逊在1836年退休之前通过书信的方式给切罗基人送去了一些冷冰冰的安慰，劝诫他们应该认清这是为他们好。“状况无法控制而人类法律也无法顾及，你们不可能在文明社会中繁荣发展。”用简单的英语来说，无法控制的是那些白人入侵者和白人选民。但是，在美国编年史上如此频繁地呼吁承担的历史责任，却被置于一个动荡的社会精神之中。在那种氛围下，某个个人可能会感到他被无法控制的力量挟带着，可以对他们或他正在做的事情不负责任。

1834年，国会正在忙着检修处理印第安人事务的机制和关于“交易”的立法。它拒绝了为一个永久的印第安人家园设立一个常设政府的建议。那个常设政府将有州长和部落代表委员会，并将派代表进入国会，最终将成为联盟
41 的一个州。这曾是一个吸引人的可能性，但是有许多反对者。毫无疑问，有些人不希望印第安人在很长时期内拥有这么多的土地。在俄克拉荷马州，“五大文明部落”已经不再是威胁。切罗基人[①]恢复得很好，并再次取得了显著的进步。但是被赶到平原上去的部落可能会变成进入苏族那样强大对手狩猎地的入侵者。印第安人与美国政府之间的法律关系现在可能是律师们或任何人都讲不清楚的了。

---

① 切罗基人（Cherokee），属于易洛魁族系的北美印第安民族。居住在田纳西州东部和北卡罗来纳州及南卡罗来纳州的西部。原住于大湖区周围，被德拉瓦人和易洛魁人击败后迁向南方。

第二篇
19世纪中期时代

第四章 文化镜像

19世纪中叶，当一个新文明晨露的闪光正渐渐消逝于日常生活的光照之中时，美国有两位最著名的作家梅尔维尔[①]和惠特曼[②]以及同属于那个时代的许多小人物。伴随着这种变化的是摇摆于理想与污秽之间的扩张主义冲动。美国的“民主国家主义”主要是受到了法国大革命的激励，然而那场革命迅速地转向了帝国主义的方向，美国所有最亲密的西欧国家朋友或是帝国的所有者，或是帝国的追求者。在英国，各种各样出于家庭、利益或个人喜好的或明显或微妙的关系，将小说家和诗人与殖民主义联结了起来。在美国，也可以找到类似的东西。繁华的主街可能看上去是整体一致的，然而对缪斯而

---

① 赫尔曼·梅尔维尔（Herman Melville，1819—1891），19世纪美国最伟大的小说家、散文家和诗人之一，与纳撒尼尔·霍桑齐名，梅尔维尔生前没有引起应有的重视，在20世纪20年代声名鹊起，被普遍认为是美国文学的巅峰人物之一。英国作家毛姆认为他的《白鲸》是世界十大文学名著之一，其文学史地位更在马克·吐温等人之上。梅尔维尔也被誉为美国的“莎士比亚”。

② 沃尔特·惠特曼（Walt Whitman，1819—1892），出生于纽约州长岛，美国著名诗人、人文主义者，创造了诗歌的自由体（Free Verse），其代表作品是诗集《草叶集》。

言却没能产生任何灵感。对诸如脚步不停的西行迁徙者来说，远方的世界可能更加迷人，向目标的前行比环绕着他们的日常生活更为和谐。这对靠文学为生的人来说也是如此，他们像离开了水的鱼，像他们的早年欧洲同行或亚洲同行一样，倾向于为官方工作，而那些工作通常是在海外。他们会在当代的空气中呼吸到帝国的病毒，即便那样或许会让像马克 · 吐温[①]那样的人再次大打喷嚏。

因为如此，霍桑[②]于1853年在英国的一个领事馆中获得了一个职位——这
是一个上层阶级待的地方，让他能避开他的朋友梅尔维尔，就像当年莎士比亚
曾当过平庸的斯特拉特福镇的文员一样。布勒特 · 哈特[③]获得了同样的待遇，最 50
终在英国定居。早在这之前，当他还是一个男孩时，他曾在美国建国时期在加
利福尼亚居住。洛厄尔[④]先在马德里，然后在伦敦担任了地位更为显赫的大使。

---

① 马克 · 吐温（Mark Twain，1835—1910），美国作家、演说家，真实姓名是萨缪尔 · 兰亨 · 克莱门（Samuel Langhorne Clemens）。“马克 · 吐温”是他的笔名，原是密西西比河水手使用的表示在航道上所测水的深度的术语。代表作品有小说《百万英镑》《哈克贝利 · 费恩历险记》《汤姆 · 索亚历险记》等。

② 纳撒尼尔 · 霍桑（Nathaniel Hawthorne，1804—1864），是美国心理分析小说的开创者，也是美国文学史上首位写作短篇小说的作家，被称为美国19世纪最伟大的浪漫主义小说家。其代表作包括长篇小说《红字》《七角楼房》，短篇小说集《重讲一遍的故事》《古宅青苔》《雪影》等。其中《红字》已成为世界文学经典，亨利 · 詹姆斯、爱伦 · 坡、赫尔曼 · 麦尔维尔等文学大师都深受其影响。

③ 布勒特 · 哈特（Bret Harte，1836—1902），小说家，美国西部文学的代表作家。以描写加利福尼亚州的矿工、赌徒、娼妓而负盛名。其中最著名的是《咆哮营的幸运儿》（1870）。后又与马克 · 吐温合作创作名剧《啊罪恶》（1877）。后期从政。曾先后任驻德国克雷菲尔德和英国格拉斯哥两地领事。

④ 詹姆斯 · 拉塞尔 · 洛厄尔（James Russell Lowell，1819—1891），美国浪漫主义诗人、评论家、编辑、外交家，还是哈佛大学著名的教育家。他与炉边诗人有联系，炉边诗人是新英格兰的一群作家，他们是首批美国诗人中的一员，其受欢迎程度堪比英国诗人。这些作家通常使用传统的形式和韵律在他们的诗歌，使他们适合家庭娱乐在他们的炉边。他先后担任美国驻西班牙和英国大使。

在他之前的华盛顿·欧文[①]也曾在马德里当过大使。在西班牙多年以后，欧文为《攻克格林纳达》的写作收集了资料，那部作品描绘的故事跟他自己当时的生活有几分相似。它于1829年出版，当时法国征服阿尔及利亚的战争即将开始，那部作品读上去就像是一个最近刚经历过殖民运动的富有想象力的法国人或英国人的故事，里面充满了浪漫和冒险的冲动。他的《阿斯托里亚》于1836年出版，那是在俄勒冈州的美国开拓者的故事和历史记录的汇集，反映了开拓者们与自然和野蛮的印第安人的斗争。欧文写的是有关印第安人的故事，具有讽刺意味的是他的作品可以轻而易举地被用来反对那个正在夺取印第安人土地的国家。他写道，“在他们更为富足的日子里，奥马哈人[②]把自己看作是人类中最强大最完美的种族，把所有人类创造的东西都看作是为了让他们来使用并为他们谋利的。”他的书部分是针对英国人的某种批判，当时美国人与英国人在美国西部地区的战争即将爆发，英国人正试图控制皮草贸易。乔治·班克罗夫特[③]在墨西哥战争期间，先是在伦敦，后来在柏林担任大使，这又一次提醒我们，那个时代在大西洋两岸的历史写作与帝国建立之间是有许多联系的。他在青年时期在欧洲待了很长一段时间。莫特利[④]曾写过荷兰的独立和崛起成为世界强权之一的历史，他曾在维也纳和伦敦担任过大使。

---

① 华盛顿·欧文（Washington Irving，1783—1859），19世纪美国最著名的作家，被称为“美国文学之父”。欧文的第一部重要作品是《纽约外史》。1819年，欧文的《见闻札记》出版，引起欧洲和美国文学界的重视，这部作品奠定了欧文在美国文学史上的地位。

② 奥马哈人，北美的平原印第安民族。操苏语族德吉哈（Dhegiha）语支语言，与其他大草原部落一样，农业与狩猎相结合。

③ 乔治·班克罗夫特（George Bancroft，1800—1891），美国历史学家、政要。著有10卷本《美国史》，被誉为“美国历史之父”。

④ 约翰·洛斯罗普·莫特利（John Lothrop Motley，1814—1877），美国著名作家，著有《荷兰共和国的崛起》和《荷兰联合王国的崛起》。他还是一名外交官，在美国内战中帮助阻止了欧洲站在南部邦联一边进行干预。

当1833—1835年征服阿尔及利亚的战争仍在进行时，奥利弗·温德尔·霍姆斯正在巴黎学医。他描绘了波士顿的“小绅士”教授在早餐桌旁向一位仅有的唯唯诺诺、半信半疑的神学院学生宣讲，这个国家的印第安人或“原始的两足动物”只是在“涂上彩色成为真正人像之前用红色蜡笔在画布上打出的草样……先生，他们是不可改变的！……先生，那只是一个过渡的人种——仅此而已……他们只是按照计划顺路经过而已”，为更健康的新人种腾出空间，“这包括了苏必利尔湖和休伦湖以及其他所有的盆地区域！一个新的人种，一个让新生的人类灵魂扎根生长的全新的世界！”美国的灵魂并不是真的那么纯净新鲜，它是从旧世界中迁徙过来的，并没有完全忘记祖先的恶行，而五大湖对新的人种的净化远远不及对他们的污染。

霍桑也认为红色人种很快就将退出舞台，即便他不太愿意把他们从舞台上赶下去。他们没有建造起任何可以让他们的记忆永存的纪念碑，“当他们从地球 51
上消失的时候，他们的历史就会成为一个神话故事，而他们也就成了一群迷蒙的幻影”。朗费罗[①]在1855年发表的长诗《海华沙之歌》讲述的是以一位易洛魁人酋长为历史人物的英雄故事，它为印第安人树立了一座有吸引力的纪念碑，但它的影响力很快就消失了。他对印第安人一直是很同情的，他认为印第安人的文化在某种程度上将让美国的“国家”文学作品更具色彩，尽管他并不主张“在每一页上都充斥着头皮、印第安人的战斧和战利品”。他唾弃他的国家的庸俗的物质至上主义，旧时代的金融丑闻和腐败。森林和印第安人的故事是对所有那一切的一种解脱，就像苏格兰作家笔下的山脉和高地人一样。他不喜欢安德鲁·杰克逊，谴责墨西哥战争，反对黑奴制度。在《海华沙之歌》发表前一

① 亨利·沃兹沃斯·朗费罗（Henry Wadsworth Longfellow，1807—1882），美国诗人、翻译家，代表作包括《夜吟》《奴役篇》《伊凡吉林》《海华沙之歌》《基督》《路畔旅舍故事》。

年，梭罗[①]所写的《瓦尔登湖》讲述的是一个更为激进的反奴隶制的人物，他同时也尊重印第安人，认为印第安人是一个亲近大自然和地球母亲的人种。

赫尔曼·梅尔维尔关注的是开拓者们对印第安人的仇视心理，他自己的心理是一种对自然、单纯、未受污染的新的世界秩序的渴望。这既可以由美国人的强烈的爱国主义形式表现出来，也可以通过原始人种争胜好强的形式表现出来，人物带有各种不同的色彩，形成难以调解的戏剧性矛盾，从而让他的天才在比他的"亚哈船长"[②]航行过的海域更不为人所知的领域里尽情发挥。他的丰盛的创作年份开始于《泰比》的发表，那正是墨西哥战争进行的时期。他在南太平洋徘徊的年代里遭遇了欧洲文明，尤其是法国文明，他的小说详尽地讲述了欧洲文明对工业化时代之前的人们所造成的伤害，以及这种交流对白人所带来的不良影响。他对传教士的努力说了很多抹黑的话，那个先行者——就像是在旷野里施洗的圣约翰——或许就是那么多欧洲和美国的扩张主义者的同道人。如果允许他全面接触公众的话，他的警告可能会在美国产生更大的影响。但是公众自行选择的监护人只允许《泰比》以严格删节的形式在美国发行了很多年。

梅尔维尔在1850年发表的《白外套》中回顾了他在1843—1844年期间在海军服役的经历，那可能是从檀香山开始的。当时他年仅24岁，对自己和国家的

---

① 亨利·梭罗（Henry David Thoreau，1817—1862）美国著名作家、自然主义者、改革家和哲学家。28岁时，他在瓦尔登湖湖滨建起木屋，过着自然为一体、自给自足的简朴生活。他在此生活了两年，写出了影响世人至深的著作《瓦尔登湖》。梭罗才华横溢，一生共创作了二十多部一流的散文集，被称为自然随笔的创始者，其文简有力，朴实自然，富有思想性，在美国19世纪散文中独树一帜。《瓦尔登湖》在美国文学中被公认是最受读者欢迎的非虚构作品。

② 亚哈（Ahab）船长，《白鲸》主人公，捕鲸船"裴廊德"号船长。在一次捕鲸过程中，他被凶残聪明的白鲸莫比·迪克咬掉了一条腿，因此满怀复仇之念，一心想追捕这条白鲸，竟至失去理性，变成一个独断独行的偏执症狂。他的船几乎兜遍了全世界经历辗转，终于与莫比·迪克遭遇。经过三天追踪，他用鱼叉击中白鲸，但船被白鲸撞破，亚哈被鱼叉上的绳子缠住，掉入海中。

未来都带有一种青春的乐观，这两者自然而然地在他的脑海中融为一体。他仍然能够坚信新的文明正在世界上崛起的美好憧憬，一种善良的幻想，而这个善良的 52
幻想将在未来的日子里被庸俗化为实用主义煽动者们惯用的伎俩。然而梅尔维尔的战舰“永不沉没号”已经成为代表美国的一个很好的象征，它把一个人送到海上，在一个漂浮的炼狱中梦想着他的国家的未来。在那里，尽管甲板下面全是堕落的乱象，但人们纷纷在高处的守望台上倾诉着各自的思想和愿望。

《白外套》的罪孽之一是它有着一些像《汤姆叔叔的小屋》那样的影响力，在美国人说干就干的风气下使鞭刑被废除了，这遭到了如老布鲁宁（old Bruin）或佩里（Perry）舰长那样主张纪律惩戒的保守派的直接反对。在改革海军的社会构成方面梅尔维尔能做的其实并不是很多，由此自然就流露出了一种好斗的态度。作为英国海军的后裔，他们生来就不会去听从他的抱怨，“在今日的海军中一名普通水兵升为海军军官这样的事几乎是闻所未闻的”。认同自己对美国的情感，在拒绝欧洲对美国文学任何监护的情况下培养出了“极端的文化民族主义”，这位民主主义者很可能在“永不沉没号”驾驶舱里的丑恶的克拉雷船长身上，把自己与自己向之挑战的滥用权力和个人野心混在了一起。他是具有悠久传统的美国激进主义的一部分，这种传统仍然可以在今天的青年运动中看到，既有热情和创造性所带来的希望，也有对理论或任何理智分析及指导的无视。

像梅尔维尔那样的共和主义者对一位盛装的巴西皇帝的蔑视，很容易就会变成对那些向这样的统治者卑躬屈膝的可怜的外国人的强烈蔑视。他的约翰牛祖辈就惯于无视对自由的追求，轻视并可怜法国人。美国在看待自己的拉丁美洲邻居和所有其他的智障人群时会情不自禁地把他们看作是需要保护不受自己以及邪恶的欧洲大叔伤害的孩子，就像今天它不愿承认他们正在长大一样。自由竞争的信条，对人才的开放，最出色的人将上升到事业的顶端，已经被转换成了国际化的规则。对美国有益的事情必然对世界也会有益是梅尔维尔的确信，这道出了所有弥赛亚民族主义的精神本质。宣告对通用汽车公司利好也必将对美国有利是这一逻辑在一个世纪之后的大声回响。

在《泰比》中，梅尔维尔独自一人在流动的地球人群中游荡着，而在《白
53 外套》中他成了火星的守护者，一个雄心勃勃国家的受宠若惊的仆人，这两者之间是根本对立的。在1851年发表的《白鲸》中可以感受到这种对立所产生的令人费解之处，而《白鲸》是美国文学史上最富有想象力的作品，也是19世纪最伟大的作品之一。激昂的瓦格纳式的神话和悲剧的阴影笼罩着整部作品，那是那个世纪人类经验的修缮版本，是歪曲的文明和野蛮元素冲突的描述。梅尔维尔没有忘记提醒我们，他那艘运气不佳的捕鲸船的名字就叫“裴廊德”[1]，“那是马萨诸塞州一个著名的印第安人部落。像古老的米堤亚人[2]一样，现在已经灭绝了”。而之所以会灭绝，是因为美国的压路机碾过了他们的土地。当他引用他的“伟大的民主上帝”时，他赞扬的是“来自平民的具有帝王气质的精英”。他所称颂的人中除了约翰·班扬[3]和塞万提斯[4]之外，还有安德鲁·杰克逊。

当像亚哈船长那样的男人外出去征服时，英勇和怪诞的行为常常是混在一

---

① 《白鲸》中的亚哈船长的捕鲸船，英文为“Pequods”，即佩科特人。

② 米堤亚人（Medes），古代亚洲西部（今伊朗西北部）的人，约前17世纪进入伊朗东北部，定居于米底亚（Media）的高原地区，公元前9世纪为亚述国的臣民，公元前7世纪获得独立。公元前约550年被居鲁士大帝击败，之后他们与波斯人融为一体。

③ 约翰·班扬（John Bunyan），英国著名作家、布道家。1660年斯图亚特王朝复辟，当局借口未经许可而传教，把他逮捕入狱两次，分别监禁十二年、六个月。狱中写就《天路历程》（The Pilgrim's Progress），内容讲述基督徒及其妻子先后寻找天国的经历，语言简洁平易，被誉为“英国文学中最著名的寓言”。

④ 塞万提斯（Cervantes，1547—1616），文艺复兴时期西班牙小说家、剧作家、诗人，被誉为西班牙文学世界里最伟大的作家。评论家们称他的小说《堂吉诃德》是文学史上的第一部现代小说，同时也是世界文学的瑰宝之一。

起的。就像崇拜英雄的卡莱尔①一样，梅尔维尔倾向于欣赏任何形式的力量，不论其是否民主。亚哈在他的舰船上的独裁治理使他想到平庸的尼古拉一世②，那个统治着所有俄罗斯人的独裁者，那个充当欧洲警察的具有“帝国大脑”的君主，在他的“巨大的中央集权之下臣服的平民群体”，那是人物形象与权威的结合。梅尔维尔并不是对那个半虚半实手中握有巨大力量的沙皇政府充满敬畏或感叹的唯一一个美国人。与欧洲相比，在美国更难以察觉来自沙俄的罪行和弱点，而且赞赏俄罗斯是以一种隐晦的方式来对抗共同的敌人英格兰。如果从华沙到符拉迪沃斯托克的所有陆地都属于沙皇，那么海洋和它的海岸就应当属于那些真正的居住者，所以梅尔维尔在“裴廊德”从真实世界到梦幻世界的远航开始不久就宣称，楠塔基特的捕鲸船队和美国应该进而拥有墨西哥。

他用同样的语言描绘了一个未曾有任何语言表述过的鼓舞人心的帝国精湛形象，而这些都揭示了在精神上紧密联系了他和他的国家的是英国曾经运作而美国必定会加以运作的帝国主义进程：“让英国人横扫整个印度，悬挂起他们从太阳那儿得来的耀眼旗帜……”在亚哈的神秘的东方人船员们中，东方以及那里的王国及其主宰都带有一种古怪的象征意义。在《瓦泰克》③一书中他们将更加自如， 54
那是一种戏剧化的乔装打扮，捕鲸船船员们经常会遇上那些充满异国情调的流浪

① 托马斯·卡莱尔（Thomas Carlyle，1795—1881），苏格兰哲学家、评论家、讽刺作家、历史学家以及老师。他被看作是那个时代最重要的社会评论员，他一生当中发表了很多重要的在维多利亚时代被赞誉的演讲，他的作品在维多利亚时代甚具影响力，主要作品有《法国革命》《论英雄、英雄崇拜和历史上的英雄业绩》《过去与现在》。

② 尼古拉一世（Nicholas I，1796年7月6日—1855年3月2日），尼古拉·巴甫洛维奇，俄罗斯帝国皇帝（1825年12月1日—1855年3月2日在位）。尼古拉一世在位期间，对欧洲革命运动的镇压，俄罗斯获得了"欧洲警察"的称号。

③ 《瓦泰克》（Vathek），出版于1786年，英国作家威廉·贝克福德著。小说讲述了满是贪欲主人公东方人卡利夫·瓦泰克追求超能力的过程。故事的开头和结局都围绕着瓦泰克的对黑暗魔力的强烈渴求进行。

者。他们非常出乎意料地由一个帕西人[①]领着，那个帕西人有着一个非常不协调的名字费达拉[②]，听上去就知道是来自东方“受尽侮辱，有远古历史，并无法改变的国家”。这正是英国人眼中所看到的他们正在掌控的东方，强迫那些不变的人服从变化的律法。于1844年出版的金雷克[③]的《爱奥森》中有着对神奇东方同样的描写。但是在《白鲸》中，那种更深一层的冲突的悲剧性感觉令读者难以理解，也无法回避。书中的一切似乎都早已预定，梅尔维尔已明确指明悲剧命运的关键转折。当亚哈船长面临的怪物“奇怪地晃动着它的脑袋”最后一次显现的时候，它会一直威胁亚哈船长的捕鲸船直到最后的致命时刻。

尽管他有着国家主义的精神，梅尔维尔是那些不像美国人的作家之一，像爱伦·坡[④]、霍桑和后来的威廉·福克纳[⑤]一样，是他们国家浅薄的乐观主义的陌路人，看起来就像科恩（Kohn）所说的“被现实的恶毒和恐怖所困扰……痴

---

① 帕西人（Parsee），是生活在印度的拜火教徒，大部分是波斯后裔，他们为了逃避穆斯林的迫害而从波斯移居印度。

② 费达拉（Fedallah），《白鲸》中的次要人物，捕鲸船的标枪手，亚哈偷偷把他带到裴廓德号上来。费达拉的出身很神秘，他穿着一件中式的黑色夹克，长长的白发像头巾一样缠绕在头上。费达拉喜欢站在亚哈的阴影下，这样他看起来就不会投下自己的影子。亚哈相信，费达拉会帮助他向白鲸复仇，尤其是因为费达拉预言过各种各样不可能的事情，在亚哈被杀之前，必须发生各种不可能的事情，比如在水面上看到两个不同的奇怪的棺材。然而，比起亚哈可能获得的任何胜利，费达拉似乎对他帮助亚哈走向灭亡的可能性更兴奋。在某种程度上，这是命中注定的——或许费达拉只是坚信——费达拉必须在亚哈死之前死去。

③ 亚历山大·威廉·金雷克（Alexander William Kinglake，1809—1891），英国著名游记作家、历史学家。他的作品多为描述自己在东方旅行的见闻，《爱奥森》他的处女座。他的其他作品还包括《从东方带回家的旅行痕迹》《入侵克里米亚：它的起源》。

④ 埃德加·爱伦·坡（Edgar Allan Poe，1809—1849），19世纪美国诗人、小说家和文学评论家，美国浪漫主义思潮时期的重要成员。主要作品包括小说《黑猫》《厄舍府的倒塌》，诗《乌鸦》《安娜贝尔·丽》。

⑤ 威廉·福克纳（William Faulkner，1897—1962），美国文学史上最具影响力的作家之一，意识流文学在美国的代表人物，1949年诺贝尔文学奖得主，获奖原因为“因为他对当代美国小说作出了强有力的和艺术上无与伦比的贡献”。他一生共写了19部长篇小说与120多篇短篇小说，代表作品包括《喧哗与骚动》《我弥留之际》《押沙龙，押沙龙！》。

迷于那些正降临到美国人头上的隐藏在历史深处的古老诅咒”。他们的诅咒是一种清教徒的病态与加尔文主义为之辩护的种族负罪感的融合。但是现在，当流变学已经陈旧的时候，过去的罪恶又被迫受到良知的追讨。与所有这一切都无关的也许是那个最大声为自由呼唤，最有希望感受自由的人是惠特曼。他那种诗意的感觉，与美国当时的流行感觉一样，来自各种各样的社会阶层。激发了他的想象力的向西开拓可能是自由，可能是白种人，也可能是获取暴利或获取领地。他因第一位日本特使的到来写出了一连串雄文，因为他从中看到了美国老鹰振翅飞越过太平洋的前兆。

另一个诅咒是在1876年与苏族人[①]的战争中被召唤出来的，在那一次战争中卡斯特[②]将军和他的几乎所有的部队都被消灭了。一个现在已经被人遗忘了的名叫马尔瓦尼[③]的创新艺术家花了两年的时间在西部开拓的前沿画速写，然后制作了一幅巨大的战斗场面的油画。那幅油画成了一大批小说插图和电影作品的先驱，“成群的苏族野蛮人，戴着他们的战斗头饰，丧心病狂地……像一阵恶魔的飓风冲了过来”。处在中心位置的卡斯特“睁着双眼，伸出手臂，握着一把巨大的骑兵手枪向前瞄准”。惠特曼在凝视着那幅油画整整一个小时之后，满

---

① 苏族（Sioux），又称达科他人，是北美印第安人中的一个民族。广义的苏族可以指任何语言属于印第安语群苏语族的人。苏族人生活在美国西部的大平原区，主要靠狩猎维生。

② 乔治·阿姆斯特朗·卡斯特（George Armstrong Custer，1839—1876），美国历史上最著名、最杰出的骑兵军官，以骁勇闻名，绰号“晨星之子”，是美国历史上的传奇人物，西点军校1861届学生，著有自传《我的平原生涯》。美国内战期间，他身经百战，1863年成为联邦军最年轻的将领。在美国内战转折点——葛底斯堡战役中，他指挥一个骑兵旅在北军的侧翼，击溃了南军的詹姆士·埃韦尔·布朗·斯图亚特，从而使南军的指挥系统陷入混乱。然后，紧追南方联盟军总司令李将军，迫使他投降。1868年统率第七骑兵旅与苏族印第安人作战。1876年，他在袭击蒙大拿州小巨角河附近的印第安人营地时战败身亡。

③ 约翰·马尔瓦尼（John Mulvany，约1839—1906），爱尔兰裔美国艺术家，以美国西部艺术家而闻名。他的画作《卡斯特的最后一场战斗》（Custer’s Last Rall）完成于1881年，展现了1876年在小巨角河战役中卡斯特将军被苏族印第安人的打败。

怀激情地描绘了那幅画：“我看到的是在美国西部土生土长的阶段，开拓者的先
驱们，在争斗达到顶峰的时刻，那种典型的、致命的、英勇战斗直到最后一息
的气概——没有一本书中有过这样的描述，荷马的史诗中没有，莎士比亚的戏
55 剧中也没有，那比所有原生的或是我们自己的东西都更为严酷和高尚，但那全
是事实。”他感到高兴的是那幅油画从“欧洲战争油画的传统特征”中解脱了出
来。实际上，美国从来没有远离或脱离欧洲的影响，这幅油画所抓住的只是白
人武装和白人胜利的精神表现。然而这个新兴的国家没有耐心等待自己的历史
发展，挥舞长剑就是积累历史或资本的最快捷的方式。

在后来的年代和黑暗的时刻，正如朗费罗曾思考过他的国家正在变成一个什么样的国家一样，惠特曼的语气暗示了他对美国或新文明的一些想法，就像在《白鲸》的结尾，被钉在正在下沉的桅杆顶上的老鹰一样——“这只天堂里的鸟儿，发出天使般的呼叫”，随着下沉的船只沉入了历史的黑暗水域。他写道，如果美国像欧洲那样，继续繁殖“贫穷、绝望、不满、漂泊不定、丧失斗志的人口”，接受越来越多移民的话，那么盛大的共和国实验就会失败。这种焦虑可能促使人们回到北美平原上的扩张主义和冒险，或者寻求进一步的解脱和安心。如果人类幸福的梦想，甚至是完美的梦想都将从美国消失的话，那将是一条比最终关闭西部开拓还要糟糕的死路。

第五章
从西部的印第安人到远东地区

当罗伯特·路易斯·史蒂文森[①]到加利福尼亚时，他发现它的老首府蒙特利仍然是一个具有西班牙风味的小镇，但是周围的所有土地都是属于美国人的了，他们是从以前的原住民那里得到那些土地的，他们也担任了当地治理机构中所有的主要职务。加利福尼亚加入美国大家庭的故事已经在一篇小小说里被浪漫化了。那个故事是这样说的，詹姆斯兄弟中的一个出现在加利福尼亚并帮助了一位英勇的年轻人。他是第一位美国总督的侄子，爱上了一个迷人的小女孩，并将她从一个墨西哥恶棍赌徒和一群私刑暴徒手中拯救了出

① 罗伯特·路易斯·史蒂文森（Robert Lewis Balfour Stevenson，1850—1894），19世纪后半叶英国伟大的小说家。代表作品有长篇小说《金银岛》《化身博士》《绑架》《卡特丽娜》等。早期他到处游历，为其创作积累了资源，后期致力于小说创作，取得了极高的成就，其作品风格独特多变，对20世纪现代主义文学影响巨大。到了20世纪中期，评论家对其作品进行了新的评价，开始审视史蒂文森而且将他的作品放入西方经典中，并将他列为19世纪最伟大的作家之一。

来。在像蜕化的痞子那样不成功的男性和略带感伤的旖旎迷人的年轻女性的刻板形象中往往会表现出征服和解放的双重冲动。但很快关于加利福尼亚州的各种想法都被湮没在1848年的黄金发现之中了，而马克思从淘金热中所看到的就是它把这个国家从进步的道路引向了快速致富的资本主义泥沼。在欧洲革命的年代里，那场淘金热似乎来得正是时候，革命带来了许多流亡者，这些人是强硬的激进分子，甚至是社会主义分子。在淘金热中，美国扩张主义的双重性质以更强烈的形式展现了出来。那是一场受人欢迎的争抢竞赛，所有人都有机会发财。但资本主义是争抢的隐身追随者，准备像商人那样掠夺利润。而在历史上，那些商人一直有军队陪伴着，并且一直赦免了那些为他们抢掠的打手们。

从另一角度来看，太平洋沿岸的胜利使美国暂时比以往任何时候都更像欧
58 洲帝国了。“从国防的角度来看，加利福尼亚和俄勒冈更像是遥远的海外殖民地。”直接的陆路交通在之后的很多年里一直是很困难的。通过中美洲的路线可能会被宿敌英国人利用他们在加勒比海的基地加以封锁，就像英国人因苏伊士运河被苏联人控制而对去印度的路线一直感到害怕一样。通过合恩角航行去太平洋西海岸就像英国的船只必须驶过好望角才能抵达印度一样。这种新的形势必然会引起对地峡和海洋的兴趣。随着军事胜利所带来的高度自信，美国开始转向持续向外寻求发展机遇。波尔克和他的政府已再不满足于墨西哥战争胜利的荣耀或战利品，而是渴望向南推向古巴。但在国会的一连串立法行动的失败使政府未能实现其目标。然而在1853年，由南方支持进入白宫的北方人皮尔斯①

---

① 富兰克林·皮尔斯（Franklin Pierce，1804—1869），第14任美国总统（1853—1857），他在总统选举中爆了冷门胜出，被人们称为继詹姆斯·诺克斯·波尔克之后的又一黑马，创造了自詹姆斯·门罗以来从未有的绝对优势。由于他对南方的同情不能见容于北部各州，促成了美国的分裂，故任满后便隐退。

总统也持有同样的想法。其背后的考虑是通过向国外扩张来维护美国内部不稳定的统一。他关注着夏威夷、古巴和尼加拉瓜。

1850年，美国与英国签订的《克莱顿—布尔沃协议》[①]旨在缓解关于地峡地区的紧张局势，但惨遭失败。伦敦被指控和以前一样利用西班牙人阻碍美国的南下，就像以前利用印第安人阻止美国人西进一样。事实上，英国的政策在19世纪50年代时已经摇摆不定，部分原因是因为西班牙的不配合。尽管所有国家都曾在马德里作出过承诺，但古巴仍然长期处于混乱状态之中，而且仍在走私奴隶。而西班牙正在不择手段地重新夺回其在新大陆的一部分失地，以弥补其在欧洲地位的弱势。西班牙在1850年与哥斯达黎加和尼加拉瓜签订条约之后，由于英国的制约而不得不在1856年和1858年在与墨西哥的争执中有所节制。伦敦不喜欢西班牙在1861年对圣多明各的占领，认为西班牙此举只是希望继续保持奴隶贸易。

美国的扩张主义仍然是民主党“年轻美国”派别的代言人，他们的想法是产生一个真正新老混合的美国。他们想要自己的国家使用它的力量在国外建立自由的机构，并且争夺更多的贸易份额和更多的领土：在这一点上南方追逐更多奴隶种植园的贪婪起了极大的作用。美国是一个非常庞大并多样化的国家，对于世界其他地区并没有一个单一并简单的看法。由于向西扩展现 59
在面临着更多的障碍——加利福尼亚是以非奴隶制州的身份在1850年加入美国的——拥有奴隶的南方各州就不得不担心他们在合众国中的权重会不断减

① 《克莱顿－布尔沃条约》（Clayton–Bulwer Treaty）。1850年 4月，美国国务卿J.M.克莱顿与英国驻美大使W.H.L.E.布尔沃就在中美洲开凿沟通大西洋和太平洋的运河问题所签订的条约。条约规定，对拟议中的尼加拉瓜运河路线，两国任何一方不得获取或保持排他性的权利；任何一方不得设置或保持防御工事、控制运河附近地带;任何一方不得在中美洲的任何地区从事占领、设防、殖民活动，行使统治权。这一条约的签署形成了英美两国在尼加拉瓜利益均沾的局面。1914年 8月美国通过《布里安－查莫罗条约》，将运河开凿权攫为己有，该条约失效。

少。它自己的经济和政治的扩张主义动机是复杂的。需要新的土地来取代因棉花种植而日益贫瘠的原有土地。对于繁殖奴隶的地区来说，他们需要有新的市场来销售新的奴隶。弗吉尼亚州州长史密斯在1847年宣布，从墨西哥获得的领土将为他所在州的黑人提供一条天然的出路。他指出奴隶制将因为人口更加密集而变得不那么有利可图，因此必须有扩展的空间。“南方从来不会同意被限制在规定的限度之内。”换句话说，南方所要求的“自然边界”是没有任何边界的。但是对得克萨斯的兼并使土地比劳力更为富裕，任何进一步的扩张将会造成奴隶价格的提高和棉花价格的降低。从而伤害到某些庄园主，而夺取古巴则意味着将产生制糖庄园主的新的竞争对手。如果南方继续追求加勒比帝国的话，那么政治的收益就将超过经济的收益，从而强大到足以让南方所有的利益都集中到了一起。现在受到越来越多攻击的奴隶制，必须与南方的利益一起得到保护。

这就是一个国家内部分裂形成对邻国威胁的一个典型案例。南方在政治上形成了一个统一的集团，在合众国的事务中具有很大的影响力。从心理上来说，它有一种强烈的愿望要摆脱道德层面上的孤独和被排斥。在社会结构上，它有一个像英国人那样的士绅阶级，那些人模仿英国的士绅阶级，带来了一大堆多余的年轻儿子。它也有大量的“穷白人”，根据凯恩斯[①]的理论，“穷白人”占了白人人口的十分之七。这些人为扩张招募的新兵提供了来源。如果他们在南北战争中忠心奋战，那么他们一定不仅是为了捍卫奴隶制或者自己所在州的权利，而且为了捍卫了一个帝国梦想。他们分享那个梦想，并想实现那个梦想。这是“人民帝国主义”的另一种版本。在那个时期之后不久达成统一的意

① 约翰·埃利奥特·凯恩斯（John Elliott Cairnes，1823—1875），爱尔兰经济学家。他经常被描述为“最后的古典经济学家”。他最重要的著作是《政治经济学的一些主要原则》。

大利，立刻开始在非洲寻找殖民地，领头的是像弗朗西斯科·克里斯皮[①]那样的南方政客。因为他们无法提供更好的东西，所以向那些绝望中的南方穷人许的愿是在意大利国旗下的殖民地里实现获得农田定居的梦想。

为了保护奴隶制，美国革命所激起的种族主义思潮日益强化。人们必须相信黑人并不是完整的人类。南方知识阶层能够接受的一个证明是诺亚的儿子汉 60
姆所遭受的诅咒，他是所有非洲人的祖先——人类的第二次堕落，但那只是黑人的堕落。在南方，借着这样的支撑，简单的圣经信仰就不会衰落。更具有现实意义的是需要消除邻近地区任何解放黑奴的企图，那可能会在某个时候在古巴发生，并有更多的黑人自治的言论在他们中间传播。圣多明各的黑人起义和独立是一个令人震惊的奇观，来自法属西印度群岛的自由黑人被禁止入境，因为他们被看作是“潜在的鼓动者”。南方的政客们反对参加1826年在巴拿马举行的自由美洲国家会议，就像后来的南非政客们一样几乎无法接受与自由的黑人为邻。在这样的情况下，北方可能因为害怕南方会借此离开合众国而被迫接受南方的意愿，同样的恐惧也使东方在西方的侵略中陷入困境。

像奥列斯特斯·奥古斯都·布朗森[②]那样坚定的反奴隶主义者反对所有这一切，他们会争辩说当分裂终于来临的时候，南方的影响力是对民主的一种威胁，对白人和黑人的自由都是一种威胁。这将使合众国变成一个寡头罗马，“为

---

① 弗朗西斯科·克里斯皮（Francesco Crispi，1819—1901），意大利王国政治家，19世纪末的两次出任意大利总理（1887—1891和1893—1896）。他的第一届内阁由于经济危机和及其不得人心的外交政策而下台。第二届内阁时期他改善了经济状态，但采用高压手段镇压了社会党在西西里发动的起义。由于他的独裁政策和风格，克里斯皮经常被视为一个强人，被视为法西斯独裁者贝尼托·墨索里尼（Benito Mussolini）的先驱。

② 奥列斯特斯·奥古斯都·布朗森（Orestes Augustus Brownson，1803— 1876），新英格兰知识分子、活动家、传教士、劳工组织者，著名的天主教皈依者和作家。布朗森是一名公关人员，他的职业生涯跨越了他与新英格兰先验论者的关系，后来他皈依了罗马天主教。

未来的征服做好准备”。墨西哥和中美洲将被征服，它们的有色人种原住民将被奴役并被美国化。古巴和西印度群岛的征服将接踵而至。“然后，它可以将其势力扩大在整个南美大陆，并威胁和扩张到东亚……”这些话听起来似乎是对未来的预言，尽管它们是由北方的富人而不是南方的庄园主来实现的。对于布朗森来说，分离似乎意味着南方凭借其在欧洲的市场和联系将越来越富于北方，而剩下的就将是合众国的解体了。

但是，总有一种挥之不去，模糊不清的疑虑认为合众国只有在扩张的时候才能保持健全。除此之外，南北双方之间还有经济上的关联和相互的利益交叠，这都可以在民主党的政治表达得到印证。在美国历史的许多节点上，不同区域的压力可能会汇合趋向建立一个更大的海军。正如梅尔维尔在“永不沉没号”甲板上所意识到的那样，这曾是一个长期的困难，出生即获自由的美国人不愿意接受海军或陆军军队生活的管制。在与英国发生争执之后，在1841年提出大幅增长海军军费，并提出在夏威夷建立海军基地的美国海军部部长正是那
61 位“弗吉尼亚的贵族庄园主”——埃布尔·厄普舍①。14年后，在与西班牙的一次争执中，另一位弗吉尼亚人，海军事务委员会主席波考克②要求建立一支足够强大的海军能够保卫古巴，并把英国从中美洲赶出去。1858年，当英国人干涉非法从事贩卖非洲奴隶的美国船只而使情况变得混乱时，南方就要求建造更多的军舰，但北方则不太愿意那样去做。然而，当建造更多的战舰即意味着将有更严厉的措施来管制奴隶逃跑时，南方的态度突然变得更强烈了。

---

① 埃布尔·帕克·厄普舍（Abel Paker Upshur，1790—1844），美国律师、政治家，曾任美国海军部长和美国国务卿。

② 托马斯·塞勒姆·波考克（Thomas Salem Bocock，1815—18910），19世纪弗吉尼亚州的政治家和律师。1853—1855年，他担任海军事务委员会主席，1857—1859年再次担任该委员会主席。在担任南北战争前的美国国会议员之后，他在美国内战的大部分时间里担任南方联盟众议院的议长。

这里存在着另外一个矛盾，这个矛盾有助于停止美国的帝国建设，或者把它推迟到晚些时候再进行。在各种政治恐吓和立法阻挠之下，皮尔斯政府和他的继任布坎南政府在这个问题上的真正的政策“基本上就是袖手旁观”。曾经有很多次，华盛顿看上去似乎将迈出决定性的一步，但最终还是退了回去，尽管克里米亚战争为此开辟了通道，并且在1854至1856年期间锁定了英国和法国的资源。没有明显的理由可以解释为何不采取行动，但是，不要认为那是出于美国人的良知——幸运的是，美国人一直是有良知的。那是因为最近刚被吞并的近乎空旷的空间要比拥挤的加勒比地区更适合美国去消化。对于弱小国家来说也必须让它们有所受惠，但脆弱且摇摇欲坠的政府机制是无法完成这样的工作的，像欧洲所有的大国政府一样，美国在外交机构方面也显得十分匮乏。这往往会给私营企业留下了更多的活动空间。1859年，英国外交大臣约翰·罗素[①]勋爵对哈尼[②]将军自作主张占领太平洋沿岸的圣胡安岛感到愤慨。他酸楚地评论说：“美国公民的本性就是让自己闯入本不该去的地方，美国政府的本性就是不会冒昧否认他们无脸批准的行为。”但是，私人的主动性需要一个组织更加完善的政府去跟进行动。就在这个档口，布坎南总统接待了下一年将去加拿大访问的英国王子，并在白宫举行了欢迎国宾的盛大仪式。这使修补关系变得更容易了。访问正式进行了，这是又一个美国人冲动下自相矛盾的例证。

缺乏指导方针，并缺少武装力量，当指向更远的欧洲或亚洲时，这种扩张

① 约翰·罗素（John Russell，1792—1878），活跃于19世纪中期的英国辉格党及自由党政治家，曾任英国首相（1846—1852、1865—1866），于1859年任英国外交大臣。

② 威廉·塞尔比·哈尼（William Selby Harney，1800年—1889），田纳西州出生，美国陆军骑兵军官。美国内战开始时，他是美国陆军的四名将军之一。1859年的“猪猡战争”（Pig War）中，他命令乔治·皮克特上尉在圣胡安岛登陆。

的自我意识就受到了更大的限制。美国的一些意图和野心如果成功的话将会以
62 这样或那样的形式对欧洲提出挑战。在希腊独立战争期间，欧洲盛行的是针对亚洲帝国的早期的干涉主义。那场战斗促使欧洲激进分子的思想转化成为西方的一股新的势力，它也激发了“雪莱[①]从《伊斯兰的反叛》到《希腊颂》诗歌创作的共同主题，而美国的共和体制也成了世界革命希望的灯塔”。向希腊人伸出援助之手与土耳其人抗争，是美国为抵御巴巴里海岸海盗而开始的地中海地区巡航行动的一个合乎逻辑的延伸，那也可能是确保美国在地中海地位的一个手段。支持或反对美国采取行动的情绪在1823年时非常高涨。丹尼尔·韦伯斯特认为，美国人有责任“让世人知道我们并没有对我们的体制感到厌倦”。而他的一个反对派亚历山大·史密斯[②]则引用一位国父的话反驳他说：“如果有一种摧毁公民自由的模式的话，那就是把这个政府引向不必要的战争。”华盛顿曾经反对美国采取任何冒险行动以避免陷入欧洲的流沙，他的警告一定还被许多人记着。

在1848年革命的前夕，西欧对软弱的美国存在着鲜明对立的反感或同情的情绪。1846年，美国驻皮埃蒙特使节罗伯特·维克利夫[③]报告说在那里以及在欧洲的其他地方对俄勒冈争端表现出了极大的兴趣，并强调右翼对英国以及对

---

① 珀西·比希·雪莱（Percy Bysshe Shelley，1792—1822），英国著名作家、浪漫主义诗人，被认为是历史上最出色的英语诗人之一。英国浪漫主义民主诗人、第一位社会主义诗人、小说家、哲学家、散文随笔和政论作家、改革家、柏拉图主义者和理想主义者，受空想社会主义思想影响颇深。代表作有《解放了的普罗米修斯》《西风颂》《致云雀》等

② 亚历山大·史密斯（Alexander Smyth，1765—1830），美国弗吉尼亚州的一名律师、军人和政治家。史密斯曾在弗吉尼亚参议院、弗吉尼亚众议院、美国众议院任职，并在1812年战争期间担任将军。弗吉尼亚州的史密斯县以他的名字命名。

③ 罗伯特·查尔斯·威克利夫（Robert Charles Wickliffe，1819—1895），1854–1856年任美国路易斯安那州副州长，1856—1860年任第15任路易斯安那州州长。

“美国应该有一个平衡的权力的基佐[①]学说”的支持。在欧洲总是有“某些圈子”不喜欢美国，但是现在更为正面了。“自从吞并得克萨斯以后……这就成了美国对欧洲发出的一个警报。在这场兼并中向全世界展示的这个国家的道德力量令大洋彼岸的人们感到困惑，令大洋彼岸的政府感到恐惧……自由派人士高呼道：‘看，英国欺负了整个欧洲，但它不能欺负美国……’”。保守派人士宣称，如果美国得到更强大的发展，欧洲可能不仅会面临革命，而且将面临实际入侵的危险。从门罗总统的年代开始，事情就发生了变化，当时英国很高兴能把美国作为反对神圣同盟的辅助力量：但现在英国被誉为反对民主美国的欧洲反动势力的领头人。当下一年维克利夫先生在都灵的皇家仪式中向国王表示敬意时，他发现自己不知不觉成了人们关注的中心。“当人们一看到我时，整个庞大的集会就爆发出‘美国万岁！’‘为美国欢呼！’‘为伟大的共和国的大使欢 63
呼！’的喊声。”

不幸的是对于欧洲民主来说，它所看到的是那个伟大的共和国高举着火把和利剑进入墨西哥的真实行动，就像最坏的欧洲旧日政权一样，就像哈布斯堡王朝的君主在1849年用剑和绞架制服了匈牙利一样。当革命崩溃后，美国为来自欧洲各地的难民提供了庇护，像科苏特[②]（朗费罗是给予招待的主人之一）那

① 弗朗索瓦·皮埃尔·纪尧姆·基佐（Francois Pierre Guillaume Guizot，1787—1874），法国著名的政治家和历史学家。他在1847—1848年间任法国第22任首相。基佐的内外政策曾在他执政的前半期获得成功，以退让的办法较顺利地处理了同英国发生的若干外交争执和殖民地纠纷。基佐是19世纪中期法国资产阶级温和保守派的典型政治代表，在资产阶级同封建贵族漫长而曲折的斗争过程中，他采取了介乎革命和反动、民主和保皇之间的“中庸”路线。

② 拉约什·科苏特（Lajos Kossuth，1802—1894）。早年从事反对哈布斯堡王朝的宣传活动。后被选为匈牙利议会议员。在匈牙利1848年革命初期，任匈牙利新政府财政部部长。在奥地利入侵时，任国防委员会主席，积极组织力量将其赶出匈牙利国境。1849年匈牙利宣布脱离奥地利帝国独立，任国家元首。由于未能解决农民土地问题和团结非匈牙利民族，在俄国、奥地利联军侵入和反动军官叛变下，被迫辞职。革命失败后，流亡国外。

样的英雄受到了热烈的欢迎。“年轻的美国”想给这个兴奋的时刻一个更切实际的表述。它在外交界有大批派出人员，它可以指望像在里斯本的奥沙利文，或是自1853年起在伦敦担任领事的桑德斯[①]那样的人，他们对流亡者都极为友好。当在伦敦和巴黎的美国公使布坎南和梅森[②]较为谨慎时，布坎南山的秘书西克尔斯[③]则完全是大胆冒险的。他的目标是在西班牙促进建立共和，使西班牙从专制统治下解放出来，从而让美国能够占有古巴及它的奴隶种植园。这两个目标的不一致性显示了当时美国所有政策自相矛盾的状态，也显示了当时美国灵魂自相矛盾的状态。

在革命留下的泥沼中，欧洲正在滑向那个愚蠢且非理性的冲突——克里米亚战争。一如既往，欧洲的冲突将为美国的机遇铺平道路。1853年，在一长串美国政治专栏作家中最为知名的卡尔·马克思[④]在《纽约论坛报》撰文提及在欧

---

① 乔治·尼古拉斯·桑德斯（George Nicholas Sanders，1812—1873），是美国前政府官员，被一些人认为参与了对亚伯拉罕·林肯的暗杀。在富兰克林·皮尔斯执政期间被授予驻伦敦领事的职位。他参与了当时被认为是革命和无政府主义的事业，以至于被召回。据推测，他曾参与暗杀包括法国皇帝拿破仑三世在内的国家元首的计划，或煽动民主改革。

② 约翰·扬·梅森（John Young Mason，1799—1859），美国政治家、外交家、联邦法官。他从1853年开始一直担任美国驻法国全权公使，直到1859年在巴黎去世。他在拿破仑三世的宫廷里穿了一套简单的外交制服（为此，他遭到了美国国务卿威廉·马西的指责，后者曾命令美国的公使们穿一套朴素的平民服装），他还与分别担任英国大使的詹姆斯·布坎南和西班牙大使皮埃尔·苏尔一道于1854年10月起草了具有历史意义的《奥斯坦德宣言》。

③ 丹尼尔·埃德加·西克尔斯（Daniel Edgar Sickles，1819—1914），美国政治家、军人和外交家。1853年，西克尔斯成为纽约市的公司法律顾问，但很快就被詹姆斯·布坎南任命为美国驻伦敦公使馆秘书。1855年，他回到美国并于1856年当选为纽约州参议员。1856年，他作为民主党人当选第35届国会议员，从1857年3月4日到1861年3月3日，共连任两届。

④ 卡尔·马克思（Karl Marx，1818—1883）。18世纪50年代，卡尔·马克思被迫流亡到伦敦后，《纽约论坛报》不时向他约稿，于是他成了《纽约论坛报》的一名撰稿人。他在《纽约论坛报》上的发表时事评论文章，内容主要涉及当时英法俄德等西方列强国内和国际间的重大政治、军事事件，并间或穿插许多他们对于形形色色的资产阶级政府政要们的诙谐生动的批判性材料。

洲广泛流传的传言——美国将在欧洲事务中扩大影响力。他在当年7月份写道："美国的干预将是无处不在的，甚至受到了一部分英国公众的欢迎。"他在8月份又写道："今天的重大事件就是在欧洲地平线上出现了美国的政策。一些人欢迎它，另一些人憎恨它，事实上是所有的人都承认那是正在发生的事情。"正在寻找地中海基地的美国海军可以对意大利近日对奥地利的反击提供支援。事实上，美国的干预是比较温和的。最主要事件是围绕着来自路易斯安那州的皮埃尔·苏尔[①]所发生的简短但却具有历史意义的故事。他是来自法国的政治流亡者，仍然是一个笃信共和的人。他欢迎科苏特到新奥尔良落脚，并于1853年去马德里担任大使时向科苏特和在伦敦的马志尼发出了呼吁。他同时也是美国占领古巴的狂热倡导者。1854年4月，他被授权向西班牙提供一大笔钱来买下那个海岛。如果那个要求被拒绝的话，就可以诉诸其他的手段。

就像早先美国人为了夺取得克萨斯而对墨西哥输出革命一样，一个现成且
合宜的方法就是支持已经在西班牙风行的革命运动。苏尔已经与弱小的民主派 64
领导人有了联系，那些人当然是亲美的。他认为如果他们能执政，可能就会出售古巴，尽管他承认公众可能不会接受。在7月的一次动乱中温和的自由派政府上了台，苏尔被指控支持左翼暴乱，并不得不从西班牙匆忙出走。他的黑人仆人或奴隶借此机会逃离了他。西班牙人指控秘密特工正在将要前往殖民地服役的部队中策反，而与此同时，美国一手对民主派们的手段施以爱抚，另一手则

---

① 皮埃尔·苏尔（Pierre Soulé，1801—1870）是19世纪中期的一名法美律师、政治家和外交家。1849年至1853年，他在路易斯安那州担任美国参议员。其后至1855年，他一直担任美国驻西班牙公使。

向在伦敦的卡洛斯[1]首领卡布雷拉[2]提供金钱，促使他发起一场新的极端反革命的运动——而那场运动不久就发动了。10月份，举行了有苏尔，梅森和布坎南参加的奥斯坦德会议，会议的主题就是以何种方式和方法来获取古巴。皮尔斯总统“在南方人的要求之下”同意了这样的主张，而会议的宣言透出了他们兼并领土的意向。古巴的失序被称为对美国安宁的威胁，并为美国控制古巴提供了理由。在欧洲，对波兰的分割也曾在相同的理由下被证明是合理的。

西班牙可以指望得到英法两国的一些支持，这两个国家正在试图说服西班牙进入克里米亚战争并站在他们那一边。他们不准备提供支援保证西班牙仍能拥有自己的殖民地，但法国暗示可能会与西班牙联合保护圣多明戈，以防止美国把它作为占领古巴的垫脚石。两个盟国都敦促西班牙在马德里与华盛顿长期争执的“黑武士”号船只的问题上采取克制的态度。因为他们不想让美国对欧洲反对革命的基石——俄罗斯比以前表现得更加友好。1855年8月，西班牙提出的一项和谈请求被接受了。国务卿马西[3]对自己缺乏纪律的下属感到不满，而皮尔斯则是谨慎地作出了决定。一如既往，美国的议员们也分为两派。北方人不愿意为南方的海盗行径承担义务，保守派与欧洲的左翼配合，后者在1848年

---

① 指拥护王位者（Carlist）。是西班牙的一个传统主义和正统主义的政治运动，旨在为波旁王朝的王位寻求继承权。这场运动的起因是对继承法的争议，以及对波旁家族（House of Bourbon）的阿方森（alfonsin）家族的普遍不满。该运动在19世纪30年代达到鼎盛时期。

② 雷蒙·卡布雷拉·格里诺（Ramon Cabrera y Griñó，1806—1877），加泰罗尼亚将军。卡布雷拉曾是卡洛斯的统帅，也是公认的所有卡洛斯军队的领袖。威灵顿公爵和同时代的人都认为卡布雷拉是一位值得注意的游击队领袖。

③ 威廉·马西（William Learned Marcy，1786—1857），美国政治家，曾任纽约州州长、美国战争部部长和美国国务卿。马西初次涉足外交工作是在1839年，他奉命与墨西哥进行交涉。通过复杂的谈判和讨价还价，他为美国人争得了相应的权益，并把美墨关系保持在可控制的范围之内。在此期间，他的外交才华得以施展，被舆论誉为“卓越的谈判者”。皮尔斯总统上任后，任命马西为国务卿。

展现了比美国哲学的梦想还要极端的思想。佩里舰长就是这样一位保守派的人物，我们今天仍会经常听到他当时所说的话，他以尖刻的语气谈论公众对科苏特和“匈牙利自由事业（社会主义和红色共和主义的别称）”的热情。 65

美国保持远离克里米亚战争的姿态，明智地抓住战争所提供的商业机会，避免在欧洲人的地盘上向他们挑战，而是在亚洲挑战其霸权。在尝试与西班牙交易的同时花了很长时间准备佩里去日本的远征计划。在亚洲水域和南洋的美国企业正在成长并寻找新的出路。其中最不起眼的是在“苦力贸易”中的份额，或者说是将契约劳工从中国出口到比如像秘鲁那样的国家，而对待那些契约劳工的野蛮程度与非洲的奴隶贸易相差无几。英国政府在1855年下令禁止英国公司参与劳工买卖，而美国政府直到1862年才下令禁止。在对日本的访问中最感兴趣的是捕鲸业务，美国希望利用日本港口获得船员必需品的补给，清单上包括朗姆酒和妇女。在那个行业里，新英格兰人（奎克家族的各个船东）是说了算得，他们拼命追求利润，但梅尔维尔则在《白鲸》中给亚哈船长的同样追求带上了高尚的桂冠。那随之而来的坏脾气——正如凡勃伦[①]所说的那样是“一种不可磨灭的风采”，它反映了当年新英格兰在奴隶贸易中居于领先地位时所特有的精神，“美国公司学会了如何不让右手知道左手在干什么”。

船长在捕鲸船上的管治甚至比海军还更野蛮，这一定是由于雇用当地水手的经济习惯造成的。在亚速尔群岛周围捕鲸的船上有一半水手是从岛上招募来的。罗伯特·路易斯·史蒂文森曾见过一位太平洋岛民，他的来自新贝德福德的船长为了不付给他工资而把他一个人留在了食人岛上——那“纯粹就是谋杀”行为。当需要政府支持时，那些强硬的人可以像鳄鱼一样热泪盈眶，但他

① 托斯丹·邦德·凡勃伦（Thorstein Bunde Veblen，1857—1929），经济学家，制度经济学鼻祖。凡勃伦作为一个辛辣的社会批评家而为一般公众所知的，他这一风格的代表作是《有闲阶级论》。他在经济学的方法论问题上有广泛著述。

们对在日本荒凉的海岸上遇难的船员的困境无动于衷。不管追求的物质目标有多少，总会有一些受害者获得救助，从而刺激美国采取行动。佩里在1851年晚些时候向一位大捕鲸船主保证他愿意为了达成一个条约而进行一次远征，“解除你所说的正在遭受残忍且无望获救的被囚禁人们的不幸”。

美国人希望它可以打开亚洲的门户，但不用像欧洲人那样粗暴地对待他们。实际上它一直在等待欧洲人先这样做，然后跟在他们后面进入亚洲。现在
66 美国感到自己已经足够强大，可以立即开始复制欧洲的方法，在亚洲开辟自己的战线了。但是，由于当时美国的武装力量实际上还是非常有限的，所以它很快就需要与欧洲人进行合作。像佩里那样的海军人士和其他美国人可能会对英国不断增长的势力感到不满，但当他们与亚洲人面对面时他们就会意识到白人的共同利益和感受，就像保守的欧洲人憎恨英国的势力，但对美国有着与英国人一样与之对抗的情绪。对大英帝国的讨厌可以很容易就变成对它的羡慕，并让一些美国人也想效仿它。

佩里的记录显示出他非常有行动能力，也是一个信奉以强制手段对付弱国的人，当然那是为了他们自己的利益。随着时间的推移，这种模式将成为美国的习惯。他因具有处理与其他种族事务的丰富经验而被选派与加勒比地区的海盗打交道，参与那不勒斯的海军操演，并在非洲的奴隶海岸巡逻。对他在那些行动中的行为有着不同的描述。他被描述为保护那些得到良好处置的部落免受掠夺者的侵扰，并向他们的首领保证“他不是被派往非洲去压迫或虐待土著人的”。但是我们也看到在那些“假大空的”记录中有一个是“在流血战斗和几个村镇的燃烧中结束的”。他的“枪弹政策”早已为当地人所铭记，墨西哥人是下一个有理由会记住他的人，而现在该轮到日本人了。他的使命指令似乎是他自己起草的。那项指令说：“从过去的经验中可以看到，除非伴随着强制的力量，否则与那种人争论或试图说服他们将是完全无益的”。除自卫之外，他被禁止使用武力。他将如何解释这一点可能是一个悬而未决的问题。

在接近日本的时候，他在小笠原群岛上停了下来，从很少的几个定居者之一的手中买了一块土地作为储煤场，并认为他的政府将会对那块土地提出要求。他和他的人在日本发现，或者相信他们发现了（正如在亚洲的欧洲人经常这样做的那样）普通人是友善并热情的，但统治者是不友善的，当地还以宽松的条件提供妇女。在对付“非常聪明并带欺骗性”的官员时，佩里因为对其他陌生土地的了解而颇感自得。据说他比他的政府所希望的更加强硬，因此在第
二次访问日本征询对他提出的签订条约的要求的答复时受到了一定的约束。他 67
没有开枪就获得了一个条约，虽然没有什么价值，但走在了欧洲人的前面。回国后，他敦促公众舆论看清扩大在亚洲开放商业的需要，并建议应该占领中国台湾岛的基隆港，以迎合“统治天下的天意”和国家的“最终目标”。

佩里起程前往日本时想要的远不仅仅是一个贸易协议，“他把贸易协议作为一个幌子，最终将开启美英争夺太平洋的斗争”。当他掌舵的时候，舰队是帝国建造的探路者。但他回来的时候，看法有了一些改变。他发现英国与各个国家都相处得很友好，而俄罗斯人将是太平洋地区未来的对手。汤森德·哈里斯[①]被选派作为美国第一位驻日本总领事和第一位驻日本的西方外交官。他从一开始就准备与英国建立良好的关系，或者更准确地说，是为了达到双重目的。从英国和法国在亚洲的行动中获利，同时在幕后批评它们以赢得本地人的尊重。这位失败的商人曾在东方做过很多生意，在英国的殖民地有很多熟人，与香港总督宝宁[②]爵士的关系特好。宝宁前不久刚与泰国谈判达成一项协议，他向哈里斯

---

① 汤森德·哈里斯（Townsend Harris，1804—1878）是一位成功的纽约商人和次要的政治家，也是美国第一任驻日本总领事。他参与了美日《哈里斯条约》的谈判，被誉为江户时代开启日本帝国对外贸易和文化大门的外交家。

② 宝宁（John Bowring，1792—1872），又称宝灵、包令，英国政治经济学家、旅行家、作家、文学翻译家，通晓多国语言，是英国派驻香港的第4任总督。

提供了有关日本的一些有益的建议。他是他那个时代具有前瞻眼光的人，已作好准备迎接英美的合作。

在途中，哈里斯不得不在曼谷停顿并签署一项条约，国务卿马西的指示是让泰国人留下美国爱好和平的印象，从而与刚刚吞并了南面缅甸的英国形成对比。哈里斯充分利用这一点来说服泰国人应该给他的国家比英国更宽松的条件。然而泰国人比他猜想的更为清醒，他们也利用这一点来争辩说美国应该满足于比英国的贪婪更少的要求。在日本，他像佩里一样，不得不面对根深蒂固的说谎对手坐下来谈判。当时的美国还没有中央情报局，所以美国人在开展工作时都以自己坦诚开放的态度引以为豪。对他们来说就像维多利亚时代的英国人一样，商业是神圣的。因为商业把各个国家联系在一起，不仅是为了交换商品，而且至少在理念上也带来了思想的交流。约翰·昆西·亚当斯曾宣称，排他性政策是“反商业的，因此也是不道德的”。哈里斯告诉官员们说，他认为日本的普通民众会欢迎与外界的交往，阻挠的只是贵族和军人，“在所有国家中那
68 两个阶层的人都反对改善人民群众的生存状况”。一百年后，他自己的国家将由这两个阶层来控制世界的很大一部分。

哈里斯还向日本人保证，英国人虽然不满但得到了教训，英国和法国都是强盗，只有美国才是值得信赖的。他在首都东京举办了一次招待会，促使政府签署了一项他想要的新条约。他暗示如果日本不能和平地接受他的条款，强盗们很快就会到来并使用武力勒索新的条约。这是完全真实的。但如果后来的几年中欧洲战舰没有对日本港口轰击的话，美国的立足点是否能够存在下去可能是有疑问的。事实上，哈里斯可以有本钱表现得和蔼可亲。他于1861年离开日本时人气很高。作为向现代化和理性开放的日本窗户的开启者，美国在几年之后解放了自己的奴隶时，可以更得体地呈现自己最得意的解放者角色。美国的教师和传教士不久之后就都涌入了日本，帮助他们的国家对日本人产生了“巨大的影响”。

当哈里斯在日本时，中国正在成为众人瞩目的焦点。在1856年至1860年的第二次鸦片战争中，法国加入了英国的行列，同时反抗清王朝的太平天国运动的高潮也正在到来。美国在第一次鸦片战争后，在1844年与中国达成了第一个条约。欧洲人经常抱怨的是美国指出了欧洲人粗暴地对待中国人的错误，但却毫不犹豫地从中受益。那个条约是由秉持帝国主义观点的律师顾盛①谈判成约的，他坚持要求更多的治外法权。当一名中国人在广州发生的暴动中遇害后，他坚定地宣称："我将立即拒绝任何将杀死许某人的人交出受审的要求。"他回到美国以后为墨西哥战争投入了心血，出钱装备了一个团的军队。

在接下来的冲突中，美国保持了模棱两可的中立态度，但实际上是倾向于英法联军的。而英法联军正急切寻求美国和俄罗斯在道义上给予支持，从而让中国相信西方是团结一致的。1856年，前医疗传教士，时任美国公使的伯驾②写
信向英国贸易总监保证他"殷切希望在共同权利和利益的所有事项上，将在达 69
成条约权力时追求目标的和谐和行动的一致"。他对英国为保护所有在中国的外国人所获得的成功表达了"深切的关切"。伯驾所说的可能并不适合美国政府的

---

① 顾盛（Caleb Cushing，1800—1879），美国外交官，律师出身，众议院议员。1843年，他受美国总统约翰·泰勒委派，以专使身份来华。1844年2月，他到达澳门后，立即同两广总督程采交涉，要求到北京向皇帝呈递国书，跟中国订立"永远和好条约"。他的要求被拒绝，就用炮舰相威胁。1844年7月3日，他同清朝钦差大臣耆英在望厦村签订了中美《望厦条约》。此约成了中国和法国以及其他国家订立不平等条约的范本。1874年至1877年间，顾盛担任美国驻西班牙大使。

② 伯驾（Peter Parker，1804—1888），美国首位来华医疗传教士、广州博济医院创始人。1834年来华，1838年在广州成立中华医药传道会，任副会长，并在澳门开设眼科医院，免费为华人治疗，救人无数。1839年鸦片战争前夕曾为林则徐治疝气病。1844年担任美国特使助手，参与《望厦条约》谈判。1855年任美国驻华全权公使后，曾鼓动侵占中国台湾，并与英法各国联合提出"修约"要求，扩大侵华权益。

口味，但是他的继任者列维廉[①]高兴地通知英国代表埃尔金伯爵[②]说："总统指示我与你和法国大使就共同利益坦诚地交换意见，只有这样才能清楚地理解我们三个国家都同样有决心维护正义……"。

当英法联军聚集在北京附近准备发起进攻时，所有西方四国的公使都去了北方。在对海河口岸堡垒的袭击中，美国海军指挥官塔特纳尔[③]本着"血浓于水"的格言，在私底下悄悄地帮助了英国人。当1859年在天津签署新的条约时，新任的美国公使华若翰[④]坚持中国要在北京接受他的任命文件。他的欧洲同事显然希望他能认识到他在那里并没有什么作用。法国公使阿方索·德·布尔布隆[⑤]写道："一个国家的过度自尊是其独有的特征。我深信，他本人一定会对他们让他所经受的一切屈辱感到愤怒。"事实上，英法联军第二年在北京的大屠杀不太可能会引起美国的严厉谴责。

---

① 列维廉（William Bradford Reed，1806—1876），美国名律师、政治家、外交家、学者和记者。1857年至1858年，他担任美国驻华公使。并参与了6月条约的谈判。1860年回到美国后，他活跃于民主党政治和纽约新闻界。

② 詹姆斯·布鲁斯（James Bruce，1811—1863），第八代埃尔金伯爵。1857年3月，他出任英国驻中国的全权代表，12月，他指挥英法联军攻打并占领广州。1858年5月，又率领英法联军北上，炮击大沽口，胁迫清朝政府签订不平等的《天津条约》。1860年2月，他以英国公使身份重返中国，统领英法联军于8月攻陷大沽口，占领天津城。10月13日攻入北京，与法军一起洗劫圆明园。尔后，他借口清军虐待英军战俘，下令火烧圆明园。随后和法国全权代表葛罗又胁迫清朝政府订立了不平等的《北京条约》。1862年，转任印度总督，1863年死于印度北部达兰萨拉。

③ 乔赛亚·塔特纳尔（Josiah Tattnall，1795—1871），美国海军准将，参加过1812年战争、第二次巴巴里战争和美墨战争。在美国内战期间，他在南方联盟海军服役。他曾违反美国的中立原则，在海河入海口向受到攻击的英国和法国军队提供援助。

④ 华若翰（John Eliott Ward 1814—1902）。1859—1860年担任美国驻华公使。第二次鸦片战争期间，伪装中立，配合英法联军进行侵略。1859年赴北京与清政府交换《中美天津条约》。

⑤ 阿方索·德·布尔布隆（Alphonse de Bourboulon），法国外交官。1851年，1852—1857年，1859—1862年三度出任法国驻华公使。太平军攻占南京后，布尔布隆主张支持清朝、武装干涉太平天国，因未获法国政府批准而作罢。

美国不可能使欧洲变得激进，但它可以在中国通过鼓励太平天国运动而找到一个更容易渗透的领域。长期以来，西方舆论界对太平天国运动的看法一直是分裂的。如果说欧洲的平民把美国看作是自由的土地的话，那么在中国反抗传统体制的人中间也有类似的暗示。洪仁玕是太平天国领袖的亲属，他曾在香港学习基督教，后来在太平天国首都南京加入了太平天国运动。他在他的外国草图中把美国描绘成了一个非常友好“鲜花如帜的国家”。“她在礼仪、正义和财富上都是无与伦比的。她虽然强大，但并不侵略邻国……在美国没有乞丐。”美国传教士丁韪良[①]是对太平天国思想中注入的基督教义印象深刻的人群中的一位，他建议与在承认北京政府同样的基础上承认南京的太平天国政府。就像他的许多同胞本能的双重思维一样，他认为这样做对美国的利益和基督教都有好处，因为这两个政权可以互相抵消。“分而治之是攻占东方保护主义堡垒时应当 70
运用的策略……如果我们的特使由我们自己挂着自由旗帜并有气派的舰队伴随出现在长江上时……太平军的领袖……就完全不可能拒绝我们的要求。”

总体来说，美国和欧洲各国一样，走向了反对太平天国，偏袒腐朽的封建政府的方向，就像一个世纪后中国革命进入了共产党的阶段时他们所做的一样。一位日本历史学家曾评论说，卡斯[②]国务卿的指示“对发展中的暴动表现出了机会主义的态度和几乎玩世不恭的漠不关心”。但当1860年太平军威胁到了上海而欧洲人转向北京政府寻求积极支持时，美国人则正陷于自己的内战和可能

---

① 丁韪良（William Alexander Parsons Martin，1827—1916），美国基督教长老会传教士、教育家、翻译家和外交家。字冠西，号惪三。1850—1860年在中国宁波传教，随后开始为美国政府提供太平天国情报。由于他熟谙汉语，善操方言，1858年中美谈判期间，曾任美国公使列维廉译员，参与起草《天津条约》。1862年在北京建立教会。1865年为同文馆教习，1869—1894年为该馆总教习，并曾担任清政府国际法方面的顾问。1898—1900年，任京师大学堂总教习。后创立北京崇实中学（现北京二十一中学），并担任崇实中学第一任校长。

② 刘易斯·卡斯（Lewis Cass，1782—1866），1857—1860年担任美国国务卿。

的外国干涉，从而把认真处置中国事务留给了美国的冒险家们，由他们插手最终镇压了叛乱。许多幸运的士兵在东方探险，或在加勒比海征战，他们都成了帝国的先遣部队。一名美国雇佣兵约西亚 · 哈兰[①]在旁遮普被英国人征服之前参加了英国军队，与兰哈吉 · 辛格王公[②]一起服役，并在英国人征服旁遮普后马上被任命为一个城镇的长官，尽管哈兰没有资格担任那个职务。华尔[③]是1859年来到中国的一名前军人，他为清政府组织了一个小型的外国军团，之后不久就发展成为“常胜军”。人们普遍认为他希望为自己建立一个独立王国。当他在1862年被打死时，美国仍然对中国事件有兴趣，欲与英国争夺对他的继任者的选择权。在美国官方的支持下，在美国定居的一位拿破仑军队军官的儿子白齐文[④]得到了指挥权。他很明显地像华尔那样试图建成自己的独立王国，但很快就因为不服从命令而被解职，陷入了一个十分糟糕的境地。对这种事情的恐惧成了英国人的一种严重关注，因为在印度莫卧儿帝国解体时也曾发生过类似事件。

---

① 约西亚 · 哈兰（Josiah Harlan），1799—1871），美国探险家，以游历阿富汗和旁遮普而闻名。在那里，他参与了当地的政治和派系军事行动，最终为自己和他的后代赢得了“永远的古尔王子”头衔。拉迪亚德 · 吉卜林的短篇小说《未来的国王》据信部分取材于哈兰的经历。

② 兰吉特 · 辛格王公（Maharaja Ranjit Singh Ranjit Singh，1780—1839），19世纪上半叶统治印度西北部次大陆的锡克教帝国的领袖。21岁时被宣布为“旁遮普的王公”。他多次击败外国军队的入侵，特别是那些来自阿富汗的军队，并与英国建立了友好关系。他的军队和政府包括锡克教徒、印度教徒、穆斯林和欧洲人。

③ 华尔（Frederick Townsend Ward，1831—1862），美国人，围剿太平军的“洋枪队”领导人。1860年开始受清朝官员委派，招募十几个愿意从军的外国人和几百名中国志愿者组成洋枪队，帮助清军围剿太平军。随后“洋枪队”改为中外混合军。1862年春，华尔加入中国籍，被清朝政府委任为副将，“洋枪队”改称“常胜军”。1862年9月，华尔在进攻慈溪时毙命。

④ 白齐文（Henry A. Burgevine，1836—1865），美国北卡罗来纳州人。他24岁当上外籍雇佣军“常胜军”首领，活跃于中国的晚清战场，曾组织洋枪队镇压太平天国，后叛清投奔太平军，帮助太平军对抗清政府，后被清朝政拘捕于厦门，在被押往苏州途中被李鸿章下令溺杀。

第六章
南北战争及之后的年代

南北战争爆发之前十几年间精心策划的有关外交政策的文章说的都是要把
国家团结起来，克服地区和社会的分裂，但那些努力都被证明是失败的。南北 71
战争的爆发并不是欧洲人历史悠久向外发展的传统或遥远的西部激动人心的淘金热潮就可以使之避免的。作为最后一招，向1812年英美战争的宿敌英国发起挑战是需要三思而行的。英国大使里昂勋爵[①]则认为在1860年初有许多美国人希望与英国开战，从而避免南北战争的发生。当敌对行动爆发时，联邦阵营内由苏厄德领头的一派似乎希望能够通过对外战争来缩短南北战争，重新激发起南方的爱国主义情绪，并把南方各州带回联邦。当这种希望最终消失时，联邦政府内部的分歧是如此尖锐，以至于里昂怀疑像苏厄德那样的人仍然想发起对外

---

① 理查德·比可顿·佩梅尔·里昂（Richard Bickerton Pemell Lyons，1817—1887），英国海军军官和外交官。在美国南北战争期间，他担任英国驻华盛顿特区的大使。他在差点引发美英战争的1861年“特伦特事件”中代表英国与美国谈判。

的战争，或者虽然不是战争但也是极大的摩擦，来团结自己的追随者。在他给时任外交大臣约翰·罗素的许多信中透露出了那个策略实施的程度。英国上流社会对南方不加掩饰的同情是对美国联邦政府的极大挑衅。

一场真正的南北战争——这在历史上并不多见——没有道德追求的孕育是打不起来的。向一方提供的这种道德追求就是反奴隶制的感情，而向另一方提供的是为了反对集权而要保护地方自治——那也是在1833—1839年西班牙卡洛
72 斯战争[①]中失利的巴斯克人和加泰罗尼亚人如此顽强作战的同样缘由。然而对北方而言，这场冲突只是他们对奴隶制半心半意的对抗，正像第二次世界大战中民主国家只是半心半意地反对法西斯一样。大多数北方人愿意做的是维护合众国，而不是废除奴隶制，除了让合众国更为强大之外，没有任何意义。而且当时的形势已经很清楚，它的力量可能会转化为向外的侵略。毫无疑问，一个独立的南方会加入欧洲联盟，那可能成为对共和国的威胁。在北方征服南方的决定中透露出一股帝国主义的气息，而南方本身对征服加勒比海也是态度坚决的。1861年的一篇讲道曾谈到了以色列人延缓占领应许之地的原罪，那是在影射北方在结束南方奴隶制时的犹豫。迦南的形象总是困扰着美国人的思维，它可以被用于各种各样的情况。

林肯曾经谴责墨西哥战争。但当北方人把美国的所有违法行为都归罪于南方，归罪于南方在国家政策上长期处于主导地位因而必须对其负责时，那就把事情搞得过于简单了。一位纽约女士在给英国废奴主义者约翰·埃利奥特·凯恩斯的信中曾这样写道，“与印第安人的战争、吞并得克萨斯、墨西哥战争，

---

① 西班牙波旁王朝内部争夺王位继承权的战争。1833年斐迪南七世死后，因无男嗣，由3岁长女伊莎贝拉继位，称二世，母后玛丽娅·克里斯蒂娜摄政。斐迪南七世之弟卡洛斯·玛丽亚·伊西德罗借用禁止女性为王的《撒利克法》争夺王位，自称卡洛斯五世。拥护唐·卡洛斯的一派与拥护伊莎贝拉的一派发生了战争，史称卡洛斯战争。

北方人对那些都是强烈反对的，而且北方也没有参与其中。尽管政府拨出了开支，但北方提出了最强烈的抗议。”凯恩斯在答复中承认纽约媒体的口吻让他对美国未来的意图感到不安。“一种非常普遍的忧虑是北方进行战争的主要动机纯粹只是雄心壮志……我希望我能相信这样去认为是没有根据的。”

苏厄德的反英策略确实可以被看作是通过南北战争坚持推行扩张主义，而加拿大则再次成为他的目标之一。里昂在1861年5月给加拿大总督的信中写道：“如你所知，加拿大被人视为是我们的薄弱之处，有些部长们认为，那里有一种强烈的亲美情绪。”他建议要加强防御。这些话并不全错。一位近期访问了那个国家的受人尊敬的英国人痛苦地发现“在英国出生的殖民者和美国之间正在形成一种激进且令人担心的同情”。那年晚些时候，当联邦政府从英国的“特伦特”号邮轮上抓走了邦联特使之后，据称华盛顿的一名特使在巴黎表示，可以预见将与英国发生战争。如果战争爆发的话，美国将寻求与法国联盟，并提供魁北克作为参加联盟的奖励。帕麦斯顿向女王陈词，法国政府对南方更加同情， 73
“他们考虑更多的可能是棉花而不是加拿大”。如果华盛顿真的会考虑这个提议的话，这显然偏离了门罗主义。如果拿破仑三世[①]没有想到加拿大的话，那他很快就会想到墨西哥的。

如果达成了建议中的交易的话，那么加拿大的其他地区就会归属于美国。但是在1862年，一位加拿大的苏格兰裔激进编辑，多伦多的乔治 · 布朗[②]对《泰晤士报》叫嚣的所谓防范美国的计划表达了不满。他坚持认为在英国政府圈子

---

① 拿破仑三世（Napoleon III），真名夏尔-路易-拿破仑 · 波拿巴（Charles-Louis Napoleon Bonaparte，1808—1873）法兰西第二共和国总统及法兰西第二帝国皇帝。

② 乔治 · 布朗（George Brown，1818—1880），加拿大裔苏格兰裔记者、政治家、加拿大联邦创始人之一，参加夏洛特镇（1864年9月）和魁北克（1864年10月）会议。他是一位著名的改革政治家，最为人所知的身份是当时加拿大最有影响力的报纸《多伦多环球报》的创始人和编辑。

里，对战争的欲望是非常活跃的，英国政府圈子里的人总有无数的亲属在军队中。加拿大人的情绪当然是混杂的。布朗本人虽然非常反对保守党，在南北战争期间也是北方坚定的朋友，但他并不是美国式民主的崇拜者，也不希望加拿大会加入合众国。加拿大的商人也不愿意加入合众国。当英国在1850年接受自由贸易之后，加拿大商人的市场特权被剥夺了，这使他们曾在短时期内对英国极为不满。但从那以后，英国通过投资铁路和其他企业，并通过为他们与美国谈判达成了互惠条约而重新赢得了他们的忠诚。

尽管如此，在普通的加拿大人中具有不可否认的转向民主的迹象，就像欧洲的普通民众在1848年充分表现得那样。而对美国的善意也比当年美国掠夺墨西哥时要好得多。所有的欧洲工人都本能地站在北方的一边，而他们的统治者则站在南方的一边。在1864年的由马克思起草国际工人协会成立的宣言中，协会祝贺林肯再次当选——“即便在上层阶级为邦联贵族们进行狂热的党派之争发出了惨淡的警告之前，奴隶主的叛乱也为发动一场资本反对劳动的‘圣战’敲响了警钟……”。

正如欧洲的冲突给美国带来了机遇，美国眼下的冲突也对欧洲人送去了诱惑。1861年，为对付俄罗斯而形成的英法联盟在中国和日本极其活跃之后，开始以同样的方式向墨西哥渗透。而这一次西班牙成了联盟中为债主获利的第三个盟友。他们与之对抗的是一个由印第安人胡亚雷斯[①]领导的革命政权，很多人指望这将消除美国的反对意见。到1862年时其他人都退出了。拿破仑三世像他

---

① 胡亚雷斯（Juarez，1806—1872），墨西哥民族英雄，拉丁美洲解放者之一。1854年参与推翻独裁统治，后任司法部部长、总统。颁布改革法，没收教会地产，剥夺教会的世俗权利。1862年领导抗击拿破仑三世组织的墨西哥远征，经过五年的艰苦斗争，终于赶走了侵略者，推翻了侵略者扶植下的马西米连诺一世连傀儡政权，捍卫了墨西哥民族的独立，而且为了墨西哥国家统一和民主共和制度的巩固奠定了基础。

的叔叔一样，一直为获取伟大的荣耀所激励，从而卷入了最疯狂的冒险之中，并于1864年建立了墨西哥哈布斯堡王朝。而西班牙正在展开一场同样愚蠢的图 74
谋，通过对智利施加压力来恢复其在南美洲的地位。南北战争结束后，马西米连诺一世[①]欢迎邦联的士兵到墨西哥去，想着让他们成为他的主要支柱，并让他们能以自己新的身份完成接管墨西哥的旧日南方美梦，以抚慰他们在美国国内的失败。但法国人很快就在欧洲陷入困境，并由于担心与华盛顿的关系恶化而被迫撤退。谢里登[②]在美墨边界进行了军事示威，给予爱国者们道义上的支持和武器供应，这就结束了马西米连诺一世能够继续招收邦联士兵的前景。他在1867年的倒台使美国又一次轻松地获胜。

惠特曼很高兴在南北战争中找到了证据，“我们美国无疑是世界上最强大的军事力量，”虽然他也承认美国指挥官对美国军队的使用非常死板，也非常浪费。他感受到了欧洲各国政府对美国的极度“恐惧和仇恨”，“世界各国的共同愿望是……她应该被迫降格到一般王国或帝国的水平”。他坚持认为加拿大应该加入合众国，但是他预期这将在关税同盟的默默影响下发生。当他以较为冷静的心态回顾南北战争时，他看到的是“两个伟大的场面，民主的不朽证明”——联邦政府动员军队和资源参战，以及“在1865年夏天和平并和谐地解散了军队”。外人可能对第一点看得不太清楚：联邦政府军队的扩建经历了别扭且痛苦的过程。不可否认的是美国已经显示出一个军事巨人的力量，但真正值

① 马西米连诺一世（Maximiliano I.，1832—1867），墨西哥末代皇帝，原名斐迪南·马克西米利安·约瑟夫·冯·哈布斯堡－洛林（Ferdinand Maximilian Josef von Habsburg-Lothringen），奥地利哈布斯堡王朝成员。他本是奥地利大公，1864年4月10日在法国皇帝拿破仑三世的怂恿下，接受了墨西哥皇位，称墨西哥皇帝马西米连诺一世。

② 菲利普·亨利·谢里登（Philip Henry Sheridan，1831—1888），美国南北战争时期的一名职业军官和联邦将军。1883年，谢里登被任命为美国陆军总司令，1888年，在格罗弗·克利夫兰总统任期内，他被提升为陆军上将。

得注意的是它没有像里昂曾害怕的那样去使用军事力量——比如说，占领加拿大。相反，美国立刻将它的军队搁置一边。

就像早些时候那样，好战的情绪迅速地消退了，现在必须面对的是战争的巨大代价，尤其是普通老百姓要为此买单而奸商们则大发其财。在美国招兵买马的最好对象是南方贫穷的白人，然而他们已被解除了武装。反对常备军队的自由意识仍然存在，商人们认同这样的看法因为他们秉持小型政府和个人至上的理念：在他们看来，陆军和海军毕竟是一个国家化的产业。作为纳税人，他
75 们会和内陆的开拓者们一样接受国家的军队。而那些内陆的开拓者们经常看上去像是要和英国人开战，但总是反对出钱去买舰船。美国人只有在实际上进入战争的时候才会表现出意愿去认真考虑建立一支舰队，而到了那个关口舰队是不可能一蹴而就的。海军的统计提供了一个民众情绪的晴雨表，他们对建立舰队的态度表现出了停滞，而不是前进。公众冷漠而专家保守的那一代人忽略了南北战争的教训。美国继续建造木船而不是铁甲军舰。在1880年时，美国没有一艘一流的现代化军舰。

当时的实际情况是，已经被广泛接受为国家未来的工业资本主义有了一个快速增长的国内市场和企业发展的开阔领域，从而不需要在海外寻找殖民地。南北战争之前，美国人没有什么闲暇来消化从墨西哥获得的战利品。而现在，从墨西哥割让来的土地和俄勒冈以及大平原地区都已被有效地占领并转化为美元和红利了。1869年，连接美国东部和西部第一条铁路线开通了。随着横贯美洲大陆铁路的开通，太平洋沿岸的各州已不再是偏远的邻居，而成了国家的一部分。对地峡的关注越来越少，可以更冷静地来思考国家的安全问题。与以前一样，向西的边疆开拓是一种帝国主义思维的产物。但即使对美国人来说，这也与欧洲人的帝国建立有很大的不同。资本主义的迅猛发展所带来的利润膨胀使人对未来帝国的进一步发展产生了欲望。就当时而言，跨越广阔边界的野心缺乏吸引力，政客们试图以此拉拢选票的努力也没有成功。其中最为突出的就

是苏厄德，他是“19世纪美帝国主义的核心人物”，他在1867年从俄罗斯买下阿拉斯加的目的就是为了向东北亚的方向扩张。美国再次通过以付钱购买而不是以欧洲人的偷盗风格来进行扩张，即使眼下购买阿拉斯加并不能补偿购买古巴失利的损失。苏厄德自己也像他的前任一样，热衷于拿下古巴，并以此作为跳板向拉丁美洲进军。

在南北战争之前，向拉丁美洲进军的威胁已经引起了人们的警惕。“拉丁美
洲听到的只有那个威胁正在明显地逼近。”在南北战争期间，墨西哥人必定很高
兴看到他们的入侵略者彼此厮打。但他们现在有了新的入侵者，北方的胜利将 76
使他们在抵御时受益。总体而言，拉丁美洲的感觉是对美国重新抱有了希望和信心。但这并没有持续太久。很快就显示出南方的失败只是削弱了美国的侵略政策，而并没有消灭它。在1868年时，推动美国政府干涉古巴困局的意图确实慢慢消失了，1869年格兰特①总统没能得到参议院的批准让他实施与当地掌权者合谋兼并圣多明各的计划。虽然他们当时什么也没有得到，但那些阴谋让共和国邻近地区的所有人都感到紧张。他们掩盖了这样一个基本事实，现在骑在马鞍上的是工厂主，而不再是庄园主了，他们寻求的是金融的宗主权，而不是公开的土地兼并。这种新的趋势已经显露出来了，美国的资本家正忙着在墨西哥修建铁路。这可能是一件好事，但落后国家中的外国人铁路除了运送其他货物以外，往往还带来了外国的监护。

远东地区的情况也是如此，尽管长期以来美国在那里的作用只是次要的。

---

① 尤里西斯·辛普森·格兰特（Ulysses Simpson Grant，1822—1885），美国军事家、陆军上将、第18任美国总统（1869—1877），是美国历史上第一位从西点军校毕业的总统。他稳定了南北战争后的美国经济，创建了司法部，并起诉了三K党。他任命非裔美国人和犹太裔美国人担任重要的联邦官员。1871年，格兰特成立了第一个公务员委员会。格兰特政府成功地解决了亚拉巴马州的领土主张和“弗吉尼亚号事件”，但国会拒绝了他的多米尼加并吞提案。

眼下，美国满足于让欧洲人继续教训中国和日本（即便苏厄德主张在1864年参与对日本的海军行动有着充分的理由），而自己则享受思考与评说的奢侈——美国人的行为准则比欧洲人要高出不知多少。1868年与中国签订的《蒲安臣条约》规定了相互的移民权利。1869年，旧金山的布勒特·哈特在他的小说《李顽》中写道：“两天里，一伙暴徒集群而起，杀害了手无寸铁，无法抵抗的外国人。那些人被杀，只是因为他们是外国人，是另一个种族，信另一种宗教，有另一种肤色。”（十年后，史蒂文森听到一个演说者在集会上大声呼喊，要像林肯解放黑奴那样把自己从“丑恶的蒙古人”手中解放出来）。在远东，英国继续处于领先地位，但是在那里和在其他地方，英国都遇到了更强有力的竞争，这使它倾向于不在大西洋以外的地区再有任何承诺。这反过来又有助于弱化美国人的好斗，因为他们总是最容易与英国人发生混战的。

即使在南北战争之前，一些保守的英国人也愿意放纵南方的扩张，尽管他们不喜欢美国在同一地区的扩张主义。如同当时及以后发生的许多其他情况一样，保守党的态度（如同今天美国的态度）受到情绪和政治算计的限制。亲
77 南方的感情表达了一个旧日统治阶级的怀旧之情，他们被剥夺了自行选择的自由，也失去了因分裂而削弱合众国的希望。然而南北战争所表现出来的能量是整个大英帝国不得不加以考虑的。正如迪斯雷利[①]在1872年所指出的那样，“这样一个独特的、世界性的组织不可能不对在国际舞台上出现的新的大国有某种程度上的敏感。”与之相比，西班牙是一个越来越弱小的难以依靠的支撑点，并

① 本杰明·迪斯雷利（Benjamin Disraeli，1804—1881），犹太人，比肯斯菲尔德伯爵一世（1st Earl of Beaconsfield），英国保守党领袖、三届内阁财政大臣，两度出任英国首相（1868、1874—1880）。在首相任期内，是英国殖民帝国主义的积极鼓吹者和卫道士，大力推行对外侵略和殖民扩张政策。他的名字是同英国殖民帝国紧密联系在一起的。他还是一个小说家，社会、政治名声使他在历任英国首相中占有特殊地位。

正在逐渐脱离作为加勒比海地区抵抗美国人侵壁垒的帕麦斯顿防线。它对它的殖民地的财产管理如此不善，以至于让美国接管它们的前景开始变得看上去不那么邪恶了。美国在废除奴隶制以后，就没有人会把它作为殖民化的力量而加以反对了。当西班牙和美国在1874年因“弗吉尼亚号事件”[①]濒临战争时，马德里收到了伦敦的警告，不要指望英国会帮助它保护古巴。

从加拿大联邦成立之后一年的1868年开始，那儿就没有任何英国指挥下的军队可以像挥动的红毯那样招惹美国公牛了。在好几年时间里，美国边境的北方一直有一种恐惧，美国会来占据加拿大西部尚无人居住的大片土地。但对这个方向，比对拉丁美洲方向更为明确的是美国正在将其思维由兼并转向渗透。英国人的看法可能会超越脱离接触向积极的利益共同体的观念转变，盎格鲁－撒克逊家族两个分支的最终目标开始交织起来。就像佩里在他的太平洋航行时所做的那样，美国也正在重新审视世界格局。俄罗斯曾经常被看作是搅局者，是英国的敌人，但现在可能被看作是美国粮食和原材料出口的强大竞争对手。当欧洲大陆人把美国看作是搅局者时，它往往也成了英国的敌人。由马克思提出，并在1869年5月经国际工人联合会批准的向美国劳工发出的警告有这样一段警示，那就是要警惕一场让美国和欧洲劳工都会受到伤害的大火。“我们不需要告诉你们，有某些欧洲大国正积急地煽动美英之间爆发一场战争。”

---

① “弗吉尼亚号事件”是美国、英国和西班牙（当时控制着古巴）在“十年战争”期间从1873年10月到1875年2月之间发生的一场外交争端。弗吉尼亚号是一艘被古巴叛乱分子雇佣的美国快船，向古巴运送人员和军火用于攻击西班牙政权。弗吉尼亚号被西班牙人俘获后，西班牙人想把船上的人（其中许多是美国和英国公民）当作海盗来审判，然后处决他们。西班牙人处决了其中53人，但在英国政府要求时停止了。在整个事件过程中，坊间流传着美国可能向西班牙宣战的谣言。在漫长的谈判中，西班牙政府经历了几次领导人的变动。顾盛（Caleb Cushing）与被处决的美国人的家属协商了8万美元的赔款，结束了这一事件。

第七章
最后一场印第安人战争

1849年，印第安人事务由军队转交给了新成立的内政部。到那个时候，印
79 第安人在新移民长期渗透的那些地区的抵抗已将近结束。1855年美国政府与一
部分印第安人在底特律签订的条约终止了他们的部族组织，就像1745年的苏格
兰叛乱之后高地氏族制度被扫除一清一样。然而，在更为西部的地区，新移民
与印第安人的关系往往涉及更多的军事对抗，并持续了又一代人。与墨西哥的
战争带来了与普韦布洛[①]印第安人的战斗，他们保卫村镇的围墙要用大炮才能轰
开，他们独特的文化也带有相当的抵抗性。随着对北墨西哥地区的兼并，美国

① 普韦布洛（Pueblo），指的是在美国西南部美洲原住民社区。西班牙西南部的第一批探险家用这个词来描述居住在由石头、土坯泥和其他当地材料建造的公寓结构中的社区。这些建筑通常是围绕一个开放广场的多层建筑。这些房间只有通过居民放下的梯子才能进入，从而保护他们免受入室盗窃和不受欢迎的客人。

继承了欧洲人长期的天敌——沙漠部落。其中的阿帕奇[1]部落和科曼奇[2]部落似乎与印第安人凶猛的刻板印象很般配，似乎共享了他们恶劣环境造就的残忍。向北部犹他殖民的摩门教徒[3]们被指控武装并煽动了袭击者们。像宾夕法尼亚州和其他地方的人一样，他们倾向于将印第安人视为在以色列失踪的部落的后代，这种血统传承有时被认为是可信的，有时又被认为是不可信的。

在加利福尼亚的印第安人并不好战，野蛮的是蜂拥而至的白人，首当其冲
的是那些淘金者。那些人的残忍与阿帕奇人不相上下，这反映了19世纪盛行的
那种依种族划界的所谓文明世界和野蛮世界的差别对照几乎不存在了。可以使
用的印第安人沦落为奴隶。美国部分继承了西班牙的封建体制，一个获得了土 80
地，开发出了金矿的人可以拥有六百多名农奴。淘金者们烧毁了印第安人的村
庄，杀害了印第安男人或将他们变成奴隶，强奸印第安妇女。同样的遭遇也延
伸到了黑人和后来的中国人身上。这就是“人民帝国主义”的黑暗面，对殖民
者们非常宽松，没有法律的限制，这往往就成了当时的社会常态。在俄勒冈，
许多印第安人部落的非好战也令好战的白人感到惊讶，然而这些印第安人部落
也就为此遭受了极大的苦难。美国人的占领要求他们全体迁移，1853年的“春

① 阿帕奇族（Apache），数个相关的文化在美国西南部印第安部落。从历史上看，阿帕奇人的家园由高山、隐蔽的山谷、深谷、沙漠和南部大平原组成，包括现在的亚利桑那州东部、墨西哥北部（索诺拉和新墨西哥州、得克萨斯州西部和科罗拉多州南部）。阿帕奇部落与入侵的西班牙人和墨西哥人战斗了几个世纪。在19世纪印第安人战争期间的对抗中，美国军队发现阿帕奇人是凶猛的战士和熟练的战略家。

② 科曼奇族（Comanche），18世纪和19世纪南部大平原上的主要部落。他们经常被描述为“平原领主”，反映出他们的显赫地位，他们统治着一个叫做科曼切里亚的大片地区，现代历史学家将其描述为“科曼切里亚帝国”。由于欧洲的疾病、战争和美国人对科曼切里亚的入侵，科曼奇族在1875年被美国军队击败，并被限制在俄克拉荷马州的一个保留地。

③ 摩门教徒（Mormons）是一个与摩门教有关的宗教和文化群体。摩门教是19世纪20年代由约瑟夫 · 史密斯在纽约北部发起的恢复派基督教后期圣徒运动的主要分支。1844年史密斯去世后，摩门教徒跟随杨百翰迁徙至后来的犹他州。

季-清洗”启动了迁移，根据条约一些部落被强迫匆匆放弃了他们的大部分土地。由于他们的经济来源主要是以鲑鱼捕捞为主，所以对土地的诉求比对河流的捕捞权要少，而他们对捕捞权的固执依恋使他们与政府当局的关系陷入困境直至今日。

为了强行执行那些“条约”，战争是必不可少的。它也在落基山脉以东的大平原上蔓延开来。一名鲁莽的年轻军官在1854年挑起了与苏族的战争。当时的普鲁士战争部部长罗恩①把这样的战争称为军队的“健身运动”，因为它为1861年爆发的南北战争训练了许多指挥官。南北战争与印第安人战争是完全不同的冲突，因而那样的训练也是完全文不对题的。在1914年时，英国和法国的军队也因为有太多的来自偏远的殖民地前线的战略家而受到了同样的惩罚。像在英法战争和英美战争时期一样，北美洲的印第安人部落也因为被拖入南北战争而相互残杀。甚至直至现在，有些部落之间仍然因相互残杀而对立。“五大文明部落”正在获得进展，但有一大批印第安人在混血的奴隶主精英的领导下，准备与早些时候进入他们领地的邦联结盟，大多数印第安人倾向于加入联邦阵营。

南北双方都组建了印第安人的团队，但那些团队装备都很差，除了邦联在1862年3月的豌豆岭战役中使用过印第安人团队之外，都没有在战场上发挥过太多作用。在那时，胜利的北方军队就像以前的英国人一样，对南方的叛军使用印第安人反对他们感到愤怒，而南方的叛军也对联邦军队组建黑人部队感到同样的愤怒。一位联邦军官的记录显示，除了十一个落入“温和”的士兵手中的人以外，所有被俘的印第安人都被杀害了。那些印第安人是作为南方恶行的广告被送往北方去展示的，但他们都在途中或是被警卫杀死，或者是在逃跑中

① 冯·罗恩伯爵（Albrecht von Roon，1803—1879），普鲁士德国元帅，陆军部长。第二德意志帝国建立的三元勋之一，与俾斯麦和老毛奇齐名。罗恩伯爵对普鲁士德国陆军的贡献在于系统化军队管理。

遇难。由此获益的是南方叛军的宣传，从而让更多的印第安人加入了他们的行 81
列。战后，“五大文明部落”受到的惩罚是被迁移至俄克拉荷马州的西部地区并在那里被圈禁起来，而其他部落则被迁移至更远更荒凉的地方，渐渐被人遗忘了。

不同部落的印第安人利用南北战争来寻求改善他们生存环境的机会。1863年在美国西南部爆发了纳瓦霍人①对政府的敌对行动，政府在他们的宿敌犹特人②的帮助下平息了纳瓦霍人叛乱，然后把纳瓦霍人从亚利桑那州集体迁移到了新墨西哥州。就像早些时候东南部地区的印第安人被驱逐出家园一样，那是一个令人痛苦沮丧的经历。1864年，政府再次与北方平原的苏族人爆发战争。苏族人从西班牙人那里获得了马匹，从英国人那里获得了枪支，但他们并没有以此来改变生活。相反，他们继续现有的狩猎生活，从而阻碍了向农业的进化。这也意味着一个争斗的舞台，战争被视为一场伟大的游戏。对于一个单一的经济来说，所有的精力和技能都是多余的。这使稀少的人口需要大片的土地维持生计的困境将继续延续下去。就像俄勒冈沿海地区的印第安人靠鲑鱼为生一样，平原地区的印第安人是以野牛为生的，土地本身对他们并没有什么价值。

到那时为止，没有太多的人来干扰他们和他们的野牛，因为庄稼人并不想要那些平原土地。人们在乎的是通过平原前往西部的道路，尽管道路的开放和

---

① 纳瓦霍人（Navajo），美国印第安居民集团中人数最多的一支，散居于新墨西哥州西北部、亚利桑那州东北部及犹他州东南部。

② 犹特人（Ute），尤特部落和文化的土著美洲人，属于大盆地的土著民族。几个世纪以来，他们一直生活在今天的犹他州和科罗拉多州地区，狩猎、捕鱼和采集食物。他们一度主要是防御性的战士，后来成为熟练的骑兵和战士，袭击其他印第安人和普韦布洛人。19世纪中期，当美国西部开始有淘金者和定居者居住时，犹特人被迫离开他们祖先土地。他们签订了一些条约，以保留他们的一些土地，最终被重新安置到保留区。这一时期的一些主要冲突包括沃克战争（1853）、黑鹰战争（1865—1872）和米克尔大屠杀（1879）。

守卫经常会引起冲突。在1863年实施《宅地法》[①]之后，定居的浪潮开始淹没了平原，现在是游牧的原住民被赶走的时候了。下一年的战争是因为下令让苏族人放弃他们大部分狩猎场才爆发的。我们有一份美国政府官员和印第安人酋长之间正式商谈的目击者证词。双方都发表了长篇演讲，各自吹嘘有一大批勇敢的战士已为投入战场而作好了准备。米切尔[②]将军提出了人权平等的诉求，必须承认，那是聪明的举措，而且并非没有一定的合理性。“他让他们冷静下来，说好的曼尼托神灵把我们全部都放在地球上生活，让每一个人都能分享大地”。把白人限居在一小块地方，而印第安人则拥有十倍之多的土地，那是不公平的。

对报告这次会议的官员来说，印第安人看起来似乎很柔弱，与那些经常被人赞赏的红色战神截然不同。他总结说，他们必然是因为“反叛及兽性和恶
82 习”而被削弱了。任何反对美国的人都必定是不幸的堕落者。在这里可以看到被用来指认共产党人都是同性恋者同样的道德说教。这位愤愤不平的观察者可能没有想到，白人送给红种人的重要礼物之一是性病。

在南北战争之后的那几年里，由于人们厌恶流血，印第安人曾经有机会争取到更多的同情。“美国产生了所谓的良知——或者只是因那些深色皮肤的人坚持战斗而感到的焦虑。”朗费罗的影响产生了作用。乔治·卡特林[③]在青年时

---

① 《宅地法》是美国政府1862年颁布的土地法，是美国南北战争第二年由林肯总统签署的关于西部土地分配的法令，是南北战争期间美国的重要法令之一。法令规定，从1863年1月1日起，凡年满21岁的美国公民或符合入籍规定申请加入美国国籍的外国人，为了居住和耕种，免费或缴纳10美元登记费即可领得不超过160英亩的西部国有土地作为份地。耕种5年后，或5年内在宅地上居住满半年并按每英亩1.25美元缴纳费用者，所领取的土地即归其所有。

② 约翰·格兰特·米切尔（John Grant Mitchell，1838—1894），美国内战期间联邦军队的将军。他积极参与西部战区的几场重要战役，包括奇卡莫加战役、亚特兰大战役、富兰克林－纳什维尔战役和卡罗来纳战役。

③ 乔治·卡特林（George Catlin，1796—1872），一位美国画家、作家和旅行家，专门研究旧西部土著美国人的肖像。在19世纪30年代，卡特林曾五次来到美国西部，他是第一个描绘原野印第安人的白人。

代爱上了“高贵的野蛮人”，并且向西远行为他制作画像，并为博物馆收集藏品（参议院在1849年拒绝收藏他的藏品）。他写文章维护印第安人的形象，并恳求给他们以更公平的待遇。自1859年起就在明尼苏达州担任主教的惠普尔[①]也是这样做的。他在战后得到了昔日曾支持黑人解放事业的贵格会的帮助。南方的重建让政府十分繁忙，同时也一定散布着一种感觉，那就是如果黑人最终将被当作人来对待，难道红种人不也应该享有同等的待遇吗？美国从拿破仑三世和马克西米利安的手中庇护了墨西哥，站在印第安人爱国者胡亚雷斯和他的大部分是印第安人的追随者一边，而那些印第安人是反对白人攻击者的。人口和资本的压力使西迁不可避免，但对原住民的待遇至少应该尽可能地有序和人性化。为了更切合实际，这可以用商业的语言来表述。有一个计算的结果是每一次攻击印第安人的行动政府平均要花费一百万美元。更确切地说，针对俄勒冈州莫多克人的一项军事行动的直接费用为355 000万美元，而满足他们对土地分配的合理要求只需要这个数目的二十分之一。

因此，在格兰特总统任职期间推出的“和平政策”在1867年达成了一项标志性成果，建立了一个由平民且常常是提供无偿服务的理想主义者组成的印第安人委员会。格兰特将军官安插到那个机构的职位上去，直到国会反对以后才停手。后来事情又出现了转变，政府将大部分定居或重新定居的部落的管理权交给了教会，其中十五个教会被分配到新的地区开展工作。惠普尔也在那些人中间，他们试图为像苏族那样的部落进入新的生活铺平道路。美国自身也正试图翻开新的一页，开始新的生活。在漫长的反奴隶制运动结束之后，它的努力
与欧洲任何殖民地国家的人道主义者——例如英国土著人权利保护协会——所 83

① 亨利 · 本杰明 · 惠普尔（Henry Benjamin Whipple，1822—1901），美国明尼苏达州第一任主教，人道主义者，印第安人支持者。

做过的或想做的任何事情都没有什么不同。对印第安人的政策至少被认为是一个问题，并被提出来公开辩论。尽管在这个问题上观念有限，结果也被扭曲，但这是帝国历史上为数不多的严肃辩论之一。这可以与16世纪西班牙拉斯·卡萨斯[①]和他的反对派在如何对待南美印第安人问题上发生的争议相比。不论是在南美洲各国，还是在面对澳大利亚“黑人”土著问题的英国，都没有进行过这样的辩论。而当时在阿根廷正发生着一场种族灭绝的战争，那里的野蛮印第安人直到1878—1979年战争时才被最后打垮。

了解西部现实的个人采取了主动行动，但他们知道只有在东部才有希望获得支持。在美国东部这个比较成熟的地区，才可以对不再直接影响到它的问题提出更加独立的看法，才能克制一些西部开拓者的暴躁脾气。东部和西部对红种人的态度与南方和北方对黑人的态度一样是互不相容的。与此同时，东部正在对西部进行一次“文明使命”行动，那些粗野的白人甚至比印第安人更需要接受教育。教会在教育活动中发挥了带头作用，传教士们走出去，“让新英格兰知识分子们的尖叫肥沃了西部的土地”。

而进步事业受到削弱的原因不仅是因为西部总是大声疾呼地反对，也因为东部的意见只在特殊的场合才引起广泛的重视。不管良好的意图是如何的诚挚，要把它转换成日常的行动绝不是一件容易的事情。自那时以来，美国人的善意就成了那种极为朴素并模糊不清的美德。俄勒冈至纽约的距离并不比伦敦至信德[②]的距离近多少，尽管他们之间没有会造成一点心理上差异的海水。美国

---

① 拉斯·卡萨斯（Bartolom de Las Casas），约1484—1566），16世纪的西班牙殖民者，在成为多米尼加修士之前，他是一名历史学家和社会改革者。他被任命为恰帕斯的第一位总统主教，也是第一位被正式任命为“印第安人的保护者”。他的大量著作以记述了西印度群岛殖民的最初几十年里对印第安人毁灭和印第安历史的简短描述而闻名，书中描述了殖民者对土著人民的暴行。

② 信德省（Sind），位于巴基斯坦东南部，东邻印度，南濒阿拉伯海。面积14.09万平方千米，首府卡拉奇。

东部就像伦敦，是商人、银行家和他们的客户的乐园。他们可能会对收购遥远土地的方式感到忐忑不安，但他们并不希望放弃从那些土地上获取的那部分利润。相反，由于类似的原因，他们也不能想象没收南方白人所拥有的种植园，然后把土地交给黑人——即便美国曾让保守的欧洲国家感到惊愕，给了黑人选举权并允许他们使用了一段时间。没有新的农业指令，南方的重建注定会失败，希望的光亮也将渐渐淡出，并倒退到更多的类似西部的做法，最后和西部 84
走到了一起。

民主党为了党派斗争目的而利用了这种对更为健康的观点的诉求，而铁路的到来和渴望土地的定居者们的出现则使与之相反的看法更加恶化了。1865年签订的一项条约为达科他和蒙大拿州南部的部落提供了宽广的狩猎场地，但现在和其他许多对方一样，条约只是成了一张废纸。对西部开拓者来说，他们从来也不假装对和平政策有任何的尊重。像在变化中的世界的其他许多地方一样，这种流氓暴徒往往因为种族的自豪感而感到自尊，而这往往是引起暴力冲突的原因。在19世纪70年代，像弗兰克·哈里斯[①]那样年轻的新来者所经历的狂野西部是“一个开拓者、冒险家和亡命徒的乐园……保留地的边界不断地被打破，而印第安人……在血腥的战斗中坚忍地死去……”。

如同那个时代世界上的许多弱小单纯的民族一样，印第安人艰难地在激烈抗争和温良驯服之间徘徊。如果他们过于好斗，他们的勇气将使入侵者更加坚决地持刀相向。如果他们温和善良，他们就会像澳大利亚的土著一样遭到鄙视，这可能同样是危险的。在1879年去西部寻求发财机会的年轻人邓恩（J.P. Dunn）记述了无数的战斗故事，其中之一是在1868年一个白人悍然杀死了一

---

①　弗兰克·哈里斯（1855—1931），爱尔兰作家、小说家、短篇小说作家、记者、出版家。他出生在爱尔兰，于1869年抵达纽约市，当时几乎身无分文，做一些零工来养活自己。后来，他从纽约搬到美国中西部，结识了各种各样的牛仔，这些人激励他从事牛仔的工作。

位部落的首领，“他的眼光里凝聚着开拓者们普遍持有的对和平的印第安人的蔑视。”邓恩本人无法掩饰他也持有这样的蔑视，就像西班牙人看着不愿进攻的公牛一样。开拓者们有时会为了取乐而打死一个无辜的印第安人。

当所有这一切都在发生时，很容易就会在红种人中不可避免地产生一种想要寻找新的出路的念头。国会在1865年成立的一个委员会认为，一个低级人种在与高级人种接触之后会自然消失，就像黎明时刻的一个幽灵，那是命运的一部分。当铁路即将到来而狩猎正在消失的时候，可以预见平原地区的印第安人是没有前途的。希望采取行动的人准备好了要马上出发，因为不可否认的是许多不与白人交战的印第安人正在相互抢劫和杀戮，“现实主义者们”可以感觉到的是他们是在相互残杀中打破脑袋，还是被白人入侵略者打破脑袋并没有什么区别。当反对不公正行为的情绪高涨的时候，邓恩站出来指责东部的几个州和他们的“印第安人信徒”不够耐心，他提醒他们不要忘了当年他们是如何对待印第安人部落的。与此同时，白人狩猎者对隐藏猎物的热衷使野牛数量迅速地
85 减少，有时这样的行动还得到了上层的鼓励，因为如果没有牛群，印第安人将不得不放弃他们原有的生活，转而依赖于对他们保留地所制订的任何条款。

对于一些军人来说，达尔文主义有专业上的吸引力。就在委员们试图开创新时代的时候，亚利桑那州正在推行“灭绝政策”。一位将军在1869年下令“踊跃争当灭虫者”，告诉他的部下要把阿帕奇人当成野兽来追捕。原则上，妇女和儿童被排除在追捕之外，但在实践中并不太严格。尽管人们同意阿帕奇人相当野蛮，但即便如此，至少有少数美国人和欧洲人一样为良知所感召，对采用什么样的惩罚是可以接受的心存疑问。当“文明战争”的规则正在制定的时候，那是一个划时代的事件，然而它通常被认为那只是在文明的敌人之间的约束。邓恩指出，西部开拓者们认为必须在印第安人自己的游戏中打败他们，而他自己本人有时也会纵容非常残忍的战术。他写道：“毫无疑问，杀死妇女和儿童对印第安人的战争热情影响非常大。”阿帕奇人担心的是他可能会批准在会谈时阴

谋杀死部落的代表，因为他们自己也经常玩弄这样的诡计。

然而，当他看到美国人、印第安人和墨西哥人的联合部队无端对一个印第安人的村寨进行血腥屠杀的时候，他和所有的东部人一样感到恐惧。“即使是那些不喜欢印第安人崇拜的保守派人士也因这种暴行而退缩”。亚利桑那州十分欢迎那样的“滔天的罪行”。他承认一些印第安人在捍卫自己祖先的领地时表现出了无与伦比的英雄主义。如果反叛的爱尔兰人、希腊人、波兰人值得钦佩，那对他们也应如此。“美国人心里对所有的其他种族从来都是温暖的。”他的不一致性忠实地反映了当时公众情感的波动。

为了反对仍在继续发生的流血事件，一位贵格会银行家的妻子，来自马萨诸塞州住在科罗拉多州的海伦 · 杰克逊[①]女士在她生命的最后几年间展开了抗议。她在1881年发表的著作《世纪的耻辱》迅速导致了印第安人权利协会的成立。慈善家们希望能做的最好的事情就是改善保护地制度。自1873年以来保护地制度一直是“和平政策”的一部分，但却经常被证明两者是不可调和的。一 86
个部落或者只能保留部分领地，或者被全部带到了另一个对白人定居者缺少吸引力的地区。在俄克拉荷马州西部，在没有做好真正的接待准备之前，各种各样的印第安人群体就被安插，或限制居住到了那里。1867年，夏安人[②]、科曼奇人和其他部落被安排迁移到了那里。必须使用武力才可以进行迁移，而抵抗一直持续到了1875年。美国政府作出了决定要减弱苏族人的影响力，因此就把他们迁移到了较小的保留地，剥夺了原来条约中曾向他们保证的大部分领地，最

① 海伦 · 亨特 · 杰克逊（Helen Hunt Jackson，1830—1885），美国女作家，主要以同情印第安人、维护印第安人利益的作品为人们喜爱。

② 夏安人（Cheyenne）曾经是由10个部族组成的，从科罗拉多南部的大平原一直延伸到南达科他州的布莱克山。他们与在1856年至1879年间与美国军队作战。19世纪中期，部族开始分裂，一些部族选择留在布莱克山附近，而另一些则选择留在科罗拉多州中部的普拉特河附近。

终在1876年爆发了最富传奇性的印第安人战争，马尔瓦尼的油画和惠特曼的小说都是以结束那场战争的最后一场战斗——卡斯特的最后一战为主题的。

在1875年至1876年的那个冬天，为执行政府的决定做了准备。指挥行动的卡斯特将军是一名南北战争时期的英雄，一位趾高气昂的人物。他虽然只有36岁，但却有当总统的野心，希望能在开拓者的前冲行动中赢得好的名声，从而让他获得提名，并像在他之前的安德鲁·杰克逊一样最后赢得总统的职位。他是被指控曾凌辱被俘的印第安妇女的多名军人之一，据说在苏族人的帐篷里有一个他的混血儿。和他在一起的有一些充当侦察兵和辅助人员的印第安人，但是苏族人有好几支盟军，包括北方的夏安人部落，并在小巨角河谷集结了比自特库姆塞联盟战争以来历次红种人集结的人数更多的队伍。

卡斯特试图偷袭印第安人的营地，所以他遭到的袭击是公平的，他的部队几乎全被打死了。在那个年代，所有的白人都不愿意相信他们会被任何其他肤色的人种公平地打败。在广为接受的记录中，那场战斗被描绘为对一群勇敢的冒失鬼的一场“大屠杀”。在爱国神话中，它被吹嘘为一次道德上的胜利，是美国勇气的象征。“在美国历史上没有任何其他的单一事件能比‘卡斯特的最后一战’更彻底地吸引了公众的想象力。”小巨角河战役可能是另外一个龙塞斯瓦列斯之战[①]，而查理曼大帝和他的所有随从又一次被打败了。在一段时间里，整个国家都处于一种仇恨的报复心态，民众的情绪往往会被一些孤立定居者及其女眷被屠杀的故事而激发起来。人们公开谈论种族灭绝。美国政府没有进行种族灭绝，但在苏族人的面前集结起了压倒性的军事力量。到了那年底，

① 龙塞斯瓦列斯之战，查理曼大帝入侵西班牙北部期间，法兰克军队遭惨败的一次战斗。由于国内撒克森人发动叛乱，查理曼大帝于778年决定班师回国。途中法兰克军队的后卫部队在龙塞斯瓦列斯山口遭到洛普二世所率马斯克人和加斯科涅人联军的截击，后卫部队全部被歼，帕拉丁和罗兰阵亡。

苏族人被封闭赶进了划给他们的地区，政府承诺将给予补贴。酋长“坐牛”[①]和其他一些不安分的人跑去加拿大避难，但他们在那里受到了冷漠且勉强的接待。现在在边界的这一边与在边界的另一边一样，都不再喜欢印第安人蔑视政 87
府的行为了。

1877年时，轮到俄勒冈州的内兹珀斯人[②]了。他们与白人之间一直保持着友好的关系，直到最终被定居者和探矿者的行为激怒转而反抗。为了定居者和探矿者的利益，政府决定把内兹珀斯人限制在狭小的区间内。他们在酋长约瑟夫[③]的带领下，为了逃避受迫害的命运而进行了长期的抗争。他们也试图逃往加拿大，但最后在被包围之后只能投降。下一年时，几百名北方的夏安人在俄克拉荷马州的保留地被政府忽视并陷入了半饥饿的状态，他们被迫开始了远征。那是历史上最漫长的远征之一。他们边走边打，穿过堪萨斯州、内布拉斯加州和蒙大拿州，回到了怀俄明州的丘陵原住地。即使是在那样困难的时期，夏安人的斗争还是得到了一些人的同情，其中包括一位开拓者的编辑。他写道：“整个夏安人的问题就是要他们和印第安人管理局的所有部门保持一致。这真是美国

---

① 坐牛（Sitting Bull，1831—1890），美国印第安人苏族亨克帕帕部落首领，身兼酋长、巫医、先知等职位。他于1876年6月25日领导本部落和夏延人的联军3 500人，在小巨角河战役中伏击了美国联邦政府第7骑兵旅，击毙旅长乔治·阿姆斯特朗·卡斯特。之后，他带着他的人向北逃到了加拿大。1881年，在美国的强大压力和印第安官员保证安全和食品供应等许诺下被迫回国，在蒙大拿州向美国政府军投降，获得特赦。

② 内兹珀斯人（Nez Perce），北美洲高原上的原住民，长期居住在美国西北太平洋地区的哥伦比亚河高原上。

③ 约瑟夫酋长（Chief Joseph，1840—1904），内兹珀斯人领袖，在内兹珀斯人历史上最动荡的时期担任酋长，当时他们被美国联邦政府强行从他们祖先在俄勒冈州东北部瓦洛瓦山谷的土地上迁移到爱达荷州境内一个明显减少的保留地。在约瑟夫和其他内兹皮尔斯酋长的带领下，带领至少700名男女老少进行了长达1 170英里长征。面对不可思议的逆境，他们获得了他们的军事对手、美国公众的广泛赞誉。约瑟夫对部落被迫迁出充满激情和原则性的反抗，使他成为一位著名的人道主义者和和平缔造者。

的耻辱。”在美国西南部，最后一个反叛领袖“杰罗尼莫”[①]在1886年时也筋疲力尽了。他被捕之后被送去展览，并在1905年的总统就职典礼上游街示众，“就像罗马游行中的高卢人一样”。帝国主义的本能是顽强不息的，作为一个帝国主义者，西奥多·罗斯福对用适当的手段对付印第安人的野蛮有着强烈的诉求。

当然，在欧洲人的各个殖民地也有过类似的零星遭遇。1890年时，英国军队仍然在“平抚”五年前吞并的缅甸的北部地区。在荷属印度尼西亚的边缘地区和非洲的许多地方，新的征服行动仍然在继续。卡斯特的战败和死亡对美国人造成的冲击并不比三年后祖鲁人在南非伊桑德尔瓦纳的胜利[②]，或是九年后戈登[③]在喀土穆的死亡对英国人造成的冲击更大。欧洲人的行动与红种印第安人战争之间的相似之处是英国当局稍后提出了小规模战争的战术。英国的卡威尔[④]上校在描述了法国人在阿尔及利亚以及白人在非洲的其他地方是如何突袭土著部

---

① 杰罗尼莫（Geronimo，1829—1909），美国西南部阿帕奇族印第安领袖。他领导阿帕切奇族抗击白人入侵。他具有自然的求生技能，对子弹使用的无懈可击。

② 伊桑德尔瓦纳大战（Battle of Isandlwana），1879年1月22日的是大英帝国和祖鲁王国之间的盎格鲁－祖鲁战争中的第一次重大交锋。在英国人开始入侵南非的祖鲁兰11天之后，一支由大约2万名战士组成的祖鲁部队袭击了由大约1800名英国、殖民地和当地部队以及大约400名平民组成的英国主队的一部分。尽管在武器技术上存在巨大的劣势，但在数量上占优势的祖鲁部队最终击败了领导不力、部署不当的英军，杀死了1300多名士兵，其中包括所有在前线的士兵。这场战役对祖鲁人来说是决定性的胜利，并导致了英国对祖鲁兰的第一次入侵的失败。

③ 查理·乔治·戈登（Charles George Gordon）（1833—1885），维多利亚时代的英国工兵上将。1863年3月，戈登在松江接任了“常胜军”指挥，他手拿小藤条严加训练部队，并打败在太平天国后被同治皇帝封为“提督”。1884年初，戈登被派往喀土穆撤离忠诚的士兵和平民，并随他们一起离开。但他在疏散了大约2500名平民后，保留了少数士兵和非军事人员坚守喀土穆持续了将近一年，赢得了英国公众的钦佩，但没有得到英国政府认可。在英国公众要求采取行动的压力变得不可抗拒时，政府才勉强派出了救援部队，但在喀土穆陷落和戈登被杀两天后才到达。

④ 查尔斯·爱德华·卡威尔（Charles Edward Callwell，1859—1928），英国陆军军官，曾在炮兵部队服役，在第二次布尔战争期间担任情报官员、参谋和指挥官，第一次世界大战期间担任作战和情报总监。

落，清扫他们的牲畜和其他财产之后写道，“美国军队也曾以类似的方式对红种印第安人进行报复”。他认为在战争期间红种印第安人的行为和在印度的叛乱正是在那样的反叛者预期会作出的“背信弃义”的例证：“在文明国家的战争中，从来没有听说发生过这样的事情”。

在美国或在世界其他地方进行的对土著人民的征服之间有着不难看出的相似之处，两者都有“现场参与的人”或是远在别处发号施令的人。1847年发生的对俄勒冈州一些传教士的谋杀，由于加拿大人与美国人的对峙以及天主教徒 88
与新教徒的对峙而使形势更为复杂，对向印第安人发起攻击提供了口实。1897年在中国发生的对一些传教士的谋杀让德国找到借口在山东扩大了势力范围。即使是孤立的事件也可能会重复发生。敌对的塞米诺尔（Seminole）酋长死亡后，一名美国军官把他的头砍下来用作镇纸。在英国征服苏丹之后，基钦纳[1]将军用马赫迪人[2]的头骨作为墨水瓶。

那么多小规模的战争给美国人带来了足够的兴奋以应付日常生活的单调，从而没有太多的需要去打扰世界的其他地方。他们也有国家建设的价值取向。印第安人部落可能无法与白人在一个国家里共同成长起来，但他们的存在无意中帮助了白人对手去那样做。他们的存在必定也让南北重归于好，南北双方都可以感到要起来反对西方的“恶魔”。这有助于维护这个共和国的共同精神和宗

---

① 霍雷肖·赫伯特·基钦纳（Horatio Herbrt Kitchener，1850—1916），英国陆军元帅，喀土穆伯爵，英国历史上最具影响力的名将之一。1883年在中东服役。1892年成为埃及陆军总司令。1898年在恩图曼镇压马赫迪苏丹军，成为该国总督，阻止了法国在苏丹的扩张。第二次布尔战争中，采取烧杀等残酷手段，镇压游击队，1902—1909年在印度任职期间，因与印度总督寇松爵士发生分歧，导致总督辞职。1914年起任陆军大臣，未经内阁同意，独断专横，招募大批志愿兵，在第一次世界大战以前迅速扩充英军。

② 穆罕默德·艾哈迈德·马赫迪（Muhammad Ahmad Mahdi，1848—1885），苏丹马赫迪起义领袖。1883年全歼英将统率的军队，1885年攻克喀土穆，击毙总督查理·乔治·戈登。他统一分散的部落，为马赫迪国家的建立奠定了基础。

旨，就像耶和华向远离自己散布在世界各地的儿女们所发出的召唤。大多数白人定居者在到达美国时是贫困潦倒、忍饥挨饿的。保留地上的印第安人可能也是贫困潦倒、忍饥挨饿的，但他们的牺牲拯救了来自欧洲的逃犯。慈善家们正在组织让纽约这样的城市的贫民窟里的孩子们移民到西部去。其中一个人写道："在每一个美国人社区里，尤其是在西部地区的社区里，生活的餐桌旁有许多空闲的位置。不会有'为生存而争斗'的骚扰。他们有足够的地方让自己和陌生人都生存下去。"

第三篇

海外扩张及与西班牙的战争

第八章 监管之下的红种人

白人与红种人之间的战斗，留下了一条漫长并令人郁闷的痕迹，双方都展
97 现了相同程度的英勇和凶残。如果对移向西部的开拓者们有适当的监管，如果对土地投机者和其他快速致富的人的利润征收一定的税，流血事件就会减少很多。但自由企业的哲学是反对那样去做的。现在，战斗的回声在西部小说中得到了重现，那些小说让难以数计的写手们得以维持生计，也为那些崇尚在过去的战斗场景中玩打仗游戏而长大的几代男孩们提供了娱乐。就小说质量而言，已从费尼莫尔·库柏的水准凄惨地降到了低档的“黄背皮小说”的水准。而那些“黄背皮小说”则是美国年轻人在校期间通常会看，也通常会被责难的书。它满足了一个国家对自我形象戏剧化的渴望，给了它一个可以回顾的史诗般的记录，就像希腊人回顾他们的特洛伊围城一样。当进入我们自己的时代之后，充满稚气的年青一代在这个问题上就缺乏形成更为理性思维的手段。一名开始自己研究印第安人战争史的男子曾这样写道，“不知为何缘故，我在高中和大学学过的美国历史教科书，在涉及印第安人战争史的时候似乎从来都不能使人信服。”

由于失败者已经被掠夺，而胜利者仍在私底下继续对他们进行抢劫，所以胜利者自然就要把自己描绘成英雄，而把失败者说成是野蛮人。在持续了一个多世纪的种族战争中，出现过一些库柏曾经描绘过的有声有色、英勇无比的印第安人领袖。但是在故事书中对那些柯斯丘什科[1]们或杜桑[2]们并没有多少 98
描写。在这里，一切都必须是黑白分明的，或者说是红白分明的（正如在近代故事中美国人与险恶的共产党间谍作斗争时一样）。印第安人野蛮行为的典型画面是一个邪恶的苏族人酋长紧紧抓住了一位美丽的白人女孩，或是一个契努克[3]勇士（或被称作“雄鹿”）迫使他们的白人俘虏抽签决定谁应当首先被折磨致死。

有关红种人的最强烈的特征之一就是他们折磨猎物的恶魔乐趣。探险家兼印第安人和英法战争历史学家的弗朗西斯·帕克曼[4]曾经在一位印第安人武士家做客，那位武士吹嘘他杀死过十四名敌人，并特别津津乐道于“与其他苏族人一起，将一个他抓获的犹他州白人活活地剥去头皮，切断手腕的肌腱，然后在那个人还活着的时候将他扔进了火堆”。美国人可以为在移民早期就抛弃了旧日欧洲的司法恐怖而感到自豪。当然，那只限于白人之中，并不包括黑人在内。

---

① 塔德乌什·柯斯丘什科（Tadeusz Kościuszko，1746—1817），波兰爱国将军。因崇尚法国自由哲学思想而于1776年赴美参加美国独立战争，成为华盛顿将军的助手并取得美国国籍。1784年回到波兰，领导波兰独立运动。1794年，其军队在抵御俄国和普鲁士军队的入侵中遭失败。1794—1796年遭监禁，后流亡国外，直至去世。临终前把美国国会授予的财产捐赠给美国黑人教育事业。

② 弗朗索瓦－多米尼克·杜桑·卢维杜尔（François-Dominique Toussaint Louverture，1743—1803），拉丁美洲独立运动早期领袖，拉丁美洲独立运动伟大的革命家、军事家，海地共和国缔造者之一、国父。

③ 契努克人，生活在美国西北太平洋地区的几个土著民族，他们说奇努坎语。

④ 弗朗西斯·帕克曼（Francis Parkman，1823—1893），美国历史学家。他的作品至今仍被视为历史资料和文学作品。美国历史学家协会颁发给美国最好的历史书的弗朗西斯·帕克曼奖就是以他的名字命名的。

他们也没有预见到在20世纪酷刑将成为他们世界帝国的一个常用的工具。他们也完全可以对妇女享有平等权利感到自豪，但那并不包括黑人妇女。像对待其他许多未开化的人种一样，也可以把印第安人看作纯粹是“包袱”的兽类。总的来说，美国人满足于现成的刻板印象，非常类似于欧洲人在进入亚洲或非洲时对当地土著人民进行分类时所做的那样。印第安人的另一个特征是他们的狡猾，这对等于白人的智能，就像外星人具有蚂蚁的本能一样。我们看到的对一个阿帕奇人战争部落的描述是这样写的，“他们低垂的额头和突出的眉毛……给了他们一个狡猾且凶狠，但不是智慧的外貌。”后来在同一篇故事中，同样的对比手法又再次出现了。“印第安人的狡诈是没有限制的。虽然看上去并不拥有强大的脑力，但对白人来说却是一个令人一直感到困惑的种族。”

那些寓言式故事的主角人物是“野牛比尔”或者说是故事的作者威廉·弗雷德里克·科迪[①]，而不是任何印第安人的爱国者。比尔或科迪是军队的侦察员和惩治所有“坏”印第安人的鞭子，他们参与开拓者战争的高峰时期是从1867年到1876年。他把美国人自我欣赏的所有好的品质都集中到主角人物的身上。与库柏的《探路者》不同，他和印第安人没有密切的联系。但他是一个仗义的战士，从来不会像那么多的白人暴徒那样犯下奸诈或残暴的罪恶。他的探险经历与情景剧是如此和谐，他应该把它们和自己变成一场戏剧表演。他活到了1917年，是他那个时代的传奇人物。有一段时间，他曾与那个打败卡斯特的年

① 威廉·弗雷德里克·“野牛比尔”·科迪（William Frederick "Buffalo Bill" Cody，1846—1917），美国童子军、野牛猎人和表演家。在美国内战期间，他在1863年至1865年战争结束期间为联邦效力。后来，他在印度战争期间为美国军队担任平民侦察兵，并于1872年获得荣誉勋章。“野牛比尔”是美国旧西部最多姿多彩的人物之一，他的传说在他只有23岁时就开始流传开来。不久之后，他开始在一些节目中表演，这些节目展示了牛仔的主题，以及边疆和印第安战争的片段。1883年，他创办了“野牛比尔”部公司，带领他的公司在美国进行巡回演出。1887年，他开始在英国和欧洲大陆进行巡回演出。

迈的苏族酋长“坐牛”在一起，酋长后来在1890年战斗最终失败时被杀害了。 99
虽然科迪似乎真的与他结识，但只有在商业化的美国会想到把这样一个人转换成为一个公众会赞叹的人物。在充斥着牛仔和印第安人、警察和土匪、驿站马车和火车抢劫的整个狂野西部的盛会上，带着各个时期印记和装束的所有这一切都完美地混杂在一起了。缪斯花了很大的工夫把他们铸成了一体。树立一个公敌将有助于唤起公众的共同意识。没有这种共同意识，任何国家都不会感受到它的国家观念。比白人对黑人的普遍反感更为浪漫的团结意识也起到了相似的作用。

1868年，纳瓦霍人在流放四年后被允许回到他们的原住地，但连根拔起的经历一定对他们的心理造成了某种使之瘫痪的感受。他们回来之后遭受了“绝望的疾病折磨：营养不良、梅毒、肺结核”，以及酗酒。当史蒂文森在1879年长途旅行时看到他的同伴们嘲笑在驿站附近站着的几个穿戴破烂不堪的印第安人时，他感到“为我们称之为文明的那些东西感到羞愧”。想到那些曾经自由的部落成员被迫一再退走，最终被“关闭在这个可怕的山间沙漠之中”让他感到难受。人类的生存环境被降到如此之低的地步似乎只有魔法才能让他们获得拯救。在苏族人中间，正在传播着一个新奇的邪教，它是在世界其他边缘地区兴起的许多异教和基督教的混杂体之一，例如中国太平天国的拜上帝教以及南部非洲的瞭望塔宗教运动一样。但与其中一些的不同之处是它不是以前长期信守的先知蒂卡姆西兄弟旧日信仰的复兴，这个邪教不再相信凡人的武器或勇气。它教授的是一种让死去的祖先复生，让野牛再次覆盖平原的“鬼舞”，地球将开口吞噬白人迫害者。当局起了疑心，派出军队逮捕了首要分子。在1890年底，有200多名印第安男人、妇女和儿童在伤膝河地区被快速发射的炮弹和枪弹打死[1]。这一事件，而不是14年前卡斯特军队的覆灭，才是真正的苏族人大屠杀。

在19世纪后期，巩固美国国家的任务之一就是学会如何处理美国内部的殖民地和美洲印第安人的问题。当然也有非洲裔美国人的问题。在那些年里，非洲裔美国人的生活达到了自黑奴解放以来的最低点。最高法院在1896年的一项判决使种族隔离合法化了，而种族隔离制度正在美国牢固地建立起来。白人常常自己采取行动，“不会等待地方官员的介入”。在1880年至1900年期间，共有
100 三千多次私刑吊死黑人的记录，还有许多无疑没有被记录下来。伤膝河事件可能会被称为官方的私刑，那是采用更加和平的方式处理印第安人问题时的一个例外，然而只取得了很少的成果。对保留地的管理要求长期、谨慎、耐心的努力，易变的态度并不适合那样的工作。人们比较容易慷慨分发钱物，而不去留意正在发生的事情。公众中人数庞大的一部分是新来的定居者，他们在生活的洪流中沉浮挣扎，不能指望他们会为他们所不了解的种族负责。

但其他大多数美国人对此也并不太在意，看不见印第安人就不会想到印第安人。印第安人得到了一些微薄的土地，并付给了一些补偿，这就足以满足普通人的良心了。这个国家可以安心地认为他们是从野蛮人那里买来的土地，就像从国王或帝王那里买来的一样，而不是像欧洲人那样进行偷掠。而幸存者们也没有像欧洲殖民地的土著居民那样受到任何明显的剥削，所以美国人可以完

---

① 伤膝河大屠杀。在小巨角河战役后，大苏族保留地被割让出大部分土地，印第安人的土地的大大减少，生活十分艰辛，印第安人跳着“鬼舞”，唱着圣歌，召唤祖先的魂魄，已经从加拿大返回美国的“坐牛”也表示支持这种舞蹈，当局对此十分紧张。1890年12月15日，大约40名印第安警察去逮捕早已老迈的“坐牛”。“坐牛”的支持者与警察发生了冲突，随后爆发枪战，结果“坐牛”被警察当场打死。“坐牛”的部族人逃跑，并于1890年12月28日在伤膝河边被包围了。第二天，在争执中发生了枪支走火，第七骑兵团的士兵随后开火，无差别的射杀手无寸铁的印第安人。伤膝河惨案在美国历史上是一个标志性的事件，持续三百年的印第安战争画上了一个句号，这也是美国境内针对印第安人的最后一个屠杀事件。

全摆脱帝国主义的污名。但是，向一个部落支付的应该让它能发展到足以适应一个种子经济的价格却太低了。那片留给他们继续生存下去的土地是那样的匮乏。加利福尼亚州所有的印第安人部落都被移到了五个地方，那些他们自己建立起来的繁荣的天主教特派团定居点都被没收了。

没有任何组织有资格代表一个被疏忽的群体。在拉丁美洲，天主教教会本身有办法获得自己的成功，但它们属于另一个更为古老的世界，无法让新教徒效仿。美国还没有建立起真正的公众服务，直到1848年一个德国人——流亡者卡尔·舒尔茨[①]为此而奔走呼吁。他在南北战争时期成为将军，后来当了内政部部长。美国缺乏合适的资材来建立一个完好的殖民地服务，正如因为同样的原因它也缺乏欧洲意义上的外交服务。美国社会（总体来说它本身是非常幸运的）没有与英格兰或苏格兰的士绅相对应的阶级，所以他们非常愿意也过于乐意，并在一定程度上极为自信有能力承担殖民地的运作。而缺少士绅阶级对美国在海外的直接统治产生了一定的限制。

虽然在实际运作中西部地区的州长们被委托处理印第安人的有关事务，但 101
由于州政府和联邦政府两个机构的责任互不相容，不公正是不可避免的。地方的负责机构至少与联邦政府机构一样的低效并一样地营私舞弊。南北战争20年之后的立法可能会对印第安人更仁慈一些，但是由于没有足够的执法手段，那些法律的效应就被削弱了，正如英国早期的工厂立法一样。对政府执法人员行为的每一次调查都显示出“可耻的贪婪和腐败”的状态。吝啬的国会投票拨给的钱很少到达那些应该得到它的人的手中。当部落成员再次走上战争的道路时，往往都是因为“受到政府印第安人事务官员对他们的虐待、不堪忍受的饥

① 卡尔·舒尔茨（Carl Christian Schurz，1829—1906），德裔美籍政治家，军官，新闻记者。1849年因直接参加德国革命战争，失败后逃到苏黎世，之后移居美国，生活在宾夕法尼亚州的费城，1856年定居美国。

饿以及华盛顿的吝啬”。除了发生疫情曾召唤军队介入以外，公众舆论并不注意印第安人的事务。虽然国会可能会因枪杀事件而受到一些干扰，但是它并不介意让羁押在它牢房里的人慢慢地死于营养不良，或者像1884年在皮根人[①]中发生的饥荒那样更快地死去。正是在那个时候，在英属印度预防饥荒才慢慢地被认作为政府的职责。美国陆军的前沿部队“为了满足士兵们的需要而招募印第安人妇女充当妓女”。这就像欧洲军队招募殖民地的当地妇女所做的一样。当政府要对此征税时，军队抵制了文职机构的收费要求。失去了精神依托并受到诱惑的印第安男人会让妻子去当妓女以换取烈酒。“频繁来往的程度几乎难以想象”，性病也就随之而来了。

一旦文明达到了这样的程度，事情就很难改变了。1915年，当一个受过教育的苏族人写了一本关于他的人民和他们的状况的书，除了政府管理人员现在被称为督察以外，情况似乎没有什么改变。那个督察控制了所有的福利服务，任何没有按照他的意见去做的人都被定为不满者。“他常常不过是一个像一张普通邮票那样的当地政客，他只是为了收发才存在的。他的薪水很少，但是有许许多多贪污的机会。”在以后的日子里，轻信且耳朵软的纳税人向远方的国家捐赠的援助，经常更大规模地被当地的政客和军人及其他们的商业伙伴所贪污。国家的习惯难以改变，人类就是他童年时代的习惯和行为的产物。

这种拿到就用掉的体制让印第安人的长远未来变得更加悬而未决，而人们甚至没有想过这个问题。他们应当接收的是从宗教到技术指导的所有一切，对
102 他们的援助是让他们逐渐准备好接受美国人的生活。和平政策规划者把儿童教育作为进入的关键点，因而要求建立“工业化的寄宿制学校”。但是这样做是要

① 皮根人（Piegan），来自北美大平原的说阿尔贡语的民族。皮根人在19世纪统治了北美大平原的大部分地区。

花钱的，而印第安人对于美国所需要的劳动力贡献甚微，与来自欧洲的数百万人相比则相形见绌。那些群体必须被同化，但要让印第安人美国化就会困难得多。在欧洲人的殖民地里，没人试图把极少数非洲人或亚洲人的精英变成仿制的英国人、法国人或葡萄牙人。不对印第安人的自然倾向和传统进行大量的干涉而让他们美国化是不可能的。

印第安人保护协会反对任何草率的部落解体或改造，这是邓恩感到犹豫不决的另一个问题，是那些富于同情心的美国人的一种典型表现。他禁不住对“浓缩政策”感到不安，那种政策将印第安人突然与他们的原存世界割断，也没有提供任何适宜的替代品。然而，他同意印第安人应该被带入现代世界，而且这也不可能在没有强迫的情况下完成。印第安人必须“在文明中重生”。他是那些以此自我安慰的人之一，他们认为这个难题可以通过整个种族被吸收到国家中去而消失。其他的许多外国人都在这样的情况下改变了，而印第安人的人口是如此之少，以至于看起来似乎是完全可能的，而且它已部分地发生了。他预计这项工作将在世纪结束之前基本完成。“印第安人将会融化在美国人之中”。

另一个期望可能是缩小的领地将迫使所有的印第安人都认真地投入农业生产，有些人在自由时就一直在那样干了。经济美德的传道者们认为，应该加大压力来加速这一进程。就像英国人那样，他们相信减少贫困救济可以治愈穷人的懒惰。一个名叫米克（Meeker）的政府工作人员“过高地估计了他让野蛮人转化为文明人的能力”，为了尽可能地把自己照看的印第安人训练成为勤劳的农民，他把供给印第安人的粮食减少到了饥饿点。人们对教师和传教士们缓慢的进展感到不耐烦，不久就促使诉诸另一种更为有力的刺激，即神圣的专注于私人财产的利己主义宣传，那是获取进步的神奇捷径。个人能量必须摆脱部落集体主义襁褓的捆绑。这是一个非常普遍采用的原则，甚至像海伦 · 杰克逊（HelenJackson）那样的理想主义者也不例外。在印度和阿尔及利亚等殖民地国

家里，集体的土地所有权都受到了阻碍或被颠覆。单个种植者自己可以比整个
103 家族更容易隐瞒收成而少交税赋，这必定激发了较少理想主义的私有财产拥有者的动力，帮助结束了对白人统治的抵制。

1887年时，《道斯土地分配法案》（有时也被称为《道斯法案》）[1]授权总统将所有保留地的土地分割成单块的农场。与此同时，接受分地的印第安人还将被授予公民身份。该法案在西南部地区用得较少，那里的部落的激烈反抗仍然让人心有余悸。在执行了这项政策的地方，结果是非常可悲的。它没有把印第安人变成自食其力的美国个人主义者，而是使他们堕落成为贫民。强制实行的非集体化就像斯大林[2]突然让俄罗斯农民集体化一样，它带来的是“贫穷、肮脏、疾病和绝望”。被政府认为是盈余的土地都被卖给了白人买家，名义上是为了印第安人的利益，但实际上更多的是为了政府机构的好处，结果使印第安人拥有的领地面积再一次迅速减少。在接下来的半个世纪里，印第安人的领地面积减少了一半以上。

保留地所剩下的只能让人陷入郁闷的痛苦之中，就像当年南非班图斯坦人所处的生活环境一样。曾经提出过的一个补救措施是让白人定居者分散居住在印第安人中间，借以树立文明人的榜样。利文斯敦[3]对东非也曾有过同样轻率的

---

① 《道斯土地分配法案》（Dawes General Allotment Act），又称《道斯法案》，1887年2月8日美国国会为同化印第安人而通过的土地法令。此法授权总统解散印第安人保留地，废除原保留地内实行的部落土地所有制，将土地直接分配给居住在保留地内外的印第安人。这项试图使印第安人融入美国社会的法令实施后，对务农毫无准备的印第安人在取得土地后不久便因受骗等各种原因失去土地，生活日趋恶化。

② 约瑟夫·斯大林（Joseph Vissarionovich，1878—1953），苏联政治家，苏联共产党中央委员会总书记、苏联部长会议主席（苏联总理）、苏联大元帅，是苏联执政时间最长（1924—1953年）的最高领导人。

③ 戴维·利文斯敦（David Livingstone，1813—1873），苏格兰内科医生、公理会会员、伦敦传教士协会基督教先驱、非洲探险家、19世纪末维多利亚时代最受欢迎的英国英雄之一。

计划。而在俄克拉荷马州，白人并没有等待被邀请加入。尽管印第安人的社区常常愿意以合理的价格向白人出租土地，但是长期以来一直存在着未经授权的入侵行为，而政府则宣称要防止那样的事情发生。从长期来看，和以前一样，政府只是口头上说说而已。1889年时有一大片土地向定居者们开放，随后从部落那儿买下了更多的地块。当其他印第安人部落未能进化时，原有的已文明化的部落则面临着倒退的危险。当1870年提出在印第安人的领地上建立政府的建议时，乔克托人[1]和切罗基人都强烈反对，因为他们怀疑那样的政府将由与抢夺保留地的政府工作人员同为一伙的政客和投机者们所掌控。到1906年时，作为《道斯法案》合乎逻辑的结果，印第安人自己的部落委员会也被解散了。

当布索尼[2]让他的美国学生们把收集来的红种印第安人的音乐变成钢琴和管弦乐队演奏的《印第安幻想曲》时，除了少数几件这样的文化碎片之外，那个古老的种族看起来似乎已经不存在了。一份开拓者报纸以美国式千里眼姿态发出的自信的预测似乎正在实现："宣判了罗马帝国灭亡的同一位不可思议的仲裁 104
者，也宣告了美国红种人灭亡的厄运。"神秘主义者奥斯瓦尔德·斯宾格勒[3]发现原来这是人种换位：红种人的消失只是为了重生，就像所有的人种或者植物一样，白人定居者正在被他们所处的环境改变。"很久以来就很明显，印第安人的土地已经在他们身上打上了标记——一代又一代，他们越来越像曾被他们根除的那些人。"

---

① 乔克托人（Choctaw）操穆斯科格语的北美印第安部落，居住在今密西西比州东南部。在东南部农业部落中，乔克托人最长于耕作，是唯一有剩余农产品出售的部落。19世纪30年代，乔克托人与克里克人、切罗基人、奇克索人及塞米诺尔人一起被迫迁到今俄克拉荷马州。

② 费卢西奥·布索尼（Ferruccio Busoni，1866—1924），意大利钢琴家，作曲家。

③ 奥斯瓦尔德·斯宾格勒（Oswald Spengler，1880—1936），德国著名历史学家、历史哲学家，也是历史形态学的开创者。他最著名的著作是《西方的衰落》（Der Untergang des Abendlandes），涵盖了所有的世界历史。

第九章
帝国的新目标

从南北战争到1898年与西班牙的战争只隔了一代人，这似乎是一场大战
105 之后重新回到战争状态所需要的时间，宝剑再次发出了浪漫的光泽。美国的武装力量依然薄弱，欧洲的武装力量则日益壮大，而日本正在仿效欧洲。那正是“宠坏了的投票人”盛行的时期，人人都不喜欢去打仗，西奥多·罗斯福对此深恶痛绝。可能会接到武器订单的制造商们通常可以在没有武器订单的情况下仍然盈利，但一个国家只有当敌人近在咫尺的时候，纳税人才能感觉到自己正处于长期的危险之中，战争的拨款才能很容易就得到。1878年曾有过在夏威夷建立一个海军基地的建议，但最终不了了之。当1879年欧洲贸易萧条时，英国贵格会教徒及激进分子约翰·布莱特[①]认为由于美国还没有“培育出一个比肯斯

① 约翰·布莱特（John Bright，1811—1889），英国激进的自由主义政治家，是他那一代人中最伟大的演说家之一，也是自由贸易政策的推动者。

菲尔德[1]或索尔兹伯里[2]那样的人来误导国家的政策并浪费国家的资源进行帝国的冒险”，它正处于一个更好的地位之上。在那年爆发的太平洋战争中，智利人从英国买了几艘新的铁壳军舰，所以能够蔑视华盛顿笨拙的努力，不让秘鲁夺走它的几个省份。布莱恩[3]国务卿在那场争端中口若悬河的说词声明美国的军事力量是“没有限制的，在美洲大陆上的任何冲突中都是不可抗拒的”。但按照军事实力来说，国务卿的声明是十分可笑的。在接下来的几年中，当美国官员涉及南美事务时，总会对智利人的傲慢无礼愤愤不平。 106

美国人的哲学观已经在改变，或即将发生改变。在19世纪90年代，这一点逐渐变得清晰起来。历史学家们后来把19世纪80年代看作是改变的前奏，“那是一个摸索前进，制订与国家新的工业实力相匹配的国际政策的年代”。一个迹象是1881年通过的一个新的海军计划，即便那个计划的进度不快，还有很大的修改余地。有人曾写了一段讽刺性的预言，说美国叫嚷着要和英国打仗，结果被轻易地打败了。但在1890年，当马汉[4]舰长关于海上强国的书出来之后，立即就成了“美国、英国、日本和德国的统治者、政客和海军将领们的圣经”。海上强国的观念是技术的一个分支，美国在这个领域里已准备就绪并要站到前列。在同样的年代里，尽管变化不那么令人印象深刻，陆军也在试图改组，改善军官

---

① 指本杰明·迪斯雷利（Benjamin Disraeli）。

② 罗伯特·阿瑟·塔尔博特·加斯科因－塞西尔，第三代索尔兹伯里侯爵，（Robert Arthur Talbot Gascoyne-Cecil，3rd Marquess of Salisbury，1830—1903），英国19世纪的著名政治家，保守党贵族政治家。维多利亚时期的三任英国首相（1885—1886，1886—1892，1895—1902）。他在位期间使不列颠殖民帝国广为扩张，亦曾任外交大臣。

③ 詹姆斯·吉莱斯皮·布莱恩（James Gillespie Blaine）（1830—1893年），美国政治家。在内战结束后，美国政坛受共和党支配期间，布莱恩是共和党的领导人物之一。他曾任众议院议长，两度出任美国国务卿（第28任、第31任），以创建泛美会议出名。

④ 阿尔弗雷德·赛耶·马汉（Alfred Thayer Mahan，1840—1914），美国军事家，海权论鼻祖，主要著述有《海权对历史的影响》《海军战略》等。

的训练，从南北战争后的“黑暗年代”中走出来。

改变公众情绪的一个因素是美国国内可供殖民的资源被不负责任地滥用了。白人开拓者的故事也就是“掠夺和滥用土地的故事”。俄克拉荷马州的沙质土壤很快就被新农民变成了沙尘暴中的沙子。那些农民中有许多人是借了债来种地的，他们或被迫从投机的土地掠夺者那里租借土地，或过着佃农的生活。在西部地区，很多时候“家园”既是美国人的民主幻想也可能是现实。凡勃伦写下了关于林地遭到破坏的经典故事，美国人把“合法夺取作为将各种公共财富转化为私人收益的普遍做法”。当然，是那些有资本入市的人获得了利润。从事“砍伐国家木材资源”的资本家们一般都会得到“同胞们的衷心赞赏和钦佩”，并经常被选为有关国家事务的合适的监护人。

几乎没有人对所有这一切产生过疑虑，但是拨款进程即将完成时它的速度之快使人有所警觉。这在某种程度上是一种心理上的不安，数个世纪以来的西进即将结束，还没有找到别的替代选择。杰克逊·特纳在1893年写道：“开拓者们已经消失了，随着他们的消失。美国历史的第一个时期也结束了”，但是美国人的生活已经变得充满了现在已无法摆脱的“扩张性格”，“美国的知识界将继
107 续要求一个更广阔的领域来进行操练”。这个难以安定的知识界最近正把这个国家推入一个疯狂的境地，跳入一个幽灵般的开拓者边界：乔治·艾略特[⑤]从她的朋友斯托夫人[⑥]那里学到的唯灵论，使这样的要求在美国比在英国更容易被接受。当然还有其他的要求，但一切都是一样的，华尔街提出的要求是更具帝国

⑤ 乔治·艾略特（George Eliot，1819—1880），英国作家。原名玛丽·安·伊万斯（Mary Ann Evans），19世纪英语文学最有影响力的小说家之一。与萨克雷、狄更斯、勃朗特姐妹齐名，代表作有《亚当·比德》《弗洛斯河上的磨坊》《米德尔马契》等。

⑥ 哈丽叶特·比切·斯托（Harriet Beecher Stowe，1811—1896），美国作家，著名小说《汤姆叔叔的小屋》的作者。

主义意味的。

对财富的争抢并不是什么新鲜事，但现在发展到了空前的规模。南北战争加速了工业的发展，对于奸商来说，它们的巨大收益或多或少都是阴暗的。在战争和征服中诞生出了一个新的秩序。“南方是一块铁砧，资本主义在那块铁砧之上锻造了政治力量”。然后，从欧洲流入了大量被轻易剥削的劳动力。结果是远远超出了欧洲人可以展示的最好成果。1888年，恩格斯从蒙特利尔给一位德裔美国朋友写了一封信，谈到了加拿大的生活节奏与美国相比要缓慢得多。“在这里，人们看到了美国人狂热的投机精神对于新国家的快速发展是多么必要……输入扬基人血液的经济必要性将会取消那个荒谬的边界线并取而代之。”许多美国人也这么认为，法属加拿大至少可能希望成为合众国的成员，而不是在英属加拿大的一潭死水中停滞不前。许多法属加拿大人移民到了新英格兰地区。加拿大日后的总理麦肯齐·金[①]1896—1900年在美国学习时，他的周围环绕的都是如何赚钱的漩涡。

由此带来的投机热比在欧洲的更为夸张，狂野的增长和突如其来的危机。1883年时发生了银行业的崩盘，1893年又再次发生了银行业的崩盘，随之而来的是长期萧条和极高的失业率。在同一时期，美国正在实现经济学家所说的贸易顺差，意思是说一个国家由于它的技能或运气，进口的货物要比出口的更少。1879年开始的大量小麦出口，使农民经历了世界市场的起伏。到19世纪末时，美国三分之二的出口仍然是食品和原材料，出口的盈利部分用于外国在美

---

① 威廉·里昂·麦肯齐·金（William Lyon Mackenzie King，1874—1950），是20世纪20年代至40年代加拿大的政治领袖。他在1921—1926年、1926—1930年和1935—1948年担任加拿大总理。他在第二次世界大战期间（1939年至1945年）以领导加拿大，动员加拿大的资金、物资和志愿者支持英国，同时提振经济，并在国内保持士气。他是自由党人，是加拿大历史上任期最长的总理。

国投资的分红。而现在制成品也出现了过剩，这是一个新的问题，但因为国内的萧条使状况加速恶化，这就成了一个非常可怕的问题。更大的海外市场不仅仅是需要的，而且对美国的生存是至关重要的。

当然，在没有合理的大批量出口的需求下，现在所有的非理性的扩张主义
108 都显得疤痕累累。美国不再依赖欧洲的资本产品，也不再依赖世界其他地区提供的原材料。制造出口产品的企业并不会为国民经济的需求而头痛。美国长期以来一直是操控政治的利益集团的采矿场，他们有组织地推动那架缺乏约束的国家机器不顾一切地前进，朝这个方向或是那个方向——欧·亨利[①]的“文雅贪污者”亲戚们向轻信的乡下人兜售他们的金砖和钻石。印第安纳州的参议员贝弗里奇说，这个国家生产的产品和食物都比它能消费的多出了许多。他宣称作为减少生产的补充手段，“命运已经决定了我们的政策，世界贸易必须而且应该是我们的”。这里既有资本主义的异常逻辑，也有美国人对命运的痴迷。这也是17世纪加尔文主义决定论能激发起那样巨大能量的原因。

争取扩张的既得利益集团的诉求可能会得到更加宽容的聆听，因为美国正处于社会和政治的紧张状态之中。大工业将会带来大规模的移民，而移民的生活状况正在日益恶化。美国突然在自己的国门之内发现了欧洲社会及其弊病。这不仅是在经济方面，而且在社会结构方面似乎也紧张得使人眼花缭乱。如果

---

① 欧·亨利（O.Henry，1862—1910），原名威廉·西德尼·波特（William Sydney Porter），美国短篇小说家、美国现代短篇小说创始人，其主要作品有《麦琪的礼物》《警察与赞美诗》《最后一片叶子》《二十年后》等。欧·亨利因受到盗用公款的指控入狱，后逃亡洪都拉斯。1898年再次入狱，期间开始发表作品。1902年，欧·亨利移居纽约，成为职业作家。欧·亨利与契诃夫和莫泊桑并列世界三大短篇小说巨匠，曾被评论界誉为曼哈顿桂冠散文作家和美国现代短篇小说之父，他的作品有“美国生活的百科全书”之誉。欧·亨利的作品大致可分为三类。第一类以描写美国西部生活为主；第二类写的是美国一些大城市的生活；第三类则以拉丁美洲生活为对象。

南方的寡头政治仍然试图重新控制一个在南北战争中失去的社会——他们遵循的是旧日奴隶制的底线，这就像新殖民主义在和直接的帝国统治进行较量。北方的资产阶级正在努力控制日益膨胀的劳动力市场，那些新来的移民并不是一直温顺文雅的。数百万人被迫连根拔起，从欧洲转移到美国，他们所遭受的巨大痛苦，只比非洲来的几百万人所遭受的痛苦好一些。纽约是一个非常像恩格斯所描述的曼彻斯特那样的城市，它有一大批贫穷的爱尔兰移民。一个移民限制联盟最大程度地利用了新移民的欠缺之处，而且那些欠缺之处往往被描绘成是天生就有的种族特征，不是社会环境造成的结果。

工人与官方或非官方的“秩序”维护者之间的斗争在白人与红种人之间的战斗结束前爆发了，在以前的战争中所养成的习惯为新的斗争，特别是为“秩序”维护者一方作好了准备。在纽约，1874年以一场惊心动魄的警察向一支失业者游行队伍开枪事件而开始，1877年的一次铁路罢工也导致了人员伤亡，工
人们在斗争中认识到他们需要比投票速度更快的防御武器。在1893年爆发的动 109
乱严重到足以导致整个社会的恐慌。“民兵们要么不愿或者不能平息那些大规模的暴乱。最恶劣的暴徒们烧毁并和抢夺汽车。”由于招募了大批失业的新人入伍，经济困境部分地提供了自己的解药。一位军事历史学家写道：“‘上帝’提供了国会所没有的创造”。对地方上的维护秩序力量进行了防暴训练。联邦政府于1903年承认了国民警卫队是一个具有与1789年在法国成立的国民警卫队同等功能的精英民兵军事组织，武装“主动的公民”或中产阶级去反对穷人。

资本家也有自己的武装力量。威尔逊总统在巴黎和平会议上为捍卫他对萨尔地区的建议时曾说道，“在美国的某些工业区，庞大的私人公司有自己的警察，他们在工厂或煤矿运作时，没有与当地政府或联邦当局发生任何冲突”。此外，还有随时都可以召唤的预备役军人。卡尔·李卜克内西[①]在对军国主义的

---

① 卡尔·李卜克内西（Karl Liebknecht，1871—1919），德国社会民主党和第二国际左派领袖，德国共产党创始人之一，德国青年运动的领袖，著名的无产阶级革命家，国际共产主义运动中著名的宣传鼓动家和组织家。

研究中指出："在武装的平克顿侦探中，美国资本家们拥有一支高质量的永远听从指挥的'黑色百人'队伍"。柯南·道尔[①]曾写过一本关于美国煤矿谷地的小说，一个平克顿的英雄人物和一群恶棍般的工会头儿。正如他们的先辈解放了那个恐怖的山谷一样，现在是美国中央情报局的特工们将外国从共产主义的"控制下解放"出来的时候了。

在爱德华·贝拉米[②]1888年出版并迅速卖出了一百万本的乌托邦小说中，社会主义的声音仍然是甜蜜的。在对未来的美好憧憬中，美国人拒绝臣服于像"迦太基"人那样的富豪阶级，并将经济体系和平地置于公众控制之下。"公众舆论对此的看法已经成熟了，而所有的人民群众都支持它。"但是，随着1893年金融危机爆发之后多年的动荡不已，到了那个十年结束时，第一次在南北战争中受到严峻考验的美国的重大发明之一——机关枪，在资本家和劳工的争端中已经被经常使用了。这个国家穿越过的距离可以用贝拉米的小说与1907年出版的杰克·伦敦[③]的《铁蹄》之间的差异来衡量。《铁蹄》描绘了凶狠的阶级战争即将来临，并预言了法西斯主义的诞生。

社会紧张造成了知识分子的不安。社会达尔文主义作为社会抗争答案的理

---

① 阿瑟·柯南·道尔（Arthur Conan Doyle，1859—1930），因塑造了成功的侦探人物——夏洛克·福尔摩斯而成为侦探小说历史上最重要的作家之一，堪称侦探悬疑小说的鼻祖。代表作有《福尔摩斯探案集》，包括《血字的研究》《四签名》《巴斯克维尔的猎犬》等。文中指《恐怖谷》的相关背景。

② 爱德华·贝拉米（Edward Bellamy，1850—1898），美国作家，社会主义者。他于1888年出版小说《回顾》（Looking Backward），讲的是一位波斯尼亚青年在沉睡了113年之后，终于在2000年醒过来，发现理想的社会主义已经建立。这部畅销小说促使人们成立了贝拉米俱乐部和国家主义政党，倡导小说中所描绘的社会秩序。

③ 杰克·伦敦（Jack London，1876—1916），原名约翰·格利菲斯·伦敦（John Griffith London），美国现实主义作家。代表作包括小说集《狼的儿子》，中篇小说《野性的呼唤》《热爱生命》《白牙》，长篇小说《海狼》《铁蹄》和《马丁·伊登》等。《铁蹄》描写了20世纪必然要产生的无产阶级和资产阶级之间的武装斗争的历史。

论成了一种时尚。洛克菲勒[①]是这种观点的杰出代表：生存的斗争把像他那样的
人送到了最高层，那是人类进步所不可或缺的。唯一的不足是，这个理论可以 110
引申出不同的结论。马克思主义者认为它是对阶级斗争的认可。在同样的国家或种族之间的竞争中，达尔文主义也许会得出令人沮丧的结论。对美国和欧洲文明在未来世界中的地位，以及那个富豪阶级的未来都持有怀疑。日本的西方主义可能是对美国的一种赞美，但是一个装备着白人的枪支、制服和机器的黄种人，可能会比以前看上去更像外星人。而在美国国内流行的对中国劳工的仇视也正在由于对被唤醒的远东地区工业竞争感到紧张的美国工商界里找到了共鸣。查尔斯·皮尔逊[②]在1893年描绘的白色人种被有色人种的浪潮所淹没的阴沉沉的景象给美国读者留下了深刻的印象。

布鲁克斯·亚当斯[③]的著作《文明与衰落的规律》于1895年在伦敦出版，一年之后在纽约出版了其修订版。那是美国思想史上的一个里程碑，被人们认为是斯宾格勒理论的思想前导。这个来自美国最为精心维护的家庭的成员，这位在大西洋两岸的欧洲和美国本土一样声誉卓著的思想家，从罗马时代的历史开始考察，像马克思主义一样重视经济的影响，但却发现历史越来越被庸俗的商业贪婪和巨大的资本集聚所支配。他在对资本化社会的厌恶和对社会主义的恐惧之间徘徊，这是现代知识分子并不感到陌生的状况。对亚当斯而言，在那两

---

① 约翰·戴维森·洛克菲勒（John Davison Rockefeller，1839—1937），美国实业家，慈善家，是19世纪第一个亿万富翁，被称为“石油大王”。

② 查尔斯·亨利·皮尔逊（Charles Henry Pearson，1830—1894），英国裔澳大利亚历史学家、教育家、政治家、记者。他的《国民生活与性格:预测》（National Life and Character: a Forecast）于1893年初出版。

③ 彼得·查顿·布鲁克斯·亚当斯（Peter Chardon Brooks Adams，1848—1927），美国历史学家、政治学家、资本主义批评家，亚当斯政治家族的一员，是两位美国总统的后裔。他的《文明与衰落的规律》（The Law of Civilization and Decay: An Essay on History）于1895年出版。

个罪恶中，当然是第二个的社会主义更糟糕。他和他的兄弟亨利[①]对修正主义的伯恩斯坦[②]的出现感到无比的欣慰，他们觉得伯恩斯坦拔掉了马克思主义革命的牙齿。布鲁克斯·亚当斯也是帝国主义者，尽管罗斯福对他的衰退理论没有耐心，但他仍是西奥多·罗斯福的盟友。他希望美国能够在即将来临的掌握中国的战斗中与英国携手。许多后来的悲观主义哲学家在他们那里中找到了一条摆脱法西斯主义困境的通路。

在国外和在美国国内，积极的进攻性的达尔文主义都被视为是站在保守派一边的，对此不会滋生任何怀疑。此外，美国的国家历史随后把扩张主义描绘成一个合乎逻辑的后果。一个边界已经关闭，而另外一个边界正在开放。一些劣等的种族已经销声匿迹，现在到了处置其他人的时候了。这种说法比任何新的，未经验证的说教更有说服力。贝弗里奇认为，现代航运和电报使海外领土
111 的占领与过去在陆地上的扩张一样地自然。西奥多·罗斯福的大部分技巧都是用于说服美国人那不是“帝国主义”，而是国家先前扩张的自然延续。

在罗斯福自己的脑海或情感世界中，情况可能就是如此。作为一个描绘狂野西部和印第安人战争的作家，他持有一种“真正西部开拓者的态度”，并且对解释以野蛮手段对付野蛮人的必要性做好了充分准备。在这一点上他像阿根廷总统萨米恩托[③]一样，始终专注于文明与野蛮之间的鸿沟，而且对新世界中的种族问题越来越关注。罗斯福的帝国主义也有它的罪恶，但那是为了社会进步而

---

① 亨利·布鲁克斯·亚当斯（Henry Brooks Adams，1838—1918），美国历史学家。他最著名的作品是他在托马斯·杰斐逊和詹姆斯·麦迪逊执政期间的美国历史，这是一部九卷的作品，以其文学风格而著称。他死后出版的回忆录《亨利·亚当斯的教育》获得了普利策奖。

② 爱德华·伯恩斯坦（Eduard Bernstein，1850—1932），德国社会民主主义理论家及政治家，德国社会民主党成员，改良主义的建立者之一。

③ 萨米恩托（Sarmiento，Domingo Faustino，1811—1888），阿根廷政治家，教育家，总统（1868—1874）。

付出的代价。保守主义者们总是认为那是一个轻微的代价，因为它是由别人支付的，而社会主义进步的代价对他们来说却是非常之高的。罗斯福有一个扩张主义者的朋友圈子，其中包括亨利·卡伯特·洛奇[①]、亚当斯、马汉、约翰·海伊[②]和其他一些人，他们每个人都有自己的特殊动机并都作出自己的贡献。罗斯福自己身体虚弱，他为了克服这个弱点而进行的努力可能会让他更崇尚武力，就如同从凯撒大帝那儿受到鼓舞而得到的一条枯萎的手臂。

宣教人士中最成功的范例可能就是乔西亚·斯特朗[③]牧师了，他在1885年出版的一本书广为流传。他谈论的主题之一是过度人口膨胀所带来的危险。到那时为止，美国的老一代国民和当年从欧洲来到美国的移民一样，很满足于安全地向美国西部移民的价值。他这样写道："在我看来，'上帝'正以无穷的智慧和技巧，训练着盎格鲁－撒克逊人以应对即将到来的那个时刻。""那是人种最终竞赛的……"的时刻。"如果我没有读错的话，那个强大的种族将移向墨西哥，移向中南美洲，移向海中的那些岛屿，移向非洲和其他地区……"他脑海中想到的不是一场"人种灭绝的战争"，卑微的种族将会自然消失（毫无疑问地，在

---

① 亨利·卡伯特·洛奇（Henry Cabot Lodge，1850—1924），美国马萨诸塞州共和党参议员、历史学家。他最为人所知的是他在外交政策上的立场，尤其是1919年他与伍德罗·威尔逊总统就《凡尔赛条约》展开的斗争。该条约的失败确保美国永远不会加入国际联盟。洛奇是共和党保守派的一员，他在1912年反对罗斯福的第三党总统竞选，但两人仍然是亲密的朋友。

② 约翰·米尔顿·海伊（John Milton Hay，1838—1905），美国作家、历史学家、新闻记者、外交家、政治家，被认为是美国历史上最成熟，最有作为的国务卿。1898年9月被威廉·麦金利委任为美国国务卿，而后又在西奥多·罗斯福时期继续担任这一职务。他完成了美西和谈、解决了萨摩亚群岛争端；取得了巴拿马运河的开凿权；反对列强在中国划分势力范围，主张"门户开放，利益均沾"的政策，为美国打开了走向世界的大门。

③ 约西亚·斯特朗（Josiah Strong，1847—1916），美国新教牧师、组织者、编辑和作家。他是社会福音运动的领袖，呼吁社会正义和打击社会罪恶。他在1885年出版的《我们的国家》（Our Country）一书中指出，盎格鲁－撒克逊人是一个优越的种族，他们必须将"野蛮"种族"基督教化和开化"，他认为这将有利于美国经济和"低等种族"。

“上帝”的召唤之下），他们“只是一个优等种族的前导”。这正是很多人对红种印第安人说过的话，而其他人则谈论着把他们彻底清除。对于现在正在研究从中国到秘鲁的各类人种的美国人来说，自然而然地就会把所有落后地区的人民视为美国的原住民的第一代堂表兄弟。

类似这样鼓动人心的讲话一定对避免保守派们所害怕的社会冲突产生过影响。所谓的“黑鬼诱饵”就曾为南方贫穷白人的挫折和不满情绪提供了一个
112 发泄渠道。在工业化的北方，战争的渲染可以达到同样的目的。这是欧洲当时推出的补救办法，一个感染了“欧洲疾病”的美国很可能会接受同样的治疗方法。还有一种外加的驱动力要把新来的移民转变成为忠诚的美国人。一位移民在若干年后写到，挥舞的旗帜曾让他们受到鼓舞，新来者中的自卑感曾使他们中的一些人感到或假装感到“沙文主义式的爱国”，并且“准备加入几乎任何一种浅薄、无知的民族主义或法西斯主义运动……”。

但许多人不愿意左翼运动的爆发，也不喜欢右派的煽风点火。在1893那关键的一年，那位坚定的旧日激进分子卡尔·舒尔茨转而抗议正在兴起的喧嚣。也许是因为他的原籍——德国正处于类似的疯狂之中。他写道，大肆渲染的“终极目标”总是让那些被掩盖着的权力扩张看起来是不可避免的。在南北战争后的一段时间内，只有像苏厄德那样“脑海中念念不忘吞并计划”的少数几个人才会兴奋起来。现在得以复苏的是对不再与美国接壤的，更远地区的领土要求。这样的诉求得到了一些虽然微小，但却“非常有说服力的”团体的鼓励。那些人中有民族主义者、海军军人和在外国有商业利益的商人，而他们“显而易见的爱国主义……不应该得到信任”。战略安全的考虑正在争取获得支持。古巴将“控制”或“威胁”美国的海岸线，如果古巴落入敌方之手将危及美国的安全——但这可以套在其他任何地方（一个水晶球就能让他看到希腊和中国台湾也在其中）。他认为实际上，美国是唯一一个没有遭受入侵风险的大国，因此不需要累赘的军备。

舒尔茨反对最强烈的是鉴于“我们宪法系统的精神”，所有获得的领土都必须作为一个新的州加入合众国的主张。尽管如果加拿大愿意的话可以立即加入，但其他大多数地方如果加入的话就有可能对民主造成威胁。这篇论文确实排除了在美国引入任何欧洲意义上的殖民地的可能。它基于一个长期形成的自然假设，那就是当美国国旗上的“星”和“条”在美洲大陆上倍增的时候，大陆上并没有大量的土著居民。由于加尔文主义的选举与达尔文主义的选择相结合而得以强化的斯特朗的预测，也假设同样的过程将在北美之外的土地上继续并无限期地发生，因此舒尔茨的困境将不会出现。事实上，人口稠密的土地并 113
不会因白人的强势迫近而自行清空。而美国也并不需要添加太多的生存空间。它仍在摸索，仍在感受它可以尝试的各种方式，但为播种人找到更多的土地并不是它需要殖民地的真正目的。

斯特朗的书是为宗教布道筹集钱款而写的。把传教士派往不久之后就将消失的种族也许看起来不合逻辑，但加尔文主义的暴风雨总是违反常规投向那些无法获益的叛逆者们的。宗教是有助于向外发展的另外一种力量，同时也可以缓解国内的紧张局势。长期的宗教宣传从未停顿过，启蒙运动被带入了合众国所有新的未开发的角落，也被带到了世界各处。当美国的老派思维仍然处于主导地位，就像它今天继续保持着的地位那样，美国就是一个虔诚的教会国家，而它在世界上不断增长的势力就始终带有一种传教士的风格，其中有一些货真价实的成分，但也掺杂着其他许多种杂质。欧洲人怀疑它是一种做作或是一种虚伪，就像愤怒的法国人曾经怀疑他们敬畏神灵的邻居“约翰牛”——英国一样。但是，任何正在崛起并雄心勃勃的国家，如果决心想让历史的尘埃重新飞扬起来，但却考虑再三迟迟没有行动的话，就需要有某种掩饰来保护自己及自己的动机。

美国是在一个几乎完全是天主教或异教徒的世界中，作为一个坚定的新教徒国家在新大陆上开始其国家历史的，这使它具有一种优越感，这可能意味着它有义务将邻国从黑暗中拯救出来。它对古巴的感情中总是有那种成分的存在，而且会很容易就融入帝国主义的冲动之中。几乎所有的新教教会都支持与西班牙天主教会的战争。他们中的一些人直到成为奴隶制的坚定捍卫者之前仍然坚持那样的立场，就像他们在南非的一些继承者们坚定支持种族隔离制度一样。戴维·利文斯敦的兄弟查尔斯在俄亥俄州念过几年书，他于1847年从那里写信告诉戴维·利文斯顿，他不愿意加入美国的传教协会，“一个由奴隶主和那些为奴隶制辩护的人组成的社团不是我想要去的地方……”。

现在，传教士的宣道行动主要是由资本家来资助了，其中一些人的心态和以前的传教士没有什么两样。教会很自然地就会捍卫企业自由，只要措辞得当，为帝国主义进行辩解也并不困难。“有一种流行的观点认为教会的使命应
114 该更多地与现实的考虑联系起来，而不只是沉迷于圣灵的说教……”。马克·吐温曾对1900年义和团起义后传教士在中国的遭遇所激起的社会愤怒以及传教士们的“文明使命”进行了讽刺。教会与国家正在同心协力。在传教的领域中新教徒无疑处于领先者的地位，而美国的天主教少数也正在成长，它的宣教贡献也有助于把它与美国的声望联系起来，从而让它能确立为真正的美国人的一部分。法国的天主教神职人员也以同样的方式在反对神职人员的第三共和国中保持了一席之地，其中部分的原因就是在印度支那[①]的占领中成为有用的辅助人员。有一天，美国的红衣主教和牧师将在圣诞节前夜站在越南的某个地方，向反叛分子开火并施以杀戮。

很显然，英国人和美国人都喜欢把他们的征服视为被压迫人民的“解放”，这与传教士希望让那些被压迫的人民摆脱罪恶和迷信的束缚（以及后来的共产

① 印度支那，即中南半岛，包括岛包括越南、老挝、柬埔寨、缅甸、泰国、中国云南南部及马来西亚西部。因为中南半岛古代受到中国和印度的影响，国际上习惯称为“印度支那”。

主义的最终束缚）有很大的共通之处，这将引导他们进入一种新的生活方式，一种转化成为像他们的导师那样的人的重生。在斯派尔曼[1]主教踏上“远东”医疗宣教之路之前，在1855年成为美国驻华公使的伯驾曾展示了自己对付中国人的强硬手段，他希望美国会来吞并中国台湾。在其他许多方面，人们都可以发现美国在精神上和在金融资本方面的海外投资就近在咫尺。传教活动也有自己积累的资金。在一个身处远东的英国人看来，他的政府代表们似乎在那儿过得相当安逸。在夏威夷，传教士们在建立美国的影响力方面处于领先地位，他们中的一些人或他们的后代获得了土地，成了种植甘蔗的庄园主。

一位担任过世界银行前总裁的美国人曾这样说过，“参与过海外行动的大多数美国人都在某种程度上是传教士”。反过来看的话情况也是如此，美国传教士（像其他国家的传教士一样）并没有忘记自己的国籍，他们认为通往天国之路是一条由美国人建造的高速公路。他们听到了众多信徒们对超越神性，更多关注世俗世界进步的呼喊——从商业角度来说，这就意味着利润的增加。正如一位英国商会发言人所说的那样，“如果在中国各处的神职人员能与我们的领事人员合作开发这个国家，把商业和纯粹的神学思想介绍给中国的知识界，那么规 115
模庞大的教会活动……可能会让我们的商业利益获得好处。”

贸易或资本主义是重塑异教徒世界的神圣计划的一部分。从另一方面来说，这种对教会资产的考虑在总体上是实施社会福利、医疗援助和教育计划的一部分。这是适合美国为达到双重目而施行的实际操作。它可以表现为真正的

---

① 弗朗西斯·约瑟夫·斯派尔曼（Francis Joseph Spellman，1889—1967），美国天主教会主教。他担任纽约第六任大主教，他于1946年被任命为红衣主教。1946年，他曾来中国安排战后天主教在中国的复兴计划，并陪同中国第一个红衣主教田耕莘去罗马接受教皇祝圣。斯派尔曼直言不讳地支持越南战争，到了20世纪60年代，他的观点遭到反战活动人士甚至是他的宗教领袖同僚的强烈批评。

慈善事业，同时为美国的商品赢得客户，无论美国的目标是自己的殖民地还是间接地谋取立足点和开拓机会。对美国传教士们来说，他们有时会很自然地希望能在飘扬着自己国旗的土地上工作，能在自己的葡萄园里劳作。德国的教会团机构就是利用这一点来激起民众对殖民主义的支持的。但是在大英帝国的地盘里，所有的高等教育都得用英国人的语言，他们在中国设立的大学让英语成为现代思维的媒介。美国的传教士们和美国的商人一样，有资金、有精力，而美国正在上升的国家地位也有助于他们开展工作，他们还带来了一位新的组织人才来承担这方面的任务。美国人的折腾可能会产生大量的皈依者，可以看到或多或少的人在接受洗礼，就像那个厉害的英国传教士廷代尔－比斯科[①]在中国传教一样，为了保持美元的流动就必须一直让人们皈依宗教。更具伪装性的是对教育的投入，对于那些接受教育的人来说确实可以学到很多的东西，而对美国来说则可以出售很多的东西。贝鲁特早在1866年就开办了那所著名的教会大学，而那所大学也确实为社会做了很多好事。然而一个无法否认的事实是那所学校一半的预算是由美国国务院支付的，而黎巴嫩后来也成了美国进行合理的军事干预的国家。

---

① 塞西尔·厄尔·廷代尔－比斯科（1863—1949），英国传教士、教育家，他出生时姓比斯科。1883年更名为廷代尔－比斯科。

第十章 拉丁美洲和更远的亚洲

驱使扩张主义者的主要动力是糖，或是可以由糖变成的美元。如果美国
在大多数情况下是一个比欧洲所有国家更为现代或更为严格的资产阶级国家， 117
那么它在国内或国外的种植园就代表着一个与奴隶制度紧密相关的企业界。而那些种植园都需要添加大的炼糖厂。种植园和炼糖厂的结合代表了一个比新兴的制造业更为原始的资本主义。他们可以被看作是南方为获取更多的土地和廉价劳动力的旧日的道路。古巴仍然是悬挂在美国人鼻子前的那根最可爱的胡萝卜。当1871年古巴爆发叛乱时，在马德里的英国大使奥斯汀·亨利·莱亚德爵士[1]报告了一些真实的情况，并能向英国政府确认那场叛乱并不是为了解放奴

① 奥斯汀·亨利·莱亚德爵士（Sir Austen Henry Layard，1817—1894），英国旅行家、考古学家、楔形文字学家、艺术史学家、绘图员、收藏家、政治家和外交家。他最为人所知的是尼姆鲁德和尼尼微的发掘者，他在尼尼微发现了亚述人宫殿的大部分浮雕，并在1851年发现了阿什巴尼帕尔的图书馆。

隶，而是“被一个在美国的强有力的集团鼓动起来”的独立运动。

这个集团和其他在加勒比海地区进行吞并的人一样，可能会像舒尔茨看到的那样在进行一场制造国家安全紧张感的游戏。当莱塞普[①]于1879年提出了他的巴拿马运河计划时引发了新的刺激，激起了一种对欧洲人将束缚美国生命线的恐惧。1880年1月，海耶斯[②]总统（他收到的一件圣诞礼物是在圣达菲的阿特金森（Atkinson）将军送给他的“非常精美的”纳瓦霍人毯子）向加勒比海和太平洋的两个港口各派了一艘军舰，那是提议中的尼加拉瓜通道的邻近地区。为了师出有名，那里据说有属于美国公民的土地。几周后他在日记中写道，“在考虑
118 到地峡地区的姐妹共和国的权利和意愿”之后，他认为这条通道必须在美国的控制之下。2月10日，他向他的内阁提出了“成熟、明确、有决断”的看法，并且（甚至在舒尔茨在场的情况下）获得了内阁的一致同意。为了支持华盛顿有权坚持的这一观点，门罗主义被再次抬了出来，而这一次有了“一个独特的新颖性”。与过往不同的是，从1881年到1885年担任美国国务卿的弗里林海森[③]在扩大美国在拉丁美洲影响力的同时也准备介入欧洲事务，其风格“完全违背了

① 费迪南德·莱塞普（Ferdinand de Lesseps，1805—1894），法国外交官，苏伊士运河的提出者者。1869年，苏伊士运河将地中海和红海相连，大大缩短了欧洲和东亚之间的航行距离和时间。他提出的巴拿马运河项目被流行的疟疾和黄热病区域，为财务问题所困扰，未能完成。最终，该项目被美国买下，并于1914年建成。

② 卢瑟福·比查德·海耶斯（Rutherford Birchard Hayes，1822—1893），美国第19任总统，任期1877年至1881年，曾任美国众议员和俄亥俄州州长。海耶斯是一名律师，也是一位坚定的废奴主义者。1876年，他被提名为共和党总统候选人，并通过1877年的妥协方案当选总统。1877年的妥协方案正式结束了重建时代，让南方自治。他最大的成就是恢复了公众对总统的信心，扭转了亚伯拉罕·林肯（Abraham Lincoln）遇刺后行政权力的恶化。

③ 弗雷德里克·西奥多·弗里林海森（Frederick Theodore Frelinghuysen，1817—1885），美国政治家、外交家。作为一位外交家和切斯特·艾伦·阿瑟总统的国务卿，弗里林海森奉行稳健的外交方针，主张与拉美各国互利互惠，以利用经济实力进行渗透，同时十分关注美国在世界各地的利益。

远离欧洲事务的原则”。

然而，不管它的根源可能在一个古老的时代里有多深，现在的糖业已经被搅和在最新的高级金融的诡计之中了。一系列非常复杂的竞争正在进行之中，而西海岸和东海岸的炼糖厂是竞争的主角。西海岸的炼糖厂从夏威夷和大多数美国种植主那里获得他们的大部分原糖，1875年的互惠条约是他们的救命稻草。他们的领导人是克劳斯·斯普雷克尔斯[①]。他和卡尔·舒尔茨一样也是一个德国人，但却有着完全不同的看法。他曾回到德国很长一段时间，他毫无疑问地因与那个正在朝着帝国方向发展的祖国重新接触而重整旗鼓。他在东海岸满怀仇恨的竞争对手是亨利·哈弗迈耶[②]，一个和他一样口无遮拦的赚钱者。亨利靠古巴更丰富的产出赚钱，并因在1887年成立了美国早期的商业巨头之一——美国糖业信托基金会（Sugar Trust）而占了上风。路易斯安那州的甘蔗种植主也是一个竞争对手，但他们只能满足巨大需求的有限的一部分。甜菜糖的种植园主是排在第四位的竞争对手。对所有的人来说，对原料或精炼制品进口的关税和差别都是至关重要的。进口税对许多其他行业也是至关重要的。如果那个现在可以明确说是为大企业服务的共和党之所以在1860年到1912年的大部分时间里都处于掌权的状态，在很大程度上是由于他们精明地从那些确信要掌控自己命运的公司那里获得竞选资金的结果。1894年通过的关税法案伴随着异常积极的院外游说，参议员们都尝到了糖业股份或其他甜头。

夏威夷虽然是独立的，但比古巴更容易掌控，而这个远在西方的海洋明珠

---

① 克劳斯·斯普雷克尔斯（Claus Spreckels，1828—1908年），夏威夷群岛王国、共和国和领土历史时期的主要实业家。他还参与了加州的几家企业，其中最著名的就是以他的名字命名的斯普雷克尔斯糖业公司。

② 亨利·奥斯本·哈弗迈耶（Henry Osborne Havemeyer，1847—1907），美国实业家、企业家、制糖商，1891年创办美国制糖公司，并任总裁。哈弗迈耶是他家族在制糖行业的第三代传人，在他的领导下，家族企业发展成为19世纪末主导制糖行业的美国制糖公司。

一直是一种诱惑。1887年，自诩为共和党改革者的美国种植园主们，迫使夏威夷的君主引入了议会制度，当然由他们掌控了议会的党鞭。1893年，他们在应
119 对利留卡拉尼女王[①]试图重掌王权时推翻了她，并进而申请加入了美国。这就如同半个世纪以前美国殖民者占领得克萨斯州的情景一样，当时人们曾害怕加利福尼亚州被诡计多端的英国人抢了先手，而现在据说英国人又在为夏威夷而蠢蠢欲动了。于1892年再次就任总统的民主党人克利夫兰[②]认为有义务拒绝吞并，但却承认了那个伪共和国。有关那个岛屿的争论持续不断，糖业的利益被分割了。在政客中，倡导前进政策的人倾向于兼并，其中之一就是布莱恩。舒尔茨认为，夏威夷将是一个“阿喀琉斯之踵”，它将会削弱而不是加强美国的安全。同时，那里居住的是一些土著居民和来自世界各地的冒险家们混血的后裔，完全不符合进入合众国的任何条件。

与中美洲及其外围地区相比，南美洲是另一个大陆，它的大部分地区离美国比离西欧更远。尽管有时也会寻求政府的援助，但探险的人们更为独立地在那里开辟道路。早在扩张主义盛行的1845年时，就有一位半官方的发言人霍普金斯（E.A.Hopkins）抵达了自我孤立的巴拉圭。他以自由企业的原则发了财，并向当地的独裁者洛佩兹[③]传授其中的生财之道。洛佩兹的统治是建立在温和的瓜拉尼印第安人共同拥有土地的经济基础之上的。那是华盛顿今天决定要在

① 利留卡拉尼女王（Queen Liliuokalani of Hawaii，1838—1917），登基后改用皇室名字利留卡拉尼，是夏威夷王国最后一位君主和唯一一位女王。

② 格罗弗·克利夫兰（Stephen Cleveland，1837—1908），美国政治家，第22任（1885年3月4日—1889年3月4日）和第24任（1893年3月4日—1897年3月4日）美国总统，是唯一分开任两届的总统，也是内战后第一个当选总统的民主党人。

③ 卡洛斯·安东尼奥·洛佩斯·因斯福兰（Carlos Antonio López Ynsfrán，1792—1862），巴拉圭律师、政治家、独裁者。他于1841年当选为首席执政官之一，1844年被议会提名为总统，开始了长达18年的独裁统治。

南美洲彻底否决的社会主义的一个原始版本。人们会想起皮萨罗的牧师在创世纪中对被俘的印加皇帝和人类的堕落所作的高谈阔论，但霍普金斯却是带着乐观的心情回家的。他试图组织起一个庞大的辛迪加，因未被允许而感到非常愤慨。他确实设法让欧洲人在那里的处境变得更加困难，他宣称他的商业设计是作为共和党人履行阻挠欧洲人的义务的一部分。1858年至1859年间，他的政府插手了一起声称遭到不公待遇的美国公司的事件，但当仲裁机构作出了不利于美国公司的裁决后就退却让路了。半个世纪之后，美国政府事情就可能不会那么过于拘谨了。

在其他一些地区，帝国的先行者们曾有过一段更容易获取成功的时期。最引人注目的例子就是传奇人物梅格斯[①]。他离开家乡时是一个奸诈的破产商人，但最后却在19世纪60年代至19世纪70年代成了智利和秘鲁铁路的伟大建设者。对这样一个企业家来说，他的成功之道所需要的是他可以毫无顾忌地向秘鲁的 120
地主——政客们贿赂，同时也以处理印第安人、非洲人和中国劳工的同样方式来处理当地的劳工问题。在梅格斯发表的文章中，经常会隐约提到通过中间商购买中国劳工的故事。但是规模更大的公司企业现在正在脱颖而出。到1880年时，墨西哥的铁路建设投入了更大的资本。在美国国内，铁路公司率先收买了州的立法机构，这给他们提供了很好的如何向国外政府购买影响力的培训机会。像摩根这样的公司开始向秘鲁那样摇摇欲坠的破产政府发放贷款。而在这之前，有很多诱人的英国人和法国人的例子，说明那样的政权是如何陷入了债务危机，而他们的国家又是如何一直在为利滚利而不停付款。

到了那个时候，门罗主义已经商业化了，有人认为它是对美国特殊的经济

---

① 亨利·梅格斯（Henry Meiggs，1811—1877），美国马萨诸塞州波士顿人。梅格斯在旧金山时，从事房地产投机，伪造文件筹集资金。在骗局被发现之前，他逃亡前往南美。

和政治地位的一种确认。因此，对真实的或仅仅是怀疑的欧洲干涉的敏感性就变得更为尖锐了。欧洲希望它能强行干涉不受挑战的时代正在过去。甚至在远远超越加勒比海地区的地方，美国不会再接受像1866年西班牙与厄瓜多尔、秘鲁和智利挑起争端时一支西班牙舰队冒冒失失地开到太平洋沿岸那样的事情发生了。苏厄德宣布，美国不会总是有意干预南美国家与欧洲的战争，但不会允许共和体制被外部势力所推翻。换句话说，不允许兼并。一个世纪之后，这就意味着拒绝让资本主义（或它在拉丁美洲的同胞兄弟封建主义）从内部被推翻。当南美太平洋战争导致智利击败了秘鲁和玻利维亚并夺取了硝酸盐和鸟粪的产地时，美国的反应是非常激烈的。1881年时坚定的反英国的国务卿詹姆斯·布莱恩认为智利的胜利实际上是欧洲人的胜利。美国人经常把欧洲看成是一个整体，而不是实际上的真实状况。在这件事情上，英国和法国是不相容的。就英国的外交考虑而言，布莱恩的怀疑是错误的，而对于英国的资本来说也是如此。有一些美国人想通过让秘鲁成为美国的保护国来对付英国的资本。

秘鲁有许多派系和争斗，但却没有真正的党派。如果说南美洲的保守派和自由派之间存在着任何严重的分裂——存在着一个或多或少非进步的自由派政党
121 的话，那么美国的同情很可能会给予自由派。他们可以由此表达出一种民主的精神，只不过这种精神在离华盛顿越远就会变得越混乱和不纯粹。美国人也希望由此而包围欧洲的竞争对手，因为那些竞争对手一般都更加强硬，可能会和更加反动的本地团体站在一起。在智利，英国有一种支持土地贵族的模式，而美国支持的是持不同政见者的左派。1891年，当自由党主席巴尔马塞达[①]被保守的反对派赶下台时，美国国务卿布莱恩强烈地袒护了他，并给了他一些无济于事的帮助。

① 若泽·曼努埃尔·埃米利亚诺·巴尔马塞达·费尔南德斯（José Manuel Emiliano Balmaceda Fernández，1840—1891），智利第11任总统。他担任总统期间，他与智利国会的政治分歧导致了1891年的智利内战，随后他开枪自杀。

但后来又出现了相反的情况，美国在1892年为了追究一次醉酒海员的骚乱而对智利施压报复，并强行要求道歉，因为在那时它的海军已经足够强大了。

在巴西也有类似的情况。巴西皇室享受着新世界孤独的高雅，英国和其他欧洲国家的外交官长期以来一直抱怨美国的报纸和其他影响力总是试图破坏君主制，直到1889年皇室最后被推翻后才终止。当巴西海军发动了一场要求恢复皇室的兵变时，克利夫兰总统在商业利益的驱使下进行了干预，将军舰派驻到一个威胁反叛分子的位置上。而私人企业则以世界物质流动的形式则紧随其后，尤其是在军火贸易方面。弗林特[①]为此购买了舰船，雇用了人员，并在三周内将他组建的“炸药舰队”提供给巴西政府使用，然而巴西政府后来却无法付钱给他。

在这样的矛盾对抗之下，对整个半球霸权的渴望诞生了。公众对于国务卿埃瓦茨[②]所说的美国在新世界中“至高无上的地位”并不是很感兴趣。但在股票和股份的推动下，公众将在适当的时候接受这样的说法。像通常那样，自信有时真的会带来自我保护的感觉，尽管经常只是一种错觉。据说日本的帝国主义思潮起源于由东亚地区领导反对欧洲侵略的冲动，这至少是其情感上的根源之一。一个崇拜美国的秘鲁人曾充分应用了类似的逻辑。他宣称如果没有美国，英国将会把整个中美洲变为其殖民地，现在将占据着奥里诺科河口地区。

这个说法暗指了英属圭亚那和委内瑞拉之间长期的边界争端，华盛顿于1895年在这个问题上采取了一个非常强硬的对抗伦敦的立场。委内瑞拉人的

---

① 查尔斯·兰利特·弗林特（Charles Ranlett Flint，1850—1934），计算机制表记录公司（IBM公司的前身）的创始人。由于他的金融交易，他赢得了“信托之父”的绰号。1893年，他为巴西共和国装备了一支海军舰队。在甲午战争期间，他从智利海军手中购买了“和泉”号军舰，并经由厄瓜多尔运送到日本。

② 威廉·马克斯韦尔·埃瓦茨（William Maxwell Evarts，1818—1901），美国律师、政治家，曾任美国第27任国务卿（1877年3月12日—1881年3月7日）和美国司法部部长。

122 一项计划将确保那个“最为人熟知，但却极不慎重的权宜之计”会把有争议地区大面积的黄金开采权赋予美国人。间歇性地会有人对法国或新来的德国等其他国家的势力产生怀疑，怀疑他们是否在中美洲有领土目标。而霸权主义可以进一步发挥保持和平的作用，防止美洲共和国之间的争端。一位对美国政府的政策持有疑问的开明的学者，提出了一个极具可行性的想法，即在自己的半球上，美国应该让自己具有欧洲列强集体共同拥有的同样的权势。

正如一位历史学家在1900年所写的那样，“美国外交的一贯原则”就是美洲事务必须由本国人民来决定。但实际上，这个说法常常就意味着按照华盛顿的意愿行事。布莱恩在1881年曾断言，他的国家在拉丁美洲的行动总是“秉持公正，绝不会让人找到口实来怀疑我们政府人道和无私的动机。我们的目的就是要让美洲大陆的兄弟国家免于战争的重负”。华盛顿的政府经常会为自己涂脂抹粉，布莱恩本人曾经就是记者。而在欧洲，只有诗人或记者才会那样去干。一位评论家曾批评说，美国政府对南美太平洋战争的处理已经让它在南美丧失了威信，并给了“欧洲直接干涉”的理由。1889年，布莱恩在华盛顿举行了第一次定期的泛美会议①，对美国动机的怀疑早已存在了。布莱恩想把欧洲人赶出南美洲，希望美国的制造商能借此取代那片被欧洲人占领的市场，因为美国人在那个市场上还不够强大。政治野心跑在了经济胃口之前，这不是经常发生的情况，但胃口增长得很快。在1901年、1906年、1910年举行了随后的几次泛美会议，它们为1919年由威尔逊所倡导的国际联盟的建立规划了草图。在泛美会议上和在国际联盟的建立过程中一样，每个国家都有自己的动机。在泛美主义和美国至上之间，两者的区分是看不清的。

---

① 泛美会议又称“美洲国家组织会议”，是美国和拉丁美洲国家组成的区域性国际会议。首届会议由美国第23任总统本杰明·哈里森于1890年4月14日在美国首都华盛顿组织召开。

在某些方面，美国人在南美洲的姿态在亚洲东部得以重现。美国也仇视欧洲，尤其是英国在那里的存在，并倾向于通过与当地人民的友谊来表达这一点。但在亚洲东部，除了像早期那样跟在欧洲人的后面之外，美国人无法站稳脚跟。因此，美国人的两种说法之间经常会出现不和谐的声音：一个响亮的声 123
音说着与亚洲人有相同的感受，而另一个低沉的声音说着对欧洲人欺凌的认同。欧洲人继续抱怨美国人的双重性，既充分利用欧洲人获得的“让步”或治外法权，而同时又假惺惺地宣称自己并没有去抢夺。美国的特使们常常不信任他们诡计多端的外国同行，而他们的外国同行则在私底下嘲笑他们太土。1868年，蒲安臣[①]在担任美国第一位驻中国大使之后，负责了海外的中国事务。他试图说服英国外交大臣克拉伦登[②]勋爵中国不想停滞不前，只是不想被人强行推着向前。十年后，一位美国特使仍然可以像一百年前的欧洲人那样以赞赏的态度来看待中国：当他赞扬中国以温和的态度尊重其周边小国时，他毫无疑问想到了中国和他的国家的相似之处。

到了那个时候，在东亚只有一些不求进取的商业利益的时期正在结束。随着1869年横贯美国大陆的铁路的建成，出现了一个新的推动力。引人注目的讽刺意味是，中国的海军建设激发起了美国跨越大洋走向中国的意愿。从19世纪80年代开始，美国的制造商们就受到越来越多的劝诫要在远东开发市场，尽管实际上与中国和日本的贸易增长速度远不及美国整体出口的增长速度。前总统尤利西斯·格兰特在1879年（就在他失手未能占领圣多明各的“拙劣游戏”进行之后十

① 蒲安臣（Anson Burlingame，1820—1870），美国著名的律师、政治家和外交家，美国对华合作政策的代表人物。他既担任过美国驻华公使，又担任中国首任全权使节（办理中外交涉事务大臣），代表中国政府出使美、英、法、普、俄诸国。

② 克拉伦登伯爵第四（4th Earl of Clarendon，1800—1870年6月29日），原名乔治·威廉·弗雷德里克·维利尔斯（George William Frederick Villiers），英国政治人物，4次出任外交大臣。在威廉·尤尔特·格莱斯顿内阁出任外交大臣（1868—1870）。

年）访问亚洲时对此提出了一个适合时宜的说法。他的目的是为了提醒他的同胞们不要忽视他们的机会。他在各处宣扬现代化和社会进步。在曼谷，他发现那个国家已经有迹象成为美国的卫星国。两位国王之一的父亲被称为泰国的乔治·华盛顿，而且非常亲美。当格兰特和他的妻子访问北京时，一大群官员到城门口欢迎他们，人群踏起了巨大的尘土云团。一个世纪之后，尼克松[1]总统的到来激起了更大的热情。他在日本也受到了欢迎，并同日本天皇进行了几次会谈。他告诉日本天皇的是日本不应该与中国争吵，因为那样的话只会加强欧洲的霸权地位。

日本的市场长期以来一直相对较小，从美国人的理想主义的角度来看其前景会有巨大的空间。约翰·阿莫尔·宾厄姆[2]作为美国的代表在日本经营了很多
124 年，他在那里确立了自己是日本的朋友和顾问的形象，而日本政府雇用的一些
外国人都是他的同胞。1878年，满腔怒火的英国大使哈里·帕克斯[3]写道，“美

① 理查德·米尔豪斯·尼克松（Richard Milhous Nixon，1913—1994），美国著名政治家，美国第34任副总统（1953—1961）及第37任总统（1969—1974）。1974年8月，尼克松因“水门事件”辞职，成为美国有史以来第一个自动辞职的总统。他曾在1972年和1976年两度访华，是首位在任期间访华的美国总统，被称为“中国人民的老朋友”。尼克松1972年访华是20世纪国际外交史上最重大的事件之一。

② 约翰·哈默尔·宾厄姆（John Armor Bingham，1815—1900），美国俄亥俄州共和党众议员，亚伯拉罕·林肯遇刺案总检察长助理，美国总统安德鲁·约翰逊弹劾案检察官。他也是美国宪法第十四修正案的主要制定者。尤利西斯·格兰特总统任命宾厄姆为美国驻日本公使，宾厄姆从1873年5月31日到1885年7月2日担任美国驻大使长达12年。宾汉非常尊重日本文化，但他也有先见之明地表示，他担心日本的军事文化会损害国家的发展。宾厄姆最不同于其他西方外交官的地方在于，他反对英国强加给日本的不平等条约，特别是西方对域外行为和关税控制的规定。

③ 哈里·史密斯·帕克斯爵士（Sir Harry Smith Parkes，1828—1885年），1865年至1883年担任英国驻日本帝国特使、全权公使、总领事，1883年至1885年担任英国驻中国公使，1884年任驻韩国大使。1868年5月22日，他向明治天皇递交国书，使英国成为第一个正式承认明治新政府的外国列强。在他驻日本的18年里，帕克斯为日本带来了大量的外国顾问，训练日本帝国海军，建设现代化的基础设施，如灯塔、电报系统和东京到横滨的铁路，发挥了重要作用。

国人的目标当然是很清楚的”，那就是让日本人把欧洲人，首先是把英国人视为他们的敌人。宾厄姆把极大的诚意和虚与委蛇的计谋结合在了一起，因为他认为是欧洲人正在阻碍美国在亚洲的贸易。他一直向国务院施加压力，暗示应该寻求正义，应该很好地对待日本，因为那是美国商业进军亚洲的天然门户。其他国家都因为日本要求修改“不平等条约”而被长期困扰，他们担心美国会支持日本的要求让他们的利益受损。这在1878年就确实发生了。当时宾厄姆说服了他的政府向日本作出让步，自私地构想着日本的关税自由将会对英国，而不是对美国造成更大的伤害。自由主义的政党追求议会治国，而执政的政治寡头们则坚持独裁的宪法。欧洲人（就像在南美洲一样）赞成的是后者，他们需要一个强有力的政府来保护外国利益免受老百姓排外情绪的影响。从这个角度来看，美国长期以来在世界各地都是追随欧洲帝国的步伐的，而像宾厄姆那样的人则被怀疑在愚蠢地鼓动着自由主义的思潮。

而在中国，则出现了更多更大的问题，美国在此之前就早已显露出了其自相矛盾的态度。在19世纪80年代初，中法两国曾因法国占领了越南北部的北部湾地区而进行了一场没有公开宣战的战争。当时在北京的美国驻中国大使杨约翰①急于从中调解，但他没有得到任何机会。美国以一种欧洲人并不接受的理想主义或从自身利益出发的考虑，相信理性的调解过程将起作用，所以就扮演了或试图扮演调解人。然而，一名派往华盛顿的中国外交官员早已表达了他对美国人的失望，“我对他们感到非常厌倦。他们对自己的估计超出了我的想

① 杨约翰（John Russell Young，1840—1899），美国记者、作家、外交家，1897—1899年美国国会第七任图书馆员。他被邀请陪同尤利西斯·格兰特总统进行著名的1877年至1879年的世界巡演，并记载于他的《格兰特将军环游世界》中。杨约翰给格兰特留下了深刻的印象，尤其是在中国，杨约翰与李鸿章建立了友谊。1882年，格兰特说服切斯特·阿瑟总统任命他为驻华公使（1882年8月17日—1885年4月7日）。

象……”到了下一年，一位在中国的美国海军舰长舒曼菲尔德（Schufeldt）表达了他对中国人的极度失望，他认为必须以“不带感情色彩的正义之举”来对待中国人。他在1881—1882年期间被派往远东与中国的保护国朝鲜达成一项贸易条约，而那时的朝鲜仍是一个未开放的“隐士王国”，所有的外国人在那儿都得从零开始。朝鲜的保守派似乎预见到美国的出现对他们的国家来说意味着什
125 么，他们集聚了几百人，穿着丧服，在皇宫外面静坐。在表面上，那个条约看起来还不错。但一位美国历史学家曾写道，那个条约是“让朝鲜在阴谋遍布，而它自己却无法控制的海洋上漂泊的工具”。

美国随后采取了行动，试图让朝鲜在美国和英国的利益竞争中让步。在中国建设铁路从而获取巨额利润的想法吊起了美国人和欧洲人的胃口，1885年至1898年间在北京的美国大使田夏礼[1]曾是一位铁路律师，他信奉的政策是以坚决的手段在中国推动外国的利益。美国积极参与了1900年在中国进行的八国联军侵华战争，那场战争似乎将要导致中国的分裂。到1897年时，在中国的美国商务人员有1 564人，仅次于英国的4 929人。值得一提的是，虽然只有32家美国公司，相比于英国的374家，数量上只排名第四，但美国公司的规模显然更大，并且会对他们的政府具有更大的影响力。1898年，一家有洛克菲勒和哈里曼[2]参与的美中开发公司为获取修建从汉口到广州的铁路合同而开展了活动，他们与竞争的利益集团进行了复杂的斗争，并于1899年初与英国和中国的

---

① 田夏礼（Charles Denby Jr.，1861—1938），美国驻华外交官。田夏礼来到中国，担任公使二职，1894年晋升为公使一职。在中国发生了越来越多的针对传教士的骚乱之后，他成了美国政府对美国传教士在中国的更有力支持的支持者。在甲午战争期间，他调解了中日之间的许多谈判，并且是结束战争的《马关条约》的主要起草者。1900年，义和团运动期间，他被任命为中国天津临时政府秘书长。1902年至1905年，他担任直隶总督袁世凯的首席外交顾问。

② 爱德华·亨利·哈里曼（Edward Henry Harriman，1848—1909），美国金融家和“铁路大王”，哈里曼财团创始人。

公司达成了一项合作协议，这是美国后来会合国际资本集团进入中国的各种行动的先行之举。

1899年，为英国商会来中国搜集情报的英国海军上将查尔斯·贝雷斯福德[①]爵士发现，虽然美国与中国的贸易仅占美国贸易总额的8%，但是实际贸易额要大于那个数字，因为许多美国商品是通过英国人之手到达中国的。上海的情况就是那样的，60%的美国制成品几乎都是由英国航运公司运来的，而一些美国公司也有英国人的股份在内。美国的竞争力肯定会增长，贝雷斯福德了解到，美国正在为了供应中国市场建立工厂。人们对这种为推销而建立的市场越来越看重，把它看作是过度生产的救世主。后来的事实证明这是一种空想，但就像升起的月亮能照亮夜路一样，它可以消除一些美国的生产盈余，更重要的是能够维持美国的自信。

世界各国的开放带来了对外交技能价值的新认识。在那之前，美国的大部分外交行动都像它的军舰一样的木讷，而且经常是在海上进行的。在南美太平洋战争期间，在智利、秘鲁和玻利维亚三个首都的美国外交使节中出现了令人瞩目的混乱和交织。欧洲的外交专业人士在与那些业余爱好者们打交道时只是 126
让他们自陷困境，并把他们与拉丁美洲国家自己的特使或政客看作是同等水平的庸人，经常会带来腐败的嫌疑。早些时候曾有过一起把美国驻英国公使申克（Schenk）将军和一个借了他名字的皮包公司联系起来的丑闻。然而，按更为规范的方式办事，与私人利益的有益协作是完全必需的。在19世纪末之前，出现了比旧式外交更加强劲且更为现实的新型外交官，这在远东地区尤其如此。也正是19世纪晚期的远东地区，美国政府开始努力培养一批能抵御制度腐蚀危

---

① 查尔斯·威廉·德·拉普尔·贝雷斯福德（Charles William de la Poer Beresford，1846—1919），英国海军上将和国会议员。

害的职业外交官。对许多富有家庭的年轻人来说，加入外交界只是获得某种社会地位，他们不太可能被去北京或去东京所吸引。我们有一个新的外交官学员的有趣的回忆录，他说华盛顿来的指示很少，他只能通过阅读六周前的旧报纸来猜测政府的某些观点。在国务院里，一个内部人士的小圈子把国务卿视为局外人，把外交和领事服务视为“公众敌人”。

第十一章
盎格鲁－撒克逊人和他们的战争

一直以来，美国与英国的接触最多，因此摩擦也最多。英国通过相互竞争
或以身作则，排斥和吸引兼具把美国带入了世界政治的旋涡。两国在1895年曾 127
因委内瑞拉而发生过非常严重的争执，但不久又重归于好。而在同一年，英国和德国曾看上去非常接近，但随后就开始争斗。摩擦在一定程度上是由于互不相容，同时也是由于各自目标的不同。1895年，美国国务卿奥尔尼[①]把英国与美洲的关系称为“既不自然也不适宜”。美国众议员亨利·卡伯特·洛奇在同一年也曾呼吁兼并加拿大，以及巴拿马运河区、萨摩亚和夏威夷。与这样的想法同时并存的，是依然存在着的由于共和党对君主制的反感而得到滋养的对英国帝国主义的激烈反对。没有自己的贵族可以作为憎恨的对象（除了已经被击败的

① 理查德·奥尔尼（Richard Olney，1835—1917），1892年，奥尔尼受命出任美国第24任总统格罗弗·克利夫兰政府的司法部部长。1895—1897年，改任美国第34任国务卿。

南方庄园主之外），美国的统治阶级可以通过厌恶英国的贵族及其生活方式来表达他们“资产阶级”的本性。像卡内基那样的工业界领导者，一个来自苏格兰的新移民和极力反战的人，也会在战争和帝国主义的问题上与欧洲的没落政权意见一致。美国还为反对大英帝国的一些革命运动或团体——爱尔兰人和印度人——提供了一个家园，正如英国当年为反对奥地利或沙皇独裁的谋划者们所做的那样。爱尔兰人通过帕特里克·福特[1]编辑的《爱尔兰世界》等杂志不仅谴责英国对爱尔兰的统治，而且谴责英国对印度和其他殖民地的统治。当帝国主
128 义政策开始盛行的时候，这些思潮必然对抵制帝国主义政策发挥了作用。

但与之交织的还有其他一些不那么明朗的情感。大英帝国无论如何不是最糟糕的帝国，而美国正处于作为其朋友，甚至盟友加入世界政治的边缘。在19世纪中叶背离了积极的扩张主义之后，美国曾与英国平行移动，而在英国曾有一种强烈的意见认为殖民地已经过时了。然而现在，殖民地又再次风靡一时，这可能会让人再次感受到英国的某些影响。如果爱尔兰移民带来了对大不列颠帝国及其统治的仇恨的话，那么也有许多英国和苏格兰移民是带着倾向于大英帝国的看法来到美国的。如果有一些资本家坚持不相信英国人，那么还有一些资本家会将他们的女儿嫁给英国贵族的儿子们。可能会有人揣度，是固执的实业家而不是金融家或是股票市场的投机者，会在各种资本市场上纵横捭阖。比

---

① 帕特里克·福特（Patrick Ford，1837—1913），爱尔兰裔美国记者，土地改革家。1870年，他创办了《爱尔兰世界》，成为爱尔兰裔美国人的主要报纸。

如伦纳德·杰罗姆[①]的女儿珍妮[②]在1874年嫁给了伦道夫·丘吉尔[③]勋爵，而丘吉尔不久就成为印度总督，随后通过对南非黄金股份的有利投机赚了大钱。“所有的美国人都对伦道夫·丘吉尔勋爵的职业生涯感到极大的兴趣。”美国富豪阶层以这种独特的形式输出资本，使英国的贵族和美国的富豪得以结合起来成为贵族富豪阶层。

像J.P.摩根[④]那样的美国银行家们参加了英国的海外资本流动。委内瑞拉危机引发了华尔街的恐慌，使事件双方的有钱人都意识到他们的命运连接得有多么紧密。源自大英帝国利润的英国投资的大部分仍然以这种或那种方式帮助着美国经济的增长。这些利润中的很大一部分来自美国制造的机关枪在扩展大英帝国势力范围时的有效性，这在非洲尤其明显。一些于1839年从下缅甸被驱逐出境的美国传教士在1851年时对即将占领缅甸的英国人就非常有用。

“野牛比尔”在欧洲巡回演出的节目，让英国的年轻人看到美国是一个冒险家的乐园，是大英帝国冒险行动和统治动荡的殖民地的有价值的合作伙伴。美

---

① 伦纳德·沃尔特·杰罗姆（Leonard Walter Jerome，1817—1891），纽约布鲁克林的金融家，温斯顿·丘吉尔的外祖父。他是个股票投机家，一生敢于冒险，大起大落，被称为“华尔街之王”。他以收集艺术品和创建纽约歌剧院闻名，他曾在纽约著名的“征军暴乱”（New York Draft Riots）时，一个人带着一挺重机枪守在《纽约时报》门口，保护他在《纽约时报》的投资。

② 珍妮·斯宾塞－丘吉尔（Jennie Spencer-Churchill，1854—1921），伦道夫·丘吉尔夫人，是一位出生于美国的英国社交名媛，是伦纳德·杰罗姆之女、伦道夫·丘吉尔勋爵的妻子和英国首相温斯顿·丘吉尔爵士的母亲。

③ 伦道夫·丘吉尔（Randolph Churchill，1849—1895），英国政治家。保守党内有影响的人物，温斯顿·丘吉尔的父亲。1874年进入下议院，在本杰明·迪斯雷利的保守政府中展现出雄辩的才华。

④ 约翰·皮尔庞特·摩根（John Pierpont Morgan Sr.，1837—1913），美国银行家、艺术收藏家。他首创“联合承购国债”的华尔街的惯例。摩根家族的财富首先来源于金融业务，然后转向对企业进行投资，占领美国支柱产业，维持巨大的财富来源，反过来又加强了摩根家族的金融霸权地位。摩根开创了“摩根时代”，即金融寡头支配企业大亨的时代。

国游客们满怀着“自信和独立”在像直布罗陀那样的公众场所中走过，马克·吐温笔下的“无辜的人们”看着穿着“火红制服”的苏格兰高地士兵和悬崖上的炮兵。总的来说，大多数时候人们都会把大英帝国的行动看作是一种文明的使
129 命，但人们更希望一个强大的美国能在世界事务中成为一种更为文明的力量。威廉·埃瓦茨用的词语“无可比拟的利益”出自一个古老的封建霸权术语，他可能是从英国人宣称对整个印度拥有宗主国地位的说法中借用过来的。1887年，一位美国人出版了一本书来警告他的同胞们要警惕俄罗斯日益强大的力量及其对印度的威胁。在他看来，欧洲国家中显然只有英国和俄罗斯与美国一样具有“无限增长的潜力”，只有他们会有未来，法国人曾有过辉煌的过去，但现在已经堕落了，这是由于“在他们的文学作品中和他们的生活中根深蒂固的普遍的淫乱”。马汉舰长以他的海权学说呼吁美国与大不列颠帝国合作成为其海洋霸权的伙伴。

在一个种族主义思想来源于多个渠道的时代，眼下使用的“盎格鲁－撒克逊”这个词语意味着某种继承英国传统的通常意义。这个词语在大西洋两岸都被普遍接受，两边都受到了它的极大影响。托马斯·卡莱尔曾毫不客气地告诉一位美国游客，“狂妄，虚荣，空洞，不着边际，毫无意义的谈话”已臻于疯狂。美国著名的哲学家约翰·费斯克[1]1880年在皇家学院发表的演讲获得了热烈的欢迎，他当时预测使用英语人口的快速增长将很快就使其成为世界人口的大多数。伦道夫·丘吉尔夫人出版了一本盎格鲁－撒克逊评论。盎格鲁－撒克逊人的白日梦对老派的美国人来说非常珍贵，他们渴望能够感受到这个国家仍然像以往那样。当时，大量涌入的其他民族在实际生活中正在改变他们的民族特征。确实存在着一个显而易见普遍认可的势利选择：成为“英国人”或“撒克逊人”，就是属于有特权的上层阶级，成为一个优于来自欧洲任何其他国家的可

① 约翰·费斯克（John Fiske，1842—1901），美国哲学家、历史学家。

怜的白人垃圾的精英。不仅仅是爱尔兰人，对于其他所有人而言，那一切都相当令人厌恶，并且可能让英格兰人也有同感。约翰·海伊在1900年曾悲叹广泛传播的反英情绪。

世界权力之争则带来了另一层含义。阿尔伯特·贝弗里奇在1898年宣称，“我们是盎格鲁－撒克逊人，必须服从我们血液的指令，占领新的市场，必要时还要占领新的土地”，遵循美国人色彩的现代文明将“来到至今为止依然是血腥和黑暗的海岸”。在那年的另一次演讲中，他倡议“盎格鲁－撒克逊人团结起来……为这个饱受战争蹂躏的世界的永久和平而创立一个讲英语的‘上帝’子民的联盟……”。这位“美国帝国主义的超级演说家”来自弗吉尼亚州拥有奴隶的家庭，具有苏格兰和苏格兰－爱尔兰的血统，那是一种“高度易燃的混合 130
物”。他通过发表爱国言辞和对神圣思想从不停歇地引用在政治上崛起。新英格兰地区的文学史家温德尔[①]发出的是更具学术风格的声音，他宣称美国现在“与英国一样，既是民主的，也是帝国主义的，不可避免地面临着世界冲突的挑战……英国和美国将再次并肩战斗”。虽然是并肩战斗，但相信美国天命论的人最喜欢听到的是美国必须在强调盎格鲁－撒克逊的同时超过英国，并很快走到领头的位置。

夏威夷于1897年并入了美国，并于下一年得到了参议院的批准。不管现实的情况如何，在形式上美国并没有毁灭一个民族，而是在欢迎一个共和国兄弟。这是美国历史的一个信号特征，至少从外表上看它不会剥夺任何独立的共和国存在。这一决定是在与西班牙关系紧张的情况下进行的。1895年，古巴叛乱的领导人宣布独立，美国总统克利夫兰马上承认古巴为交战国的一方。他的

① 巴雷特·温德尔（Barrett Wendell，1855—1921），美国著名文学史家，著有《英语作文》《考顿·马瑟研究》《威廉·莎士比亚》《美国文学史》《今日法国》《欧洲文学传统》等。

继任者，于1896年当选的共和党总统麦金利[1]，试图重新实施一项旧日收买古巴的策略。西班牙是一个体量并不很大的欧洲国家，而美国已强大到足以挑战并战胜它。由于三天期限的最后通牒不可能被接受，西班牙被迫在1898年4月至8月与美国开战，这与奥匈帝国在1914年对塞尔维亚的进攻并没有什么不同，但众所周知的是西班牙的目标是找到合适的方式撤退。各国的动机是非常混杂的，至今仍然难以解释清楚。进行人道救援的理由是履行美国的责任，拯救古巴免于西班牙长期以武力统治岛屿所造成的痛苦。马汉提出了一个类比，并通过它来唤起旧日解放黑奴的公众情绪。美国漠视国际法去拯救古巴，而在美国南北战争前也有好心的美国公民违法帮助逃亡的奴隶逃跑。与通常在加勒比海地区响起的警报一样，战略安全也可以成为很好的理由。

自由主义者们可以把这种情况看作是一个不情愿的总统被好战的国会和公众舆论，或者是一个支持战争政策的媒体推着进入战争的。商业界的看法一直是犹豫不决的。尽管经济萧条当时已经有所缓解，但不能说美国已经摆脱困境，有人担心战争可能会把萧条重新带回来。然而可以肯定的是，大众对战争的歇斯底里并不是真的如此投入，麦金利也至少同时受到了特定的商业利益以
131 及他自己对国家需求看法的压力。当然，他是一位为商人服务的总统，他的总统地位是由于保守派的支持才获得的，保守派们为虽然温和但却雄辩的左翼候选人布赖恩[2]反对帝国主义的立场而感到震惊。同时也值得注意的是，麦金利及其随从与糖业信托基金曾有过令人生疑的各种关系。

---

① 威廉·麦金利（William Mckinley，1843—1901年9月14日），美国第25任（第29届）总统。1897年当选为总统，他采取提高关税和稳定货币的政策，加上其他措施，美国的经济有了很大起色，麦金利从而获得“繁荣总统”的美名。他对外发动美西战争。在布法罗被无政府主义者刺杀，享年58岁。麦金利是美国立国后被刺身亡的第三位总统。

② 威廉·詹宁斯·布赖恩（William Jennings Bryan，1860—1925），美国政治家，民主党和平民党领袖。颇有吸引力的演说家。1896年、1900年、1908年3次竞选总统均未成功。为了报答布赖恩在为伍德罗·威尔逊取得民主党提名中所起的作用，1913年他被任命为第41任美国国务卿。

在另一方面，美国甘蔗和甜菜的种植园主们反对夺取古巴，而对于国民经济来说，那个岛屿可能只是一笔很小的资产。如果仅仅是因为这个原因发动战争，那就需要添加一层情绪的包装，以防止发动战争的理由被过于严密地审查。在考虑到许多相互竞争的潮流和政府策略的变动之后，像帝国主义历史上经常会发生的情况一样，有必要从总体情况的不稳定来加以思考。社会动荡、传统文化的焦虑、外国的例子，加在一起就形成了一种令人不安的混合物。一些已作出选择的团体，包括炼糖厂商，就提供战争的催化剂，以期达到他们在其他情况下不可能达到的目标。美国的资本主义对战争及其战利品并没有任何急迫的需要，但某些美国资本家却急着要求那样去做。

在世界的另一边菲律宾也正在进行着反抗西班牙人统治的斗争，那是菲律宾上层阶级对自治的渴望和底层大众社会革命运动的混合体。那些岛屿提供了双重的吸引力。它们在另一个热带地区，糖的生产价格会更便宜。它们是一个远东的前哨站，可能会变成美国人的香港。与从太平洋海岸到夏威夷的前出距离相比，对菲律宾的占领所带来的前出距离将超出其两倍，并让美国的旗帜更接近中国，从而可以更便利地进入中国市场，并在那里展开争夺份额的斗争（西班牙早在三百年前就征服了菲律宾，当时也曾想过要把那些岛屿作为其帝国的远东基地）。支持前进政策的人如杜威①海军上将和海军部次长西奥多·罗斯福甚至在战争爆发之前就清楚地表明不能错过这个机会。而多年来没人理睬的商业界要求扩展殖民地的看法似乎也很快就得到了支持。当欧洲列强于1898年采取行动在中国沿海地区夺取地块作为基地时，无形中也支持了美国人的菲律宾计划。如果没有被拒之门外的话，现在是时候让美国找到对自己有利的位置了。

---

① 乔治·杜威（George Dewey，1837—1917），美国海军特级上将、美西战争的海战明星。

通过战争获利的前景本身肯定会让许多商人受到吸引，而他们则在太阳底下晒
132 出了他们的干草。远东地区的一位英国商人从哲学角度观察到，“每场战争中都存在着获利要素”。甚至在战争爆发之前，他的同胞就向武装分子出售武器，并由在香港的一位美国代理人照看流通。由于战争部的低效率使军队装备不佳，而腐败则确保它的装备昂贵——如同在南北战争中发生过的一样。普通公民受到邀请，通过购买小面额的政府债券而获得利润的份额，那些债券卖得很好，美国的这一民主手段引起了欧洲的关注，然而对理想主义的追求具有更大的魅力。即使时至今日，当新文明正屈服于欧洲人隐含不露的习惯势力时，具有美好远见的天意安排使它能够高举“让人们获得自由的旗帜”，以解放者的身份，而不是征服者的身份出现。作为代表被压迫人民利益的一场运动，那场战争的到来让美国人从使惠特曼晚年陷入苦恼的追求财富而更加肮脏的一面有所解脱。1898年的号角声听起来可能就像鲁伯特·布鲁克[①]在1914年听到的一样：荣誉已经随着国王回到了地上。

此外，经过一场爱国战争之后，南北重聚仍然是很不完美的，但最终可能会稳定下来。在早期，古巴曾是南方为阻止立法而使用的无休止争论的话题，许多军队的志愿者来自南方或西南地区，然而从军事角度来看，那些新兵在墨西哥战争中被证明几乎没有用处。有一次在古巴，不得不派出一个黑人正规军团去营救美国第一志愿者骑兵队的“勇猛骑士”。在1898年末组成的反帝国主义联盟的忠实的成员中，有在南北战争中指挥联邦军队第一个黑人团的希金森[②]，

① 鲁伯特·钱纳·布鲁克（Rupert Chaucer Brooke，1887—1915），英国空想主义诗派诗人。在第一次世界大战期间，其创作了大量优秀的诗歌，《士兵》为其代表作。

② 托马斯·温特沃斯·希金森（Thomas Wentworth Higginson，1823—1911），美国一神教牧师、作家、废奴主义者和军人。在19世纪40年代和50年代，他积极参与美国废奴运动，认为自己是分裂和激进的废奴主义者。南北战争期间，他在1862年至1864年期间担任第一南卡罗来纳志愿军上校。战后，希金森将余生的大部分时间奉献给了争取自由人民、妇女和其他被剥夺公民权的人民的权利。

他一生坚持种族平等。相反，菲律宾的第二任总督赖特[①]是南方人，他在南北战争中是为反叛一方作战的。他对菲律宾人表现出很不友好，不管他们是否是叛乱分子。

美国没费太大的劲就把衰败的西班牙打败了，并且迫使它放弃了残余的帝国梦想。波多黎各被吞并了，除了糖的收益之外，它还提供了一个前出离佛罗里达州一千英里[②]之外大西洋的战略堡垒，这与在离太平洋海岸两千英里外的夏威夷遥相呼应。在太平洋中的更远处去，关岛和威克岛可以成为加强的前哨站。古巴和菲律宾这两个最有价值的战利品能发挥什么作用还尚待确定。对一些美国人来说，这些收获将带来可观的利益。对整个国家来说，它发动的轻快的小规模战争带来了冒险的刺激。它满足了一种现在已远离旧日清教徒气质的风气，人们已准备好回应令人振奋的奇观，尽管它可能会像访问月球一样是 133
一场遥遥无期的殖民地比赛而令人生厌。英国自由主义经济学家和反战作家诺曼·安吉尔[③]曾指出:“当时的美国人为战争感到兴奋，就像在其他时候他们为棒球感到兴奋一样。”马汉和其他人不得不带着他们的同胞去完成由于不理解现实的障碍而使占领菲律宾如此迟缓的困难任务。

在底层支撑所有这一切的是相对来说没有受到旧世界军国主义瘟疫感染的美国的救赎恩典。这一特征对于旧世界的传统主义者来说一直难以理解。最近有一位日本将军在一本军官手册中写道，“在美国人的民族特征中，我们看到

---

① 卢克·爱德华·赖特（Luke Edward Wright，1846—1922)，美国政治家。1904年至1906年，他担任菲律宾总督，1908年至1909年，他还担任战争部部长。

② 1英里=1.609 3千米。

③ 诺曼·安吉尔（Norman Angell，1874—1967)，英国作家、经济学家。早年曾在美国当过牧童、探矿者、记者和编辑。其在1910年出版的著名作品《大幻想》被译成20多种文字。该书驳斥了通过征服和战争给一个国家带来巨大经济利益并使它的生存空间、市场和原料得到保证的主张。他因此书于1933年获诺贝尔和平奖。

他们极度暴躁和冲动。他们的指导原则似乎是对自己权力的过度信赖，是对其他国家进行美国化的一种愿望，对自己的行动则偏重于眼前的结果而非长远的后果。”所有这一切都可以在西班牙战争及其后续的事件中看到，而伴随着这一切的是戏剧性的，甚至是历史性的人类之爱。一个仍然年轻的国家，正在寻求新的身份，突然发现自己在世界上的重要性，很可能就成为一个自我戏剧化的国家。远在好莱坞将愿景拍成电影之前，人们就已经开始用光鲜的彩色而不是欧洲的灰暗来观察自己的世界了。带着某种帝国的使命感，美国被看成是一个新的罗马，这在父母给他们的孩子所起的一些名字中就可以看出端倪。在罗慕路斯 · 桑德斯（Romulus M.Saunders）担任美国驻马德里大使几年后，奥古斯都 · 凯撒 · 道奇（Augustus Caesar Dodge）接任了大使职务。只有在美国，才会有一位名叫荷马 · 哥伦布 · 汤普森的芦笋权威。

任何地方进行的战争都有可能由于感染的力量而在别的地方引起另一场战争，近代的战争已经成团地爆发。美国与西班牙的战争之后就爆发了1894—1895年的中日战争、1899年的布尔战争以及1904—1905年的日俄战争。美国似乎在世界政治版图上全面出击了，潜在的敌人不止一个，德国现在像俄罗斯一样成了主要的敌人。当美国占领菲律宾时，德国海军上将提尔皮茨[①]和德国海军关注着美国人的行动。而当美国在与西班牙战斗时，德国率先在欧洲发起了对美国的谴责，这在当时听起来就像旧日的神圣同盟在谈论要站在西班牙一边
134 实施针对新世界叛军的干预。滋生了对他们之间可能爆发战争的诸多预测的另一个地方是夏威夷以南两千英里处的萨摩亚。自从1875年签订了协议之后，它就慢慢地落入帝国的鲸吞之口。外国的干涉加剧了当地酋长们的争斗，结果是

① 阿尔弗雷德 · 冯 · 提尔皮茨（Alfred von Tirpitz，1849—1930），德意志帝国海军元帅，德国大洋舰队之父。提尔皮茨是一个极有胆魄的人物，他不但决意为德国创建一支真正的远洋舰队，而且希望这样一支舰队能与英国皇家海军相匹敌。

美国和德国在1899年分割了那个岛国，而英国则充当了仲裁人。

在英国，反帝国主义的贵族威尔弗雷德·斯科恩·布朗特①在他的日记中写道：在西班牙和美国之间，他必须同情“更古老且更野蛮的国家，作为世界新种族的‘扬基人’甚至会比我们还糟糕”。英国的保守党私底下同意他的观点，但在公开场合则因为英国需要美国来平衡敌对的欧洲而言不由衷。英国人有许多敌人，很少的朋友，它记得的是经常被它忽视的“美国表弟”。1898年5月13日在伯明翰发表的讲话中，约瑟夫·张伯伦②谈到了“巨大的”中国市场和英国在对抗俄国时必须有的盟友，并暗示说作为回报它可能会援助美国海军以反对西班牙。直到那年九月在伦敦担任驻英国大使，然后转任国务卿的约翰·海伊记录说，英国人真的提出了成为盟友的建议，但不得不加以拒绝，因为“我们那个无法形容的参议院”肯定会拒绝它的。事实证明海军援助并不是必要的，而英国的姿态必然有助于抑制德国干涉的决心。德国皇帝在与英国大使进行的午餐谈话中曾对此表示担忧，声称他得到了“可靠的消息来源，由于英国人的建议，美国媒体表现出了极大的暴力敌意……”。

当张伯伦的南非战争于1899年晚些时候开始时，所有的欧洲国家都是反英国的，德国则再次成了反得最起劲的国家，这使美国有机会去回报上一年英国

---

① 威尔弗雷德·斯科恩·布朗特（Wilfred Scawen Blunt，1840—1922），英国诗人、作家。他最著名的是他的诗歌，1914年出版的诗集，但也写了一些政治论文和论战。布朗特以反对帝国主义的观点而闻名，在他那个时代，他被认为是比较开明的。

② 约瑟夫·张伯伦（Joseph Chamberlain，1836—1914），英国著名企业家、政治家、演说家。曾任对外贸易大臣、殖民大臣。著名的激进帝国主义者，在其数十年的政治生涯中，他始终像个政治鼓动员一向满怀激情，尽管他最终没有当上首相，却几次问鼎英国的最高权力。他将帝国主义和爱国主义结合起来，主张所有盎格鲁－撒克逊民族的后裔都应该团结成一个国家。他以旺盛的精力和智力来管理庞大的帝国，为英国维多利亚时代的最后辉煌作出了重大贡献。他是英国财政大臣奥斯丁·张伯伦和英国首相内维尔·张伯伦的父亲。他的第三任妻子是美国海军部长的女儿。

所给予的好意。这两次殖民战争具有同样令人信服的利他主义色彩，这让美国的许多进步派别都支持这两场战争，尽管在南非的战争中君主制正在进攻两个较小的共和国。表面上来看，英国是为了保护定居者免受布尔人的虐待而战，而伦敦讲究实际的人对黄金和钻石的追求是亘古不变的。在这两场相似的争夺中，都显示出了较强大的一方的混乱和无能，以及他们能够牟取暴利的机会。但是英国的威望受到了更大的威胁，而拖延不决直到1902年还在进行的长期斗
135 争让它感到了不自在的孤立。英国人的古老格言——“只要他们害怕，让他们去恨吧”已经过时了。

因此，美国的态度对英国是一个很大的缓解。深信美国外交政策的重要原则必然是“对英国充满友好的谅解”，海耶拒绝了布尔人要求他进行干预的一系列要求，尤其在英国人使用集中营处置布尔人的问题上明显地缺乏同情心。而在美国，人们对像巴登—鲍威尔[1]那样的英国英雄表现出了很大的兴趣。确实有一些美国人对英国人很反感，有一些美国志愿者与布尔人一起战斗。其中一位是在马弗京（其本身就有一些美国人住在那里）围攻巴登-鲍威尔的军队的首席军医，他给鲍威尔写了一封抗议英国雇用非洲裔士兵的强硬信件，对“使用黑人武装反对白人的想法”感到可怕，并呼吁鲍威尔“在白人战争中应该像一个白人那样行动”。他的信使人联想到美国人过去对英国雇佣红种印第安人对付他们时的反应。美国人自己刚在古巴雇用了一些印第安人去反对西班牙人。

---

① 罗伯特·斯蒂芬森·史密斯·巴登－鲍威尔（Robert Stephenson Smyth Baden-Powell，1857—1941），英国陆军中将，作家，英国童子军的创始人。1876年开始服役，到过印度、阿富汗和南非，参加过苏鲁兰战役、马耳他岛服役，在往西非指挥土著军队在阿散蒂作战。在南非的第二次布尔战争中，以少数兵力与布尔人作战，坚守了马弗京。在德兰士瓦战役后任南非警察队总监。1908年在英国国内首创童子军，1910年退役后专门组织男女童子军。著有《男童子军》《我的侦察兵经历》《幼年童子军手册》《女童子军》《自己的事情自己做》和自传《一生的教训》等。

国家之间的友谊常常就像约翰逊博士所说的个人之间的友谊那样，是愚蠢的伙伴关系或作恶的攻守同盟。保守的英国总是对美国成为19世纪人类希望的道德制高点视而不见，但却随时准备鼓励它的堕落倾向。在指望南方的扩张主义者之后，它现在指望着北方的扩张主义。这两个国家在镇压各自的反叛分子时相互鼓励，而他们所做的就是英国自由派领导人在南非谴责的“野蛮的行为”。一个指责殖民地反抗的美国几乎不会对不得不应付亚洲国家民族主义运动的英国人、法国人或荷兰人提出批评，而美国人本身也几乎不可能成为那些民族主义运动的灯塔。阿尔伯特·贝弗里奇参议员在访问了远东地区之后，很高兴对英国的殖民体系有所了解，而不少美国人正在将英国的体系定位为学习的楷模。美国现在已经成为远东的一种力量，它不仅可以有效地牵制俄罗斯，而且在对中国施加压力时也会有所帮助。一位与日本人有联系的英国商人在1898年写道：“中国……会通过英国人寻求复兴——当她再次担心她对即将成为亚洲强权的美国和日本感到愤怒时，她将转而向英国求助，这对所有各方都将是最适合的”。

许多其他的声音回应了这个送上门来的伙伴关系。福尔摩斯庄严地说道，
“我很高兴与美国来的莫尔顿先生见面。因为我和许多人一样，不认为在过去 136
岁月中的君主的愚蠢以及部长们的散懒，将会阻止我们的下一代在将来的某一天成为在同一面由米字旗和星条旗合成的国旗下，同一个覆盖全球的世界大国的公民。”那位伟大侦探的崇拜者们必然会为他的创造者偶尔在不经意间对他的使用而感到脸红。几年之后，一位美国演员在美国演出了福尔摩斯的戏剧，而柯南·道尔则写了一本小册子来为布尔战争及其野蛮的手段辩护，那本小册子在美国和英国都卖得很好。正如汉密尔顿[①]勋爵在1903年时所说的那样，需要

---

① 加文·乔治·汉密尔顿（Gavin George Hamilton，1872—1952），苏格兰自由主义政治家。他自愿参加了南非的第二次布尔战争。

所有那一切让美国成为朋友和盟友，那是美国进入世界政治的入场券。拉迪亚德·吉卜林召唤美国人“承担起白人的责任”，理所当然地认为一个有殖民主义倾向的美国必然会自动地站在英国的一边。他是很有影响力的。“当时正值全国各个角落的高中女生带着火红的脸颊沉浸在吉卜林的‘军营民谣’之中……”另一位英国帝国哲学的代表人物在指出美国必须向英国学习如何去管理“当地人”的同时，预测到美国将是“掌控太平洋的主导因素”。而两个国家都不应该放松其“困难并危险的诉求……在向一个伟大帝国的进军中不能休息、不能停顿、必须前进，否则将走向衰败——历史已经清晰地证明了这一点”。

第四篇

在新世纪选择的帝国主义道路

第十二章 进步主义时代

在1898年进行的与西班牙的短暂战争并获得胜利之后，阶级的仇恨并没有在
147 一夜之间消失。“1904年时，煤矿业主协会正在使用所有典型的美国式的破坏罢
工的武器——私刑、警察、公司警卫、民兵、联邦军队以及对矿业主们唯命是从
的法庭来破坏工会。”平克顿侦探社的“劳工间谍”们经常指责工人们策划暴力事
件，目的在于损害社会主义理念的信誉，当然也令雇主们更加警惕，并向其代理
商支付更多的佣金。在这种混乱的气氛中伴随着思想的激荡，在1914年以前的年
代中就可以看到许多原创的思想家，其中是最引人注目的是托斯丹·凡勃伦。在
政治上，这是“进步主义”时代，是一种至少考虑到需要社会改善的松散趋势，
并且希望政府能促进阶级的调和。西奥多·罗斯福在1901年因麦金利被暗杀而成
为总统后，倾向于朝那个方向发展。他自称“是一个非常激进的民主党人”，但希
望将“有序的自由”与“效率”结合起来。其他所有的人不是比他更右，就是比
他更左。人们把他视为“危险的反动派”，或是“危险的极端主义分子”，是对现存
社会秩序的威胁。在写给卡伯特·洛奇的信中，罗斯福就洛奇对“无法无天的资
本家”和“反资本主义贱民”的谴责表示极为赞同。

直到第二次世界大战之后，在那个时期的内阁成员中有五分之三的人都出身于工商界。像摩根那样的百万富翁是坚决反对作出任何让步的。但就广义而言，在增长的国际市场支持下不断扩张的经济为资本和劳工双方都提供了发展 148
空间，理性的补偿理念也正在工业界和政治精英中获得认同。他们是从同样的上层社会中产生出来的，因而彼此之间有很好的相互理解，比大多数欧洲国家的状况要好得多。在欧洲，虽然资本和劳工之间的社会和心理差距在缩小，但却仍然是真实存在的。到1914年为止，所有进步主义时期的目标都是通过明智的雇主可能会接受的某种国家规定来强化仍然非常有竞争力的资本主义。

社会立法实际上既不具有创造性，也非十分有效。试图遏制资本主义的过度行为就像在早期试图盘查在开拓地区对印第安人的抢掠。有一些真正的改变正在发生，但其余的仍和以前一样。西班牙战争之后的繁荣仍在继续，毫无疑问是来源于胜利后的欣喜和对美国作为世界强权崛起的国家意识。农业正在享受它的黄金时代，而民粹主义运动正在松懈。于1901年成立的庞大的钢铁公司表明资本主义正在集中其巨大的资源，而与此同时，由于自身的努力以及一些雇主的灵活性，劳工们或由美国劳工联合会组织的技术工人们获得了更好的保护地位。曾经维持不变的实际工资在1914年以前的年份里正在开始增长。

到了那个时候，像在欧洲一样，一个正在迅速成长的社会主义政党使美国社会的上层阶级感到恐慌。然而需要根本改变的想法对一个成分非常复杂、不断因新移民的加入而被化解和分裂的劳工队伍并没有足够的吸引力。新移民中的一些人可能会带来令人不快的政治病毒，但由于他们中的大多数人在有组织的斗争中无所事事，因而没有造成太大的影响。正如安东尼奥 · 葛兰西[①]所说的

---

① 安东尼奥 · 葛兰西（Gramsci Antonio，1891—1937），意大利共产党创始人之一，1922年5月，葛兰西作为意大利共产党代表当选为共产国际执委会书记处书记。1926年11月不幸被捕，他在狱中写下32本《狱中札记》，这是意大利现代思想史上的重要著作。

那样，如果北美的早期定居者是“知识分子，尤其是道德精英”的话，那后来的那些人中的大多数都不是那一类的，他们主要是农民出身并置身于强烈的宗教信仰监护之下的人。他们可能会在美国学习得很快，但他们不会去学习社会主义。相反，他们的存在将阻碍在激进主义在劳工队伍中的传播，因为原有的工人阶层以及中产阶级的生活将因他们的到来而获得便利。一位英国观察家写道，由于无须技能的工作“越来越让人感到处于自由的美国白人的尊严之下”，那些工作就主要留给黑人去干了，60％的女性新移民立即进入了家政服务。因
149 此，“受过教育、薪水较高的美国人实际上处于统治阶层，由黑人和外来移民提供服务，就像古代雅典人由色雷斯人或亚洲人提供服务一样”。换句话说，美国人在自己的国家里是一个殖民主义者。普通的欧洲人不得不去印度或非洲才能找到他们所希望享受的舒适。

发达国家的劳工贵族对扩张主义者的所谓妙方并不十分抵制，而那些妙方正在被吹得天花乱坠，是一张人人都可致富的护照。杰克·伦敦在《铁蹄》中作出的预测之一是1912年在同样咄咄逼人的美国和德国之间将爆发一场战争，战争是以在檀香山德国对美国海军发起一次突然袭击开场的。他和爱德华·贝拉米一样地乌托邦主义，想象着那场战争将被两国的总罢工迅速扼杀。此外，他本人也感染了黄热病。像他那样混杂的情感在当时一定是很普遍的。就像在英国一样，如果劳工们缺乏热情，或者热情只是时有时无，那对于海外的侵略进程来说，就不是一个积极的反对力量。

这与历史作家们无关，最近有人指出，几乎没有人对内部政治压力与美国外交政策之间的联系作过研究。但是很明显地，“进步主义者”们也是热情的扩张主义拥护者。虽然吞并任何特定的地区会遇上许多反对者，但几乎所有“负责任”的公民都相信自己国家的未来将基本取决于海外贸易和投资的扩张。这正在变成一种信仰，就像英国人曾一度认为如果他们失去了美国的殖民地就将毁灭一样，现在他们也认为如果失去了印度英国就将遭遇毁灭。美国的迷恋与

英国的痴迷一样令人困惑。但是，像一个国家或一个宗教一样，一个经济体系并不仅仅靠面包就能活着，它还需要信仰、愿景和白日梦，而所有这些在体系出错的时候都是同样重要的。总有一些确定的利益能让体系维持下去。通过人口膨胀和生活水平的提高，国内市场的增长将比任何可能从地球的落后角落里收刮来的东西都更为重要。然而在那个时代的情怀里，相信美国企业必须有生产过剩的自由是完全有必要的。到1915年时，美国在国外投资的总额达到了令人瞩目的水平，但其中很少投到了加拿大、中美洲和欧洲以外的地方。

至于当时流行的动态政策究竟意味着什么，或者预期会达到什么样的效
果，许多问题仍然是模糊不清的。一位名叫艾莱恩 · 爱尔兰①的作家对这个问题 150
上做了简短的研究，他认为美国只是遵从了一种普遍的规律，即将“智商与体魄的活力加上领土的扩张”结合在了一起。在1900年受芝加哥大学聘用对亚洲的殖民地管理进行报道之前，这位专家曾是西印度群岛某处产业的监护人，也是契约劳工苦力交易的捍卫者。罗斯福可以把美国的使命展现为摆脱混乱并建立秩序，就像他希望在美国国内的经济生活中建立有秩序的关系一样。当年事已高的卡尔 · 舒尔茨在1905年写信给他敦促减少军备时，作为对未经教化的人道主义的必要管束，总统声称建立武装力量的真正原因是为了应付大国间的对抗。“阿尔及尔和土耳其斯坦的绝望且狰狞的流血和邪恶”只是在法国和俄罗斯的占领下才被阻止。这是贝弗里奇的“血腥和黑暗海岸线”的重现，同样也是美国对古巴进行干预时所感受到的责任感。

---

① 沃尔特 · 艾莱恩 · 爱尔兰（Walter Alleyne Ireland，1871—1951），英国旅行家，作家，著有《大英帝国热带殖民地》一书。1902年至1904年，他为《伦敦时报》撰写了12篇关于英国在热带地区殖民统治的文章。他曾在康奈尔大学、芝加哥大学和洛厄尔研究所任教，并在《纽约世界报》工作。他曾任约瑟夫 · 普利策的私人秘书，并在《与天才的历险：约瑟夫 · 普利策的回忆》一书中记录了这段经历。

事实上，在各种旗帜之下，殖民地秩序都意味着得到控制的暴力，但这比大都会社会中发生的暴力获得了更多的赞扬。殖民主义思想中的一个潜在意识是希望通过将向被殖民国家输出暴力来减少暴力在自己国家的影响。有一种默契的做法，资本家可以在殖民地的后园放开手脚大干，而作为回报，在自己的国家里则提出一些温和的限制。芮恩施[1]在一篇深思熟虑的评论中曾指出，“经济力量和理想主义道德冲动混合”所产生的优势是完全混杂不清的。法国大革命的“人道乐观主义”似乎已经在每一个地方复苏，有一种“新的文明社会普遍前行”的感觉，而落在后面的人类家庭成员将被引导到自由和理性的光芒之中。他警告读者，他们中的一些人可能会像拿破仑时代的人那样不愿意“接受‘上帝’对于人类的安排”。

他可能会补充说，作为执行“上帝天意”新角色的美国人，或是为人类带来企业自由火焰的普罗米修斯，可能比欧洲人的浪漫魅力更具有吸引力。但是他意识到了一个不和谐的音符，那就是对“西方种族将成为特权种姓”的坚信。“有一种不公开谈论但却强大的倾向，要将人类中一大部分压制到受奴役的地位”。实际上，一个比欧洲更开明的美国帝国主义对他更具有吸引力。但和他的
151 说法唱反调的是美国本身不仅拥有地位低下、逐渐在被同化的少数族裔，而且还有大量的有色人种其处境并不比受奴役更好。在美国国内对黑人的歧视会让白人很容易就以相似的方式去看待所有在海外的“本地人”。

在咬下了第一口之后，似乎很可能就会接着咬下去。当与西班牙的战争结

① 保罗·塞缪尔·芮恩施（Paul Samuel Reinsch，1869—1923），美国政治家、学者、外交家，美国当时著名的远东事务权威之一。1913年出任美国驻华公使，执行《兰辛—石井协定》，扶植亲英美派政治势力，扩大对华侵略。1919年辞职后受聘为北洋政府法律顾问。1920—1922年又两次来华，死于上海。著有《远东的知识和政治潮流》《公共国际联盟》《平民政治的基本原理》以及其他一些政治学和法学著作。

束时，许多海外的人都预期美国会在短时间内吞并墨西哥和尼加拉瓜。1899年4月的一项公告宣布，为了确保人民的福祉“并让他们在世界上最文明人民中的地位得到提升”，美国将完全拥有菲律宾群岛。过了一年，美国军队与欧洲人和日本人一起参与了在中国的联合行动，镇压了那场反对外国干涉的大规模民众抗议活动——义和团运动，美国军队还参与了那次行动的高潮——对北京的洗劫。麦金利总统对中国政府的呼吁充耳不闻。

美国军队的指挥官查菲①将军倾向于夺取领土，而美国海军则要求获得港口，两者相互支持，而美国驻北京的公使康格②就成了他们的代言人。在他提出了那个著名的“中国必须敞开大门”的要求之后不久，国务卿约翰·海伊就接受了他的观点，并指示康格在中国的福建省寻找海军基地及其腹地。那个计划落空了，部分原因是日本方面的反对。多年来，这个秘密一直被保持在黑暗之中，就像美国人从不会予以谴责的欧洲秘密外交一样。但有传言说，其他大国曾提议让美国分割一小块中国，以获得美国人的同意对中国进行肢解。后人曾有揣测，英国在新大陆上退出了旧日的阿拉斯加边界争端，以确保美国人不会接受那个提议。在1906年初，有报道称美国准备派遣4万人的军队到正在发生骚乱的中国去，中国的清皇朝已经到了最后的关头。一位远东观察员评论道，很显然，“昨天好奇的利他主义正在被常识迅速取代……”。

---

① 阿德那·罗曼扎·查菲（Adna Romanza Chaffee，1842—1914），美国陆军中将。查菲参加了美国南北战争和印度战争，在美西战争中发挥了关键作用，在中国参与镇压义和团运动。1904年至1906年，他担任美国陆军参谋长，对陆军组织和理论进行了深远的变革。

② 埃德温·赫德·康格（Edwin Hurd Conger，1843年3月7日—1907年5月18日）是美国内战时期的一名军人、律师、银行家、艾奥瓦州国会议员和美国外交官。作为义和团运动期间的美国驻华大使，康格和他的家人以及其他西方外交使节一直在北京受到围攻，直到被中国救援队救出。

第十三章
菲律宾的实验以及直接或间接的统治方式

美国没有在中国海岸线上建立起任何海军基地，但却在菲律宾建立了一个
153 巨大的海军基地。在1898年与西班牙的战争爆发时，将那些岛屿的一部分用作美国在远东地区海军和商业运作的平台就已成定局。占领整个群岛并因此启动一个美国“帝国”的决定则是在西班牙战败之后才慢慢做出的。原因之一是美国不愿意与德国分享菲律宾的岛屿，德国可能会把美国没有拿走的任何东西都收入囊中，它在萨摩亚就是一个难以相处的邻居。另一个更迫切的原因可能是希望延长1898年胜利带来的爱国主义激情。一个帝国，无论其功效如何，都能够进一步疏导国内的紧张情绪。有争议的是随着德国和日本的出局，菲律宾只有在美国担保下才可能有机会建设自己的国家，并有可能升起自己的国旗。麦金利总统在他的晚祷中与主挣扎之后才决定那样去做的，那并不是由于不可能建立较少的直接控制而使他被迫接受的。一位当地的领导人向阿奎纳多[①]提交了

① 艾米利奥·阿奎纳多（Emilio Aguinaldo，1869—1964），菲律宾革命家、政治家、军事家，菲律宾共和国首任总统，他先是在菲律宾革命后期（1896—1898）和美西战争（1898）中领导菲律宾军队对抗西班牙，然后在菲美战争（1899—1901）中对抗美国。

他于1899年1月被人民选为总统的通知，美国可以通过他很容易就获得足够的影响力。他不是非常固执的爱国者，他需要帮助，可能还需要保护。他似乎愿意让美国人拥有海军基地，甚至拥有海关的控制权。

军方的报告显示，他拥有几乎完全的威权，但美国人没有采取任何行动来与他进行协商。相反，美国人一直等到援军抵达，然后在1899年2月展开了突 154
如其来的攻击，非常像1946年的法国人在中断了与胡志明的谈判之后向海防发起攻击，从而开始了越南战争。在美国国内，新闻报道把冲突描述为本土的叛乱，而公众舆论则以十足的帝国逻辑作出了反应：许多人“现在感到这牵涉到国家的荣誉，美国不能在面对起义的时候退出岛屿”。一个新手非常迅速地掌握了帝国的心态和套话。

受过教育的菲律宾人对被称为“黑鬼”而感到愤怒，在一首士兵中流行的歌曲的副歌中则有“该死的，该死的，该死的菲律宾人”的词句。与西班牙人的战斗相比，美国人遭受了更重的损失。1899年期间有近四千人伤亡，需要派遣更多的部队。阿奎纳多一直坚持到1901年4月。他和他的下属们代表了一个在印度和其他地方正在形成的具有现代意识，但仍然薄弱的国家领导阶层，与底层农村的抵抗力量相比将更容易对付。这是与西班牙战争的延续，是底层农民反抗封建地主的斗争，游击战持续了好几年。那些参与镇压的人只是把它看作是强盗。据观察，美国人虽然对爱尔兰人有认同感，但都习惯性地不了解爱尔兰的社会问题。他们始终无法了解一个偏远的殖民地国家的情况，而这个新的社会对古老社会的存在的难以理解就成了美国在与不发达国家打交道时常见的问题。半个世纪之后，欧文·拉铁摩尔[①]就曾对这种对亚洲土地问题的不理解及

① 欧文·拉铁摩尔（Owen Lattimore，1900—1989）美国著名汉学家、蒙古学家，曾任蒋介石的政治顾问。1922年获美国社会科学研究会奖金，后周游新疆、内蒙古和东北各地，著有《中国的亚洲内陆边疆》。

其在朝鲜所造成的破坏作过说明。

政府每过一段时间就必须表现出和解的姿态，以缓解参议院对新的殖民地兼并所产生的质疑。军队的编年史家说，“那些半文明的土著人，当他们总是在这样的对待遇采取行动时，就会将我们的示意看成是胆怯和虚弱”。这是“现实主义”学派的人们经常从红色印第安人战争中和欧洲人的殖民地战争中汲取的格言。设置亚洲人打亚洲人的想法很快就出现了。1901年国会授权招募由美国军官指挥的菲律宾人（和波多黎各人）的部队。这种模仿英国或法国殖民军的企图并不成
155 功。1905年时，一位支持殖民主义的美国学者曾写道，由于雇用了马卡贝贝[1]人，“一个最野蛮且最残忍，由于长久以来的暴行而为更加和平的土著人所痛恨的部落”，事情变得更糟糕了。他还坦率地指出，考虑到美国许多城市的现状，对正在建立中的有本地人参与的殖民地警察体系不能有过高的期望。

在开展警察执勤的实际过程中，可以看到与那些城市类似的另一个情况是派遣某一个族群的警察去巡逻其他族群工人居住的地区。游击战争最明显的意义是在最近才结束的与红种印第安人的战争中才体现出来的，那是他们在世界另一头挣扎的一段后话了。几乎所有的美军指挥官都是在与印第安人的战争中开始了他们的第一次战斗的。即便是对一个有着自由主义思想的美国人来说，菲律宾人似乎也犯有“极其残忍，背信弃义和凶残肆虐”的罪恶。但他补充道，必须“惭愧”地承认文明的美国人很快就以同样手段进行了报复。“美国士兵和美国军官指挥的当地土著士兵经常犯下谋杀、强奸、酷刑和其他的罪行。”没有一个帝国不是在诉诸了某种那样的手段之后才建立起来的，他们的受害者

---

① 马卡贝贝（Macabebe），菲律宾潘潘加省的一个古镇。在菲律宾历史上，马卡贝贝的卡潘潘加人（Kapampangans）参加了许多战斗，他们在1571年与西班牙人作战，还在1898年保卫了西班牙最后的驻军，抵抗革命者。1901年，美国将军弗雷德里克 · 方斯顿俘虏了菲律宾总统艾米利奥 · 阿奎纳多，帮助他的是一些加入美国军队的卡潘潘加人。

们被埋葬在帝国的基础之中了，就像古代埋在美洲印第安人城堡下的人类牺牲品一样。在美国国内对菲律宾发生的野蛮行为有过谴责，因为对这个国家在国外所干的劣行一直存在着批评意见。没有发现布尔什维克的危险，而菲律宾人毕竟在某种程度上是基督徒。军方发言人对国内情绪化的批评发出了抱怨，正如他们当年抱怨东部各州的道德主义者对红种印第安人的同情一样。

对殖民战争阴暗面的暴露有助于阻止美国重复那样丑恶的历史，并使它转变为伪装得更加巧妙的帝国主义。当美国轻松地进行着征服的任务时，它是不会在世界观望的情况下放弃的。菲律宾发生的暴力行为必然对美国国内的暴力起到了刺激作用，而不是取而代之，而美国国内的暴力又进一步激化了发生在菲律宾的暴力行为。对菲律宾人或工会会员或无政府主义者或特权阶层之外的任何其他人都采用了强硬手段。对非裔美国人的攻击正在增加。布朗特于1906年在他的日记中写道："在美国发生了可怕的事情，对黑人进行私刑和大屠杀，因孤立的袭击事件对黑人社区进行的报复行为……"他在一年以后又写道："有六百名印度教徒在
美国受到了暴徒的殴打和攻击，那是一场种族迫害行动。"沙皇俄国对犹太人的大 156
屠杀印证了两个对立的巨人之间许多令人称奇的相似之处。

在行政上和军事上，美国的内政记录对于眼下即将对菲律宾实施的统治并不是一个好兆头。在1899年被任命为战争部部长的伊莱休·鲁特[①]，原是一位为糖业信托公司工作的律师，在政治上是最为极端的反动派。1900年底之前，美国在菲律宾设立了一个与军事当局平行的民事委员会，一年之后它的权力扩大

---

① 伊莱休·鲁特（Elihu Root，1845—1937），美国著名的律师和杰出的政治家，曾先后担任地方检察官、战争部部长，国务卿，纽约州参议员，制宪会议主席等重要职务，1912年诺贝尔和平奖获得者。担任战争部部长期间进行了一系列改革，设立总参谋部和参谋长办公室，创立陆军军事学院，将州民兵改编为国民警卫队，缓和美国与拉丁美洲、日本的外交关系，退休后任卡内基国际和平基金会主席，晚年反对威尔逊的外交政策，亲赴战乱中的俄国。

了。它的领导人，也就是后来的第一任总督塔夫脱（W.H.Taft）[1]也是一个坚定的保守派，他在国内所做的全都是为了打击示威者或罢工者。然而，他展示了一个人在通往白宫的道路上所具有的灵活性。在私底下，他认为所有的菲律宾人都只是小孩。而在公开场合，他对菲律宾的上层阶级表示友好，以争取他们接受美国的统治，他在这方面相当成功。武装的农民所赢得的国家自由也即意味着土地革命，而上层阶级则主要是地主。美国开始与封建的上层阶级结成联盟反对大众，这成了美国后来在亚洲所持立场的主要支柱——而这恰恰逆转了它在美国建国早期时所持有的立场。

到1907年时，美国感到可以安全地让菲律宾建立国民大会和地方的政府委员会了，尽管在这个表面现象的背后所有关键的行政职位都还牢牢掌握在美国人手中。实际上，美国所建立的制度意味着地主可以用自己的方式管控农村，而美国则拥有政治上的权力并榨取利润。原来种植蔗糖的原有的地主恶棍们现在为美国人的炼糖厂供货了，他们代表着“把寡头统治与政府相结合的那种阶级统治，是对任何宣扬民主主义豪言壮语的嘲弄”。封建社会的旧习也感染了许多现代化的发展，包括美国所有的工厂。“私营工业雇主继承了西班牙时代大地主们的态度，并在一定程度上继承了西班牙时代大地主们的权力。”美国的工厂老板在国内备受工会的骚扰，而在菲律宾他们可以像欧洲人在他们的殖民地里那样，沾沾自喜地从受到警察控制的本地劳工那里获利。

马汉认为在制定殖民地政策时，只要像英国人已经学会了的那样，把“本土”的利益放在第一位，仁爱和自身利益就可以顺畅地融合在一起。由于“未
157 开化种族对外来事物的不理解”，所以他们需要更多的保护（他可能要感谢吉卜

① 威廉·霍华德·塔夫脱（William Howard Taft，1857—1930），美国第27任总统（1909—1913），在卸任后又担任过联邦首席大法官（1921—1930）。1900年塔夫脱被麦金利总统莱任命为菲律宾总督。

林创造的那个短语）。尽管“原住民们可能没有对他们的受益报之以爱，他们可能无法理解或表达感激……”，殖民地统治只有在对原住民们有利时才是安全的。他没有确认他所考虑的是地主的利益，还是农民的利益。所有这些都让人感到困惑，而在菲律宾开展的实验转变成为混乱的局面至少是方便地省去了一些麻烦。从另一方面来说，要达到这样的状况，直接或永久的控制可能就显得不必要了。在19世纪初确定要建立一个帝国的美国，似乎在1898年对菲律宾实施兼并之后不久就证明它已偏离了进步的主流，那已成为过去的一个幻想或一剂治疗短期国内问题的特定药物。

不管美国与欧洲有着怎样的亲缘关系，他们之间始终存在着重大的分歧。资本主义在本质上是扩张主义的，但要成为欧洲那样的帝国还需要政治动机和社会条件，而所有那些并不存在于当时的美国。在欧洲历史上，地主的本能是成为帝国的原动力——它从来不只是关心收入的多少，而是关注着社会地位和权势——这首先体现在建立起一个更大的国家，增大它的体量，然后是征服大片的殖民地。整个英国或法国都可以把自己的国家看作是一个地主的集体，拥有大量的居民在为它干活。除种植庄园以外，美国并没有那种拥有土地的传统，它的百万富翁们的财富主要来自土地投机、森林掠夺和公共资源的占取。他们的殖民冲动并不是指向统治着远方土地和人民的政府，而是指向占有他们的自然资源。

缺乏士绅阶层意味着殖民地的公共服务缺少“天生”的有志向的服务者。艾莱恩·爱尔兰在1904年访问菲律宾时发现，官员们的意愿都很好，但对在热带地区的政府工作没有经验，而且对在其他地方应用良好的方法熟视无睹。他自己的观念倾向于一个人的集权统治，他赞同欧洲人的普遍看法，认为“热带地区的民众”只能理解归属于一个人的权力，他不赞成美国正在建立的“公司企业式”的体系。美国的意图可能是值得赞扬的，因为它是向更现代化的方向发展，而不应被视为“无视当地情况并蔑视普遍的经验”。他曾坚定地表示，高

质量的服务需要来自青少年时期开始的耐心培训，只能通过更好的薪酬和更严
158 格的入学考试来保证其质量。然而，美国没有君主传统为国家职务提供足够的职务尊严。一个具备必要素质的人不需要跑到美国之外的地方去，就能够在国家职务之外赚取更多的金钱并获取更大的名声。

除了反帝国主义者以外，在英国的一些地方一开始时就出现了一些批评的声音。英国人对美国人在菲律宾的征服行动以及在美国国内对有色人种的待遇发表了评论，他们并没有因有机会对美国人责难他们自己的殖民地行为反唇相讥而感到抱歉。英国人的脑海之中一直存在着那样的感觉，直到大英帝国消亡的最后时刻。据香港一家报纸报道，据说菲律宾的那些岛屿在美国的分赃制体系下曾有过困难的时期，总有新的官员们出来大发其财。然而几年之后，美国就走向了另一个极端，大谈菲律宾人的自治政府，这是一种轻率的行为，可能会对美国在亚洲其他地方的属地产生令人不安的影响。

因此，在与另一个成功的先例——西班牙相比之下，马汉关于他所称颂的英国模式的美国帝国的构想几乎没有实现。除了方法问题之外，还有一个简单的，正如德国早在十几年前就已经发现了的事实，那就是除中国之外，当时在世界上已没有多少地方还没有被抢占的了。美国可以希望在不与比西班牙更强大的对手作战的情况下完成的任何攫取，将因为攫取对象的体量太小而无法提供足够的市场或原料，从而也就无法提供足够的收益。太小的殖民地将与美国自己庞大的国土面积形成鲜明的对照，它们或许在心理上对荷兰或英国那样的小国家具有吸引力。而唯一对美国开放的单一大片领土是拉丁美洲，至少在名义上那里包含有文明的基督教国家，而不是贝弗里奇寻找的未经驯化的野蛮人。美国可以开始在中美洲建立起它的优势，而不需要任何实际上的占领。

所有上述的因素加在一起让美国感到更加不舒服，而不是兴致勃勃。因为他们第一次发现自己成了远离家乡的殖民地的主人。美国人不愿意面对这样一个事实，他们不愿意但却又无法阻止自己堕落到与旧日帝国同样的水准。美国

甚至已经计划好了成立一个负责殖民地管理的政府部门，但最终没有成立，因为师出无名。萨摩亚仍然归属于海军，而夏威夷在1900年成为美国的领土。由于日本移民的大量移入，夏威夷的居民可能都是外国人，但作为种植园主的美国人在那里形成了一个坚实的统治阶层。1917年，作为其顺从美国的回 159
报，波多黎各人获得了美国公民资格。这就有些类似于欧洲将某些殖民地标为附属于其大都市地区省份的做法：阿尔及利亚在理论上是法国的一部分；安哥拉和莫桑比克在理论上是属于葡萄牙的省份，但那里的民众的权利则受到了很大的限制。

虽然法国需要廉价的阿尔及利亚劳工，也可以很容易地让葡萄牙的非洲人待在原来的地方，但美国的许多新属地的民众却难以进入美国，因为那个国家已经提高了对移民进入的门槛，针对来自中国和日本的定居者所表现出来的敌意是美国社会对所有有色人种偏见的明证。这种观念被一个伪科学的大杂烩所支撑着。根据保罗·塞缪尔·芮恩施的说法，“现代科学确认世代传承的心理因素……是我们所知道的最持久的现象”。除了像美国大学的非洲裔美国人毕业生那样的少数优秀人才之外，这种说法将使真正的同化变得不切实际。他的更为明智的结论是土著人民的文化和社会结构应该得到保存，把它们当作垃圾清理掉将是一种“极其愚蠢且残忍的行为”。显然，这一思路与红种印第安人问题也有关系。然而，所有对种族问题的设想在实际上都不可能再倒回去了。当布赖恩在1899年以理想主义者的姿态反对帝国主义时，他曾说过，“这个国家不可能接受半共和半殖民地、半自由半附庸的状态”。换句话说，在美国国旗下不应该有一等和二等公民之分。但事实上，在美国境内已经有了数百万三等公民。反帝国主义者们发现，不幸的是渲染美国生活方式受到了外国移民浸润的危险，是最容易在国会获得听证会机会的途径。更糟糕的是，邻近美国的大多数岛屿上的移民都是非洲人的后裔，而当时黑人正从南方进入北方各州，种族冲突正在扩散。

关于为国旗所覆盖的地方是否自动或应该给予同等的宪法权利曾引发了激烈的争论。美国最高法院在1900年和1901年的“岛屿案件”中作出的判决裁定它没有权利。美国作为一个移民国家的历史使它比欧洲人更难以设想拥有人民无法自由前来定居的土地。但以当时的情况来看，殖民地移民几乎不会受到欢迎。就其本身而言，对美国文明将被过于沉重的有史以来就迟钝的外国移民
160 负担所淹没的恐惧是完全合理的，无论这种威胁是来自“婆罗门”祭司的老传统，还是来自低价劳工的拼命竞争。不幸的是，他们都被过分频繁地贬低为先天劣质的“下等”或“本土”人群。美国劳工联合会的塞缪尔·冈帕斯[1]把菲律宾人视为野蛮人。劳工对帝国主义的任何反抗都被1902年排除法案排除在外。与此同时，劳工领导人们关于“土著人”轻蔑的谈话，对于像罗斯福（他对“岛屿案件”的结果感到高兴）和卡伯特·洛奇那样的帝国主义者来说都是好消息，他们同样将土著人看作是原始人，并以此为理由将他们贬乏到殖民地的附属地位。贝弗里奇宣称菲律宾人是一个永远不适合自治的种族。可以这样说，他们在殖民统治下已经经历了三个世纪，但没有取得多少进展，这可以被看作是反对外国统治，而不是贬低本土血统的证据。

与“接受当地人进入美国”这个问题混在一起的是接受殖民地产品的问题，这是与更重要的利益相关的问题之一。如果还要坚持帝国形象的话，问题的解决就会变得非常困难。美国自身的产量如此之大，种类繁多，以至于在不损害部分利益的情况下可以允许进口的产品的范围是有限的。如果欧洲是一个类似的经济统一体，它会对殖民主义产生类似的过敏反应，从而导致对殖民地产品进口的限制，因为其中大部分产品是可以在国内某处生产的。今天的欧洲

① 塞缪尔·冈帕斯（Samuel Gompers，1850—1924），英国裔美国工会领袖，美国劳工史上的重要人物。冈帕斯创立了美国劳工联合会（AFL），从1886年到1894年，从1895年到1924年去世，他一直担任该组织的主席。

共同市场正在开始证明这一点。欧洲式的帝国主义之所以可行是因为它们分成了一群小的相互竞争的国家。对美国而言，糖不仅是对外扩张的第一个大的诱惑，也是一道坚硬的屏障。糖和其他殖民地产品的市场可以在世界其他地方找到，但最显眼的市场是在美国国内，而消费者、种植业主和炼糖厂商却被拉向了不同的方向。与此同时，在阿尔及利亚的法国大农场主生产的廉价葡萄酒也正与法国国内生产的葡萄酒激烈地竞争着。

感觉到糖以及有色人种移民的压力，可能使脾气暴躁的南方转而反对吞并主义。与任何公共启蒙运动相比，这些因素对菲律宾政策的影响更大。尽管塔夫脱及其政府官员想干，但前述的那些因素防止了美国人在没有任何阻碍的“独立”的古巴和中美洲摄取大量的土地资产。这对农民们没有什么好处。就像在大英帝国的许多地区一样，他们仍在自己的封建领主的暴政下生活，但它确实降低了美国对那些岛屿实行永久政治控制的承诺。与主要以工业和金融获 161
取收益的地方相比，如果殖民主义在大片土地上确立了自己的所有权，那么它将更不愿意撤出。人们可以将英国在第二次世界大战后放弃对印度的直接控制与法国拒绝从印度支那或阿尔及利亚撤出，或荷兰拒绝从印度尼西亚撤出的情况进行对比。

在美国，只有一种菲律宾产品是可以被接受而不会遭到责难——那就是制绳所需的麻，它成了足以将两个经济联系在一起的纽带。就总体而言，那个殖民地的风险并没有证明它是有利可图的。作为美国制造商的市场，它受到了廉价外国商品的竞争，尤其是英国的纺织品。如果美国的统治只能让少数菲律宾人受益的话，那么也只有少数美国人从中受益——主要是岛上炼糖厂的业主们，他们在国内市场上获得了优惠的条件。没有多少美国人能从他们的国家正在转向而去的另一条更加隐晦的扩张路线上获得有形的收益，但至少纳税人的付出将会得到更好的隐蔽或伪装。决定不一定要公之于世，但可以变换手法在公众面前予以通过。由于这个原因，也由于反对帝国主义的倾向虽然比欧洲任何国家都更突出，但过分发自于地区性的自我意识而非原则，这个问题从来没有得到过充分的辩论。

美国的殖民主义趋势陷入了不可调和的矛盾之中。由于这个原因，也由于在古巴采用的更为简单的策略，当时出现了一种选择间接控制的倾向。在1899—1900年的开放声明中可以找到这方面的迹象，尽管在表面上关注的只是美国商人不能被排除在中国市场之外的权利。从更广泛的角度来看，它们预示着一个“非殖民地式帝国扩张的典型战略”，或者也可以明确称它为“帝国反殖民主义”。不可避免地，官方推出的新政策部分是误导或欺瞒的。这意味着所有的门都必须对美国开放，并且对任何其他足够强大要求进入的势力保持门户开放。美国处于决定的地位，而其他人只有一半或四分之一的门会对他们开放。不仅其他势力无权关闭中国对美国开放的大门，就算中国、摩洛哥，特别是墨西哥也没有权力关闭它们对外国企业开放的大门，特别是不能对美国人关闭大门。因此，一位波士顿的杰出人士可以以道德理由拒绝殖民地，但会赞同对自
162 由的国家进行其他形式的干涉，就像他的清教徒祖先那样因为诅咒那些他们看不上眼的人而罪上加罪。

像布赖恩那样的人对帝国主义的反对可能是真诚的，但却是非常有限的。他为菲律宾开的处方是建立一个稳定的菲律宾人的政府，然后对之施加与古巴相同的“保护”。美国人非常缓慢并在很久以后才认识到，在那种情况下的“稳定的”政府只是一个由封建地主或欺诈者组成的傀儡政府，而最终需要海军陆战队来维持稳定。其他人则与罗斯福和海伊一样，在被英国式的殖民主义吸引了一段时间之后，趋向于更为间接的控制方式。他们和布赖恩的信徒因此在一个舒适的中间地带会合。到1906年时，罗斯福希望在不失面子的情况下找到一条彻底从菲律宾脱身的路线。他在1907年写道，“菲律宾群岛成了我们的阿喀琉斯之踵”。舒尔茨也曾用过同样的话来谈论过夏威夷。“所有这些使美国与日本的关系处于危险之中。”他对大英帝国保持着某种热情，或许那是一种替代性的安

慰，就像对儿时玩具的怀旧之情，多年不玩使他不得不最终放弃。

“新殖民主义”是对一个相当老旧的关系的新颖提法，指的是在英国建立帝国时期同时开创的无视殖民地人民权益的帝国主义。它首先试用于欧洲内部，葡萄牙从18世纪初开始就成了英国的经济殖民地，并在政治上半依赖着英国，而其港口也经常是由英国海军支配的。1847年的一天，一位精明的美国观察员在波尔图看到一支英国舰队抵达了海岸，而一支与之一起行动的西班牙军队进入了那个城镇。英国人要坚守他对葡萄牙的商业权利，并且“当受欢迎的机构和自由特权与葡萄酒发生冲突时，英国人知道他该往哪里击杆”。拉丁美洲为类似的安排提供了另一处地域。1841年英国外交部备忘录勾画了一项政策，用于补救阻碍了该地区贸易的混乱局面。“通过谨慎的管理……我们可能可以对中美洲国家实现全面的控制，并且让大量的英国贸易进入到那一部分美洲大陆。”一般来说，干涉别国可能是错误的，但“有一点可能让它在某种程度上成为合理的行动。如果不是必要的话，每个国家都会因为自身利益而寻求这种干涉，并将它作为自我保存的手段”。英国过度消耗的资源使其只能在新世界的有 163
限的范围内进行过的尝试，现在已成了美国持之以恒的行动。

新殖民主义者利用了反帝国主义者们使用的一些论点，卡尔·舒尔茨就是许多认为所有归属于美国的领土都必须被纳入合众国的人中的一员。他在1893年的论战中强调美国将会因像中美洲那样的热带地区的加入而变质，因为那里的民众与“日耳曼人”不同，完全不懂什么是民主。“在热带阳光下存在的所谓共和国不断地在无政府主义和专制主义之间摆动。”这样的想法可能让他们不主张吞并，但却让他们对其他形式的干涉非常开放，因为如果当地民众自治以后的状态真的变得非常可悲时，这就可能是一种善意，甚至是一种责任，让美国不得不直接插手。在那几年里，一个资本主义的美国正在自己的国家里建立秩序，并应此而繁荣起来了。它可能觉得自己有资格把别人的国家也治理好。这就像是约瑟夫·康拉德[1]小说中旧金山的百万富翁的信念一样，舒尔茨的英格兰、苏格兰、日耳曼和其他各路血缘给了他“清教徒的气质和对征服的无穷的想象力”。在对从拉丁美洲哥斯达黎加共和国来的英国来访者们谈论那里的腐败时，他振振有词地说道，“当然，总有一天我们会介入的，我们必须那样做……不管这个世界是否喜欢，都应该让我们来管理世界的事务。这个世界无法改变这一点——我想我们也无法改变这一点。”

---

① 约瑟夫·康拉德（Joseph Conrad，1857—1924），英国作家，1857年出生于波兰，1886年加入英国籍，康拉德有二十余年的海上生涯，他曾航行世界各地，积累了丰富的海上生活经验。康拉德最擅长写海洋冒险小说，有“海洋小说大师”之称。他的代表作包括《吉姆爷》《黑暗的心》。

第十四章
在中美洲的美元外交

在当时，美国的政治词典中并没有确切的词汇可以用来描绘它与那些正在
发展中的弱国之间的关系，但很快就较为宽松地使用起了欧洲人的术语“保护 165
国”。这对古巴是足够贴切的了。在承诺给予独立之后，古巴人于1900年举行了选举，并于1901年制定了宪法，但不得不接受华盛顿的国会所制定的著名的《普拉特修正案》。这可能与梅特涅[1]在拿破仑战争结束时强加于那不勒斯王国的条约很相像，那项条约赋予奥地利在那里镇压自由主义的权利。而美国正在获得的是一种实际上可以用来支持美国的政治或商业利益的干预权。通过这种模式，美国将在整个中美洲乃至全世界，继续享有类似的权利而无须任何

① 克莱门斯·梅特涅（Klemens von Metternich，1773—1859），19世纪著名奥地利外交家。从1809年开始任奥地利帝国的外交大臣，1821年起兼任奥地利帝国首相。任内成为“神圣同盟”和“四国同盟”的核心人物，反对一切民族主义、自由主义和革命运动，在欧洲形成以“正统主义”和“大国均势”为核心的梅特涅体系。他还建有一个庞大的特务网络。

条约。

用凡勃仑的话来说，新出现的是可以被称为“无所有权”的体制，或者说是无须负责的权力，这在某些方面比直接统治的危害更大。对于准备利用它的资本家来说，占有可能是非常直接的。1901年时，联合果品公司[①]——一个比美国钢铁公司[②]成立更早的公司——在古巴购买了一大片土地，清理之后用于种植甘蔗，并建造了炼糖工厂。美国糖业信托基金也是这样做的。两年后的一项互惠条约对运到美国的古巴糖（到1914年时，其中的三分之一来自美国人拥有的炼糖工厂）给予了优惠的关税条件。与西班牙统治时代的痛苦形成鲜明对比的
166 是，美国的投资可能会刺激变革，美国人所取得的进展对古巴人来说是一个令人振奋的榜样。然而，这样的模式存在着内在的不可模仿性，在古巴和在拉丁美洲的保护国体制与在菲律宾的直接统治得到的是相同的结果，因为保护国体制阻止了任何自由转型的进程。

间接控制并不排除为维持其发展而采取的直接行动。尽管那将是间歇性的，主要是为了剥夺那些不被看好的个人或政党的权力，以确保当地政府对美国人的获利活动是完全友好的。毕竟，殖民地和保护国只是在程度上有所不同。对这两种架构来说，都需要当地人的支持。在殖民地的情况下，外国军队

---

① 联合果品公司（United Fruit Company），成立于1899年，是一家在历史上颇有名气的美国公司，主要经营业务将第三世界国家种植园中生产出的蔬菜、水果（主要是香蕉和菠萝）销往美国和欧洲。联合果品公司除经营果品和其他热带作物的生产、运输和销售外，还经营电话、电报、广播、出版、发电、饮料、制糖、木材加工和多种商业活动。1958年起，又扩大到石油工业。联合果品公司在中美洲国家的每一个庄园，不仅在经济上自成体系，而且自订法律，自设军营，甚至可以任意逮捕和杀害工人，成为当地的“国中之国”。联合果品公司还同各国反动势力相勾结，操纵各国政治。

② 美国钢铁公司（United States Steel），美国最大的钢铁垄断跨国公司，成立于1901年，由卡内基钢铁公司和联合钢铁公司等十几家企业合并而成。曾控制美国钢产量的65%。它先后吞并了50多家企业，依靠其雄厚的经济实力垄断了美国的钢铁市场和原料来源。

将一直驻扎在那里，而在保护国的情况下，外国军队只需在边界作好进驻的准备。美国在大部分时候都让自己待在公众的视线之外。在中美洲有一些政权与美国合作，主要是那些血缘上大部分是原住民（如菲律宾群岛那样），但具有“白人”或西化了的上层社会的国家。而那些上层社会都蒙上了西班牙几个世纪的统治和最原始的天主教教义及奴隶制合成下的半封建社会的阴影。美国不得不在上层社会最腐败的那部分人中——就像后来在东南亚一样——寻找同伙。其结果是美国人的商业利益得以兴盛，但整个国家却存在着普遍分歧的看法，就如英国正关注着中国一样。一部分人对那些国家没有醒悟并取得进步而感到不耐烦，而另一部分人则将那些国家出现了将按自己的意愿去变革的迹象视为警报。

在与西班牙的战争结束时，其他国家可能会与古巴一样带上桎梏的可能性相当明显。美国的胜利和西班牙势力的被逐似乎已经确立了它早先寻求的在新世界中的主导地位。偶尔来自南方的声音响应了这种观点。“西班牙战争已经确认了她在这个大陆的领导地位”以及她在实现“大陆公共权利崇高原则”时的主导地位。说这话的是一个秘鲁人，正在与智利的旧日争斗中寻求美国的支持，他承认许多拉丁美洲人都害怕美国会找到机会来统治他们。马汉本人也不约而同地观察到，“在一般政策问题上，我们的手在干涉侵略上绝对是不干净的。”在打败衰败的西班牙之后，美国在逻辑上可能会去欺凌西班牙人的后裔，
它可能很想那样去做。因为，作为一个新出现的世界大国，除了在自己的后 167
院，它几乎没有机会在其他任何地方令人信服地显示这一点。欺负加勒比海周边的小国是享受不断增长的财富和人口所带来的权威感的一种手段。

随着美国在大西洋和太平洋都站稳了脚跟，挖掘一条由自己来控制的连接两大洋的运河的旧日渴望就变得难以抗拒了。1903年发生的一次大胆的政变，很大程度上采用了类似以前阻碍立法的老方式，支持巴拿马省脱离哥伦比亚，成立巴拿马共和国，随后巴拿马就将运河区租给了美国。美国支付了一次性的

款项，后来将开始每年付一笔租金，美国再次正式地在竞争中购买，而不是偷取领土。罗斯福在1904年1月对国会的讲话中以条约权利，国家需求和文明进步的名义证明了这一举措的正确性，它们成了以后经常会被重复的三重要求。美国人总是喜欢以为自己想要的东西就是人类所需要的。人们可以再次看到对历史进程的称颂成了对美国成长神化的赞歌，以及为达到目的不择手段的承诺。

美国又一次在表面上采取行动保护一个邻居小国，但实际上在操纵一支"第五纵队"①。自尊仍然需要它表现出这样的保护功能。即便欧洲干预的可能性被轻易地夸大了，但如果不是美国抢先占领了那些地方，那么就很难否认欧洲在那些持有国家债券或猎取小国让步的人的推动下作出进一步干预的可能性。马汉警告说，德国在巴西的一块大殖民地可能有一天会像得克萨斯州的美国殖民地曾经干过的那样那样宣布独立，德兰士瓦的英国定居者就是这个方面的最近一次例证。当英国人和德国人在1902年以武力对委内瑞拉施加压力时，如果不是因为华盛顿的态度而迫使英国退让的话，那么受害者的状况无疑会变得更糟。英国大使馆在12月份的报告中说，对于击沉委内瑞拉的船只，"国会中愤怒的情绪日益增长"。"美国政府并不怀疑我们，但对德国人的动机无疑感到担忧。"迈克尔·赫伯特②爵士补充说，鉴于柏林一直努力在英国和美国之间制造麻烦，他在阅读新闻界攻击德国的报道时"有一种如果不是完全满意，但至

① 该词起源于西班牙内战期间，现泛称隐藏在对方内部的间谍。1936年10月，西班牙叛军和德、意法西斯军队联合进攻西班牙共和国首都马德里时，叛军将领拉诺在一次广播中扬言，他的四个纵队正在进攻马德里，而第五纵队已在首都等待。在阿加莎·克里斯蒂的推理小说《密码》中，提起了第五纵队，小说中指第五纵队——"混在内部的敌人"。

② 迈克尔·亨利·赫伯特爵士（Sir Michael Henry Herbert，1857—1903），英国外交家和大使。作为英国驻美国大使，他创造了与美国国务卿约翰·海伊共同成立了一个联合委员会，以确定美国阿拉斯加地区与英国属加拿大领土上的利益之间的边界。19世纪90年代，在边境地区发现了黄金，从而促成了1903年决定性的《阿拉斯加边界条约》。他还参与了1902—1903年的委内瑞拉危机。

少也有某种满足的感觉”。随着越来越多的迹象表明德国正试图迫使伦敦寻求摆脱争端的途径，随着美国的斡旋，争端最后被提交给了海牙法庭。

卡伯特·洛奇在1905年时告诉罗斯福，他怀疑“蠢蠢欲动并喜欢施展诡
计”的德国皇帝正在加勒比地区丹麦所属的维尔京群岛的圣托马斯岛谋划建 168
立一个为战舰服务的加煤站，德国将试图阻止丹麦把那些岛屿出让给美国，他因此建议先悄悄地向丹麦购买格陵兰岛。像巴拿马政变一样，所有这些都出于战略的考虑，而不是经济方面的，或是帝国主义本性的驱使。但两者是并行前进并相互激励的。马汉认为波多黎各对地峡的防护作用绝不亚于马耳他对防护埃及的必要，每个被占领的前哨阵地似乎都让人感到有必要去占领新的前哨阵地。

罗斯福在1904年12月对国会的讲话中——拓展了门罗主义的“罗斯福推论”——声称为阻止其他国家的干预，美国有权先进行干预。他解释说，这意味着各国行事时必须“有足够的效率和理性……长期的错误行为或导致文明社会关系普遍松懈的无能为力”需要采取补救措施，而在西半球这种补救将来自于美国。这是明确的社会主义主张，如果它可能在任何共和国萌芽成长的话，那将带来文明社会的松动。罗斯福没有询问在亚拉巴马州或密西西比州是否有足够的“长期错误行为”来促使一场外国的干预。伦敦的《泰晤士报》不久之前对合众国的各州拒付债务作了报道，并指责美国是“一个像诈骗商店的大花瓶”，这可能是对他的一个提醒。一名参议员曾在1906年指出，他的模式可能在实际上意味着每当弱势国家遭到攻击的时候，“我们都会伸手捞一把”。

根据罗斯福的理论而成为合法化的一项行动是接管多米尼加共和国圣多明各的海关管理，在那里的反叛对手已经欠下了贪婪的欧洲贷款人一大笔债务。1911年，一份关于洪都拉斯的类似安排的提案被提交给了参议院。那是一份实施财政援助的申请，并且看上去是完全合理的。那份提案声称，“洪都拉斯已陷入破产、饥饿和沮丧”。在过去十五年里发生了七次革命，而在最近的两次革命

中美国不得不派遣军舰去保护美国人的生命安全。这样的情况一直在中美洲发生着，可能会使美国每年耗损一百多万美元。洪都拉斯负债累累，英国正在代表外国债券持有人制订一个“极有可能遭到反对”的偿还计划。所有各方的主要目标是掌握作为这个国家的主要收入的海关收入，而眼下提出的提案将使他们无法实现他们的目标。洪都拉斯将向美国借钱，并承诺将海关收入作为借款
169 担保。这将不会像圣多明各那样有一个强加给它的收款人，洪都拉斯可以在华盛顿制定的清单中自由选择收款人。这是美国享受其“纯粹无私动机”的一次机会。此外，美国的南部港口将从中美洲更有秩序的状况中受益。能够让功德和利益很好地结合在一起总是令人愉快的，而且在这个画面中很大一部分（如果不是全部）都是非常政治正确的。在那些年中，中国在英国的指导下征收海关关税获得了很好的收益。然而这个提案由于参议院的疑虑而被否决了。

不过总的来说，对那个地区的非正式保护已变为一个既成的事实。洪都拉斯计划的支持者们指出：“无论正确与否，我们将在世界的眼中因为门罗主义而对中美洲的秩序负责。”在换过妆的外表下，旧日帝国的南方梦想正在实现。很显然，由于地峡地区的公众生活常常是如此可悲，这是很容易就会发生的。如果美国是与一些小丹麦或小比利时那样的国家相邻的话，情况就会完全不同了。从另一方面来看，在美国利益扎根的地方，当地政府采取行动的压力很大程度上来自他们自己，他们和欧洲债券持有人一样不会太在乎他们的诉求的道德标准。

从1906年到1909年，古巴一直处于美国的军事占领之下。并不是所有的美国人都会相信，如果欧洲人那样干是邪恶的话，让美国人去干就会变得有道德的了。美国国务院曾犹豫了一段时间，因为他们顾虑公众的反对。毕竟，在这类事件中受到牵连的利益只体现了国民经济贪婪性的很小一部分，尽管这也让那些批评者们很难从中了解到真正在那里发生的事情。后来，那个共产主义“魔头”成了确保美国公众自动对他们给予支持的无价之宝。批评确实有助于

推动政府至少改变一下作风，以金融管理来取代军事控制，用债券来取代手铐。在塔夫脱担任总统期间（1909—1913），这被称为“美元外交”，以与在远东被称为“炮舰外交”或罗斯福所说的“大棒外交”区分开来。

美元外交需要找到当地的代理人去为它干更粗的活，从而让美国免于因不得不自己去做而蒙受耻辱。酋长统治或首领规则在世界的那个角落是非常自
然的，因为这个西班牙语的那个这个的词汇最初确实是出自加勒比海，后来才 170
传到西班牙去的。美国再次追随了欧洲的步伐，利用当地的独裁者并帮助债券的持有者们从当地割下他们想要的肉。有一个突出的范例就是波费里奥 · 迪亚斯[1]，在1911年被推翻之前，他多年以来一直是墨西哥的绝对统治者。他的政权非常适合外国人获取暴利，美国商人对他们的英国竞争对手在迪亚斯那里更为得宠而感到愤怒。独裁者们对大部分是来自军队的“稳定”统治的喜好也成了白宫和华尔街的习惯，美国世纪的世界体系正通过那些晦涩的加勒比海行动而得到了操练。

方法的转变并不能消除时不时采取直接行动的必要性——这是无政府主义者称之为“行动宣教”的资本主义等同语。塔夫脱是一位经验丰富的经营者，在古巴和菲律宾担任过总督。他后来成了法律教授，并最终成为美国最高法院的首席大法官。1912年，以种族骚乱为借口对古巴进行了新的占领——这在美国是很常见的，因此在那里的骚乱并没有引起太多的关注。有时不得不在并不稳固的基座上把首领们硬撑起来。在尼加拉瓜，尽管美国感觉到了相当大的敌意，但还是把一个名叫埃斯特拉达[2]的人扶持了起来。美国大使不得不在1911年

---

① 波费里奥 · 迪亚斯（Porfirio Diaz，1830—1915），墨西哥将军和政治家，曾担任7届、任期31年墨西哥的总统，在位时间为1876年至1911年。

② 胡安 · 何塞 · 埃斯特拉达 · 莫拉莱斯（Juan Jose Estrada Morales，1872—1967），尼加拉瓜军事加，政治家，1910年8月29日至1911年5月9日担任尼加拉瓜总统。

的报告中承认，“即便在埃斯特拉达内阁的一些成员中，我也发现如果他们不是不信任我们的话，至少对我们的动机是肯定有怀疑的”。有趣的是，离开英属印度公务员精英团队成员岗位后的英国人哈里森（F.C.Harrison）[①]在那一年出现在了尼加拉瓜，为一群美国银行家充当财务顾问。参议院拒绝批准美国政府强加给尼加拉瓜的苛刻贷款，这并不是唯一一次参议院为一个更好的美国站了出来。美国应该是鹰，而不是秃鹫。塔夫脱厚着脸皮在1912年派出了一支海军舰队和海军陆战队去镇压自由主义者的起义，他们反对的是与埃斯特拉达一样不得人心的继任者。

按照这样的模式，美国的干预与将圣多明各或尼加拉瓜变为丹麦或比利时相去甚远。相反，这意味着地方政治与美国金融界的合作共生，这可能会带出两者更糟糕的本性。危地马拉展现出了或许比任何邻国都更为严重的保护国体系的垂死影响。在一个充满自由主义和进步希望的时代之后，这个国家从1898年到1920年陷入了“血腥和暴虐的曼努埃尔·埃斯特拉达·卡夫雷拉[②]政权”的统治
171 之下。不幸的是在那些年里，联合果品公司扼住了危地马拉的脖子，控制了所有的铁路和50万英亩肥沃的土地，把它变成了“香蕉共和国”。在英国的都铎王朝时期，人们会说人被羊群给“吃”了。而在危地马拉，人正在给水果“让”地名。

美国霸权始终存在着另一个方面，即选寻找垄断有利可图的机会。一个

① 弗朗西斯·卡佩尔·哈里森（Francis Capel Harrison，1863—1938），英联邦公务员，英国政治家。1884年他成为印度公务员，最初在孟加拉的行政部门任职，5年后他转到加尔各答的财务部。他升任审计长和纸币主管。1909年，他获得了“印度之星”的提名奖。他于1911年离任。1916年，他进入英国政界。

② 曼努埃尔·埃斯特拉达·卡夫雷拉（Manuel Estrada Cabrera，1857—1924），危地马拉前独裁者。在1898年胡斯托·鲁菲诺·巴里奥斯总统遇刺，他任临时总统，后当选为总统。为了连选连任，他修改宪法，强硬统治使危地马拉保持国内和平。他曾在经济上有所作为，吸引联合果品公司投资发展农业。1920年危地马拉发生武装起义，将他推翻。

敞开的大门，一个公平且没有倾向的平台，对于晚宴后的演讲来说都是合适的话题，但在白天时商人们所想的完全是另一回事。在菲律宾，尽管当局被指控在开设英国银行的道路上设置障碍，但几乎不可能公开对英国商品实施歧视措施。而在保护国中，通过幕后操纵可以很方便地就挤走外国竞争对手。因此，由考德雷勋爵[①]率领的英国利益集团在与美国公司竞争墨西哥的石油时就发现自己被排除在哥伦比亚、哥斯达黎加和厄瓜多尔的石油勘探合同之外了。华盛顿对当地政府施加压力以支持他们的美国竞争对手。石油巨头们像铁路巨头们一样，在他们进入国外市场之前，在美国国内学会了施展政治阴谋诡计的技巧。

美国对中美洲的投资增长迅速，在墨西哥遥遥领先，在古巴则位居第二。到1913年时，美国对古巴的投资仅略低于英国的投资数字，而到1929年时又增加了一倍以上。在南美，布赖恩过早提出的将欧洲推出其商业市场并置于政治影响之外的计划还没有到实施的时候。1913年时，美国在南美的投资还是微不足道的，到1929年时也仍然只有英国的一半。1907年美国“牛肉托拉斯”[②]（曾受到丑闻揭发者对其在国内操作而发起的尖锐攻击）开始了初步的小规模冲突，闯入了英国占主导地位的阿根廷肉类包装行业。在第一次世界大战期间，那些竞争对手和他们的政府联合行动，而罢工的工人们则被阿根廷海军陆战队的分遣队赶回工厂工作。

---

① 维特曼·迪金森·皮尔森（Weetman Dickinson Pearson，1856—1927），第一任考德雷子爵，1910年至1917年期间的考德雷勋爵，英国工程师、石油工业家、慈善家和自由主义政治家。他曾是皮尔逊集团的所有者。

② “牛肉托拉斯”，涉及的六家公司分别是Swift、Armour、Morris、Cudahy、Wilson和Schwartzchild，他们合计每年的营业收入加起来达到7亿美元，控制着美国一半的市场，在纽约市更是高达75%。1902年，西奥多·罗斯福总统指示司法部部长菲兰德·诺克斯（Philander Knox）以反垄断为由，依据1890年的《谢尔曼反托拉斯法》（Sherman Antitrust Act，对“牛肉托拉斯”提起诉讼。

美国的一位抗议者在1913年警告说，为了对抗更大的领国，南美洲正进行着或谈论着干预。他写道，他的同胞们对南美国家仍然“漠不关心”，现在是明白事理的时候了。对那些国家来说，“存有门罗主义的念头不但令人厌恶，而且具有极大的侮辱性”。他们认为美国正在接受的只是残暴的帝国主义的新版本，是“惩罚任何行为不合规矩的美洲共和国”的一种权利。一位阿根廷爱国者曼努埃尔·乌加特[①]正为建立拉丁美洲人民联盟而进行斗争，他不希望他们被一个一个地吞噬掉。他写的书中有很大一部分是引用了“美帝国主义政客们的夸夸其谈”。那些夸夸其谈中的一些可能不值得去认真对待，但大部分还是可信的。退休的少将斯梅德利·巴特勒[②]在回顾他的海军陆战队生活时曾写道，“我的大部分时间，是为大企业，华尔街和银行家充当高级的打手。简而言之，我是为资本主义干活的敲诈者……”

这种展开对外关系的模式，再加上国内公共生活中的肮脏程度，需要比平常语境更高级的语言来加以掩饰。正如凯南所言，美国的外交保留了对大标题的含糊不清道德宣教的偏爱，但“无论是以道德还是以法律原则的名义提出的内容，都没有指明具体的责任……”伍德罗·威尔逊是美国二重性的一个体现，是隐约但确实存在的善意和肮脏暴利的独特混合体。他在1919年时曾短暂有过的世界伟大政治家的声誉，与后来的肯尼迪总统的声誉一样让人难以理解。他在1912年的大选过程中谴责了所有“在菲律宾或在其他地方实行的帝国主义和殖民剥削的政策”，并且像他之前的那些人一样，许诺将尽可能早地让菲

---

① 曼努埃尔·乌加特（Manuel Ugarte，1875—1951），阿根廷撰稿人、作家和社会党成员。

② 斯梅德利·达灵顿·巴特勒（Smedley Darlington Butler，1881—1940），美国海军陆战队少将，是当时被授予的最高军衔。在他34年的军旅生涯中，他参加了在菲律宾、中国、中美洲和加勒比地区的军事行动，在法国参加了第一次世界大战动。巴特勒后来成为美国战争及其后果的直言不讳的批评者。

律宾获得独立。他继续在国内实行温和的进步主义路线，谈论通过“经济效率和社会公正”来克服困难，并与企业的海外扩张进行官方合作。他对此非常尽力，密切督察派往海外的官员，并亲自作出决定。

他对落后地区的人民就像是对待国内劳工一样的那种家长式态度，还带有明显的种族优越感。他是又一个苏格兰-爱尔兰加尔文主义者的后裔，他们曾在向世界展现美国天命以及培养出了南方人的过程中扮演过极为重要的角色。指出这一点是非常重要的，他所描绘的旧日南方奴隶制历史中的画面是经过多层修饰并充满玫瑰色的。慈善的种植园主们努力克服了众多的困难，得以向他们无耻的黑暗家庭提供巨大的欢乐。这曾是一个美国土著版本所描绘的白人的负担，与吉卜林的描述大致是相同的年代。他的第一位国务卿，那位昔日激进的布赖恩对他的让不发达国家对“美国资本和美国企业的入侵”持开放态度的计划深表钦佩。尽管“丑闻揭发者”和其他人所揭露的美国国内令人震惊的劳工 173
状况的证据堆积如山，但仍然只是缓慢地得到改善。而在国外，美国的资本主义理所当然地不受任何规则或纪律的约束，必然是启蒙和进步的同义词。

现在已经成了既定程序一部分的美元外交在继续推行，美国进一步加强了对加勒比海地区的控制。现在已不需要伪装或道歉了，因为欧洲已陷入了战争的困境。无论选举的平台如何搭建，在保证“国家利益”的议题上，美国民主党的总统决不能落在共和党人之后，不能陷入比于1882年占领埃及的英国自由派首相格莱斯顿落后于他的保守党对手更多的处境。海地被迫于1915年服从于美国的指挥，随后发生了军事占领，美国军队遭到了各种野蛮行径的指控。在一个像海地那样的黑人国家里，这样的事情是完全可能发生的。尼加拉瓜在1916年初时被强制签署了一项条约，确保美国拥有运河建设权并建立美国的优势地位。那年晚些时候，在圣多明各发生了针对那里失序的武装行动，美国的完全控制一直持续到1924年。美国在垂涎了多年之后，于1916年又一次通过购买从丹麦手中获得了维尔京群岛的领土。正如丹麦的自由主义者曾预见的那样，这对岛上的黑人居民造成了伤害。横跨大西洋，有传言说美国有意接管利比里亚的黑人共和国。美国顾问正在重组那里的小型军队和空虚的国库。美国发放了一笔贷款，“美国巡洋舰伯明翰号帮助阻止了一次狂野的海岸原住民的动乱”。1913年时有一家美国公司意图获取更大的让步，利比里亚政府保持了足够的警惕得以看清这将对其独立产生威胁，从而拒绝作出让步。它可以这样做而不受惩罚是因为它不在美国的势力范围之内。

但威尔逊最重要的舞台是在墨西哥，约翰·泰勒总统早年对那个国家的处置曾备受威尔逊的谴责。在1911年波费里奥·迪亚斯垮台之后，墨西哥也出现了一些混乱。而正是那些共和国的不稳定局面使干涉主义的行径总是被轻描淡写，使入侵海地看起来与入侵比利时大不相同。在19世纪60年代，开明的英国观察家约翰·凯恩斯曾认为墨西哥的局面是如此混乱，以至于“几乎任何改变都将让局势变得更好”，甚至可以将其交给南方的邦联。甚至美国的社会主义者们也不能把握帝国主义的实质，工会领袖尤金·德布斯认为那个问题与工人阶级无关，而其他一些人则像布赖恩一样争辩说：“为了开发墨西哥的自然资源，
174 资本家必须在那里有所作为”。

当威尔逊在1913年成为总统时，美国在墨西哥的相关利益已比其他所有外国人的总和都要多了，墨西哥有75 000名美国种植园主、贸易商、工程师，美国在墨西哥有12亿美元的投资。“墨西哥实际上已成为美国的经济殖民地。”很自然的，当美国人看到那个国家陷入混乱时，认为它会得到像古巴那样的待遇。同样自然的，他们也看到了什么是作为“种族和国家特征”的陈腐的封建社会结构所带来的疵病：墨西哥并不是一个真正的白人国家，“那是一个混乱的印第安人共和国”。这种说法是为了掩盖这样一个事实，在表面的稳定之下有一些严重的矛盾正在激化，迪亚斯长期以来一直阻止着土地革命的展开。一如既往，美国虽然在地理位置上如此接近，但在历史进程中却一直对墨西哥的苦难显得非常遥远，就像远在亚洲一样。

威尔逊立即与英国起了冲突，因为英国为了维护英国石油商人在墨西哥的利益，涉嫌支持一个名叫许尔塔[1]的右翼领导人篡权。伦敦方面认为华盛顿反对许尔塔是因标准石油公司的要求而决定的，但在走向干预时，美国可以再次坚持它保护新世界免受欧洲干涉的原则。威尔逊提出了“处理拉丁美洲共和国的全新原则”，不承认那些以武力夺取政权的领导人。这在实际上将意味着发动军事政变的人将不会在华尔街受到欢迎。关于是谁策划了墨西哥正在爆发的一系列突发事件，“毫无疑问，美国大使所做的已远远超出了明智的界限。他显然将自己与叛乱领导人联系在了一起，并向他们提供实质性的建议。与此同时，他的行为如果不是破坏，也将会伤害到他的政府依然承认的墨西哥总统”。类似这样的行动后来就成为美国外交官职责的基本部分。

1914年4月，威尔逊进一步派出军队占领了维拉克鲁斯[2]的港口，这一行动激励了所有墨西哥人的民族感情，并促使他们团结起来反对旧日的敌人。他在写给广受责备的布朗特的信中声称，这不是与墨西哥为敌，反对的仅仅是许尔塔，就像格莱斯顿自称占领埃及只是为了赶走暴发的奥拉比·帕夏[3]一样。“罗斯坦……把这归因于威尔逊的天真，他相信有可能将政府的道德原则与金融政治的丑恶协调起来。”不管是否天真，威尔逊都非常沉迷于隐秘的做法，利用秘密特工支持一派去反对另一派，不让他的右手知道他的左手在干什么。1915年 175

① 何塞·维多利亚诺·许尔塔·马尔克斯（José Victoriano Huerta Márquez，1850—1916），墨西哥军官，墨西哥第35任总统。1913年，许尔塔发动政变，成为墨西哥总统，但立即遭到革命力量的反对，使墨西哥陷入内战。1914年，在军队垮台后，他被迫辞职并逃离了墨西哥。

② 维拉克鲁斯是位于墨西哥湾的墨西哥维拉克鲁斯州的一个主要港口城市和自治市。

③ 奥拉比·帕夏（Arabi Pasha，1841—1911），埃及民族主义者、革命家和埃及军队的军官。他是埃及第一个从费拉欣起义中崛起的政治和军事领袖。1879年，他参加了一场兵变，后来演变成一场反对英法主导的赫迪普·图菲克（Khedive Tewfik）政府的大规模起义。1882年，英国入侵埃及，推翻了他，而他的盟友支持英国占领。

6月，他发布了一个警告，动乱可能迫使美国为了墨西哥人民的利益（他当然要这么说）而进行干预。

在10月份，他承认了政党首脑中最进步的卡兰萨[①]的政府，但他对拟议中的石油国有化作出了尖锐的反应，金融界和天主教反对卡兰萨的宣传活动呼声高涨。他无用地抗议说，美国被旨在挫败他的重建计划的诽谤所误导，墨西哥的任何进步都遭到了那里的反动教会的反对，在国外发起的对卡兰萨政府的谴责，可以被看作是20年后世界范围内天主教和法西斯对西班牙共和国强烈抗议的预演。1916年初，边界骚乱为潘兴[②]将军的惩罚性行动提供了借口。威尔逊顶住了采取大规模行动的压力，因为参与欧洲战争的前景如今已迫在眉睫。

此时的干涉主义虽然仍受到批评，但却已成为一种被人接受的哲学，产生了同样的道德热情，老鹰同样被确定是在天使一边的。与欧洲帝国曾做过的一样，带有同样的幻觉与现实之间的巨大差距。如果威尔逊能将市场的贪婪自动翻译成高调情绪的话，那正是他的特使佩奇[③]通过饥饿和干渴获取正义和应有的红利并因此获胜。如同宾厄姆曾在东京对旧日的美国福音所做过的一样，佩奇

---

① 乌斯塔诺·卡兰萨·加尔扎（Venustiano Carranza Garza，1859—1920），墨西哥革命的主要领导人之一，他的北方革命立宪主义军队击败了许尔塔的反革命政权（1913年2月—1914年7月），并在推翻许尔塔后击败了其他势力。他在墨西哥获得了权力，从1915年到1917年担任国家元首。随着1917年墨西哥革命新宪法的颁布，他被选为总统，任期从1917年到1920年。在1920年的选举中，他自己没能成功并试图操纵选举，在逃离墨西哥城时被掌握实权的北方将军们暗杀。

② 约翰·约瑟夫·潘兴（John Joseph Pershing，1860—1948），美国著名军事家、陆军特级上将。1916年3月—1917年2月，率1万余名美军对墨西哥进行武装干涉，镇压墨西哥的农民游击队。1917年4月美国宣布参加第一次世界大战后，任美国远征军司令。

③ 沃尔特·海因斯·佩奇（Walter Hines Page，1855—1918），美国记者、出版商、外交家。1913年3月，佩奇被伍德罗·威尔逊总统任命为美国驻英国大使。佩奇是美国参与第一次世界大战的关键人物之一。作为驻英国大使，他向威尔逊为英国的政策辩护，并帮助在总统和整个美国形成了亲盟国的倾向。在佩奇向威尔逊发出信息一个月后，美国国会对德国宣战。

在伦敦讲述并道德化了新的美国福音。他完全相信，美国在古巴所做的一切是对西班牙的统治不当或对土著的无政府状态的一个绝妙的崭新替代，正如他的传记作者所称的那样——是“美国政治家的最伟大的胜利之一”。尽管他是一位热心的亲英派，但他意识到这种对崇高目标的奉献与英国殖民统治毫不妥协的习惯之间存在着巨大的差距。因为他偏爱直率的政治，不在里面掺和任何理想主义的道德调味品，他让包括外交大臣爱德华·格雷爵士[①]在内的英国领导人愤愤不平。他坦率地向威尔逊写道，“没有人为了任何道德目的而称颂我们，也没有人会想到我们把古巴还给了古巴人或我们对菲律宾群岛所作出的承诺……这
表明欧洲政治已完全脱离了基本道德。”格雷并不关心“政府的道德基础或墨西 176
哥人民的福祉，在欧洲的统治词汇中并不包含那些东西”。

有一天，当格雷就墨西哥向他施加压力时，佩奇回答说如果有必要的话，美国人会在那里待上两百年，“‘会在那个小地方开枪打人，直到他们学会了投票并能自我统治时为止’。我从未见过他如此开怀大笑，用枪把他们打进自治的政府，把他们打成有秩序的社会。他理解了这一点，这不是问题。但就他的思维习惯而言，这是他能够达到的极限”。格雷可能会嘲笑那种热情，那种用子弹教育落后人民的决心实际上只是意味着直到他们按照华尔街的要求投票时才停止开枪射击。这在越南进行了长时间的尝试，尽管按佩奇的标准来说时间还不够长。人们可以幻想出他的美国式赞叹，就像著名的校长格里姆斯通（Grimstone）博士所说的那样，“只要我能监管，在我的校园里将不会有任何叛变者！我将在这个学校里建立一种信任且没有抱怨的幸福精神。即便我必须用鞭子把每一个男孩都赶到那里去也在所不惜。”

---

① 爱德华·格雷（Edward Grey，1862—1933年9月7日），英国自由主义政治家，也是第一次世界大战时期英国外交政策的主要推动者。作为“新自由主义”的拥护者，他从1905年到1916年担任外交部部长，这是在任时间最长的英国外交大臣。

第十五章
旧世界的破产和一个新的世界秩序的产生

在美国人围绕着加勒比海地区巩固他们的影响力范围（借用没有灵魂的欧
177 洲人的短语）的同时，他们还在探索进入亚洲的可能性，但并不成功。因为在那里他们遇上了在军事上更强大且更坚决，并意图确保自己地盘的其他国家。从1907年开始，在波斯北方的俄罗斯人就和在波斯南方的英国人达成了协议。W.M.舒斯特（W.M.Shuster）是波斯政府雇用的一群美国专家的领导者，他们试图将波斯混乱的财政状况纳入秩序。作为将美国影响力扩展到新地域的政策的一部分，他因塔夫脱总统的支持而得到了这个职位。他发现自己正处于一个类似于亚瑟国王皇宫里的美国佬的状况。财政部门的警卫必须轮流出动以迫使贵族官员们缴纳税款。然而，让他悲叹的是英国和俄罗斯正在“扼杀”那个国家。如果他曾在尼加拉瓜或危地马拉工作过的话，他会因此而想到些什么将会很有意思。对于不远处正处于衰败之中的奥斯曼帝国，国务院支持“切斯特计

划”[①]所赢得的一项针对德国的特许权竞争，并获得了美国政府批准的让步。那是一条通过小亚细亚的铁路及沿线的石油勘探权。美国没能从中获得任何好处，美国的外交和企业在这方面仍然缺乏经验，但这个特许权的影响力在战后的岁月中还是吓跑了不少国际石油竞争对手。

与此同时，美国的生产盈余和出口在继续增长。在1912—1913年期间，美
国的出口总额比德国大了很多，并且已与英国相差不远，而进口量则远远超出 178
了法国，但仍远低于德国，略低于英国的一半。对于那个出口驱动似乎是救赎关键的神秘痼疾来说，中国市场依然是渴望得到的治病良药。“永远是一种潜力而非实际的市场，中国四亿顾客的神话是美国人的某种现实。”中国将成为吸收美国可以生产出来的产品的无底洞。正如其他许多方面的情况一样，一个从欧洲带来的陈旧的观念被加以膨胀。19世纪的英国人曾像20世纪的美国一样，梦想着拥有广阔的中国市场将是天赐的医治生产过剩的灵丹妙药。

从感情上来说，对中国的已有一些时日的同情感一直藕断丝连，也许是由于世界上最古老的国家的最新魅力在起作用。义和团的叛乱分子使美国以及欧洲的善意退缩了，但即使那样，也仍有一些不同，人们的态度还是比较温和的。可以在康格夫人的信中找到关于这一点的一些迹象，作为美国大使的妻子她曾经历了使馆区遭到围困的时期。她在一封书信中发问道，“中国怎么敢碰大使馆？”然而从她对“全能的上帝”的频频呼吁中可以看到她显然不希望像其他外交官的妻子那样。她还写道：“外国人经常把中国人看成是狗，但我同情

① “切斯特计划”，指修建一条从黑海沿岸伸展到波斯湾横贯中东腹地的大铁路，其根本目的是在中东建立美国的势力范围，获取铁路沿线开采石油等矿产的权利。1910年，美国公司与奥斯曼政府的公共工程部签署了协议，获得在美索不达米亚平原、奥斯曼帝国和波斯边界开采石油等权利。但是切斯特计划与英、德在中东的利益存在冲突，在两国的压力下，奥斯曼政府中止了与美国的进一步谈判。这是美国第一次主动寻求伊拉克的石油特许权，以失败告终。

中国。这是一件不能说的事情……”。她的丈夫在传教士问题上一直采取强硬立场，与远东地区消息灵通但头脑顽固的那些美国人有更多的相似之处，而其中的一位是上海的总领事杰尼根[1]。他于1904年出了一本书，倡导使用美国确定的方法，丝毫不用顾忌踩在中国的脚趾上，而国会据此在那年通过了法案以排斥中国移民。随后就发生了抵制美国商品，一些传教士在广州附近被杀害。不过，美国主动将其从中国勒索的“义和团赔款”转为用于对中国学生的教育事业。

而与日本的关系情况就不同了，双方都不信任对方，但都希望和对方做生意。1904年时，美国很高兴地看到俄罗斯在远东的扩张受到日本的挑战并被制止，但不久就开始怀疑日本是否会变得更有威胁，尤其是对菲律宾那样脆弱的前哨阵地。美国的这种感受在日俄战争结束之前就已经得到了证实。意识到“对未来关注”的日本首相桂太郎[2]以确保安全的态度在东京向一位美国牧师大谈基督教在日本的传播，并表示他的国家像古希腊一样，只是为防御而进行战
179 斗。后来，对日本的那种不信任被浪漫化为传奇故事，美国成了中国的祝福者和守护神。“美国与亚洲的接触从一开始就充满了浪漫的形象、扭曲的真相、一厢情愿的想法、毫无关联的概括和前后不一的逻辑。”只有在精神层面上，可能可以说美国在保护中国。在20世纪20年代，美国在中国有13所大学和2500名传教士。许多在韩国的传教士希望美国政府能够防止日本的入侵，许多抱有同样希望的韩国人纷纷加入了他们的教会。当日本于1910年吞并韩国之后，有一个

---

① 托马斯·罗伯茨·杰尼根（Thomas Roberts Jernigan，1847—1920），美国驻日本神户总领事（1885—1889），美国驻中国上海总领事（1893—1897）。

② 桂太郎（1848—1913），日本近代政治家，军事家，明治、大正两朝元老重臣。三次出任内阁首相（1901—1906，1908—1911，1912—1913），任内缔结英日同盟，进行日俄战争，并策划吞并朝鲜。

不满的英国人曾指责那些传教士把难以理解的西方观念灌输到韩国人的头脑中去，从而使他们想要争取自由。

在很长一段时间内，几乎没有美国人起来反对日本在东亚大陆的扩张，因为看上去美国的利益似乎并没有受到威胁。一些更具扩张野心的政客们则希望看到自己的国家也能同样地玩上一把。在1897年至1905年期间担任驻朝鲜公使的艾伦[①]在日本接管朝鲜的过程中，在护卫美国保护国的行动上就像一个懦夫，尽管他并没有接到命令去那样做。而在日俄战争期间，他曾希望他的政府能利用那个机会吞并一些地方。美国仍然非常宽松的外交安排会让精力充沛的人以某种方式来制定外交政策，但英国的外交官很少能有那样的机会。美国在自己势力范围内惯用的强势作风势必会对其他地方的美国人产生影响。然而，在远东地区使用武力与在中美洲使用武力是完全不同的两回事，而美国还远未准备好面对与大国及其盟友发生战争的风险，以及准备战争的代价。

美国想要一个敞开的大门，在中国各地都能自由地竞争，它的商业潜力将会让它占有优势。但除了英国之外，其他国家也都希望获得影响力的范围和垄断地位，而那时英国的态度也因为对日本、法国和俄罗斯所作出的政治承诺而受到质疑。因此，似乎只有与其他国家达成协议并作出安排，美国才能继续往前走。在理性的合作下，资本主义的国际连接将使正在美国和其他国家之间形成的那种巨大信任和结合有效地延伸下去。如果在日俄战争结束时，曾有许多人赞成反对日本的话，那么在几年之内，同样的那些人往往也会赞同与日本建 180

① 霍勒斯·牛顿·艾伦（Horace Newton Allen，1858—1932），美国基督新教传教士、医生、外交官，中文名“安连”。1883年作为医务传教士被美国长老会差会派遣到中国，次年转入朝鲜，并在朝鲜半岛居住20余年，和朝鲜王室保持良好关系。同时供职美国公使馆，积极介入朝鲜外交活动，于1897年被任命为美国驻朝鲜公使。日俄战争后召还美国。霍勒斯·艾伦在朝鲜期间，一方面鼓吹“朝鲜独立”，另一方面积极为美国争取各种利益，在朝鲜近代史与朝美关系史上有非常重要的影响。

立伙伴关系，如同对任何其他人一样。在罗斯福政府的推动下定下了基调，在1905年签署的《塔夫特—桂太郎协定》承认日本拥有朝鲜，以换取日本尊重美国占有菲律宾的承诺，而在1908年签署的《鲁特—高平协定》则承认了日本在中国东北地区的"特殊利益"。

塔夫脱在1907年曾以战争部部长的身份访问过中国，他在担任总统后开始在远东地区执行更为进取的政策。一位日本人曾以讽刺的口吻写道，塔夫脱的国务卿诺克斯[①]"与华尔街的亲密关系是众所周知的，他正准备支持一帮有钱的大亨"。美国的利益集团正努力在中国东北地区取得立足点。康格对此很感兴趣，而美国驻奉天总领事威拉德·斯特赖特（Willard Straight）[②]也对此给予了很大的推动。他后来曾短暂担任过国务院远东部门主管，然后作为银行和铁路业的代理人回到中国。他痛恨1908年的协议，试图通过与俄罗斯人的合作来遏制日本人对中国东北地区的侵入。正如一位英国观察员所写的，塔夫脱支持他积极推动美国的资本进入中国东北地区，"以便在一个对日本有着与加勒比地区对美国同样重要意义的地区遏制日本的野心"。一系列的宏大的计划最终以失败告终，中国东北地区毕竟太遥远了。尽管俄罗斯和日本之间最近发生了冲突，但它们之间的合作更为容易。他直言不讳地说道："在这个世界上最令人痛恨的就是日本人。这是因为我必须一直克制自己，对黄种人保持礼貌并寻求他们的

---

① 菲兰德·蔡斯·诺克斯（Philander Chase Knox，1853—1921），美国律师、政治家和外交家，曾任威廉·麦金莱和西奥多·罗斯福两届政府的美国司法部部长，在威廉·霍华德·塔夫脱总统时期的任美国第40任国务卿。

② 威拉德·迪克曼·斯特赖特（Willard Dickerman Straight，1880—1918），美国投资银行家、出版人、记者、陆军预备役军官、外交家。1901年，他被任命为南京中华帝国海关局的一名官员，并担任该部门监察长罗伯特·哈特爵士的秘书。在远东，他在日俄战争期间担任路透社记者，1904年到了朝鲜。1905年6月，他成为美国驻朝鲜总领事埃德温·摩根的私人秘书。1906年，他以美国驻满洲奉天总领事的身份回到中国。

支持……吉卜林是绝对正确的……”。

而美国更广泛地进入中国的计划也执行得不好。马尼拉没能成长为第二个香港。1911年的辛亥革命使美国重新恢复了希望，中国最后一个皇朝的衰落像同一年墨西哥的迪亚斯被推翻一样受到欢迎。然而值得注意的是，得到美国人青睐是那个将要成为中国迪亚斯的军阀头子袁世凯，而不是激进的理想主义者孙中山。袁世凯很快就忙着建立起一个右翼的独裁政权。不久以后，这个年轻的共和国就摇摇欲坠了，它的虚弱使美国人与其他外国的势力一样高度专注于在束缚中国手脚的条件下向它提供贷款。很少有人研究那种寄生型的金融资本主义和工业资本所产生的不同影响，但在大多数地区，后者似乎处于领先地
位。而在亚洲，“在接下来的二十年里，摩根财团的亲日政策在事实上成了政府 181
的政策……”。

塔夫脱的政府在1911年时曾积极敦促那些犹豫不决的银行家加入一个旨在扩大向中国发放贷款的大型国际财团，但威尔逊于1913年就职总统后则拒绝批准美国银行参与其中。他声称拟议的条款侵犯了中国的主权，而且以不受欢迎的税收作为担保，这没有与美国的宪法原则保持一致。所有这一切都完全是事实，但威尔逊也像他的前任们一样，为了推动贷款的发放向中美洲派遣了法警或海军陆战队。像通常一样，他的真实的或促使他下决心的动机完全是另一回事。他认为，大型国际财团联合行动的做法看上去对美国并没有太多好处，最好能辟出一条新的途径。他与那些持有“美国在远东地区应当充当更带侵略性的独立角色”观点的人是一致的。

因此，美国在这个地区因缺乏成功而开始感到不耐烦。它的大量外国投资中只有极少的一部分进入了亚洲地区。威尔逊是在进步主义时代结束时出任总统的，当时美国的国力在很多方面已比十二年前强大得多了，并且相应地具有了更大的抱负。美国国内更为稳定，牢牢地控制了中美洲，美国的工业化程度世界领先。然而在军备方面，它依然是落后的。一个接一个的美国国务卿都宣

称美国无意在远东开战。扩张主义已更容易被公众接受了，因为它穿上了合情合理的甜美外衣，甚至可以被看作是对世界和平的贡献。那是海牙会议、仲裁条约、国际法庭以及所有其他维持和平的方案都得到有力支持的年代。自1898年以来，美国可能曾致力于自己版本的帝国主义，但是它极力闭上眼睛，不去参与那些或迟或早会迫使它参加世界战争游戏的世界政治。它固守着一种幻觉，以为技术发展本身就足够了，其他国家都会接受它的和平竞争的信条，而魔鬼将掉在最后面。

美国在当时还没有看到它后来学习得如此透彻的那一点，那就是年轻的温斯顿·丘吉尔[①]在1908年所写的那段话，“在世界历史上，经济优势……从来就不是，也永远不会成为最后的仲裁者”。旧世界有它自己的哲学，如果他们用错
182 误的方式作了太多的破坏，正义之剑就会被拔出来维持秩序。期望那些走向没落的帝国能够吃素，从而让自己被市场的讨价还价搞得晕头转向，那完全是自欺欺人。到1904年时，在西班牙战争中得到壮大的军队再次陷入了低迷，军力只达到了其授权程度的一半。军队生活与突出个人主义的美国气质并不协调，尽管这样的情况让资本主义得到了平衡，从而不利于社会主义的发展。尽管社会主义和军国主义是对立的，但却是在同一个旧世界的土壤中成长起来的，都更接近过去的部落集体主义。和公务员一样，军队被看作是那些在外面干得不好的人的避难所。军队的历史学家对那位忠心耿耿的军官有一段令人泄气的描述，他抛弃了世俗的装备，“如同牧师一样，进入他的职业生涯时没有任何发财或得益的希望”，也不会得到荣誉的奖励。在那个时候，美国和中国的想法非常接近，与军队是创造的主宰的德国或日本形成了鲜明的对比。

---

① 温斯顿·伦纳德·斯宾塞·丘吉尔（Winston Leonard Spencer Churchill，1874—1965），英国政治家、历史学家、画家、演说家、作家、记者，1940年至1945年和1951年至1955年两度出任英国首相。

对于军队的下层官兵来说，他们被一个繁荣社会的公民看得如此之低，以至于国会不得不在1911年立法以保护他们的权利，例如不能被排斥在公众娱乐场所之外。这种蔑视一定还有更深层次的原因，由于对新兵的需求，军队“总是招收大量刚抵达美国不久的新移民”，尽管对那些人是否可靠仍存在一些疑问。在某次危机中一位民主党人曾说过，在战争考验下，那些新来的人在总体上可能和“现代的哥特人和匈奴人”差不多。来自欧洲大陆的大多数人对自己国家的征兵制度都很熟悉，许多人是为了逃避征兵才移民来美国的。对美国军队来说，知道有多少人在离家前已经服过兵役无疑是有益的。他们对美国军队来说就像是贫困的爱尔兰和苏格兰高地的农民对英国所具有的意义。

美国的这种非军事化特征让德国在进入两次世界大战前都低估了自己的对
手。在加勒比海的那些小国家里，只需要最低限度的武装力量就能镇压尚未建
立起来的大规模叛乱的抵抗力量（如在菲律宾），这也降低了公众对那里所发
生的事情的了解程度。墨西哥的情况开始变得有所不同，而且墨西哥也更大，
美国的地面部队几乎不足以承担强制的任务。1914年时“战争所需要的各类物
资都很缺乏”，只有21架飞机、很少的小型野战炮以及稀少的弹药。而当美国在
1917年进入第一次世界大战时，情况也并没有转好很多，甚至连自己仿造的机
枪也很少。像以前一样，这个国家相信自己即兴创作的天才，首先开战，然后 183
为此做好准备。作为一个因战争而强化的联盟的盟友，在一个已经被战争耗损
了两年半的欧洲，是否可以安全地冒险赌一下？如果让美国在远离自己边界的
地方单枪匹马地挑战一个强大的新对手，那是完全不可能的。

对军队操练和穿着军服已成为欧洲大陆第二位本性的厌恶，以及地理上的某种原因，让那些甚至比英国人更尚武的，一心想让美国成为世界强国的美国人的想法从注重陆军转到了注重海军。当欧洲人把自己变成机器时，新文明希望让机器来为它工作。不是军队的人数，而是军舰，后来是飞机，最终是导弹，成了美国在无法抗拒的军备竞赛中的投资。这也是与间接统治战略相协调

的。如果是直接的殖民统治的话，正规军队的驻扎就是不可或缺的。在那些年里，武装力量的扩张都投入到了海军建设上，而之所以会那样做的原因主要是由于对日本的疑虑。但尽管如此，还是远远比不上英德海军的扩军竞赛，部分原因在于国会对罗斯福的计划有所限制。如果经济萧条持续的时间更长，那将完全是另一回事了。就像以前一样，早期的工业家们现在开始慢慢地认识到这样一个令人震惊的事实：那个理想的，取之不尽用之不竭的市场并不是在遥远的中国，而是就在美国，在政府的军备订单之中，天国就在他们的身边。

在一种新兴观念的指引下，人们在摸索中找到了一种更加健康的方式。在一种比欧洲或亚洲更具有社会平等气氛的鼓舞下，为大规模的消费而进行大规模的生产，一个通过高效生产来获取财富而不是通过战争对财富进行原始攫取的理想。也许是由于心理上的原因而非经济需要，美国社会仍然因种族而不是阶级对立而分裂。一个美国式的世界也将会是那样，但在那里上层的空间会更小，而更多的人将会被推向底层。曾有人指出，为解决工业争端而设置的新的仲裁机构或政府调解可能会加强国际间接触的趋势，而美国与英国长期以来已经签署了多个仲裁条约。个人在这个问题上的态度差异很大。卡耐基可能会全
184 力以赴在国内与劳工斗争，同时努力促进国家之间的敏感关系。更可预见的是马汉反对通过任何仲裁手段来约束美国的行动，理由是那将严重损害“道德自由，以及随之而来的道德责任，那是理性的人和主权国家的荣耀特征”。当然那也会损害海军获得荣耀的机会。

罗斯福呼吁将“大棒”姿态（美国国内意象中的一根棍子，相对应于欧洲咔嗒作响的军刀）与促进大国间的和谐相结合起来。他在自传中宣称他的首要目标是和平，文明并且强大的政府必须承担维持世界秩序的责任，而他在世界各地炫耀游弋的战斗舰队就是为了宣示这个道理的。尽管他对德国人有所怀疑，但他愿意与德国人以及日本人或英国人达成协议，并试图在世界事务中扮演他在资本和劳工之间曾做过的那个角色，走中间路线或让各方进行合作。在

1906年的阿尔赫西拉斯会议之前，他积极地参与幕后工作，帮助欧洲避免在摩洛哥贫瘠的沙漠中发生冲突。在会议上，他和他的国务卿伊莱休·鲁特更倾向于英法一方而不是德国一方，但他们关心的主要是推动门户开放，这当然包括了让贫穷的摩洛哥人获取进步。他们可能会沉溺于这样一种想法，那里正在进行的是在“本地人”中散布文明，并为所有发达的国家提供商业机会。实际上，就像所有类似的情况一样，在场（这次是法国）的强权只想为自己争得大部分的利润，而在任何人开始传播文明之前，原住民将不得不经受多年此起彼伏的战争的折磨。

美国正在编造的人类未来的乌托邦蓝图也同样是不切实际的。在贝拉米的幻想中，欧洲、澳大利亚、墨西哥和南美洲的部分地区，将在美国的带领下逐渐演变成为“工业国家”，并和美国一起形成一个松散的世界联盟，负责处理“与更为落后的种族相关的事务，并通过教育让他们逐渐进入文明体制”。简·亚当斯[1]在20世纪之初撰写关于和平的文章并在贫穷的移民中从事社区工作时，曾认为美国是一个充满希望的典范，世界是一个人民应该和睦相处的大家庭。然而一个家庭就有一种等级制度，在罗斯福的观念里，文明并且强大的国家（这两个国家的属性几乎都是明确的）和其他国家之间是有一条明确的界线的。对他而言，日本在大陆上的扩张并不比日本的海洋蚕食更为邪恶，而且对 185
于改善环境以有利于商业活动也是非常有用的。

从这个角度来看，这可能比马汉所发现的“一些思想先驱者所梦想的由一支国际军队来负责执行国际法庭的法令”中的情况更真实一点。大西洋两岸都有进步主义者，他们认为大国应该对落后的国家施加更多的权势。例如英国的

① 简·亚当斯（Jane Addams，1860—1935），美国改革家，社会工作者、和平主义者，她创建了芝加哥的豪尔安居会，并于1931年被授予诺贝尔和平奖。

诺曼·安吉尔，或像韦伯夫妇[①]和萧伯纳[②]那样的费边主义者[③]，他们认为没有人应该嫉妒德国对像小亚细亚那样的地区进行监管，因为为了共同的利益它应该受到监管。设想一下一个在巴尔干地区的令人感到累赘的小国可能会是个什么样子，那种观点还是有一些逻辑的。那些费边主义者受到了自由派帝国主义者的影响，萧伯纳活着的时候就曾赞同墨索里尼对埃塞俄比亚的征服。

在那个乌托邦式的希望背后，存在着一个一群发达国家如果能够合作的话，就有能力共同控制这个世界的现实。在那样一个未来世界中，美国是领头的旗手。如果当美国还年轻的时候它在远东地区曾以两种声音说话的话，一种声音说的是无私的认同感，另一种声音说的是白人要团结一致，而眼下这两个主题正在融合之中。布赖恩的世界巡游让他必须以“公开宣扬的扩张主义者”的身份说话，并预言“进步文明”的胜利。在各个国家受过良好教育的人群或上流社会中，越来越倾向于将美国放在一个特殊的位置，正如威尔逊在欧战将光环放在他头上之前就曾显示过的那样。世界和平将成为美利坚和平，是维多利亚时代的人在英国战舰巡逻海洋、为“上帝之路”开道时所梦寐以求的大不列颠和平的修订版，而丁尼生[④]正以撰写《轻骑兵进击》同样的热情撰写着《人

---

① 悉尼·韦伯（Sidney Webb，1859—1947）和比阿特丽丝·波特·韦伯（Beatrice Potter Webb，1858—1943年）夫妇，著名的英国工联主义和费边社会主义理论家，改良主义政治活动家，知识渊博的学者。

② 萧伯纳，全名乔治·伯纳德·萧（George Bernard Shaw，1856—1950），爱尔兰剧作家。1925年因作品具有理想主义和人道主义而获诺贝尔文学奖，他是英国现代杰出的现实主义戏剧作家，是世界著名的擅长幽默与讽刺的语言大师，同时他还是积极的社会活动家和费边社会主义的宣传者。他支持妇女的权利，呼吁选举制度的根本变革，倡导收入平等，主张废除私有财产。

③ 费边社会主义（Fabianism），简单地来说就是渐进社会主义，是社会主义思潮的一支。19世纪后期，流行于英国的一种主张采取渐进措施对资本主义实行点滴改良的英国的社会主义思潮。

④ 阿尔弗雷德·丁尼生（Alfred，Lord Tennyson，1809—1892），英国维多利亚时代最受欢迎及最具特色的诗人。代表作品为组诗《悼念》。

类的议会》的诗篇。

在与弱小民族的总体合作关系中，那些在富国和大国之间分享理性共识的想法所展现的就不再是兄弟般的爱，也不那么美好了。在这个方面，小说走在了历史的前头。英国天主教小说家罗尔夫（Rolfe）创造了一位英国教皇，将地球划分为五个有能力够承受动荡的国家——英国、德国、意大利、日本和美国，其中德国军队承担了平息处于无政府状态的法国和俄罗斯的任务，而美国则指挥着加拿大以南的整个新世界。因此，“最高仲裁者为人类提供了获取
能源的地域和机会”。罗尔夫的第一条原则是服从的义务：“叛乱……将是最糟 186
糕的”。同样，这也是所有帝国主义的第一原则。四十年后，希特勒[①]在欧洲的“新秩序”和日本在亚洲的“大东亚共荣圈”将证明罗尔夫在猜测历史潮流时是多么的正确，而丑陋的事实与和煦的梦想相距又有多远。

与此同时，在俾斯麦[②]的永久联盟体系的带领下，至少出现了大国集团崛起的初步迹象。德国皇帝有一个大陆集团的愿景，欧洲大陆的国家出于对英国、美国和日本的反感而在德国的领导下联合了起来。更具体地说，英国、法国和俄国这三个殖民地大国正在联合起来。随着1914年的临近，美国人对将所有大国汇集起来组成大联盟以避免它们之间发生冲突的考虑点到了一个更加紧迫并更有意义的音符，衰落的欧洲将因美国的道德领导力而复活并得以壮大。威尔逊于1913年在莫比尔的一次演讲中抛出了他的一些想法，而在伦敦的佩奇和威尔逊的巡回大使豪斯[③]热切地接受了那些想法，豪斯在两年前就曾写过一本类似

---

① 阿道夫·希特勒（Adolf Hitler，1889—1945），奥地利裔德国人，德意志第三帝国元首、总理，纳粹党党魁。

② 托·爱德华·利奥波德·冯·俾斯麦（Otto Eduard Leopold von Bismarck，1815—1898），德意志帝国首任宰相（1871—1890），人称“铁血宰相”“德国的建筑师”及“德国的领航员”。

③ 爱德华·豪斯（Edward Mandell House，1858—1938），美国政坛人物，1894—1904年，他任多位得克萨斯州州长的顾问，其中一位赠予他荣誉上校军衔，尽管他并没有任何军事经验。他从此以“豪斯上校”之称闻名于世。他是威尔逊总统的“智囊”，活跃于外交界，曾任驻英、法、德等国的总统代表。

场景的小说。他希望他的政府能出面平息英德之间的敌对情绪，并缓和英国对德国扩张愿望的反感。他在1913年时曾向一位德国代表谈到美国、德国、英国和日本的合作能在中国和其他地方为保护门户开放提供很多好处。

他那年在伦敦提出了一项“开发世界垃圾场的合作政策”。这个提法有一个令人愉悦的建设性的调子，然而如果采纳了这项政策，可能就意味着新的八国联军远征将造成更多的垃圾场。他希望富裕国家以“合理的利率”给予贷款。当然，他在给威尔逊写信时说，有必要确定“这样的贷款是有安全保障的”。在佩奇的备忘录中阐明了如何去完成这件事情。“通过对话让大国消除彼此间的恐惧似乎是不可能的”。因此，“健全的心理学”要求为他们拒绝解散的军队找到“一些共同并有用的工作”“一些重大且无私的任务”。“只有美国才能领导这样一个新时代。”可能很快就会在墨西哥找到行动的地域，他们可以在那里“清除土匪和黄热病”等，并“使那个国家的生活和投资变得健康并且安全”。在各
187 种情况下，首先都必须使用军事力量，但它将是“完全为被征服者的利益而进行的征服，并通过环境卫生的改革而最终完成”。美国已经在古巴和菲律宾向全世界证明，“在世界各地对待更为不幸且更为原始的种族时只有一种方式是具备诚信的”。

对卫生和疾病的比喻，隐约指出了文明和野蛮行为的对立，以及环境卫生消除了对有利可图的投资不友善的坏人和细菌等，都是围绕着即将到来的美国霸权而集中起来的。但是那些梦想不得不等到两次世界大战之后才慢慢间接实现的。豪斯和佩奇渴望恢复直接的殖民统治，尽管现在必须在集体的基础上实行，但这不符合美国的发展路线。虽然与外国军队的合作在中国可能没有问题，但在墨西哥或西半球的其他任何地方他们几乎都不会受到欢迎。较为一致的看法是按照他们的计划，将不得不牺牲弱小国家的利益或至少是他们的独立以避免在强权之间引起流血。他们当然不会把这一点写下来，因为他们的整个计划必须符合传统主义者的观点——富人是受穷人信任的委托人，所提议的贷

富国家之间的关系将不言自明得到加倍祝福，而这对两者来说都是福音。似乎更加不言自明的是因为当时能看到的就是资本投资和自由企业的引入，这在维多利亚时代英国福音对自由贸易的祝福之上，又加上了一个现代新约。

豪斯认为，作为一个开端，允许德国参与波斯的“发展”是件好事，然后在实际上由英国和俄罗斯对波斯加以分割。带着这样的想法，他可能会希望在1914年会见德国皇帝时能取得一致意见。这是新世界和旧世界，资产阶级和封建的资本主义，得克萨斯州上校（德国皇帝对头衔非常认真，但他对豪斯的头衔感到困惑不解）和超级军阀之间的一次难忘的会晤。豪斯陈述了他的发达国家通过世界性的合作以帮助落后地区“发展”的计划。换句话说，就是将敌对势力化为像考茨基[1]那样的马克思主义者所预测的超级帝国主义。那次对话是在波茨坦举行的普鲁士年度军事节期间进行的，所有的最高级别领导人都情绪高昂。与俄罗斯和日本不同，德国尽管在社会和心理上受到同样已过时的过去的束缚，但由于在工业上足够强大而愿意尝试新的道路，而俄罗斯和日本则不得不依靠他们的刀剑来维持自己的地位。这位美国特使带着“军国主义趋于疯狂”的灰暗心情离开了柏林。几个星期后，一名大公被杀，第一次世界大战爆 188
发了。

① 卡尔·考茨基（Karl Kautsky，1854—1938），社会民主主义活动家，德国和国际工人运动理论家，第二国际领导人之一，马克思主义及社会民主主义发展史中的重要人物。

第五篇

跨向世界大国的两大步

第十六章
伟大的战争和并不那么伟大的和平

面对顽固不化的日本和止步不前的德国，一些美国人自然而然地再次想到
197 要与英国合作。毫无疑问，自从1898至1899年的战争之后，英美两国之间出现
了大量的摩擦。用马汉的话来说，“揭开面纱以后……双方看到的是一个兄弟的面孔”，因为另一个美洲国家加拿大将在大英帝国的帮助下建立起永久的联邦制度。仇视英国的情绪仍然萦绕不散，而赫斯特[1]的报刊再将那种情绪放大。谴责君主国家和贵族制度是另一个团结美国人并消除国内不满的方法。30年后，汤

① 威廉·伦道夫·赫斯特（William Randolph Hearst，1863—1951），总部位于纽约市曼哈顿区的赫斯特大楼的美国出版界巨头和多元化传媒集团——赫斯特国际集团（Hearst Corporation）的创始人。报业大王，新闻史上饱受争议的人物，被称为新闻界的“希特勒”“黄色新闻大王”。

普森[1]市长仍然会把如果乔治国王[2]敢踏足芝加哥就将对他嗤之以鼻的承诺作为他的竞选纲领。然而早在乔治五世登基之前很久，英国就已经一直在表现出一种谨慎和解的态度了。

就像19世纪90年代的美国一样，或许就像所有曾陷入帝国狂热之中的国家一样，英国一直在侵略性的乐观情绪和紧张的抑郁之间摇摆不定，害怕大英帝国也会像罗马帝国一样走向衰亡。它需要在精神上和国力上都得到加强，它首先希望减少与其他国家的争执。始于1904年的《英法协约》是一项纯粹为解决殖民地争端而签署的条约。三年前与美国签署的《海伊—庞斯富特（Pauncefote）协定》也具有类似的特征，那项协定让美国实际上能自由地进入运河地区并开通了日后巴拿马政变的道路，英国因仍然纠缠在南非而成了较
弱的一方，协定是对美国有利的。但它确实也有助于英国调整其海军战略，将 198
力量集中在本国的水域以备与德国作战。就美国海军而言，它很快就宣布与英国坚实的友好关系已“大大增强”了国家安全。英国人在1902年的委内瑞拉问题上不冒犯华盛顿的谨慎态度表明了他们不想干扰那种关系的担心，1895年至1896年的冲突已经提供了足够的警讯。

英国对孤立和过度扩展力量的意识所导致的另一个结果是对英日联盟给予了更多的关照。被作为目标的俄罗斯人对“英、日和美国对中国东北地区的

---

① 威廉·黑尔·汤普森（William Hale Thompson，1869—1944），美国政治家，曾任芝加哥市长，被称为“大比尔”汤普森的他是迄今为止最后一位担任芝加哥市长的共和党人。历史学家将汤普森列为美国历史上最不道德的市长之一，主要是因为他与芝加哥黑帮领导人阿尔·卡彭（Al Capone）的公开联盟。汤普逊在1919年连任时，是芝加哥公共图书馆和教育官员审查和禁止来自英国的许多文本和历史回忆运动的先锋人物。

② 乔治五世（George V，1865—1936），全名乔治·弗雷德里克·恩斯特·阿尔伯特（George Frederick Ernest Albert），英国国王及印度皇帝，温莎王朝的开创者，德国皇帝威廉二世的表弟。1910年，乔治即位，称乔治五世。第一次世界大战期间，乔治五世为了安抚民心，舍弃了自己的德国姓氏，将王室改称“温莎”。

共同关注”感到不安。有日本在一个方向上支撑，有美国在另一个上方向上支撑，英国显然就能够轻而易举地从两端挤压欧洲。但这只是不太可能实现的希望。西奥多·罗斯福在1905年主持了日俄争端的调解以达成和平解决方案，部分原因是不愿意看到日本一家独大。从英国的角度来看，它欢迎美国在远东承担起责任，这有助于实现新的势力平衡，即便有一些人对“敏感而热情的美国人的性格”所具有的某种被误解的理想主义摇头不满。

一个包括加拿大和其他自治领地的大英帝国看上去就像是世界新秩序的一部分，而美国人的资本在其中占有的份额也越来越多。罗斯福在总统任职满期之后继续乐此不疲。1910年时，他受曾担任印度总督的时任牛津大学校长寇松[①]勋爵的邀请在牛津大学发表演讲，他不出预料地在讲话中宣称一个人种对另一人种的统治必须在考虑被统治者利益的前提下加以实施。他在开罗大学发表的另一个讲话中颂扬英国的统治完全达到了这一道义准则。布朗特在他的日记中惊呼道，“他是最低档的美国小丑”“他将年轻埃及的愤怒激发到了沸点”。不久之后他又写道，“罗斯福那头猪再次发表了讲话，这次是在议会大厅，讲的是埃及，比以前的讲话更烂”。

美国驻英国大使佩奇极力赞成美国和英国并肩前进。他告诉豪斯，如果他的政府能对英国人的礼仪怪癖多加注意并略为迁就的话，他可以完成任何事情。“而你知道这将让我们在我们还活着的时候成为世界领袖。我们现在就应该考
199 虑如何利用英国的舰队，大英帝国和英国的人种来为人类谋利。”1911年时，好

① 乔治·纳撒尼尔·寇松（George Nathaniel Curzon，1859—1925），英国政治家。1898—1905年任印度总督，因在印度分割孟加拉，用兵中国西藏，划分苏波边界而闻名。1907年，寇松出任牛津大学校长，他对自己的职务非常认真，对该大学的规章制度作出了若干重要更改。

斗的德国将军冯·伯恩哈迪[①]曾写到英国被迫向美国放弃地盘，以及他们之间依然存在着冲突的可能。他认为从英国自己的角度来看，它在美国南北战争期间没有支持南方各州从美国分裂出去是犯下了一个“不可饶恕的错误”。在这里面有很多是一厢情愿的想法。尽管没有形成正式的联盟，但英美双方的关系日臻成熟，两个国家实际上正朝着合作的方向发展，正如英国和法国政府正全力以赴地进行得那样。虽然缓慢并且迂回曲折，但通过非官方的渠道和承诺，以及对于国家利益的考虑，英国最终还是让美国成了盟友，并把它拖进了第一次世界大战。整个过程就像英国一度被拖进与法国的秘密联盟一样。

威尔逊在第一次世界大战爆发时向他的同胞发出的道义、外交谈判和保持中立的呼吁深受欢迎。对威尔逊在墨西哥问题上过于温和的处理已经愤愤不平的罗斯福，对他的那些共和党朋友们加入赞扬总统“崇高和人道主义的和平政策”的行列非常反感。他并不过于惊讶地看到威尔逊“通过语气坚定的胡诌争取和平主义者的投票，从而得到了所有美国欧洲移民的热烈支持”，包括“每一个软弱的生物、每一个懦夫和弱者”。然而，美国有数百万德裔和爱尔兰裔美国人是政府无法忽视的事实。除此之外，威尔逊将那场战争斥责为一种失常与他的一贯立场是一致的，他认为大国应该站在一起，大国之间的战争比犯罪更糟糕，那是一个极大的错误。到那时为止，美国的明显目标是领导资本主义世界，管理其他人种，不去参与他们之中毫无意义的混战。1916年初时豪斯被派往欧洲，试图通过谈判求得和平。11年前当罗斯福帮助结束日俄战争时，俄罗斯国内爆发了革命。如果允许战争持续下去，不难看到那样的情况可能再次发

---

① 弗里德里希·亚当·朱利叶斯·冯·伯恩哈迪（Friedrich Adam Julius von Bernhardi，1849—1930），普鲁士将军，军事家。在第一次世界大战之前，他是一位畅销书作家。作为一名军事家，他最著名的作品可能是1911年出版的好战著作——《德意志与下一场战争》。他提倡残酷侵略和完全无视条约的政策，认为战争是“神圣的事业”。

生。然而，尽管美国半推半就地承诺，如果德国拒绝和谈，美国将会加入盟国的战线，盟国还是拒绝了美国的提议。

与此同时，日本在远东地区毫无拘束地占取便宜也令人不快。美国国内的种族偏见还没有让位于市场的逻辑。当1914年临近时，对黄色人种的危险以及种族间不可避免的冲突的谈论达到了一个高潮。1913年时美国为与日本可能发
200 生的战争制定了一系列计划，然后定期进行了修订，并从1915年开始实施了一个大型的海军建设计划。但在那时，美国的立场并不明确，更因为英国虽然扭扭捏捏，却徒劳无益地试图把日本完全拖入战争而使形势变得更不确定了。日本在1915年1月对中国提出了“二十一条”要求，在北京的美国大使芮恩施强调了事情的严重性。然而不顾中国的吁请，华盛顿感到能做的只是重复它门户开放的老调，在那个时候这已经完全只剩学术价值了。

就在即将投入欧洲战争的边缘时刻，威尔逊仍然紧张地注视着太平洋的彼岸。他告诉他的内阁，他担心黄色人种将会因白人的战争而从中获利，而这正是德国皇帝在1914年时对豪斯所说的长篇大论。现在的美国就像英国一样，不得不作出让步以寻求日本的支持，在1917年的“兰辛—石井协定”中双方达成了共识。他们的协定更接近于日本对东亚的门罗主义，而不是美国的门户开放政策。在这两个概念之间，还可以看到第三个概念，那就是日本将成为远东的警察。兰辛[1]是美国国务院中的坚定保守派，他没有多少意愿去支撑起一个衰败混乱的中国。美国与日本的贸易和在日本的投资则按照它们自己的直觉迅速地发展着。

---

① 罗伯特·兰辛（Robert Lansing，1864—1928），美国法学家、律师、政治家，伍德罗·威尔逊时期任第42任美国国务卿（1915—1920）。以1917年签订《兰辛－石井协定》，试图协调美国和日本的对华关系而最为知名。他最终因为在参加国际联盟的问题上和总统的意见分歧而决裂。

1917年4月，美国加入了欧洲战争。要准确地重现一场大战中各个国家错综复杂组合而成的军事力量是绝对不可能的，因为那就必须把过去重新带回到现实，而历史学家所有的只是埋葬在坟墓中的过去的遗物。正如在1812年的战争中一样，政客们争论着海上战略的正确与错误，而德国人不受限制的潜艇战争为美国提供了一个战争借口，就像德国对比利时的入侵为英国提供了一个战争借口一样。而在另一方面，经过了两三年的艰苦岁月后，盟军的武器订单刺激了工业繁荣。必须要有美国的贷款来维持那些订单的流动。到1917年初时，那些贷款的总额已超过了20亿美元。如果盟军被打败，就有可能无法偿还那些贷款，而在那时俄罗斯看上去似乎很有可能会崩溃。威尔逊对在小范围内向金融界的利益提供武装支持的要求已经作出了足够的让步。他本人甚至在进入白宫之前就已将德国视为对美国最具威胁的商业竞争对手，而美国人还没有完全抛弃欧洲人的幻想，仍将贸易往来视为一种有限的资产，或赢或输。美国是最接近于超越那些老派做法的国家。然而，如果他们要将自己更为扩张主义的哲学强加于世界市场的话，那么只有通过在某个阶段参与他人的冲突，并让那些冲 201
突妥善收场才能得以实现。

当然，会有一个不可缺失的道德高度的吹嘘与它同行。正如马汉多年以来所说的那样，美国正在摆脱“扼杀正义或崇高理想”的那种胆怯并虚假的和平理念。威尔逊在4月2日向国会发表的战争讲话中宣称，“我们没有为自己服务的私心。我们不企求任何征服，也不企求任何统治权……我们只是人类权利的支持者之一。”以美国人的进步观念来衡量，这与一定的社会和经济秩序是一致的，毫无疑问是历史上最为进步的观点，这样的言辞并非毫无意义。对于威尔逊和林肯而言，文明是一种结盟，没有哪个国家有权分离出去。德国正在寻求分离，而俄罗斯也将更加激烈地开始寻求分离。

尽管布赖恩转而大力支持美元外交，但当美国趋向参战时，他还是与威尔逊分道扬镳了，兰辛取代他成了国务卿。就像在欧洲一样，公众很快就接受了现实。在1914年时，公众对战争的态度是不为其所吸引，但也不是积极地反对，而到了那时就不可能抵挡一场有组织的热情浪潮。尤金·德布斯和社会主义政党一直强烈反对威尔逊的“准备就绪政策”，因为它带来了一种好战的气氛，并反对干涉墨西哥。由于美国不会受到攻击，美国的社会主义者就比所有欧洲国家的社会主义者更容易坚持这样的立场。他们的障碍是缺乏与工会劳工之间的联系。与欧洲的劳工相比，美国的劳工尽管在面包和黄油的问题上可能更具战斗力，但他们是非政治化的。就像在欧洲一样，劳工们在战争爆发之前是非常有战斗力的。在1912年的一次铁路修理工厂罢工中，罢工员工未经司法程序就遭到了逮捕，随后双方发生了暴力冲突并产生了人员伤亡。从这个角度来看，战争可能会带来劳工纪律约束的改善，而罗斯福所热衷的普遍义务军役制受到了许多1914年前的英国保守派的热烈欢迎。

战争带来的繁荣使国民生产总值在1913年至1918年之间翻了一番，劳工和资本家对此同样地欢迎。工会领导人渴望与政府找到共同的立场，政府近年来曾充当过劳工和资本家之间的仲裁人或讲信用的中间人。美国劳工联盟的塞缪尔·冈帕斯在美国进入战争之前就保证将给予忠诚的支持，并遏制了反战者的声音。当美国参战之后，他和他的朋友们都成了绝对的爱国者。他们通过派遣代表团去激励盟国工人的热情使自己变得对政府有用。在布尔什维克革命之
202 后，曾经有过一个很大的机会来进行大规模的灌输，在那方面曾有很大的需求。劳工教育和新移民的美国化走到了一起，而对于那些不接受的人则可以采取强硬的措施来对付。“为了让这个世界能安全地享有民主，必须忘掉民主的理念。”德布斯在1912年作为总统候选人获得了近百万选票，他在1920年从监狱里重复了这项壮举。有迹象表明，威尔逊虽然从来不是一个激进的自由主义者，但他对长期的压制，以及“在战争期间由于公司和商业利益的压力而加紧的控制”感到担忧。

他可能可以从派遣使者向俄罗斯人宣传自由主义原则并敦促他们坚持战争的

行动中得到一些安慰。在美国宣布参战之前不久，俄罗斯人刚在1917年的第一次革命中推翻了沙皇制度。美国在彼得格勒的大使大卫·弗朗西斯[①]希望看到美国的影响力能取代法国和英国，并以帮助美国商人领先欧洲对手的理由敦促进行金融援助。有人对让伊莱休·鲁特担任代表团的领导人提出批评。那位顽固的保守派和前国务卿持有强烈的帝国主义倾向，现在很有可能会将俄罗斯视为可为美国所用的商业帝国。其他两位代表团成员也都是大企业的代表，其中一位在俄罗斯拥有很大的相关利益。此外，还有两名眼下正与资本家并肩合作的劳工发言人，他们正在民主和自由的口号下推销美国的扩张。詹姆斯·邓肯[②]是美国劳工联盟的副主席，查尔斯·拉塞尔[③]是一位与极右翼有关联的社会主义者。

这项使命是在乐观主义前瞻的鼓舞下展开的。一个技术发达的社会相信他们都可以通过金钱和操纵来解决远处国家所存在的根深蒂固的问题。这也是后来美国人会作出许多错误判断的原因。俄罗斯的迫切需要是彻底的土地改革，但鲁特和他的同伴几乎从未谈及这个问题。像对待其他落后地区的许多排着长队的继承者一样，他们又一次以毫不在意的态度草率地处理了俄罗斯的问题。一名俄罗斯官员将他们与一群降临到落难的太平洋岛民之上的传教士相提并论。他们几乎

---

① 大卫·罗兰·弗朗西斯（David Rowland Francis，1850—1927），美国政治家、外交家。他担任过许多职位，包括圣路易斯市长、密苏里州第27任州长和美国内政部长。1916年至1917年，也就是1917年俄罗斯革命期间，他是美国驻俄罗斯大使。他是威尔逊派的民主党人。

② 詹姆斯·邓肯（James Duncan，1857—1928）是苏格兰裔美国人联盟的领导人，1885年至1928年去世，一直担任国际花岗岩刀具协会主席。他是美国劳工运动中有影响力的一员，协助创立了美国劳工联合会。1917年6月，威尔逊任命邓肯为驻俄罗斯特使。1918年，威尔逊选择邓肯作为美国工会代表之一参加巴黎和平会议。他曾担任设立国际劳工组织的委员会的成员。

③ 查尔斯·爱德华·拉塞尔（Charles Edward Russell，1860—1941），美国记者、专栏作家、报纸编辑、政治活动家。1928年，他获得了普利策传记和自传奖。拉塞尔也是全国有色人种促进会（NAACP）三位创始人之一。1917年，他和其他美国外交使团成员被伍德罗·威尔逊总统派往俄罗斯。二月革命后，威尔逊任命拉塞尔加入伊莱休·鲁特领导的一个任务，旨在让亚历山大·克伦斯基（Alexander Kerensky）领导的俄罗斯临时政府继续留在战争中。

不可避免地会把那些俄罗斯农民当作有用的炮灰，就像法国人看待他们的非洲部队，或者英国人看待他们的印度人一样。他们和盟国建议临时政府应枪毙列宁和
203 托洛茨基，而那两个人必然知道或猜到了这一点。几个月后，当临时政府面临着大规模骚乱的时候，他们又再次提出了乐观主义的前瞻。

当布尔什维克即将夺取权力的时候，威尔逊陷入了杜鲁门[①]30年后在如何对待中国问题上所处的同样困境，在一个没有信誉的保守主义和一场民众的愤怒浪潮之间挣扎。鲁特在国会中的同伙指责他没有为俄罗斯的崩溃采取行动，而杜鲁门也被指责没有去“挽救”中国。与失去一个战争盟友完全无关的是让俄罗斯成为美国资本巨大的半殖民地的思路所具有的极大的吸引力，尽管没有任何有组织的“俄罗斯院外游说”在发挥影响。那将远远超过曾令人失望的远东战前赔偿。鲁特鼓励商人们向前看，期待以开发俄罗斯资源的优惠形式来偿还贷款。那些诱人的光芒是导致美国在1918年后参与干涉俄罗斯战争的部分原因。它们最终带着灰色的幻影消失了。

不久之前在墨西哥的经历可能让威尔逊对那场新的更大的赌博犹豫不决。他在作出那个决定时的态度很明显地就是凯南所说的“美国精神在联盟内部关系问题上的非凡运作”。这体现在1918年7月发表的“一个模糊不清的宣告”之中，它让在过去六个月里徒劳无益地向美国施加压力加入西伯利亚地区反布尔什维克联合行动的联盟伙伴们感到非常恼火。威尔逊和兰辛对那种压力的动机深存疑虑，他们希望挽救夺取了符拉迪沃斯托克的捷克前战俘，并为自己的行动找到了借口。兰辛认为这是“在我们的责任问题中引入了情感因素”，帮助捷克人将是“完全不同于其他干预的理由”。对于欧洲人来说，这种推理似乎只是

① 哈里 · S.杜鲁门（Harry S. Truman，1884—1972），美国民主党政治家，第32任副总统（1945年），随后接替因病逝世的富兰克林 · 罗斯福总统，成了第33任美国总统（1945年至1953年）。

美国人的又一次哄骗，这总是会激起他们的愤怒。对于美国而言，这件事带来了另一个尴尬的复杂情况：它从一个新的角度提出了日本的威胁。日本正在向俄罗斯的西伯利亚和中国进军的路上，显然想要在这两个国家立足并在远东地区建立起一个至高无上的地位。

罗斯福深信，在德国崩溃之前不久，威尔逊曾再次谋求通过谈判达成和平，而德国将随后成为他计划中的联盟成员。这样的结局与同盟国的完全胜利相比可能对他和美国更为适合，更不用说社会革命会从俄罗斯向被打败的德国
蔓延的风险。他的地位在1918年11月的选举中以另一种方式被削弱了。就像 204
英国的“卡其布选举”使右翼得到加强一样，威尔逊在选举中曾被指责具有社会主义倾向。美国在战争中脱颖而出，成功的冲动带着强烈的反动色彩，并在与反动的盟国政府的接触中受到感染，尽管它很可能与他们发生争吵。从此以后，反共就成为美国在世界上前进的一个永久性特征。

对顽固派来说，“莫斯科黄金”充分解释了布尔什维克思想在欧洲迅速传播的原因，而正确的对抗方式就是武力，他们试图推进对俄国内战的干预。更理性的人则看到饥饿将比黄金更能颠覆社会，而担任救济总干事的未来的总统胡佛[1]正负责安排将食品运往欧洲。人们认识到，那些食品将有助于赢得经济上的优势，并“加快无约束的资本主义的回归”。威尔逊呼吁国会加快“阻止无政府状态的蔓延”。握有库存的工业界和手头有大量剩余的农业界都很乐意将业务与慈善事业结合起来。列宁非常清楚地看到美国的食物正被用来对抗来自俄罗斯

---

① 赫伯特·克拉克·胡佛（Herbert Clark Hoover，1874—1964），美国第31任总统（1929—1933）。第一次世界大战时及战后，他在欧洲组织“救济委员会”，并积极参加组织对苏联的武装干涉。1914—1915年，胡佛在伦敦担任美国救济委员会主席。这个委员会共帮助12万名贫困的美侨返回祖国。第一次世界大战结束后，欧洲到处缺钱缺粮，饥民充斥城乡。协约国首脑任胡佛为救济与复兴署署长，以解决战后的食品短缺。

的革命思潮。1921年时，他非常现实地试图分享美国的食物以解救俄罗斯的饥荒，他请求他的朋友高尔基请萧伯纳和赫伯特·乔治·威尔斯支持一项呼吁。胡佛对援助施加了严格的条件，包括必须以黄金付款，理由是否则那些黄金将被用于在国外进行颠覆活动。在一个饥饿的世界里，美国过剩的食品经常发挥着资本主义和人道主义的双重作用。

到了那时，干预俄罗斯的战争已经结束了。因为在参议院里有一批像罗伯特·拉福莱特①和威廉·博拉②那样反对干预俄罗斯的参议员，威尔逊希望布尔什维主义自己会由于无能为力而自行消亡，而他对日本成为大战的主要受益者越来越感到紧张。美国开始体验到困扰着大英帝国的对世界承诺的复杂性和进退两难的处境。在最近的几十年里，那些困扰正在使大英帝国逐渐停滞不前。而在德国战败之后，尽管美国劳工没有能力进行一场“不干预俄罗斯”的抗议活动，仍留在战场上的美国、法国以及英国士兵也开始感到焦躁不安。

那个不幸的冒险可能也反过来警告了华盛顿，不要再像旧日帝国那样以不正当
205 的行为纠葛他人，特别是不要试图控制任何正在争取独立的殖民地领土。几乎所有这些都将涉及其他强权的财物和他们的世仇以及阴谋，而美国现有的岛屿因依赖美国而不受影响。英国再次扮演了诱惑者的角色。它在亚洲的地位受到了破坏，因此需要新的支撑，继续它在战争后期所做得那样。1918年1月的一份英国内阁文件宣

① 老罗伯特·马里恩·拉·福莱特（Robert Marion La Follette Sr.，1855—1925），美国律师、政治家。他代表威斯康星州在国会两院任职，并担任威斯康星州州长。俄罗斯革命爆发后，拉福莱特支持布尔什维克，他认为布尔什维克“正在努力建立工业民主”。他谴责盟军对俄罗斯内战的干预，他认为这源于威尔逊阻止社会主义蔓延的愿望。

② 威廉·埃德加·博拉（William Edgar Borah，1865—1940）是一位直言不讳的美国共和党参议员，爱达荷州历史上最著名的人物之一。博拉从1907年到1940年去世，一直是一名进步主义者。他经常被认为是一名孤立主义者，因为他领导着“不可调和者”（Irreconcilables），即不接受《凡尔赛和约》（Treaty of Versailles）的参议员们。

称，尽管得到了爱尔兰人的支持，德国在美国的宣传却未能将“帝国主义的污名”从德国转移到盟国身上。但是，那份文件继续说道，中东正处于一个危险的状态之中，因为英国在1907年舍弃了与土耳其和伊斯兰教的友谊去与俄罗斯交好，而现在正在失去它的俄罗斯盟友，并且可能会发现布尔什维克主义和穆斯林民族主义将站在德国人的一方。英国缺乏资源去面对这样一个共同组合。它只有一个出路：“为那些国家找到一位双方都能接受的监管人。这只能是美国”。

到了第二年，从另一个阵营提出了类似的建议。一些土耳其民族主义者提出了一个试探性的建议，即美国（它尚未向土耳其宣战）应对他们的国家承担某种义务，保护他们免受英国、法国、意大利的帝国主义蹂躏和希腊的掠夺，“帝国主义欧洲正以千种方式对我们实行着压迫”。哈里德·埃迪[①]于1919年8月以菲律宾重组为依据，在给凯末尔·帕夏[②]的信中写道，“美国，是唯一理解一个国家的灵魂意味着什么，以及如何构成民主政权的国家……它……可以在二十年的时间内创造一个新的土耳其。”在原则上，凯末尔没有提出任何异议，但精明地询问美国人将期望得到什么样的回报。看起来，还没有足够的证据能让他们认真对待这样的想法。

---

① 哈里德·埃迪（Halid Edib，1884—1964年1月9日），土耳其小说家、民族主义者、女权政治领袖。她最著名的小说是批评土耳其妇女的社会地位低下，以及她认为大多数妇女对改变她们的处境缺乏兴趣。第一次世界大战期间，她是一个泛突厥主义者。第一次世界大战奥斯曼帝国战败后，英国军队占领了君士坦丁堡，盟军占领了帝国的各个部分。她在伊斯坦布尔赢得了“煽动者和危险煽动者”的名声。

② 穆斯塔法·凯末尔·阿塔土克（Mustafa Kemal Atatürk，1881—1938），土耳其革命家、改革家、作家，土耳其共和国缔造者，土耳其共和国第一任总统、总理及国民议会议长。1920年4月在安卡拉发起召开大国民会议，成立了以他为首脑的国民政府。1923年7月与协约国签订《洛桑条约》。10月29日，土耳其共和国宣告成立，凯末尔被选为共和国第一任总统，兼任武装部队总司令。执政期间施行了一系列改革，史称“凯末尔改革”，使土耳其成为世俗国家，为土耳其的现代化奠定了良好的基础。

很明显，土耳其民族主义中的这个不太尚武的派别对美国殖民记录的看法过于乐观，可能是因为缺乏信息，也可能是像菲律宾人一样，相信自己能够成为美国的合作伙伴。1919年推出的这种委托统治的新殖民主义模式可以被描述为新旧殖民主义的混合体，可以说美国已经习惯于不时地在中美洲向自己授权。像兰辛那样的人有一些顾虑，那就是威尔逊对自决的热衷可能使大英帝国感到不安。而把从德国人和奥斯曼人那儿夺来的附属地称为委托统治，至少在
206 名义上是为了那里民众的利益将他们置于临时管理之下，而不是兼并他们，这就提供了一个令人愉快的妥协。

威尔逊还希望对国际联盟赋予责任。国际联盟中的所有国家都同意必须建立这样的责任体系以满足公众的感受，但他希望能留下一个特殊的印象，至少在名义上将委托统治规定在其职权范围之内。兰辛仍然对此持怀疑态度，但他发现他的总统对史末资[1]所提议的国际联盟是“帝国的继承人”那个短语印象深刻。它很符合战前豪斯曾经大力宣传的那个想法。史末资本人在巴黎给威尔逊留下了深刻的印象，威尔逊自己也是有一些种族主义倾向的，而那个南非人在他的同胞眼里是一个非常有技巧的人。正如我们从他儿子的传记中了解到的那样，他认为直接让威尔逊同意去吞并德国在西南非洲的领地是不会成功的。“他做了下一件最漂亮的事情……他见证了国际联盟以‘C类委托统治’的方式[2]接

---

① 扬·克里斯蒂安·史末资（Jan Christiaan Smuts，1870—1950），南非著名政治家和将军。布尔人的英雄，从1919年到1924年和1939年到1948年任南非总理。1941年被授予英国陆军元帅军衔。他还是一位律师和知识分子，是“英联邦”这一概念的创始者，对国际联盟和联合国的成立作出了很大贡献。

② 根据《凡尔赛条约》（Treaty of Versailles），德国全部海外殖民地被剥夺，由主要战胜国以“委任统治”形式予以瓜分。根据《国际联盟盟约》第22条，“C类委任统治”的德国殖民地包括：西南非（现在纳米比亚，分配给南非）、新几内亚（分配给澳大利亚）、西萨摩亚（现在萨摩亚，分配给新西兰）、赤道西太平洋北部的岛屿（日本）和瑙鲁（澳大利亚、英国和新西兰）。

管了西南非洲，这几乎等同于吞并。”等着让威尔逊去干得就是去爱护他的幻想，帝国正在进入一个崭新的时代。

即便如此，美国并不是所有委托统治的申请人。威尔逊的设想是他可以通过国际联盟对所有的“委托统治”进行某种程度的监督，事实上也确实是如此。如果美国加入国际联盟，委托授权的体系可能会有所不同。在和平会议期间，英国对是否让美国进入殖民地问题的讨论费了大量的心思，部分原因是为了防止任何可能引起反对英国拨款的意见。眼下，如同1898年时一样，美国被邀请去分担白人世界的负担。巴勒斯坦被认为是另一个有吸引力的诱饵，但是劳埃德·乔治[1]的想法已经改变了。他反思道，“这将让一个完全是新兴的原油大国参与到我们在埃及、阿拉伯和美索不达米亚原已极为复杂的利益中去”。所以作为替代，德国的东非领地被提了出来，而且谈到了亚美尼亚，那是一个没人想要的麻烦的角落。威尔逊自己准备要讨论亚美尼亚的问题，但他的殖民地顾问比尔[2]并不愿意。如果提出具有吸引力的伊拉克的委托统治，华盛顿可能会在石油公司的推动下接受那个议题，因为那里丰富的石油资源早已为人所知。如果是那样的话，美国几乎不可能退出国际联盟，而历史也将会以不同的方式
书现。然而事实上，国际联盟展开的关系网是徒劳无助的。这充分表明了即使 207
在眼下，美国对旧式殖民主义依然持有根深蒂固的厌恶，所有那些讨好的话语

---

① 大卫·劳埃德·乔治（David Lloyd George，1863—1945），英国政治家、自由党政治家。他最重要的角色是在第一次世界大战期间和之后担任战时联合政府（1916—1922）精力充沛的首相。他是1919年巴黎和平会议的主要参与者，那次会议在打败了同盟国后重新整顿了欧洲。

② 乔治·路易斯·比尔（George Louis Beer，1872—1920），美国著名的“帝国学派”历史学家。他强调大英帝国商业方面的成功运作，是“帝国学派”的成员，该学派强调大英帝国的经济利益和有效管理。比尔在第一次世界大战期间担任威尔逊总统的美国调查委员会的殖民地问题专家，并作为美国和平谈判委员会的成员参加了巴黎和平会议，他在1918年至1919年期间担任该委员会殖民地司司长。

都被拒绝了。然而，这也意味着美国的资本主义在那个时代以其绝对的优势能够感到如此自信，以至于不需要殖民地就能够跨越所有的边界。

威尔逊的目标是获取一个比任何非政府组织都要大的影响力，一个全球适用的秩序，一个在负责任的政府之间的常识性协议保护下自由企业得以安全运行的世界。就资本主义演进而言，这样一种想法带来了国际专利分享或协商定价的趋势，这是未来“跨国公司”的先驱者。从政治角度来看，美国已经表现出一种“超帝国主义”的倾向。人们非正式地讨论着许多规范国际关系的计划，而史末资也提出了一项建议，让大国联合控制或管理东欧、西亚和俄罗斯的亚洲部分。

某些这样的安排看上去似乎非常需要，因为中欧和东欧的权力崩溃使欧洲大陆的很大一部分分化了。通过欢迎新的自由国家的出现，威尔逊让战争带上了进步的色彩，但这与美国人所期望的集聚成大型国家是背道而驰的。对欧洲的一大撮小国无法同样采用在中美洲使用过的那种简单的方法来维持秩序，并且那样做将对布尔什维克的影响和美国的影响同样开放。然而，国际联盟可以提供一个框架。当设计最终历经痛苦显出雏形时，它并不完美，它与美国本身的框架极为相似。全体大会像美国参议院一样为所用国家提供完全平等的权利，但同时还有一个理事会，更大和更富裕的国家可以通过那个理事会来表达自己的意见。

兰辛反对的原因是因为在实际运作中这将意味着由“大国组成的国际寡头政治来指导和控制世界事务”。他可能看到了威尔逊没有看到的事情，即真正起作用的将是政治和军事的力量，而不是财政和金融的力量。从威尔逊的角度来看，问题在于“寡头们”在面对像疆域那样的时代错误时在遗忘他们之间微不足道的分歧上行动极其缓慢。而另一方面的问题是美国不愿意以旧世界承认并尊重的包括提供军备在内的形式来展示领导力。当斯宾格勒说像迦太基人或美
208 国人那样只关心经济利益的人是无法进行真正的政治思考时，他是在为那个旧

世界讲话。他的话里有一种力量，可以解释为资产阶级的美国在思考时过于理性，对一个发疯的欧洲根本没用。反过来看，欧洲无法达到美国的理性水平，从而在后来的20年里一直责备自己的无用，责备自己陷入了另一场大战。

尽管威尔逊尽全力进行了游说，美国还是拒绝加入国际联盟。美国国内对被拖入欧洲泥沼感到厌恶，急着想看到美国能在中美洲那样自己的势力范围内自行采取行动。还有一种顾虑是国际联盟的辩论和争议会对拥有多国移民的美国产生分化作用。在参议院领导反国际联盟阵营的洛奇说过，“这一切都会延缓美国人口的美国化”，而“让所有那些人都成为好的美国人”的需要比任何小规模的欧洲争端都重要得多。当然，好的美国人都是奉献于自由企业的人，都是大企业的崇拜者，而欧洲人却往往不是。

威尔逊在伦敦的一次演讲中，将他曾与之交谈的普通士兵归结为“废除旧秩序并建立新秩序”的决定性力量。摆脱权力平衡的政策，因为那种“平衡是由刀剑……由不稳定的竞争利益所决定的”。对旧秩序的总结并没有错，在街上游行的人，或是在战壕里打仗的人也确实是那样认为的。不管他们的看法如何朦胧，他们都希望能够从旧秩序走向新秩序。在和平会议上，威尔逊宣称“人类的命运现在掌握在全世界质朴无华的人的手中”。这种说法包含了太多的美国人的幻想或虚伪，似乎只要不是百万富翁，所有不是带着佩剑的伯爵或是穿着靴子的将军的人都是“质朴无华的人”。对于威尔逊本人来说，它必定有一种心理上的诱惑。“威尔逊总统是一个沉默、隐秘、脱离了与正常的偶发外交接触的人”，或者可能是其他任何情况。对他那样的人来说，开放外交、公共条约、质朴无华的人的时代的想法具有欺骗性的魅力。然而，他自己的做法更多地像是一种秘密迷宫，有一天会从中培育出美国霸权。在他担任总统期间，特别是在战争期间，他的真实处境是把自己与普通人，与更为进步的力量隔离了开来。他现在想要得到他们的支持了。

第十七章
胜利和胜利之后：宛如科幻小说

1919年7月10日，威尔逊总统向参议院阐述了签署和平条约，参加国际联
209 盟以及美国有义务领导世界的理由。那是近一个世纪以来不断增长的期望和抱负的汇总，现在已经成熟等待去实现了。与他放飞的风筝的尾巴绑在一起的是政客们在带领这个国家走向辉煌的漫长过程中曾反复使用过的一连串流行语言，陈词滥调和隐喻：远见、梦想、精神、真理、光明……“舞台已经搭好，目标已经宣布。它不是由我们的构思所产生的计划，而是由“上帝之手”将我们引到这条道路上去的……”克伦威尔和弥尔顿的弦外之音是非常清晰的。正如克伦威尔所说，没有人会比不知道自己要去哪里的人走得更远。

美国没有参加国际联盟，但这并不意味着放弃世界。相反，美国自信不需要任何妥协的联盟或盟友，自己就完全有能力发挥影响。带着一种开启新时代的令人欢欣鼓舞的气氛，历史进入了一个新的美国时代。在若干年之前，亨利·亚当斯在访问太平洋地区时曾遇到了一位萨摩亚酋长，那位酋长感慨地说“他唯一的希望就是基督和美国”。现在美国已经长大了，是这个世界上的一支强大的力量，肩负所有那些希望，正准备成为这个时代的分配者、仲裁者和先知者。它独自登上了西奈山，采访了全能者，并带回了法律的药剂。一位牧师大声喊道："以色列的神已经为我们涂抹上了神油，让我们承担起为穷人、弱者和受压迫者奋斗的事业。我们还将为成为世界大国而奋斗。"解放与统治经常会 210
在美国的白日梦中走到一起。

在关于一个国家学会如何屹立于民族之林的文献中，没有留下多少早年间曾在梅尔维尔或惠特曼头脑中由那股清新的情绪所激起的飞扬的想象力的记载。他们的继承人中最优秀的那些人对现在正在建设中的帝国并不热衷，不像早期的作家，带着某种狂热远远地看着它。如果那些早期的作家倾向于远走国外的话，那么亨利·詹姆斯[①]就是走得最远的。他完全抛弃了他的祖国并成为英国人，获得了荣誉勋章。英格兰一直是美国人对世界情感的试金石，人们可以从两极分化的文学作品中看出端倪。一边是詹姆斯对老旧富人文明和一切都被一种柔和的"国际"光芒笼罩之下的伦敦的品味，而另一边是马克·吐温笔下依然古老的英国，一个充满情趣的画面但却带有对欧洲陈旧的阶级体制，以及那个体制对普通人的残忍的漠不关心和毫无意义的好战态度的极度讽刺。

这并没有减少古代英国人吉卜林受欢迎的程度，吉卜林在大西洋之外地区流行的时间比在国内持续的时间要长。当三叉戟从不列颠尼亚手中滑落之后，美国仍将继续前进。他的白人为他所管理的殖民地服务的福音很容易就会和商人的自己为公众服务的说辞合上拍。一个在英国定居的美国人在1936年指出："尽管我相信吉卜林的书在美国仍然畅销……但他对这个国家中的年

① 亨利·詹姆斯（Henry James，1843—1916），美国小说家，文学批评家，剧作家和散文家。代表作有长篇小说：《一个美国人》《一位女士的画像》《鸽翼》《使节》和《金碗》等。詹姆斯出生于美国，年轻时移居欧洲，最终在英国定居，1915年成为英国臣民。詹姆斯于1911年、1912年和1916年获得诺贝尔文学奖提名。

轻人几乎没有任何影响”。因此当第二次世界大战结束时，海军部部长福雷斯特尔[①]曾在他的朋友们中散发了吉卜林的书本，以此作为防止美国解除武装的“圣战”的一部分。

吉卜林学派的小说朝着一个方向隐入了西方传奇，他们的布法罗比尔就有了一些君子的品质和吉卜林英雄的血统。狂野的西部轶事仍然无穷无尽地倾泻出来，与美元外交和海军陆战队的战绩相得益彰，另一些自命的执法者进来去建立法律和秩序，并保护加勒比地区的合法利益免受不法分子或不良印第安人的侵扰，就像“丹佛的丹和他的神秘队伍”那样的人在国内干得一样。看到这些激动人心的故事的美国人比欧洲人更具有二元性，因为他和他的国家一样，在他身体内部就包含了一个清醒的新罕布什尔州和一个无法无天的内华达州，他能够同时享受无拘无束的冒险和天真的美德。

在狂野西部的故事中，一种新的神秘武器可能跑错了地方。因为幻想受
211 到了技术的影响，神话又一次逃离了封闭的边界，无形中转入了太空旅行和探险小说。法国作家儒勒·凡尔纳和英国作家赫伯特·乔治·威尔斯开通了小说家的这个艺术分支，他们的凡人或火星人的航行穿越了太空，宇宙战争正在逼近，法兰西帝国和大英帝国试图与外星球取得联系，但最终与奇异的物种发生了碰撞。这随后在美国得以本土化，并在美国扩张主义的所有怪癖和混乱中反映了出来。这方面的先驱者是埃德加·赖斯·巴勒斯[②]，他曾在骑兵中短暂服

① 詹姆斯·福雷斯特尔（James Vincent Forrestal，1892—1949），美国海军部部长（1944—1947），参与对德、日后期作战的决策，他是以航空母舰为中心的海战组织的支持者。1947 年美国设立国防部后，成为首任国防部部长，主张对苏采取强硬的军事方针。

② 埃德加·赖斯·巴勒斯（Edgar Rice Burroughs，1875—1950），美国科幻小说作家。他的《人猿泰山》长篇系列小说是经典之作，自问世以来，一直经久不衰，深受广大读者喜爱。除《人猿泰山》系列之外，他还写有《火星》等系列科幻小说。其文风观点介于乐观与悲观之间，作品兼有科幻、冒险成分，至今仍脍炙人口。

役，在俄勒冈州寻找过黄金，在爱达荷州养过牛，在盐湖城当过警察，他的生活经历是美国经验的一个很好例证。他曾被看作是一个失败者，直到他历尽艰辛写下了系列小说并销售了几千万册。

从他的第一个故事的开场中，人们可以看到向西部移动的开拓者们是如何变成一个更有伸缩性的太空开拓者的，以及他那关于火星公主的最引人注目的浪漫故事。那本小说写于1912年，说的是在一群渴望酷刑的恶魔般的阿帕奇人追逐之下的亚利桑那英雄的惊险故事。然后场景突然转换成了火星，英雄继续与四个更沉迷于同样酷刑乐趣的武装的绿人一起在亚利桑那式的沙漠中漫游。卡特上尉是弗吉尼亚人，后来参加了南方邦联的军队，是一位真正的绅士。芝加哥出生的巴勒斯用文字在他身上重新塑造了一个新世界，将他旧的身体留在了地球上，而在火星上则有了一个新的身体，就像民间传说中的那个幸运的年轻农民一样，他和一位美丽的公主结了婚。

他于1914年创作完成的另一个原型人物形象——人猿泰山，并取得了巨大的成功。泰山原来是一名英国贵族，在丛林中出生时失踪了，他确实是一位有运动细胞的英国贵族的理想化肖像。种族和阶级的势利在尼采的超人身上将这两个变种愉快地融合进去了。这个“金发碧眼的野兽”在1914年成了时尚人物，在年轻的墨索里尼和希特勒以及成千上万像他们一样的人的耳朵旁窃窃私语（泰山实际上被称为“超人”）。如果吉卜林入侵了美国，巴勒斯则入侵了英国，他的书中的两位主要人物都在那里受到了最热烈的欢迎。他的“公主”在第一次世界大战结束后的第一年首次在那里出版，并在18个月里重版了9次。它和它的续集在过去几年里一再被重印，这充分显示出了它的生命力。

可以从许多来源追溯到泰山的踪迹。例如，系列丛书的第一本就明显的是
“丛林之书”的回声。泰山有着“神灵的外表”，以及与之相配的属于高尚野人 212
的气质，但他也是一个真正忠诚的白人，一个孤独的白人，通过更高的技巧和无敌的勇气，不让他周围的包括非洲人在内的野物伤害到他，非常像吉卜林书

中那些掌握下属的地区官员。据说吉卜林非常喜欢泰山，很容易就认识到了他与曼格利的相似之处。他以“他作为超人标记的自信和机智”面对生活。当他面对一只大猩猩时，他的斗志来源于血管里“流淌的最威武的斗士的血液”。当我们在1919年听到参议员亨利·卡伯特·洛奇谴责布尔什维克是“一群类人猿”时，我们可以推测到他也一直在阅读泰山的书。

巴勒斯笔下的非洲人向美国人展示了他们对殖民主义和种族主义的反抗。泰山的黑人邻居是一些受到“极其虚伪的比利时国王利奥波德二世[①]”残酷压迫，逃避收割橡胶的逃犯。而在另一方面，黑人的形象是如此像一头怪兽，读者必定会觉得，任何事情对他们来说可能都不是太糟糕的。“他们的黄色牙齿被磨砺成尖锐利器，他们巨大且凸出的嘴唇更加重了他们外表低沉且兽性的残酷。”他们是食人族（就像火星上高等的黑人种族一样），并像脸上涂有黑色条纹的红色印第安人那样拷打他们的受害者。泰山并没有感到与他们有任何血缘关系，只是他那隐晦的本能警告他不要吃任何他杀死的黑人。他第一次见到他们时的印象是一个像“黑檀木一样光滑而狰狞的东西”（“狰狞”是他们所有人的别号）。厌倦了统治他的猿群，他开始寻找真正的伙伴，像他自己一样的白人。不久，他找到了一位白人女子并爱上了。她是一位美国人，一位南方人，带着一个传统眼光看来可笑的名叫埃斯梅拉达（Esmeralda）的黑人女仆。她也是一位值得赞扬的爱国主义者，而她与泰山的结合构成了英美或盎格鲁－撒克逊式的浪漫。

在火星上，巴勒斯创造性的天资有了一个更为宽广的发挥才华的领域。巴

---

① 利奥波德二世（Leopold II，1835—1909），原名利奥波德·路易斯·菲利普·马里·维克多（Leopold Louis Philippe Marie Victor），是比利时国王（1865年12月17日—1909年12月17日在位）。他创建了刚果自由邦，使刚果成为其本人的私人领地（1885年7月1日—1908年11月15日），并强征当地人为他劳动，造成了大约300万刚果人死亡。

松是一个高贵的贵族世界，住着顶级的贵族和淑女以及他们的奴隶，它的政府完全是君主制式的，尽管它有着比美国更先进的技术——带有无线测距仪的步枪发射的镭射弹可以打到八十英里远处，从望远镜里可以看到其他星球上的每一件事情，可以飞行的巨型战舰。生活是如此接近战争，以至于文职人员也要佩着刀剑坐在他们的办公桌旁。美国人也喜欢拥有武器，但除了少数在空间或
与绿野人的战斗之外，他们对大批集结的军队和检阅场地，以及在火星上的激 213
烈战斗趣味索然。那是决斗，或者是一场无法预测胜负的单挑独打。我们一边在看，一边又一次恍然大悟，这是在狂野的西部。男人们按照骑士的规则徒手格斗，而约翰 · 卡特[①]虽然在他的探险历程中受到召唤去消灭对手的军团，但他仍能以自己奇迹般的剑法而功成身退，并且没有留下任何武力征服者的迹象。总而言之，这是一场异乎寻常而又引人注目的奇观，它证明了在昔日南方和西部的微风吹拂下，对旧世界的辉煌和伟大的怀念之情，是如何伴随着美元和美分以及社会进步的魅力在美国人的心中推进深入的。

尽管如此，在那个美国人的心中，月光和日光有一个保持不相距太远的诀窍，正如他们在国家被大力推入世界和历史潮流时应该做得那样。巴勒斯对生活了解得很透彻，他还写了其他关于吸毒、私刑、卖淫、大企业复杂争斗的小说（他开始着手写作第一部科幻小说时用的是“正常的豆子”这个笔名，意思是正常的头脑，或者是健康的头脑）。在火星系列小说中充斥的荒诞具有许多扬基的现代性和理性，以及对过气的信条或迷信的蔑视，与马克 · 吐温的笔法很相似。巴勒斯的英雄象征着进行启蒙运动，正如一个美国人无论去到哪里都应该做的那样。在那个系列最早的也是最精彩的三部小说中的第二部，他将火

---

① 约翰 · 卡特（John Carter），是埃德加 · 赖斯 · 巴勒斯的《巴松》系列小说的最初主人公。是弗吉尼亚人，他美国内战的老兵，被运送到火星。

星从被狡诈的牧师鼓捣的虚假信仰的暴政下拯救出来，这是土著崇拜的升华，而白人正以此解放地球。绿色战士发表了一篇非常令人感动的演讲，他的朋友从地球上返回后看到他正与神秘山谷中的凶猛动物缠斗，在那个山谷中轻信的人将受到诱惑。“这是爱情，和平与休生养息的山谷。自古以来，每一位巴松人都渴望在仇恨，冲突和流血的生命结束时能去那里朝觐……这对约翰 · 卡特来说，就是天堂”。

随后，它降临到了英雄及其后代身上，落到了生活在各种各样奇异种族中的那些拥有天赋的个人身上。那些种族中有着奴役、陈腐的习俗、精神枷锁，以非人道的僵化的集体主义（我们可以从中检测到对社会主义的丑化）为起点。在系列的第三部小说中理性与迷信又再次产生了冲突，伪宗教的主教终于得到了一个严峻但却罪有应得的死亡。一块在北极的北面新发现的黄色人种的土地被一个崇拜一种可怕的白色野兽的暴君统治着，那个暴君的侄子取代了他
214 并宣布他将消灭那头怪兽。然而这次国际关系成了主题。一开始时，傲慢的黑色人种刚刚被一个胜利的联盟所推翻，他们的国家也被占领了。“长子已经从他们自负的高峰掉入了屈辱的深渊”——我们可以补充说正如德国人刚刚经历过的一样。在小说结束时，我们离开了一个铆焊在一起的“众多国家大社会”的星球。

在为获取日耳曼人“火星军阀”头衔而战斗的道路上，英雄仍然保持着他从本土带来的美国人理性且有序安排的本能。美国的领导层可能没能把争执的地域权势笼络到一起，但在火星上，它通过在黑李牧（Helium）指导下建立的一个最强大的王国联盟开启了和平的统治。在巴松人中最文明的是红种人，但现在他们与白人、黑人和黄人，甚至是非人类的绿色群体结盟。文明高于肤色或种族。正如火星没有被美国征服的问题，只会受到美国人想法的影响，巴松的旧日帝国主义习俗被抛弃了，每个人都有自己的主权。迄今为止曾是一个像日本或中国西藏那样难以进入的禁区的北方的新统治者公布了一项开放政策，

向所有来的人表示欢迎。

作为英雄他被人赞扬并受到喜爱，但他仍然是一个孤独的人。他自己讲述了他的冒险经历，而所有其他人都没有这样的天性，读者只能通过他的眼睛看到那些。在这个与它不同步的世界中，有一则无意识的关于美国的寓言，那就是它很快就怀疑它进行改造的能力。这可能是1919年欣快症出现衰退时的一个症状，那时巴勒斯正从火星的开放天空（只有黑人住在地下）下降到地球或月球幽灵般的内部。他现在被共产主义的幽灵，或是对大众毫无头绪的反抗所困扰。这让他转向追逐月球和金星，似乎太阳系正暴露在多米诺骨牌倒下的阵痛之中。随之而来的是可悲的质量下降，这在1923年和1925年写成的两部月球的小说中非常明显，它们都带有明显的说教目的。

革命的阴影已经笼罩着巴勒斯的轨道。不像火星的壮丽，月球上或月球里的所有东西都是灰色并肮脏的。这是文明与野蛮，人类与非人类之间的又一次对比，后者这次是一种半人半马的怪物，秉持退化了的宗教信仰，并且再次有着与旧日岁月中“西部平原野蛮的印第安人”非常相似的脾气。它在很远的地 215
方复活，从而让美国探险家们能追求他们有着悠久历史的战争。这里也出现了另一位由美国英雄从野蛮人手中救出来的公主，但相比之下却是一位可怜的灰姑娘。在过去的美好时光中权力和财富没有被平等地分享，但却被大量地使用了。相比之下，大众教育催生了一个“思想家”的秘密社会。在平民百姓爆发起义之前，他们一直散布着不满情绪。“思想家不会做任何工作，其结果是政府和商业两者都陷入了快速的衰败。”旧文化的一个残余物存活了下来。像忠实于白人主人的黑人一样，“一直忠于贵族阶级的忠仆”的后代正等待着具有“高度精致情感的人”的到来。美国人思想中的新旧畸变走到了一起。即使这个最后的避难所现在也正在崩溃，一位雄心勃勃的领袖正在一场战斗前煽动一群“贱民”——“一个贵族能值上他们十个人”——但却由一个叛变的地球人提供装备。

与此同时，地球一直处于良好的状态，在1914年之后历经半个世纪的冲突，以“盎格鲁-撒克逊种族的绝对统治”而告结束。然而当反科学邪教组织削弱了美英联合武装力量，曾被罗斯福苛刻责备为“懦夫”的那些和平主义者们弱化了那种绝对统治，时机就到来了。只有“英国国王才能把我们从这场疯狂政策的彻底灾难中拯救出来”。到2050年时，地球被来自月球的部落压倒性的入侵，曾经的乌合之众已经成为“经验丰富的战士”。这是西方对苏联双重形象的反射，可悲地愚蠢但却非常强大。那些入侵者与所有“懒惰、低效、有缺陷的人合在一起，他们将他们的失败归咎于成功者身上”。作为集体主义者或帝国主义者，征服者们没有强迫地球人为他们辛勤劳动，而是只允许他们每天工作四个小时，而生活则会重新变得暗淡无光。亚利桑那州的自由美国人坚持抵抗，他们有奴隶为他们工作，带着羽毛并跟随部族酋长一起行动，好像他们已经转化（正如斯宾格勒所预测的那样）成为红色印第安人。最后，他们潇洒的年轻领导人击败了月亮人并成为美国的霸主。

第十八章
美国，世界的银行

不管它在第一次世界大战后的美梦是如何的富丽堂皇，美国并不打算保持它的陆上军备。看到他们的国家扔掉了刀剑，屈就于永久和平的幻想，爱国者 217
们感到极度的不满。“一个肥胖国家中的好心的理想主义者们在某些教派和学校中迅速展开了宣传。”1920年通过的一项国防法案把和平时期武装力量的人数限制在28万人，到了1922年又减少到17.5万人。美国仍然维持着一支雄心勃勃的海军，它的实力在1921—1922年的华盛顿会议期间被公之于世。那是作为和平会议的补充材料而被征集的，意图证明美国有能力改进海军和海军条约。按照5：5：3的比例，美国海军将与英国舰队保持平衡，而日本海军的规模要小得多。与此同时，英日这两个国家正在分道扬镳。战争给他们的伙伴关系造成了压力，美国希望那种关系尽快结束。“美国舆论界对英日联盟产生了某种神经官能症”，并将远东所有协议的流产都归罪于它。正如1919年的一份外交部文件所指出的，华盛顿和东京之间的矛盾“显然是不可调和的”，伦敦不可能很长时间地持观望态度。这个联盟被一个无害的“四国条约”取代了，这三个国家和法

国都承诺尊重并含糊地保证各自在太平洋地区的领地。

在20世纪20年代，美国的经济正在不断壮大。1921年以后开始从战后的困难处境中恢复过来，工业在1929年增长了45％，经济衰退是微不足道的，而出口增长得更多，巨大的贸易顺差促进了向海外投资。这在1913年至1919年间增加了一倍，美国对外贷款超过了30亿美元，美国成了债权人而不再是债务人了。在接下来的十年里，它提供了全球所有新的长期外国投资的三分之二，将近九十亿美元。温和的观察家们注意到，那些年的贪婪的放贷者们“有时忽略了借贷者的福祉。美国在这方面尤其糟糕”。1930年时，美国近三分之一的外贷是在欧洲，它的贷款帮助巩固了欧洲摇摇欲坠的资本主义经济，特别是德国的经济，就像他们后来在1945年以后再次进行的更大规模经济援助一样。在此期间，美国因坚持要求偿还战争债务而获得了“夏洛克叔叔”的名声，但由于美国不愿降低关税而使债务偿还变得更加困难。贪图国外利润的胃口与缺乏消化器官来吸收之间的矛盾，将成为以后很多年中美国对外经济关系的一个特点。

从主要依靠其经济实力来达到目标的策略出发，美国国务院从1922年初开始要求美国公司向它通报任何拟议中的外贷。“在那之后，几乎所有的外国贷款都得到了美国政府的批准。”政治和金融正在会合，但还没有像欧洲很早之前就已完成的那么彻底。沃尔特·李普曼[①]后来曾抱怨说美国在20世纪的上半叶没有外交政策。挤在陈旧的欧洲中的国家总是被迫思考“政治”，暗中想象着他们的野心并相应地制定计划。英国已经部分地摆脱了这种强迫感，而美国依然处于安全的远方。尽管处在一个不断缩小的世界中，它仍将在欧洲和远东之间形成一个新的“中间王国”。它不太需要一个深思熟虑的计划，而且它那快速生长的

---

① 沃尔特·李普曼（Walter Lippmann，1889—1974），美国新闻评论家和作家。他是传播学史上具有重要影响的学者之一，在宣传分析和舆论研究方面享有很高的声誉。

兴趣范围和多样性在任何情况下都将使设定一个计划成为一项艰巨的任务。一位撰写有关1921年太平洋问题的作家曾表示，主要是西海岸那几个州对太平洋感兴趣，东部的各州都关注着欧洲的事件。“我们都认为美国是一个国家，但是那个国家中的一部分对另一部分的完全无知……确实令人震惊。”

少数民族并不是造成分裂的唯一因素。他们现在成了一个正在消亡的因素，因为大规模的移民由于战争而中断，并于1922年由于移民配额制的建立而结束了。对于欧洲来说，这是关闭了一个边界，并增加了欧洲内部战争
的可能性和不稳定性。对于美国来说，这意味着更明确的国家身份和自给自 219
足。曾被激烈宣讲的孤立主义自然而然地与此走到一起了。这并不意味着退出竞争。相反，这意味着经济活动在官方谋划之前就已经推出了，限制性的政策越少，各种利益集团就越容易将它们的愿望强加给政府。美国国旗正在跟随着贸易前进。美国经销商们正在更远更广泛的地区寻找开放的门户，或正在试图打开门户。

美国所具有的海洋上的实力和金融优势使人们不得不怀疑它是否正在征服世界，而美国只是在1945年以后才做到了这一点。正在兴起的共产主义自然认为它是巨大的资本主义堡垒。布哈林[①]在1915年（在他离开欧洲前往美国之前不久）撰写的《帝国主义与世界经济》中，谈到了“在世界舞台上出现的最大的国家资本主义集团之一”——美国的资本主义整体。列宁在战后为他在1916年发表的一本关于帝国主义的小册子所作的序言中认定美国现在的行为已与欧洲完全一样了。1921年7月，新的共产国际第三次代表大会预测英国将不得不沦为

① 尼古拉·伊万诺维奇·布哈林（Nikolai Ivanovich Bukharin，1888—1938），联共（布）党和共产国际的领导人之一，马克思主义理论家和经济学家。《真理报》主编。曾经被誉为苏共“党内头号思想家”。他的著作《帝国主义与世界经济》影响了列宁，列宁著名的《帝国主义是资本主义的最高阶段》中借鉴该书的理论。

无足轻重的角色，或“在不久的将来被迫和在过去与美国进行的生死攸关的斗争中所召集起来的各种势力进行较量”，并利用日本作为它的辅助力量。过了一个月，随着华盛顿会议迫在眉睫，共产国际执委会推翻了这一预测，声称英国将被迫在美国和日本之间进行选择并将选择前者作为其盟友，其结果是将在美国的领导之下“形成盎格鲁－撒克逊人的资本主义集团”，而日本将承担损失。后来的事实表明这一预测中有一些真实性，尽管它们远远超出了作者的预期。在共产国际第五次代表大会的宣言中，托洛茨基也说过这样一些话：“这个把全世界置于其控制之下的美国的‘和平主义’计划根本就不是和平计划。恰恰相反，它孕育着战争和伟大的革命运动……”

对于英国将沦为受美国控制的前景感到恐惧的远非只限于马克思主义者。1921年7月16日，伦敦的内阁在阴沉的气氛下对这个问题进行了讨论，这将使任何正在窥视的莫斯科特工都感到极大地愉悦。有人抱怨说，“美国一直在暗示美国海军可以用来保护文明和全世界的白人”。多年以来，英国人一直为“统治海洋”而感到自豪，现在一个更强大的对手正在起来掠取这项任务。这再次明确了美国思想中的种族主义标记。英国的非政府观察家也意识到了跨
220 越大西洋的风云会聚。D.H.劳伦斯[1]在1923年以他的漩涡主义风格写道：“现在是时候了。当美国这个鼓吹世界同化和世界一体化的极端分子正在以一个真正美国式的自我中心作出暴力反应时，我们可以肯定正处在美国帝国崛起的边缘。”1929年萧伯纳的剧本《苹果车》描绘了一位爱国的马格努斯国王试图逃避成为美国皇帝，并拯救大英帝国免于被美国一口吞下。同年，拉姆齐·麦克

① 大卫·赫伯特·劳伦斯（David Herbert Lawrence，1885—1930），英国作家、诗人。他的作品集代表了对现代性和工业化的非人性化影响的延伸反思。劳伦斯探讨的问题包括性、情感健康、活力、自发性和本能。

唐纳[1]访问了华盛顿，这是英国首相的首次访问。胡佛总统建议他可以交出百慕大、英属洪都拉斯和特立尼达以偿还战争债务。胡佛遗憾地记录道，“他根本不考虑那个想法”。

当英国和欧洲对美国的崛起感到紧张时，美国对英国仍然想对它保持监护，或像对待一个小学生那样来对待它有一种怨恨的感觉（“统治失灵”是对美国的总结性的判断。在第二次世界大战之后，剑桥共同财富研究的权威人士仍然重复了这一判断）。美国在1923年洛桑会议上的代表之一查尔德（Child）认为英国人愿意与美国人友好地合作，但不能平等地对待美国人。他认为所有的欧洲参与者都已老了，筋疲力尽，毫无用处。1922年的热那亚会议同样让他感到那是一个充满阴谋诡计、嫉妒、徒劳无益、完全没有任何合作精神的场合。美国人对欧洲的看法就像英国或法国一直以来对争斗的巴尔干地区的看法一样。

查尔德倾向于对争斗和抱怨的各方持有明确的立场。他宣称“对美国怀有极大的信心，美国将采取一种明智并科学而不是感情用事的态度在世界事务中维持正义和权力”。胡佛同样因欧洲战后的经验而坚定了他的信念，“美国的体系……是人类进步的唯一希望，是领导我们国家走向伟大的唯一力量”。“欧洲充斥着经年的仇恨和恐惧，承受着他们的军事联盟和增加军备所带来的后果。它的帝国主义的对手们像死灰复燃的火焰一样继续蠢蠢欲动……我不想让美国参与其中。”强大的国家，就像有力量的阶级一样，很快就用自己的方式确认了理性的光芒。然而必须承认，在这样的判断过程中，武力有着很大的影响力。美国联邦中平和的邦联政治与欧洲各国间疯狂的战争之间的对比令人震惊，并

---

① 詹姆斯·拉姆齐·麦克唐纳（James Ramsay MacDonald，1866—1937），英国政治家，曾两次担任英国首相。

221 显示出美国确实是一个新的更高境界的文明。回想一下在墨索里尼“沉迷于他喜欢的以武力相威胁为消遣”的时代的政治家风范，就像看着一个全是不守规矩孩子的托儿所，孩子们正不怀好意地忙于互扯对方的头发，或互相踢打对方的小腿。

即使是华盛顿希望与之保持良好关系的英国，也感到在横跨大西洋的事务中，尤其在持久不息的海军竞争上面表现得相当愚蠢。这个观点在赫伯特·乔治·威尔斯1930年的科幻小说《帕特姆先生的专制统治》中得到了充分的体现。一位来自牛津，对过去充满迷恋的英国独裁者在攻击苏联之后，错误地与美国开战，两国舰队在一次大规模的大西洋海战中相互攻击，沉入海底。然后，美国总统宣布单方面退出冲突，从而在世界事务中展现出新的智慧。国际联盟的支柱人物阿特伯里爵士说道，“在美国，人们对世界和平仍然怀有巨大的情结”。尼安德特人的斗士格尔森将军悲叹道：“商人和银行家们都因和平主义而腐败。他们从空气中受到感染。他们从美国受到感染。只有上天知道他们是怎么受到感染的！他们会问……‘战争能赚钱吗？’”

新世界的愿景在某些方面受到了限制。一方面它拒绝正视苏联，而在另一个方面，尽管截然不同，它脱离了欧洲的疯人院。一个接一个的政府不承认苏联。胡佛回忆说，“我经常把这个问题比作有一个邪恶并无耻的邻居。我们没有攻击他，但我们不会给他一个人格的证明。”在一项负面的条款中有一个“上帝的救赎恩典”。在美国三心二意地参与干预之后，就让欧洲那些最疯狂的人去想到攻击苏维埃俄国吧。从另一方面来说，攻击苏联的一些人在某些美国人中得到了相当程度的同情。如果说欧洲像是一个疯人院，对来自大西洋彼岸的理性声音充耳不闻，或者化解成为共产主义，那么一个声势浩大，像法西斯化的意大利那样大声宣布自己是反共产主义的最新的秩序就可以指望受到欢迎。

随着墨索里尼[①]、西班牙的普里·德里维拉[②]和葡萄牙的萨拉查[③]相继上台，由军事领袖统治的模式经由南方或拉丁的文化之门进入了西欧。这是美国已经熟悉的一种政府模式，并且知道如何像在拉丁美洲那样加以利用。摩根财团的贷款帮助墨索里尼确立了自己的地位。像查尔德那样的外交官可能很赞赏他，因为他的许多下属也都赞赏后来的那些独裁者们。所以更令人称奇的是，出现 222
了像林肯·斯蒂芬斯[④]那样热衷于苏联的人。美国人一直清醒地意识到自己国家的巨大潜力，任何一种力量的显示，或者像空谈的墨索里尼那样所谓的行动人士的任何关于意志和目的喋喋不休都可能随时打动他们。赫尔曼·梅尔维尔赞赏“欧洲警察”尼古拉一世，西奥多·罗斯福崇拜所有的政治强人，直到他在第一次世界大战中对德国人所产生的敌意让他无法确定“是应该崇拜他们的效率，还是憎恶他们可怕的道德败坏”。毕竟，力量和文明并不是同一件事。

对法西斯主义（在英国已是普遍存在的）公开或暗中的赞同是更隐秘的危险。因为在美国国内，进步主义时代及战争的结束并没有最终消除阶级冲突的氛围。像南北战争或者其他任何大的冲突一样，第一次世界大战也产生出了敲诈勒索者、奸商和英雄，而且“铁板脸庞的商人”在美国和在英国一样牢牢地掌握着控制权。劳工们无法在20世纪20年代对被戴上红帽子而受到的迫害进行有效的抵御，美国资本家在国内对危险的社会主义的镇压和墨索里尼之流在海

---

① 贝尼托·阿米尔卡雷·安德烈亚·墨索里尼（Benito Amilcare Andrea Mussolini，1883—1945），意大利国家法西斯党党魁、法西斯独裁者，第二次世界大战的元凶之一，法西斯主义的创始人。

② 米戈尔·普里·德里维拉（Miguel Primo de Rivera，1870—1930），西班牙将军和政治家，1923年9月至1930年1月的西班牙首相。

③ 安东尼奥·德奥利维拉·萨拉查（António de Oliveira Salazar，1889—1970），葡萄牙的独裁领导者，担任葡萄牙总理达36年之久（1932—1968）。

④ 林肯·约瑟夫·斯特芬斯（Lincoln Joseph Steffens，1866—1936），美国调查记者，20世纪早期美国进步时代的主要揭发者之一。

外的行动如出一辙。他们使用了合法或非法的压力，有时还使用了暴力。而大公司则恐吓胆小的公民，“将所有的工会成员都涂上红色，并将所有的工会活动都与革命联系在一起，将工会领袖都与布尔什维克主义联系在一起”。简而言之，他们对待国内大众，就像对待那些对美国有经济依赖关系国家的民众一样。但是，因战争和俄国革命而分裂的美国劳工，从未学会与殖民地的人民为共同的事业一起奋斗。

第三国际在1922年末曾评论道，“美国的资本正在越来越远离欧洲的混乱，并相当成功地在中美洲、南美洲和远东地区建立起一个大型的殖民帝国”。“殖民帝国”可能听起来有些不太准确，但列宁主义者在理论上几乎没有对直接或间接统治加以区别。资本家的实际操作有很大的影响力。正如诺曼·安杰尔所指出的那样，美国商人希望在墨西哥建立一个“稳定的”政权，但他们不希望吞并那个国家，因为如果那样他们将会受到美国劳工法和其他法律障碍的限制。

一篇在1921年发表的充满自由主义色彩的文章对“很少有美国人对他们的孤岛资产有任何兴趣”感到遗憾。作者（错误地）认为在菲律宾，他的国家在
223 殖民历史上第一次努力“如果不是在社会层面上的话，至少在法律上，以平等的态度对待其土著居民”。他不想让那些岛屿成为对抗日本的战略基地。“我们需要将菲律宾作为一个民主实验的基地，而不是作为一个堡垒地带。”在那里成功生产的民主“血清”可以用来接种给日本。“让民主的‘细菌’在菲律宾持续生存并被送往日本帝国。让美国成为一个伟大的道德力量，让日本知道人民权利是不可压制的”。这是在美国最受人欢迎的医学景象，它是道德而不是军事或霸权的概念。就像甘地试图改变英帝国主义一样，他希望通过树立和平的榜样来改变日本。这里也存在着同样令人困扰的问题，那就是他没有意识到在菲律宾，或在美国（或欧洲）直接或间接控制的其他任何地方并没有社会平等或社会正义。

早在1902年时，罗斯福就预见菲律宾最终会取得独立。1904年时鲁特曾预言菲律宾将获得与古巴相同的地位。一个明显的区别是，从古巴撤出的部队可以随时悄悄地再回到古巴，然而要把撤出的部队跨过太平洋再送回菲律宾则会引起太大的反响。华盛顿继续谈论着有一天将让他们获得自由，而星条旗则继续在菲律宾人的头上飘扬。1916年的《琼斯法案》将大部分内部事务转交到了可靠的菲律宾人手中，但战后同意的进一步让步却远远没有达到菲律宾国家领导层所希望的水平。由于菲律宾总督L.伍德[①]“行事带有军人作风并在某种程度上像种族主义者一样”，柯立芝[②]不得不出面安抚菲律宾人的情绪，但他在那样做的时候仍然维护着伍德。他后来作了一些修改，在1927年指定了更为圆滑的史汀生[③]作为他的接班人接任国务卿。诺曼·安吉尔为他的宏伟理论找到了一个新的支持者，他认为明智的资本主义不需要为殖民地发生争吵，不需要“为了菲律宾的独立而在资本家（糖、棉花和石油的不同利益集团）之间展开激烈的骚动”，试图排除他们竞争对手的产品。英国殖民主义对那样的矛盾所知甚少，它们又重新抬头了。

为了战略需要，胡佛可能想在加勒比海地区得到更多的领地。那是针对那个地区的一个高度灵活的概念，但他不想在其他地方进行任何永久的占领。“我们的任务是解放人民，而不是主宰他们。”他同时认为，如果没有与美国

---

① 伦纳德·伍德（Leonard Wood，1860—1927），美国陆军参谋长，少将。伍德1921年退役，同年晚些时候被任命为菲律宾总督。他一直担任这个职位，直到1927年去世。

② 约翰·卡尔文·柯立芝（John Calvin Coolidge，Jr.，1872—1933），美国第30任总统，共和党任。他在马萨诸塞州政界奋斗多年后成为州长，1920年大选时作为沃伦·哈定的竞选伙伴成功当选第29任美国副总统。1923年，哈定在任内病逝，柯立芝随即递补为总统。1924年大选连任成功。

③ 亨利·刘易斯·史汀生（Henry Lewis Stimson，1867—1950），1867年9月21日出生于美国纽约市。美国政治家，战略家。1928—1929年任驻菲律宾总督。1929—1933年任国务卿。1940—1945年任战争部部长，动员美国工业转入战时轨道，主张尽早开辟欧洲第二战场。

进行自由贸易的优势，菲律宾的经济就会崩溃，因而它的独立就会失去稳定。他可能需要补充说殖民主义总是容易产生或延续一个不平衡的、“瘸腿”的经
224 济。1932年12月，他否决了民主党控制的议会所通过的菲律宾独立法案。他宣称，菲律宾人已经“与世界上任何人一样，生活在有秩序的自由社会之中并享有个人的自由”。正如美国人几乎总是做的那样，他忘了农民和他们的封建国家的关系。他在私下里所做的断言可能更为正确，上层的菲律宾领导人并不真正想要独立。

到20世纪20年代后期时，古巴供应了近一半的美国食糖消费。战时的繁荣让位给了复兴的甜菜竞争，各个利益集团在关税问题上展开了进一步的激烈争夺。无论谁获得好处，都不会对劳工有利。罢工浪潮和对社会剧变的恐惧是1917年美国进行干预的主要原因。1919年的另一次大规模罢工使大批军舰驶向哈瓦那。过了一年，金融和政治危机加剧了。威尔逊为了维护他的名声，不愿意派出更多的军队。相反，他派出了克劳德①将军去执行一项特殊任务。到1922年时，克劳德制订了一个“道德化”计划，并开始用他那“著名的进行政治和金融改革的《15项备忘录》”指挥一位不太情愿的总统扎亚斯②。所谓改革，当然意味着确保种植园主和银行家的高额利润。民族主义者们在他们的抱怨中表达了不满情绪，这使美国不得不作出一些让步，包括撤回在1917年派出的海军

① 伊诺克·赫伯特·克劳德（Enoch Herbert Crowder，1859—1932），美国陆军少将，1911年至1923年担任美国陆军首席法官。克劳德最著名的是执行和管理1917年的《美国兵役法案》，根据该法案，成千上万的美国人在第一次世界大战期间应征入伍。1919年春，克劳德作为国总统特别代表前往古巴，就他多年前帮助起草的选举法的修订提供咨询。在一家美国银行向古巴政府提供关键贷款之前，他对古巴总统扎亚斯的政府进行了改革和任命。一旦贷款到位，扎亚斯就取消了这些改革和任命。克劳德于1923年2月14日从军队退役，并在同一天被任命为美国驻古巴的第一位大使，这一职位他一直担任到1927年。

② 阿尔弗雷多·扎亚斯（Alfredo Zayas，1861—1934），古巴律师、诗人、政治人物，1921年5月20日至1925年5月20日任古巴总统。

陆战队士兵。1925年担任总统的马查多[1]再次保证了美国人的既得利益，他是一位赢得美国商人热切支持的商人。他执行美国商人同意的政策，同时打击民族主义的态度，并坚决地镇压反对派。这样的状况一直持续了下去，直到经济衰退来临。在此期间，很少有美国人在意普通古巴人是如何过日子的。“在古巴，和在中美洲与加勒比海的其他地区一样，稳定遮盖了许多罪恶。”

在墨西哥，美国投资由于政治问题在20世纪20年代下滑了。而它在新世界的其他地方都在扩张，并开始在南美洲迅速地扩张。与早期的投资者，尤其是法国人一样，美国人在很大程度上仍然沿用了高利贷资本的形式，并越来越多地转向直接的采掘业或生产性的投资，但对扩大当地经济的效果都是很有限的。美国人主要向政府和市政当局提供了大批的美元贷款，几乎所有的拉丁美洲国家都增加了他们的债务。和以前一样，保护新世界免受欧洲侵扰也是美国施行垄断的一个目标。“在实践中，它成为美国企业成功地取代欧洲竞争对手努 225
力的又一个阶段，但他们的努力披上了道德正义的外衣。”

在中美洲的地峡地区，美国的目标仍然是通过当地的那些有权势的人施行足够的监管，但有时仍需要采取更直接的方法。美国向人们保证，这“主要是出于仁慈的原因”。因为当地的混乱，美国军队于1915年占领了海地，并使其成为保护国，又于1916年接管了多米尼加共和国。然而当第一次世界大战结束以后，这引发了越来越多的批评，因为美国陆军或海军过多地参与了地方的管理。在海地，与美国微不足道的损失相比，有两千多名反叛分子被打死。所以，必须引入一些改变。一位在中东的英国外交官认为，当美国的海军陆战队在海地、多米尼加和尼加拉瓜巡逻时，英国政府1919年与波斯签订的协议不应

① 格拉多 · 马查多（Gerardo Machado，1871—1939），古巴独立战争（1895—1898）中的英雄，古巴共和国的第5任总统（1925年5月20日—1933年8月24日）。他被形容为独裁者，被称为“加勒比海地区的墨索里尼”。

该被华盛顿诬蔑为干涉波斯事务。

1926年底时，美国的海军陆战队在尼加拉瓜又开始了另一次行动。新闻界和国会都对此提出了抗议。参议员博拉是反对者中的一员，与其他一些人相比，他的孤立主义原则更不偏激。争论是文明的，而国务卿凯洛格[1]愚蠢地试图将尼加拉瓜描绘为受到了共产主义的影响，这激起了大群批评者的嘲讽。但这对劳工领袖和美国劳工联盟来说已经足够了，他们对干预“共产主义的颠覆”给予了热忱的祝福。在以后的日子里，劳工阶层都会在美国有大的海外行动时立即挺身而出给予支持。由于那里有共产主义的传言，美国更加警惕地关注着墨西哥的局势，从而让有利益牵连的各方可以更轻易地摆脱困境。然而在中美洲，美国施善的另一面虽然常常被更糟糕的景象所掩盖，仍然会在这里或那里闪光。阿道司·赫胥黎[2]与联合果品公司医院的负责人麦克费尔（N.P.MacPhail）医生一起住在基里瓜。他发现麦克费尔是一位令人钦佩的医生，是与山谷中的强毒疟疾进行不懈斗争的“危地马拉的普世教父”。

在官方层面上，官员们经常会有动机显现出更好的形象，行政当局倾向于在事件临近结束时作出一些悔改。由于加勒比海行动的结果令人失望，在1920年至1921年期间威尔逊政府提出了“在拉丁美洲推行更贴近美国准则和理念”的政策，并因此一直坚持“为泛美进程作出重大贡献”。1921年，美国派出了一位代表在拉丁美洲展开善意之旅。入侵墨西哥的潘兴将军被提名为承担这项
226 任务的候选人，但在华盛顿的一些特使觉得他“不完全适合”。为了让美国人脸

① 弗兰克·比修斯·凯洛格（Frank Billings Kellogg，1856—1937），美国著名律师，外交家、在卡尔文·柯立芝总统任期内出任第45任美国国务卿。1927年，和法国外交部部长阿里斯蒂德·白里安发起《白里安—凯洛格公约》。凯洛格因此获得1929年度诺贝尔和平奖。

② 阿道司·赫胥黎（Aldous Leonard Huxley，1894—1963）英格兰作家，人文主义者。他以小说和大量散文作品闻名于世，也出版短篇小说、游记、电影故事和剧本，他在1932年创作的《美丽新世界》让他名留青史。

面好看，柯立芝反过来派遣斯廷森作为代表去尼加拉瓜，并鼓励他的继任者胡佛去拉丁美洲巡回访问。胡佛在1929年的一次演讲中说道，他注意到了有一种“用心险恶的看法”的潮流，“对一个被错误地称为美元外交的时代感到恐惧”。他宣称美国没有任何权利为了海外的商业的利益“以武力进行干预”，并希望“美国的道德规范”能得到更充分地展示。当然，还有其他更安静的方式来达到干预的目的。他规定除了要维护美国人的生命以外，不得再诉诸武力。1930年发表的带有西奥多·罗斯福色彩的门罗主义定义，就此“消除了我们关注其他拉丁美洲共和国内政的想法”，并警告银行家们不得再进行他们一直在做的那种不道德的放贷。美国后来开始从尼加拉瓜和海地撤出了海军陆战队士兵。

所有这一切都非常好，但华盛顿有一种不断翻动同一片新叶的气氛。继续进行的善意使命成了机械性的惯例，泛美联谊则是一个不切实际的目标。积重难返，格兰德河以南的批评者们可以停下来想一想了。从华盛顿的公开插手逐渐地转变到了商业利益在得到幕后提供的更为谨慎的支持下自行帮助就足以保护自己的状况，无一例外。在秘鲁就有一个案例。自从20世纪初以来，塞罗德帕斯科的大型矿业公司一直在那里开掘。1922年建设的一座冶炼厂由于有害气体的泄漏而污染破坏了一片广阔的牧场。秘鲁人强调说美国人是故意那样做的，目的是迫使农民加入工厂的劳工队伍。但与此同时，该公司买下了大片的牧场土地，恢复了植被，并请来了养殖专家，使它成了秘鲁最大的养羊场。美国的技术正在显示出其多面性，以及它可能产生的矛盾后果。如果不考虑秘鲁的公众，秘鲁与美国官员的关系是平稳的。终于有一天，公司的经理“把美国驻秘鲁大使叫到了他的办公室下达指示”。

有一个情况造成了华盛顿在明显帮助将英国或其他竞争者排挤出拉丁美洲的行动上更为谨慎，那就是当时的其他政府，尤其是在中东的英国人正在更积极地接受门户开放的政策。对于美国人来说，至那时为止，沙漠的旷野只对少 227
数传教士很有吸引力。然而中东因奥斯曼帝国的崩溃和20世纪的液态黄金——

石油的涌现而突然转变了。美国公司一直在全球销售自产的石油，为了保持对世界市场的控制，他们现在必须在国外找到更多的供应。他们渴望将触角延伸到那些富饶的沙漠中去，而且他们可以利用人们担心国内石油储备即将枯竭的害怕心理。

关于原材料短缺的悲观言论已有很长的历史了。20世纪初时，卡内基[①]和施瓦布[②]就铁矿石资源的持续时间曾有过争议。关于石油数量估计的波动比其他任何物资都要得大得多，美国在1918年以后就面临着英国资本家限制石油生产的打算。毫无疑问情况有些夸张，甚至有传闻说英美两国将爆发一场石油战争。波斯的南部油田掌握在英国人手中，伊拉克是英国的一个委托统治的国家。美国公司决心不被排除在外，在董事会和政府中到处布下了阴谋和反阴谋的迷魂阵，到处是艰难的讨价还价、股份交换和双重的出卖。在伦敦，英国外交部在中东的沙漠中陷得很深，而美国国务院自然更是有过之而无不及。最终，代表美国利益的主要竞争者——土耳其石油公司于1925年获得了伊拉克授予它的特许权。他们现在在中东有了根基，和这一根基一起种下去的是一条美国经济和政治扩张的新主线。

没有人想去拆除那里的欧洲帝国。那个地区必须受到监管，而美国不想承担那项任务。他们的服务应享有与欧洲的墨索里尼政权一样的回报。在那种默契安排中，有一种类似于英国工业资产阶级将政府、武装力量和殖民地的运作留给贵族和士绅的宽容态度。第一次世界大战前，大英帝国曾相当和谐地与美

---

① 安德鲁·卡内基（Andrew Carnegie，1835—1919），出生于苏格兰，美国实业家、慈善家，卡内基钢铁公司的创始人，被世人誉为“钢铁大王”和“美国慈善事业之父”。

② 查尔斯·迈克尔·施瓦布（Charles Michael Schwab，1862—1939），美国钢铁大王。在他的领导下，伯利恒钢铁公司成为美国第二大钢铁制造商，也是世界上最重要的重型制造商之一。

国共享着一个由少数几个负责任政府指导世界事务的概念，双方都欢迎自由的商业竞争，即便每个国家都可能暗中保留几张有用的牌。资本流通过了大英帝国和美国的国界。1928年，第三国际关于殖民主义的论文呼吁人们关注美国和
英国在荷属印度尼西亚的投资。美国的资金正涌入大不列颠帝国。到1930年 228
时，美国对英国的长期投资接近了46亿美元，而“英国的地位受到了美国投资者的严重威胁，那些投资者的财力往往更为强大”。

概而言之，美国投资者偏爱的是邻近的英属西印度群岛，位居首位的是加拿大。让英国游客感到震惊的是加拿大人经常把美国称为“我们南方的极好的邻居”。有一些人担心加拿大会被美国吞并，就像一个世纪以前曾有过的威胁那样，只是以不同的风格进行。自由党的麦肯齐 · 金在1921年至1948年期间的大部分时间里担任了加拿大总理，他可以被看作是美国一侧领导人的高级副本。当他退休时，小洛克菲勒[①]像一位神话中的教母，给了他10万美元作为礼物。他之所以获得这个礼物的部分原因是他停止了阻止美国资金流入的举措。“在麦肯齐 · 金的领导下，加拿大以不断增长的势头纳入了美国的经济和政治轨道。”

威尔逊在中风之前于1919年9月25日发表的最后一次演讲中大力推动国际联盟的建立，其中也包括了对大英帝国的褒奖。英国充分享有分配给它的多数选票，那些席位中有“新西兰——那个在太平洋中精美的小且丰满的共和国，”或是南非，它们都有正式代表出席了巴黎会议。印度的发言人有着“比我们其他人都更古老的智慧”，并且“在世界历史上第一次，那个在印度拥有数亿人口的伟大的无声群体有了一个声音……”。他并没有补充说，发出那个声音

① 小约翰 · 戴维森 · 洛克菲勒（John Davison Rockefeller，Jr.，1874—1960）是美国著名慈善家、洛克菲勒家族的重要人物。他是标准石油公司创办人亿万富翁约翰 · 洛克菲勒的儿子和唯一的继承人，也是著名的洛克菲勒五兄弟的父亲。为与他的更为著名的父亲相区别，通常称为“小”约翰 · 洛克菲勒。

的是一位英国的“口术师”。还在1914年以前，在印度的英国人就对美国人的一些反对意见感到紧张。莫雷[①]作为印度国务卿感觉到了这一点，当地的行政当局甚至可能会怀疑美国人，主要是爱尔兰裔的美国人会煽动叛乱。美国驻伦敦大使佩奇描绘了一幅半开玩笑的英国人对执行纪律的热情的画面。他在1913年写给众议院的信中指出，“为了建立秩序，他毁灭了大部分的世界，他是最具创造力的警察”，但并没有更高的道德标准。美国在管治中美洲的时候努力在当地人中间建立认同感，而在管治菲律宾时就做得更为直接了。一位苏格兰裔的东亚作家，一位刻苦钻研帝国的人，详细描述了美国人是如何不得不接受英国人很早就已熟悉的处置不听话的土著人的教训的，而一位退休的马来半岛总督安德鲁·克拉克[②]爵士就如何在那些岛屿上实施和解提供了有益的建议。1915年，
229 英国人成功地将一名印度革命者薄伽凡·辛格（Bhagwan Singh）驱逐出了菲律宾，因为菲律宾的民族主义者已经应美国的要求被从香港引渡回了菲律宾。在战争和布尔什维克革命所造成的混乱中，英国人维持秩序的天才应该能让他们获得更多的尊重，而爱尔兰自由邦的创立也减弱了爱尔兰人和爱尔兰裔美国人对大英帝国的咒骂。

除此以外，1919年通过的法案和启用的有限程度的印度自治政府使英国可以声称要开始在整个印度培养国家观念。换句话说，它虽然迟缓，但似乎是在追随着美国明智的足迹。甘地在1930年开始的第二次非暴力抗争运动在美国引起了一些关注。但尽管如此，亲英情绪依然存在。当时的英国驻印度官员，文

---

① 约翰·莫雷（John Morley，1838—1923），英国自由主义政治家、作家和报纸编辑，在1905年至1910年以及1911年两次担任印度国务卿。他是一位杰出的政治评论员，因宣传政治自由和宗教信仰自由享誉英国。莫雷的文学成就体现在传记作品创作上，《格莱斯顿生平》一直被誉为传记作品的经典之作。

② 安德鲁·克拉克（Sir Andrew Clarke，1824—1902），英国工程师，军人，政治家和行政官员。在海峡殖民地总督任上签订了干涉马来亚的《邦咯条约》。

献学家丹尼森·罗斯[①]爵士在1931年访问芝加哥时，他发现每个人都很明确地表达了自己的看法。他见过的那些人可能应该对一个在动乱的泡沫面前立场坚定，一个多数由白人组成并统治着有色人种的政府感到满足。1927年出版并获得巨大成功的《印度母亲》一书的作者凯瑟琳·梅奥[②]对所有的印度爱国者都愤愤不平。她在写给英国驻印度办公室的洛锡安侯爵[③]的信中以最热烈的词语表达了对英国统治的崇敬。她的其他作品中还包括了《维护法律与秩序英雄的真实故事》。好莱坞乐于利用印度政府提供的材料制作具有明显偏见的电影。他们一共制作了35部这样的电影，从1902年的《铁杖公主》到1939年的《耿噶丁》。

像这样的信息源泉，远比任何有关美国自己的殖民地的宣传更加有效，必定在辛克莱·刘易斯[④]笔下20世纪20年代的大学生里产生了影响，他的脑子了充满了帝国的浪漫，总督的生活中“全是棕榈树、鹦鹉和花车游行”。他认为这是他的国家“基本哲学”的一部分，白人的国家应该抛弃他们相互争斗的愚蠢行

---

① 爱德华·丹尼森·罗斯（Edward Denison Ross，1871—1940），东方学家，语言学家，文献学家，擅长远东语言。他能读49种语言，能说其中的30种。他是英国近东新闻局局长。1916年至1937年，他是伦敦大学东方研究学院（School of Oriental Studies，University of London，现为伦敦大学亚非学院）的首任院长。

② 凯瑟琳·梅奥（Katherine Mayo，1867—1940），美国历史学家。梅奥以政治作家的身份进入公众生活，倡导盎格鲁－撒克逊白人新教徒的本土主义，反对非白人和天主教移民到美国。她以种族主义和宗教原因谴责菲律宾独立宣言而闻名，随后出版并宣传了她最著名的作品《印度母亲》（1927年），其中她反对印度从英国统治下独立。

③ 菲利普·亨利·克尔，洛锡安第11任侯爵（Philip Henry Kerr，11th Marquess of Lothian，1882—1940），英国政治家、外交官和报纸编辑。1931年11月，他成为负责印度事务的副国务卿，直到1932年才被拉博·巴特勒（Rab Butler）取代。

④ 哈里·辛克莱·刘易斯（Harry Sinclair Lewis，1885—1951），美国小说家、短篇小说家、剧作家。1930年，他成为第一个获得诺贝尔文学奖的美国作家，该奖项授予“他充满活力和生动的描述艺术，以及他以机智和幽默创造新型人物的能力”。

为，联合起来“温和但坚定地”统治黄色、红色和黑色人种。在此之前很久，那位在美国出生的冒险家，那位以他的名字命名耶鲁大学的英国驻印度总督，指控一位反抗他的当地人管家犯有海盗罪并吊死了那个人。温斯顿·丘吉尔1932年对美国进行了一次获利颇丰的巡回演讲，宣扬美国有责任和英国站在一起，保护糟糕的欧洲，反对共产主义。他回到英国以后开始撰写他的《英语民族史》一书。一个“盎格鲁－美国主义”正在更新着“盎格鲁－撒克逊主义”，
230 而布尔什维克主义者成了比它的上代野蛮人更为明确的对手。

一位美国人简洁地点明了第一次世界大战后太平洋地区的问题，“日本人认为自己比所有的其他人种都更为优越，而我们也是那样想。”与日本的贸易仍然有利可图，没有人想在已成为他们地盘的地方去管闲事，就像不去管欧洲帝国的闲事一样。当朝鲜爱国者在1919年宣布独立时华盛顿无话可说，而那场独立最终也被镇压下去了。有一个逃出来的人曾写道，“伍德罗·威尔逊和他的观点曾经激发起了两千万名韩国人的想象力”。另一方面，在1922年的巴黎会议上，日本被要求退出它在中国山东接管的原被德国人占领的地域，并且加入签署了《九国条约》，承诺尊重中国的主权，所有国家将平等地进入中国的市场。到那个时候，门户开放已经获得了公众的认可，成为美国的一项首创。但是那个条约没有提供强制执法的机构，因此它更像是新世界的一个理念，而不是旧世界的一项政策。

到1925年时，有些人可能会认为“中国已经沦入美国的势力范围”。鉴于中国当时的无政府状况，这可能只是一场海市蜃楼。中国陷入了军阀混战的困境，而孙中山和他的激进派试图在广州创建一个新的国家。当美国在1923年参加了那里的一次敌对的海军示威时，孙中山感到非常失望，并宣称他可能会寻找一位美国的“拉法耶特”来帮助他。华盛顿对他试图通过与年轻的共产党和苏联合作以重建国民党运动感到乏味。美国人常常会感到非常需要一位强权人物，这个人比袁世凯更能干，能将各省拉到一起，能将社会反抗遏制在萌芽状

态，一个中国的墨索里尼或波费里奥·迪亚斯。一位20世纪20年代的救济工作负责人认为那是唯一的解决方案。

然而这与美国理念的另一部分——教育的信念存在着本质上的矛盾。把教育带到亚洲将是重新开始19世纪曾在美国国内做过的社会工作者们和社会改革家们的方案，启迪无知的移民群体并让他们美国化，这个方案现在正在波多黎各实施。正如英国将印度纳入现代的“教室”一样，这也意味美国要在中国做
同样的事情，并且以同样的决心将东方转化成自己的形象。1905年时，胡美[1]去 231
长沙参加“雅礼会”[2]的项目。他的格言是“抓住学生和受过教育的人，就能赢得中国！”中国可能想要接受教导，但它并不想被别人占有，正如那位奉献的老师在经历了许多艰难的岁月之后才意识到的那样。1924年的反国外势力的骚乱证实了他对双方深度互不理解的疑虑。所有的美国工作人员不得不在1927年撤回了美国。

在那一年，柯立芝拒绝了英国人为上海的外国人提供保护部队的邀请。在向尼加拉瓜派遣了数千名海军陆战队员之后，他“可能不想再进行另一次军事远征”。过了一年，他承认了与共产党决裂的蒋介石的政权。蒋介石正是一位影响中国的强人，对美国而言也是合适的人选。然而，共产党人领导的革命运动很快就爆发了，腐败的国民党暴政发现他们不可能粉碎革命运动。在这种情况下，以前曾有过的让日本进入中国大陆的意愿可能会得到更大的推动力量而得以复苏。早在1921年时，胡佛就已经得出了结论：不能让日本占领中国的领土，除了一个稳定的市场之外没有任何其他的需要。但中国似乎无法建立起稳

① 胡美（Edward Hicks Hume，1876—1957），美国传教医师、医学教育家，湘雅医院、湘雅医学院（现中南大学湘雅医学院）创始人，以“雅礼会”活动和中医药著作闻名。

② 雅礼会（Yale-in-China）是一个独立的非营利性组织，旨在进一步发展教育项目，促进中美相互了解。雅礼会成立于1901年，最初是一个新教传教士协会。

定的秩序，如果其他国家不联合起来稳定中国，“日本很可能就会采取行动”。十年之后，日本行动起来占领了中国东北地区。

在日内瓦和华盛顿之间有很多互动，目标是明确哪一个该承担在猫的脖子上系上警铃的危险，双方对此都不热衷。胡佛似乎认为他的国务卿斯史汀生“常常更像是一个战士而不是外交官”，极度相信经济制裁的效力，认为它是一根“力量的魔棍，能将所有的和平从巨大的深渊中召唤出来”。这样的信心可能自然地来源于他的同胞们对贸易和投资是首位要素的信念，来源于跨越了大西洋的历史唯物主义的翻版。但是胡佛（没有预兆日本将在十年后更为强大时将对珍珠港发起攻击）认为自己是现实的，除了施加外交影响以外不同意做任何事情。他在1931年秋天给内阁的一份备忘录中写道，日本很可能会争辩说，中国仍处于混乱的恐慌之中：“她的一半地区被布尔什维克主义者占着，并与俄国人合作”。由于美国没有准备参加“恢复秩序”的行动，它不能反对日本单方面那样去做。“她的一半地区”是一个粗略过分的估计，但这有效地终止了美国参
232 与国际联盟对日本进行制裁的任何机会。

凯南[1]在对美国外交政策的调查中坦率地谈到了正在进行中的政治算计。他自己对此是非常宽松的。如果不是日本军国主义，那就是“日本人的灵魂”，这在当时可能就是一回事。格鲁[2]在1932年出任驻东京大使。如果采取的是其他方法的话，他对“日本在中国东北地区的合法诉求表示了极大的同情”。正因如此，还有人坚信日本的温和派正在努力将军队拉回原地，应该让

---

① 乔治·凯南（George Frost Kennan，1904—2005），美国外交家和历史学家，普利策新闻奖获得者，遏制政策（policy of containment）提出者。

② 约瑟夫·克拉克·格鲁（Joseph Clark Grew，1880—1965），美国专业外交官和外事服务官员。他1932年开始担任驻日本大使。在日本偷袭珍珠港（1941年12月7日）和美国与日本帝国开战期间，他是美国驻东京大使。格鲁被日本政府拘留了9个月，但他于1942年7月获释返回美国。

他们有更多的机会。那些温和派中应该包括天皇，但无疑也包括了“银行家、贸易商和工业家”。自1917年以后，资本家们就不再公开地在相互之间贴上侵略者的标签，不再像他们过去一直不择手段所干的那样。所有的商人现在都必定获得了神父般的好名声，并被视为模范人物，而不负责任的煽动者或军队将领则成了替罪羊。

第十九章
萧条的年代和红色印第安人的新形象

加尔布雷斯[①]写道，“几乎可以肯定的是在1929年……经济基本上是很糟糕
233 的。”第一个原因是社会分配的失衡，所有个人收入中的30％到了5％的人的手中。第二个原因是美国企业“张开好客的双臂欢迎大批的推销员、贪污分子、骗子手、冒牌和造假的人”。不难发现这两个因素与海外投资之间的联系。尽管美国的领导人不愿意承认这一点，但经济衰退很显然是从美国传到整个欧洲大陆去的。胡佛曾写道，一切都很正常，直到“欧洲的经济飓风刮到了我们这里”。英国人和法国人过去也常常以相同的方式谈论“法国病”或“英国病”，心中想的也是同样的逻辑。

① 约翰·加尔布雷斯（John Kenneth Galbraith，1908—2006），加拿大裔经济学家、公共官员、外交官，20世纪美国自由主义的主要支持者。他在肯尼迪政府时期担任美国驻印度大使。主要著作包括《美国资本主义》（1952）、《富裕社会》（1958）、《新工业国》（1967）。

这是在富兰克林·罗斯福[1]出场把摔坏的蛋头先生[2]修好之前三年。在20世纪30年代中的任何时刻，资本主义经济恢复的状况都很不完美。一场重大战争带来的有力刺激已经消失，复兴只会伴随着又一次战争而来。与此同时，在经历了多年共和党人自以为是的治理之后，国家正在实施新政以对其进行调整，但后果却令人非常不舒服。在纳粹德国，通过更激烈的手段拯救了资本主义，社会主义者或工会的捣乱分子被压垮了。它因此摆脱了警报，能够大胆地向前迈进，而华尔街则坐在一旁静观。尽管如此，“美国体系”又一次展示了巨大的惯性力量，长期的磨难没能推动国家走上一条完全崭新的道路。劳工有战斗 234
力，部分是从国外派生而来的。20世纪30年代的大规模静坐罢工起初被称为“波兰罢工”，因为是由来自波兰的纺织工人领先发起的。然而因社会主义在遭受战时和战后的蹂躏之后被削弱了，劳工运动始终未能强大起来，并取得坚实的发展。

在那个时候，产生了一种流行的美国文化，那种文化在其自身的层面上可以生动地对世界以及它自己的国家表达出人们在那些年中的情绪。那是一种适合现代城市化人口的综合性大众文化，与他们自己的文化传统和生活习惯日渐分离。工业资本主义创造了一个真空。在欧洲，除了啤酒和鼓，它不知道如何去填补。美国是一个更民主的社会，它可以在技术的帮助下填补那个真空。这就带来了电影院线的发展，而黑人少数民族的音乐和舞蹈也在诠释之后被社会所接受。当美国的教师和传教士们在海外步履沉重、喜忧参半展开工作时，

---

① 富兰克林·德拉诺·罗斯福（Franklin Delano Roosevelt，1882—1945），史称“小罗斯福”，是美国第32任总统，美国历史上唯一连任超过两届（连任四届，病逝于第四届任期中）的总统。在20世纪30年代经济大萧条期间，罗斯福推行新政以提供失业救济与复苏经济，并成立众多机构来改革经济和银行体系，从经济危机的深渊中挽救了美国。

② 蛋头先生为童谣《鹅妈妈》中的人物，原本是一道谜语，要大家猜，坐在墙上的是什么，谜底是蛋。但后来流传甚广，人人皆知坐在墙上的是“蛋头先生”。

新文化在娱乐出口方面获得了更大的成功。首先是在英国，然后是在欧洲及其他地区，美国电影和爵士乐的泛滥成了艺术史上最引人注目的事件之一。美国商品或小玩意的传播带来进一步的红利，但它也是全球性人类意识浮现的一部分。1942年时，一位战地记者遇到了一位日军军官，他因经历了新几内亚丛林中的战争恐怖而精神失常，但他还能高兴地记得一部名为《淘金记》的电影，那是由英国喜剧演员卓别林主演的。卓别林一直在好莱坞工作，直到“冷战”让他成了“问题”人物才退场，最后在瑞士去世。

在大萧条时期的一些电影中，可以发现“对暴力的纵容甚至是显耀，这反映了当时许多美国人愤世嫉俗的心态”。然而在科幻小说中，可以发现完全相反的特质，那个领域也成了美国一项专长。英格兰的一位图书业者还记得他第一次遭遇到它时的情景。当时在“伍尔沃斯的每家分店里都有一个柜台显眼地标记着《扬基杂志》”，每本卖三便士，里面充满了“令人炫目并害怕的病态的风格”，但没有一样不是迷人的。他们是新时代的先驱，杂志中的那些讲故事的人经常涉及社会问题，并将社会上的善或恶转变成幻想中的美好或恐怖。在1926年的一个故事中展现了这样的场景，整个西半球被一个垄断了食物供应的资本家所统治，有了一个不需要人的机械化经济。

235 另一个在英国发表的故事，描绘了一幅1930年欧洲战争的阴沉景象。即将主宰整个亚洲的中国和装备着最可怕武器的美国加入了战争，它们之间的最后冲突以结盟和美国成为至高无上的霸主而告终。一两年之后，美国的温鲍姆[①]在一个关于火星探险的故事中加入了更加充满希望的音调，那本书被誉为那一类作品中的杰作之一。在他书中的四个同志中，有一个来自共产党统治下

---

① 斯坦利·格劳曼·温鲍姆（Stanley Grauman Weinbaum，1902—1935），美国科幻小说家。他的第一部小说《火星漫游》于1934年7月出版，广受好评，但不到一年半后他死于肺癌。

的法国，一个来自独裁政权统治下的德国，另外两个来自民主的美国。来自美国的两人中有一个是无政府主义的信徒，坚决反对与火星人进行任何形式的种族战争或征服行动。“撒哈拉沙漠对帝国主义来说是一个很好的地域，而且离家很近。”

对美国国内的种族关系而言还有很长的路要走。在第一次世界大战的最后一年，虽然有几千名非洲裔美国人在法国服役，但在美国南方各州仍有几百名黑人遭受私刑。那些在军队中服役的人可能被看作是一支来自殖民地的军队。他们与来自法属非洲的黑人部队一起在西线战斗，那是历史上长期分隔的两个分支合在一起的案例之一。然而在当时，两个分支中没有任何成员意识到了这一点。电影制片人与历史学家们竞相诋毁黑人。大卫·格里菲斯[①]是美国第一位伟大的导演，但他也是南方的辩护人，他的影片中的非裔美国人不是暴徒就是小丑。他是一个真正的理想主义者和进步人士，他在美国比在欧洲国家中遭到了更多的公众反对。

格里菲斯另外还制作了一些贬低红色印第安人的电影。当电影初露端倪的时候，开拓西部疆域战争的时代才刚过去了一二十年，比旧日苏格兰高地的战争至沃尔特·斯科特[②]开始写关于那场战争的小说的时间要短得多。在电影院里和在小说中一样，红色人种继续表现出了不甘屈服的野蛮行径，永远是白人的敌人。出现的印第安人必定比以往任何时候实际存在的都多，多得仿佛就像野牛或河狸一样。随着头戴羽饰的战斗队伍像恶魔般地大吼大叫，集群冲了过来，整个村庄可能在瞬间被一扫而光，文明对抗野蛮战争的美国形象以最生动

---

① 大卫·格里菲斯（D.W. Griffith，1875—1948），美国导演、编剧、制作人、演员、艺术指导，被称为“美国电影之父”。

② 沃尔特·斯科特（Walter Scott，1771—1832），英国诗人和小说家，较著名的有《清教徒》（1816）、《罗伯·罗伊》（1817）、《罗沁中区的心脏》（1318）、《艾凡赫》（1819）等。

的形式集中展现出来了。

不久之后，印第安人就出现在了电影的人群大场景中，比如加入了旅行马戏团的酋长“坐牛”。但有些甚至最早的电影要更好一点。1912年由因斯[1]导演的《印第安人之心》讲述的是母性，那是人性中最基本的元素。在欧内斯
236 特·海明威[2]1926年的少年幻想之作《纪念一个伟大人种的消失》中，就有一种对那些异类或白人与他们的关系感到迷惘的情绪，对印第安人的所有描绘充斥着荒谬的人物性格和刻板的语言模仿。当美国启示录的信心受到经济萧条震撼时，可以感受到对白人至上理念的怀疑。阿道司·赫胥黎发现一些美国人在看有关苏联的书籍，其他人则在“工业化现实的恐怖”中退缩，从工业化之前的暮色中寻求避难所，他们可以穿越南部的边界找到那个地方。他们陷入了“赞赏墨西哥的一切”和农民的手工艺品的情结之中。在那个浅红色的人身上，有一种在阳光下仍然具有价值的文化和生活方式。在1931年出版了一本关于他们的书，书名是《文明的贡献者们》。

从更实际的角度来看，自从美国人从对殖民地的短暂迷恋中恢复过来之后，他们对幸存的印第安部落感到负有越来越多的责任已经有很长一段时间了，这样的感觉一直令人厌烦。一个模糊的问题是印第安人的公民身份。1906年颁布的《道斯法案》的补充法案——《伯克法案》给予印第安人带有二十五年观察期的公民身份，但最高法院于1916年裁定部落生活符合公民身份的条

---

① 托马斯·哈珀·因斯（Thomas Harper Ince，1880—1924），美国无声电影制片人、导演、编剧和演员。因斯被称为“西方之父”，负责制作了800多部电影。他创造了第一个主要的好莱坞电影制片厂，并通过引进电影制作的“流水线”系统发明了电影制作，从而彻底改变了电影工业。

② 欧内斯特·米勒·海明威（Ernest Miller Hemingway，1899—1961），美国作家、记者，被认为是20世纪最著名的小说家之一。1953年，他以《老人与海》一书获得普利策奖；1954年的《老人与海》又为海明威夺得诺贝尔文学奖。

件。1919年时，所有为战争服务过的印第安人被授予公民身份，1924年对全体印第安人授予了公民身份。他们仍然没有投票权，这有可能是因为无法满足对读写能力的要求，但这一点无法得到确认。印第安人部落的经济状况则喜忧参半，因为虽然丢失了许多土地，但政府扩大了一些部落的领地。例如所有部落中最大的纳瓦霍人，他们的人数和羊群数量都在增长。尽管印第安人的大部分文化可能正在衰退，但他们并不是一个正在消失的种族。纳瓦霍人的土地因为干旱而免受了白人贪婪的侵入，直到在那里发现了石油之后又重新陷入危险之中。1920年的一项租赁法案损害了印第安人的权利，1927年一项关于印第安人领地石油的法案才给了他们更好的保护。

在那段时间里，一个不断增长的痛苦事实是，以单独分配和私人拥所来释放被囚禁的印第安人能量的想法就像念着“芝麻开门”的魔咒却没有发现宝藏那样完全落空了。这不是整个国家渴望的简单快速地解决印第安人问题的捷径。1928年的《梅里亚姆报告》（The Meriam Report）指出了这一点，那份报告承认了部落精神中的集体主义美德，认为试图仓促地同化印第安人是错误的。在这种思想的影响下，出现了对总是有可能成为目标的印第安人事务局的 237
批评，然而真正的问题是在诸如健康和教育等方面的许多缺失。在罗斯福时代出现了一个新的更积极的方案，内政部部长伊克斯[1]选择了曾经当过社工的约翰·柯里尔[2]担任印第安人事务局的专员，他曾在新墨西哥州研究过印第安人的生活。

---

① 哈罗德·伊克斯（Harold LeClair Ickes，1874—1952），美国社会活动家，罗斯福新政时期的重要成员，美国内政部长（1933—1946）。

② 约翰·柯里尔（John Collier，1884—1968），美国社会学家、作家，美国社会改革家、印第安人倡导者。1933年至1945年，他在罗斯福政府担任印第安事务局局长。他主要负责“印第安新政”，特别是1934年的《印第安重组法案》，通过该法案，他试图扭转长期以来对印第安人进行文化同化的政策。

因为反对实施更多的私人分配，柯里尔可能会被谴责在进行倒退，甚至是在推行共产主义，但他的目标既不是为了实现同化也不是为了施行隔离，而是为了在多元社会中保存少数民族的文化。他鼓励在不牺牲过去的情况下进入现代化。新政计划可以提供物质援助，例如为纳瓦霍人提供新的就业机会以缓和他们因牧场过度放牧了太多的羊而出现的问题。根据1934年由柯里尔主持起草的《印第安人重组法》，虽然并非所有部落都可以那样做，但大部分部落都可以选择组建自己的行政机构。私人分配的立法被废除了，鉴于对白人农民带来的困境，那项法案是否可行比以往任何时候都令人起疑。对教育提供了更多的拨款，并提供了更多的土地，通过灌溉以确保更大的生产能力。美国人有机会来施展他们的技能和慷慨了。印第安人的反应不尽相同，但是有一些部落建立了行政当局。美国人对印第安人的传统文化表现出了尊重，这带来了新的希望和行动。

第二十章 从孤立主义走向对外征服

值得注意的是，当美国在1934年可能迫切需要扩张帝国的时候，它不仅让印第安人实现了自治，而且通过了《泰丁斯－麦克杜飞法案》[1]。根据菲律宾的 239
新宪法，那些岛屿将享有自治权，并在十四年内完全独立。美国在此后就没有义务再为菲律宾提供保护，也不会有像英国自由领地的成员国那样的关系了。1935年11月15日，菲律宾联邦成立了。那一年，英国的政客们正在讨论印度自治政府极为有限延伸的每一个细节和问题。但是作为维护国家利益的行动，国会重新限制了菲律宾对美国国内的进口，这激起了美国国内理性认知和菲律宾民族主义压力的极大增长。不久之后，人们开始质疑菲律宾经济能否在如此短

① 《泰丁斯－麦克杜飞法案》（Tydings-McDuffie Act），又称《菲律宾独立法案》。该法案确立了当时为美国的殖民地的菲律宾在经过10年过渡期后成为独立国家的进程。根据该法案，菲律宾于1935年制定了宪法，并建立了菲律宾联邦，菲律宾首任总统由直接选举产生。它还对菲律宾人到美国的移民设置了限制。

的时间内重新调整，并且在中断了自1907年以来就赖以为生的与美国市场的自由贸易关系后仍然可以维持下去。

而在近在咫尺的波多黎各就完全是另一回事了。美国的统治和同化政策，以及在1917年给予的美国公民身份的礼物受到当地许多人的欢迎，土地和当地的居民正在被美国化。美国公司拥有大部分的糖业地产，其面积达15 000至20 000英亩[1]。当一个公司被限制只能拥有500英亩时，事实证明那个限制是很容易就可以
240 绕过去的。胡佛从那里访问回来以后情绪不高。管理的改善使那里的人口翻了一番。他写道：“结果是那里的人民比以前更穷了。除了控制生育，我不知道还有任何其他答案，但那是不可能的。”越来越多的土地用于种植出口的糖意味着减少用以维持生计种植粮食的土地。那里产生了更多的殖民主义矛盾，有了更多理由倾向于间接统治。胡佛希望他能让波多黎各脱离，只保留美国的军事基地。但这不适合种植园主的利益，1922年兴起的独立运动遭到了强硬的抵制。萧条的经济孕育了不安分守己的一代，独立运动在20世纪30年代增强了力量。1934年时，波多黎各爆发了一场大规模的糖业工人罢工。警方在第二年采取了镇压行动。在1937年时出现了一些伤亡。这场运动最终被遏制了，1940年时波多黎各成了一个与其他地方一样的热带殖民地。“贫穷阶层乞丐的境遇悲惨”，公司官员住在“美丽的房舍和环境之中……一个对社会环境几乎没有兴趣的真正的外国殖民地”。

富兰克林·罗斯福于1933年就职时对大部分的外交事务鲜有兴趣，他面临着国内更为迫切的任务。国务院的科德尔·赫尔[2]并没有和他靠得很近，除了确

---

① 1英亩= 4046.8564平方米。

② 科德尔·赫尔（Cordell Hull，1871—1955），美国前国务卿。1933年初，罗斯福总统上台，他被任命为国务卿。科德尔·赫尔被任命为国务卿后，全力支持罗斯福推行的“新政”，以便使世界经济危机在美国造成的损失减少到最低限度。罗斯福则借助他执行外交政策，以平息一部分垄断资本家对“新政”改革的批评和不满。赫尔是美国历史上在任时间最长的国务卿，也是1945年诺贝尔和平奖获得者。

信通往和平的道路就是消除贸易壁垒之外，赫尔对美国的外交政策并没有什么明确的看法。在它身处的西半球中，受到某种责备的美国意识到有机会采取更为谨慎的行动。到那时为止，美国的行为并不足以证明因为它没有参加从而削弱了国际联盟在道德上的力量。然而由于无法无天的行动已经在欧洲和远东地区公开出现，所以美国很容易被误判为一个同样的侵略者。而在那种情况下拉丁美洲可能更容易受到来自大西洋彼岸的影响。将新世界与旧世界隔离开来是当时正在制定的“睦邻政策”的主要动机。

这是在罗斯福之前就可以看到的转变的延续，不再使用粗暴干预的模式，转而倾向于通过美国利益可以得到保护的圈子获得和解，这是很容易理解的。1934年海军陆战队终于从海地撤出，1925年被废除的与多米尼加共和国的条约于1940年又重新实施。在古巴，马查多的表现继续让华盛顿感到满意，直到经济萧条之后反对派对他发起了攻击，并在1931年爆发了战斗。华盛顿宣称保持中立，但银行家们继续支持他们的人。萨姆纳·威尔斯[1]被派去调查，并在两个
阵营之间进行非官方的斡旋。他告诉马查多，美国人的看法是对他的对手的“恐 241
怖主义行为”和他自己部队的“残酷和压迫经常感到震惊”。

美国很少会对右翼政权的行径表示这样的反对意见，这通常会在那个政权已被推翻或将被推翻时发生，正如马查多在1933年8月时所遭遇的那样。接替他

---

① 本杰明·萨姆纳·威尔斯（Benjamin Sumner Welles，1892—1961），美国政府官员，外交家。他是富兰克林·罗斯福（Franklin D. Roosevelt）总统的主要外交政策顾问，并在1936年至1943年担任副国务卿。1932年罗斯福当选总统时，任命威尔斯为负责拉美事务的助理国务卿。解除了古巴总统马查多的职务，并任命竞争对手卡洛斯·曼努埃尔·德·埃斯佩德·奎萨达接替他的职务。后来，他被提升为副国务卿，在这个职位上，他继续积极参与拉美事务，但随着第二次世界大战（当时美国还没有正式参与）在欧洲爆发，他的工作也扩展到了欧洲事务。1940年，他发表了《威尔斯宣言》（Welles Declaration），谴责苏联对波罗的海诸国的占领，并在美国参战后成为苏联及其西方盟友之间争论的一个次要问题。

的是一个由军队执掌的政权，前陆军中士富尔亨西奥·巴蒂斯塔[①]担任了总参谋长。威尔斯起初认为古巴人的意图“坦率地说是共产主义的”，并且想要进行干预。当他没能很清楚地区别共产主义和法西斯主义之间的不同时，他会像现在的许多美国人一样去思考。巴蒂斯塔迅速地证明他是可以被接受的，并且“成为古巴政府对美国及其利益的友善担保人”。他的统治方法就是严厉镇压，但在华盛顿不可能发生反对他的危险。罗斯福“智囊团”的三名成员和他的三名内阁部长在古巴有商业利益。直到1959年卡斯特罗[②]革命成功前双方的关系一直没有改变。

再往南去，外国投资者可能比当地人过得更好。1932年在玻利维亚和巴拉圭之间爆发的查科战争是那十年间最严重的事件，美国和欧洲的军火商对战争推波助澜。“在战争的前六个月里，杜邦公司的股票在华尔街表现出了显著的增长。”标准石油公司在有争议的领土上发现了石油。在华盛顿举行的中立委员会会议未能达成协议，而国际联盟于1933年派出了调查委员会。这在蒙得维的亚当时正在召开的泛美会议上受到了热烈的欢迎，赫尔也对此给予了他的祝福。但直到1935年，在美国和拉丁美洲五国政府的努力下才结束了那场残酷的冲突。

到了那时，南美洲正在受到德、意大利和日本的热烈追捧，三个国家都在那个地区有着大量的定居者。这使那里政治状况成为引起焦虑的一个原因。阿

---

① 亨西奥·巴蒂斯塔·阿尔扎尔迪瓦（Fulgencio Batista y Zaldivar，1901—1973），1940年至1944年当选为古巴总统。1952年至1959年，在美国的支持下，成为古巴独裁统治者。他在古巴革命期间被推翻。

② 菲德尔·卡斯特罗（Fidel Castro，1926—2016），古巴共和国、古巴共产党和古巴革命武装力量的主要缔造者，被誉为“古巴国父”，是古巴第一任最高领导人。1959年1月，他率领起义军推翻了巴蒂斯塔独裁政权，出任革命政府总理（后改为部长会议主席）和武装部队总司令。

根廷是一个特别麻烦的地方，因为它不但是在军事统治之下，而是因为它的外交部部长是佛朗哥和墨索里尼的热情崇拜者，他是那种1945年之后会在美国受到热情接待的政客。1936年时，罗斯福在布宜诺斯艾利斯发起了一场特别的美洲国家讨论会。此后不久，美国政府不得不对墨西哥实行自我克制，美国大使约瑟夫斯·丹尼尔斯[①]帮助完成了那项使命。他曾经是威尔逊的海军部部长，并因为1914年的维拉克鲁斯港曾被占领的暴行而备受指责。当他第一次到达墨西 242
哥时，愤怒的人群误把西班牙大使当成是他，差一点就要动用私刑了。人们后来意外地发现他是一个自由主义者，他赢得了整个国家的尊重。

墨西哥正在经历其酝酿和发展的阶段之一，而这通常需要寻求发展中的国家恢复对自然资源的控制。1938年，卡德纳斯[②]总统征用了16家美国和英荷石油公司。随之而来的是对墨西哥石油的非正式抵制，它的大部分出口贸易都被切断了，大量的资金被用于宣传以鼓动美国人的反对。赫尔不得不要求及时支付赔偿金，这得到了一直支持政府的美国劳工联盟的批准，但没有得到新成立的不那么保守的产业工会联合会的支持。华盛顿对欧洲的关注可能再次拯救了墨西哥。西半球的善意和安全必须首先放在第一位，代价是注销"美国石油公司某些可疑的要求"。在更为宽广的世界范围内，在20世纪30年代致命的十年中，美国一直"几乎狂热地致力于维护并扩展中立的原则"。表面上看，那些年里反动力量在上升，这表明许多在美国很重要的人（如同在英国和法国一样）

---

① 约瑟夫斯·丹尼尔斯（Josephus Daniels，1862—1948），美国政治家，民主党人，1913—1921年任伍德罗·威尔逊内阁的海军部长。1933年至1941年，罗斯福任命丹尼尔斯为驻墨西哥大使。

② 拉萨罗·卡德纳斯（Lázaro Cárdenas ，1895—1970），墨西哥总统、少将。他领导了20世纪30年代的墨西哥改革（卡德纳斯改革），改革基本上摧毁了封建大庄园制，使民族资本家掌握了全国主要经济命脉，为墨西哥的资产阶级民主制度的确立奠定了基础。

已不再对他们抱有太多的反感。后来的“冷战骑士”福斯特·杜勒斯[①]有一位姐妹对纳粹主义是如此热衷，她为了能沐浴在它的光芒之中而在德国定居。罗斯福的大使多德[②]是罗斯福精心挑选的自由派人士，他在1934年的日记中写到他在维也纳的同事厄尔[③]对多尔夫斯[④]“对社会主义叛乱的无情处置”非常满意。到了下一年，在阿比西尼亚[⑤]边界的威胁已经达到了当年在中国东北地区边界的水平。随着意大利的威胁越来越大，海尔·塞拉西[⑥]焦急地寻求美国的支持。然而甚至在8月份孤立主义者推出第一部《中立法案》之前，他就已经没有希望能获得武器装备了。罗斯福希望这能够使阿比西尼亚受益，否则的话意大利将能够购买更多的武器。他让一家石油公司放弃了海尔·塞拉西给予的让步，塞拉西原希望通过此举至少能获得经济上的援助。

1936年至1939年的西班牙内战带来了更严峻的考验。民意调查显示出公

---

① 约翰·福斯特·杜勒斯（John Foster Dulles，1888—1959），他是第52任美国国务卿（1953—1959），“冷战”初期美国外交政策的主要制定者。

② 威廉·爱德华·多德（William Edward Dodd，1869—1940），美国历史学家、作家、外交家。作为一名自由民主党人，他曾在1933年至1937年纳粹时期担任美国驻德国大使。

③ 乔治·霍华德·厄尔三世（George Howard Earle Ⅲ，1890—1974），美国政治家、外交家。1933年至1934年担任美国驻奥地利大使。在这个职务上，他警告罗斯福政府，纳粹德国带来的危险正在上升。

④ 恩格尔伯特·多尔夫斯（Engelbert Dollfuss，1892—1934），奥地利基督教社会和爱国阵线政治家。1932年在保守党政府面临危机之际升为联邦总理。1933年初，他关闭了议会，取缔了奥地利纳粹党，并取得了独裁政权。1934年2月，他镇压了社会主义运动，通过专制的5月1日宪法巩固了“奥法西斯主义”的统治。1934年，纳粹特工在一次未遂政变中刺杀了多尔夫斯。他的继任者库尔特·舒施尼格（Kurt Schuschnigg）一直维持着这个政权，直到1938年阿道夫·希特勒（Adolf Hitler）吞并奥地利。

⑤ 埃塞俄比亚的旧称。

⑥ 海尔·塞拉西一世（Haile Selassie I，1892—1975），埃塞俄比亚帝国末代皇帝、摄政王。1924年4月前访欧洲，并使埃塞俄比亚帝国加入国际联盟。为了对抗意大利、英国、法国的势力，亲近美国与日本。1935年领导军民抗击墨索里尼治下的法西斯意大利王国侵略，1936年流亡英国伦敦，呼吁国际联盟和西方大国阻止法西斯侵略，1942年随英军回国。

众强烈地倾向于共和国，但也反对任何直接的参与。国会以中立决议捆绑了政府的手脚，罗斯福或赫尔几乎没有提出任何抗议。不能得罪拉丁美洲国家政府 243
的焦虑，强化了拒绝对共和国提供任何帮助的姿态。墨西哥是唯一对共和国表示同情的国家，其他大多数拉丁美洲国家或多或少全心全意地支持了佛朗哥[①]和他的法西斯主义者。他们部分是由于受到了天主教教会宣传运动的影响，那场运动在美国本土引起了极大的轰动，并预示了“冷战”时代将出现的歇斯底里。华盛顿并没有正式加入伦敦的非干预委员会，但在苏联代表麦斯基[②]看来，“形象地说，它的鬼魂总是出现在会议桌旁，对‘民主’权力……施加着最大的影响”。在现实生活中，白宫的情感更加复杂。萨姆纳·威尔斯在访问欧洲后悲观地同意了罗斯福的看法，英法两国似乎没有“丝毫可能”坚持反对侵略的立场，他们在南北战争中所扮演的“怯懦角色”就证明了这一点。威尔斯补充说：“必须痛苦地承认这一点，美国的角色也并不勇敢。”最终由国际旅的亚伯拉罕·林肯营实施了一次美国人对法西斯主义的打击。

罗斯福认为法西斯主义在美国掌权并非不可能，尽管他并不认为情况会像辛克莱尔·刘易斯在1935年的小说《不可能在这里发生》中描写的那么迫切。美国和英国都不会为了解放人类而投入下一场战争，但这样的念想可能会在战时的演讲，或在更理想化的公民的脑海里出现。他们将会参加战争，因为说到底，作为资本主义家庭成员的德国、意大利和日本表现得太过分了，他们已变得不可理喻。罗斯福和他的顾问们越来越清楚地看到他们对美国在大西洋和太

① 弗朗西斯科·佛朗哥（Francisco Franco，1892—1975），西班牙国家元首，大元帅，西班牙首相，西班牙长枪党党魁。1936年发动西班牙内战，自1939年开始到1975年独裁统治西班牙长达30多年。

② 伊万·米哈伊洛维奇·麦斯基（Ivan Mikhailovich Maisky，1884—1975），苏联外交官，历史学家和政治家，第二次世界大战期间苏联驻英国大使。

平洋地区的利益所构成的威胁。危险也是机遇。如果打败他们，美国的“利益”将转变成为美国的实力。控制太平洋曾是一个古老的梦想，现在是让那个并不那么浪漫，并且从来没有实现过的梦想变成现实的时候了。

罗斯福于1937年10月在芝加哥发表的“隔离”演说，将反对侵略比喻成像对待“流行病”一样进行抵制。他又一次使用医学意象来表述政治行动，但没有得到国会或公众的掌声，而是“一阵激烈的谴责”。从那以后，政府开始走向对抗的道路，但在混杂的动机驱使下，姿态开放且不动声色，并不清楚将发生的事情可能会对人们产生何种影响。武装部队与其他人一样，同样不清楚他
244 们应该做好准备应对的是何种情况。他们可以从国会获得大量的资金，但几乎没有如何使用的指导意见。正是这种典型的“普通美国人作壁上观的冷漠”使美国正规军队在1940年时仍然只有25万人的规模，而战争部也散落在很多座建筑物里。李普曼曾写过那种与负责全球承诺完全不相配的力量部署的“彻底荒谬”。美国至那时为止无懈可击的立场孕育了一种不切实际的想法，那是一种默认的假设——因为美国认为自己是不可战胜的，其他国家也都会那样去想。

当最后终于开始制定一项政策时，人们必须摸索着前行，把它一片一片拼凑起来，有时候还要加之以障眼术。罗斯福是随心所欲的，而且长时间以来一直是即兴而为的，他并不服从于固定的教条。同样地，美国也不得不面对大萧条带来的同样是无法预料的问题。现在因为20世纪30年代后期经济的再次不景气，这两种困惑一起出现了。罗斯福没有把转向战争作为一条出路，但他可能会转向至少更具体、更能够量度并加以处理的海外的危险，从而从国内难以解决的困境中解脱出来。新的战略将以胜利结束，美国将恢复繁荣和团结，并通过一条避让内部困境而不是解决它们的途径来加以实现。

“我认为总统真的是在……带领着这个国家一步一步走向战争……”。李普曼认为总统是正确的，但其他的人则越来越激烈地攻击着总统。大企业对被引导走向世界大国和走出经济萧条表现出了强烈的不满和不合作的态度，这是资

本主义自身短视的一个很好的例子，它需要政治管理。罗斯福当然不可能，也未曾想过只要发出一个简单的召唤就可以得到它的响应，集队出发向征服世界的权力前进。谈论捍卫民主只是激怒了它。一些专家认为，一场成功的战争的代价将是在美国实行社会主义，或者是一组资本主义国家与另一组资本主义国家之间的冲突最终将摧毁所有的资本主义。人们常说，在20世纪30年代法西斯主义猖獗时的那些保守主义者或孤立主义者，在1945年后当问题是针对社会或民族反抗采取行动时都成了热心的干涉主义者。那些呼吁坚决制止侵略的人可能像英国的丘吉尔那样，就是帝国主义者。那些主张和平的人可能会像众多的英国和法国的绥靖主义者那样是亲法西斯主义者。战争及其后果将让两者融合 245
在一起。

欧洲的一些绥靖主义者愤怒地认为，正在越过大西洋的美国及其政府不是为了去援助他们，而是要将他们推向一场战争，自己却无意参与其中。美国驻伦敦大使老约瑟夫 · 肯尼迪[1]确信，如果英法两国投入战争，他们将会被打败。当战争来临时，他认为如果不是因为他在巴黎的那位热衷于干涉的同事布利特[2]说服了罗斯福向英国和法国施压，要他们站在波兰一边，德国原本只会（显然认为应该）与苏联作战。据说老肯尼迪甚至曾向张伯伦抱怨说，“美国和全世界的犹太人迫使英国加入了战争”。

---

① 老约瑟夫 · P. 肯尼迪（Joseph Patrick "Joe" Kennedy, Sr.1888—1969），美国企业家，外交家。经营银行业、造船业和电影发行业，而立之年即成为百万富翁。后进入政界，1934—1935年任股票和交易委员会主席，1936—1937年任海事委员会主席。1937—1940年任驻英国大使。生有四子五女，其中长子小约瑟夫 · 帕特里克 · 肯尼迪在第二次世界大战中阵亡。其余三子都进入政界，即有名的肯尼迪三兄弟。

② 威廉 · 克里斯蒂安 · 布利特（William Christian Bullitt Jr.，1891—1967），美国外交家、记者、小说家。他因作为美国代表参与巴黎和平会议与列宁进行谈判的特殊使命而广为人知，常被人回忆为错失与布尔什维克实现关系正常化的良机。他是美国第一任驻苏联大使，以及第二次世界大战期间的美国驻法国大使。

在第二次世界大战爆发之前，罗斯福正在“拼命地劝说国会修改《中立法案》”，那项法案在1937年得以更新。1939年11月，他设法让法案的条款作了对英国和法国有利的修改。正如当时的有些人所想的那样，他仍然在支持英国和像威尔逊在1916年时那样试图制止战争的想法之间动摇着，“他没有放弃成为伟大的历史性的世界和平缔造者的雄心壮志”。在下一年的竞选活动中，他向美国的父母们保证，他们的儿子不会被卷入任何海外的战争。但在法国沦陷之后，以驱逐舰交换加勒比海基地的交易几乎没有受到挑战。“公众对中立的法律争论漠不关心”，而他的共和党对手温德尔 · 威尔基[①]也表现得非常克制。

在对民主的同情和对美国的资本主义需要什么样的外部世界的感受之间，美国的民众开始走到一起来了。那年，两位著名的共和党人进入了政府，史汀生担任了战争部部长，诺克斯[②]担任了海军部部长。希特勒一直大大低估了美国工业和军事的潜力，200名可爱的朝臣和偏见的种族主义者合在一起欺骗了他。然而他不可能不知道英国生存的机会越来越多地依赖于美国的援助。这样的援助在1941年3月采取了转让——租借的形式。当希特勒从进攻英国转向入侵苏联时，他可能期望美国会心安理得地在一旁看着。而在英国方面，有人担心英国
246 和苏联军队进入波斯的行动可能会引起美国先前的对帝国主义行径的谴责。但事实相反，美国派出了军队的技术人员前往加入他们的行动。

与第一次世界大战时的情况一样，美国在战争开始很久以后才实际上加入

---

① 温德尔 · 刘易斯 · 威尔基（Wendell Lewis Willkie，1892—1944）。美国政治活动家。曾代表共和党在1940年美国总统选举，与民主党的罗斯福竞争美国总统，最后失败。对罗斯福政府的国内政策多有批评，但在外交事务上采取合作态度，反对共和党内的孤立主义。1942 年9 月和10月受罗斯福之托历访非洲、中东、苏联和中国等地。在中国期间，曾建议宋美龄访问美国以获得援助。翌年将见闻写成《天下一家》，呼吁战后合作，甚有影响。

② 弗兰克 · 诺克斯（Frank Knox，1874—1944），美国出版商，政治家。他是富兰克林 · 罗斯福总统的海军部部长（1940年7月11日—1944年4月28日）。

了战争。最后的挑战来自日本，而不是德国。这必定让整个国家感到更容易接受，因为美国与太平洋的战争，而不是与大西洋的战争有着更直接的牵连。罗斯福本人对日本的扩张一直是很敏感的，他认为那是一个威胁。正如威尔斯写道，他曾担任海军部部长助理长达七年之久，“深信海军认为日本是美国头号对手的看法”。1934年日本退出了《华盛顿海军条约》。随后在1936年，《反共产国际协定》将日本与欧洲的剑拔弩张联系在了一起。罗斯福呼吁展开一项建造大型军舰的计划。1937年夏天，他酝酿着进行英美对日本的贸易禁运，但海军将领们还没有作好准备以应对他们认为必然会发生的战争，而且看上去“公众舆论将拒绝支持任何即使是最小可能发生的战争”。

长久以来，街上的人们似乎对太平洋地区的所有事物都漠不关心，准备利用菲律宾独立的机会抛弃它，然后退到夏威夷。有一个经久不息的神话，说的是美国让日本退出中国东北地区的强硬努力“将让美国承受日本敌对势力的冲击，而那是斯廷森那些谨慎的欧洲合作者们都乐于避免发生的事情”。美国将会继续受到敦促，如果终止日本的行动，世界上那个地区唯一有效的反对共产主义的屏障将会消失。在东京的格鲁就是那样主张的。对中国的侵略继续进行着，日本主要依赖于从美国购买的石油和钢铁。孤立主义者格里斯沃尔德[①]在1938年时认为，日本的市场比中国的要好得多，“试图维护中国的领土完整并不是，也从未是美国真正重要的利益所在”。

同样地，越来越明显的对中国的侵占和日本军国主义对资源的垄断的前景令人不快。格鲁无法否认，即使美国与中国东北地区的贸易在日本占领后蓬勃发展，日本的极端主义分子也要到所有的外国利益都被排除出中国之后才会满

---

① 阿尔弗雷德·惠特尼·格里斯沃尔德（Alfred Whitney Griswold，1906—1963），美国历史学家、教育家。1951年至1963年，他担任耶鲁大学第16任校长。格里斯沃尔德于1938年出版了《美国的远东政策》。

足。对“经济法则的实际运作”愚蠢地无知，日本人没能认清自己的国家在没有外资的帮助下并没有占领中国的能力。换句话说，那不是资本主义的贪婪，而是民族主义的歇斯底里。美国的经济理性再次面临一个与它无关的旧世界的
247 挑战。然而，如果日本对其军队和在亚洲大陆的地位感到满意，它本来可以持续更长的时间，但它的海军所呈现的海洋威胁则是另一回事了。即使是那些像格鲁一样思考的人也不想看到日本在东南亚自由行动。它不是在那里反对共产主义，而是要推翻那些美国已经学会和谐相处的古老帝国并造成混乱，或者会变成难以控制的强大国家。这一点，而不是任何意图拯救中国的冲动，最终让华盛顿丢下手套，准备决斗。

正在欧洲进行的战争使日本摆脱了在对中国的战争中受到任何干涉的风险，并且让它确信美国的所有抗议活动只不过是一些说教。然而在1939年7月，华盛顿通知日本它将废止六个月前签订的贸易条约，并且切断所有基本物资的供应。理性的算计是这将迫使日本屈膝，但结果是适得其反。长期以来一直认为日本危险地依赖与美国和大英帝国的贸易的主战派，现在大力主张日本必须占领所有东亚国家以达到自给自足。此外，中国农民的游击抗争是永无止境的，日本统治集团对于维持自己地位所必需的快速胜利已感到不耐烦了。为了铺平道路，在1940年7月以后担任了12个月外相的松冈洋右[①]在9月与德国和意大利签署了三方条约。这个条约与反共产国际的协定不同，明显是针对美国的，或者至少是针对美国的顾客——英国。由于德国人私底下的目标是征服苏联，那个条约并没有真正的和谐一致的目标。

日本人仍然渴望与美国达成谅解，他们让最近被派任驻美大使并受到格鲁

① 松冈洋右（1880—1946），第二次世界大战前日本有代表性的外交官。他参与了日本退出国际联盟、日德意三国同盟缔结、日苏中立条约缔结等重大国际事务。

尊敬的野村吉三郎[①]海军上将在华盛顿发起了会谈。松冈洋右本人年轻时曾在美国住过，他全身心投入地投入了会谈，“渴望成为这个遭受苦难的世界的调解人”。他不仅希望避免与美国发生战争，而且希望与美国一起在欧洲恢复和平。他的宏伟规划是一个新的世界秩序，亚洲将由日本指挥，欧洲将由法西斯势力指挥，而西半球将由美国指挥。在美国人的头脑中经常会浮现出诸如此类的想法，一些足够强大的政府可以在自己的势力范围内维持秩序。然而这样做会让美国人处于两比一的劣势，而且苏联是一个难以预测的局外人，更不用提所有 248
那些无形的自由和民主的空论。

野村吉三郎发现华盛顿的气氛比他预想的要冷冰冰得多。1941年7月松冈洋右下台后，入侵苏联使德国成了一个没有什么用的盟友。日本已不可能再退回去了。陆军和海军的领导人对政府的控制越来越多，东京和华盛顿之间开始更公开地挑战对方了。但正如一位在对日情报机构中工作的美国人所写的那样，“双方都不认为对方会走向极端”。日军占领了法属印度支那之后，丘吉尔在8月会见了罗斯福，呼吁发出强烈的警告。但罗斯福只发布了一个温和的警告，对他来说重要的是不能被丘吉尔牵着鼻子走，伦敦完全不了解美国人的意图。然而与日本的贸易往来被冻结了。到十月份时，东京已不可避免地需要作出最终的选择。格鲁多次发电传报警，指出由于“目前这个封建主义的国家”的心理状态，它很容易违背常识而铤而走险，试图以“严厉的经济制裁”来制服它是十分危险的。鉴于日本具有西方所不理解的特性，他认为“将日本国民经济整合进西方的经济体系”将终结资本主义，而不是强化它。在他看来，美国的经济学家们希望日本会因资源枯竭而屈服是出于一个错误的假设，即决定性的动

---

① 野村吉三郎（1877—1964），日本海军大将，日本昭和时代著名的政治家和外交家。野村吉三郎是珍珠港事件时的日本驻美国大使，他于1940至1942年任驻美国大使。

机是“保留资本主义制度”的愿望受到了为战争而动员经济的威胁。那完全是无稽之谈。但美国就像往常那样，过于理性主义，试图在没有其他因素帮助的情况下，仅仅依靠经济杠杆来达到它的目的。

在12月7日珍珠港事件发生前几小时的最后回应中，日本指责美国“始终坚持理论而罔顾现实，并拒绝在其不切实际的原则上退让一寸……”日本在11月20日提出了他们的条件。正如英国驻东京大使所指出的那样，他们暗示，美国应该放弃中国让它听天由命。但这已不可能被接受了。美国可能不久就会发现日本控制了中国，并与控制了苏联及欧洲的德国联手。美国在11月26日的答复，不管它是否应该被视为最后通牒，强硬的拒绝足以让东京作出战争的决定。一位美国历史学家评论道：“不能否认，美国政府就像一位堂堂正正的校长一样严厉”。尽管他还指出，直到最后一刻，它仍然必须保持一种神秘兮兮的
249 态度，因为“对整个情况的公开”将会使国家分裂。一位罗斯福的强烈批评者的精心措辞为“日本像肚子贴地爬行的婴儿一样真诚地在外交上”寻求一项协议，但只是遭到了“冷酷而敌对的回应”。和平派们仍藏身于政府之中。一位赫尔的同事在几周后写道，“赫尔对和平的企求高于一切，因为他已下决心与日本人进行调整”。珍珠港事件终结了这一切，并证明太平洋不足以容纳两个强权。因为它们在很多方面非常相似，而在其他方面又完全不同。

早在此之前，希特勒就曾对佛朗哥强调说美国对英国的援助只是对它自己帝国建设的一种遮盖，戈培尔向他的下属发出的宣传主题是“美国将让英国打到最后一个人”。罗斯福想要什么是非常明显的，他想渗透进英国的世界霸权地位。戈培尔[①]的宣传机器肆无忌惮地频频将美国总统描述为“战争罪犯，世界公敌，为

① 保罗·约瑟夫·戈培尔（Paul Joseph Goebbels，1897—1945），德国政治家，演说家。其担任纳粹德国时期的国民教育与宣传部部长，擅长讲演，被称为“宣传的天才”“纳粹喉舌”，以铁腕捍卫希特勒政权和维持第三帝国的体制，被认为是“创造希特勒的人”。

犹太人所雇佣”。戈培尔是编织真相和虚情的艺术大师。他所说的大部分内容都是第三国际在1918年以后所说的很不成熟的东西。美国是资本主义财富和贪婪的堡垒。他在1942年6月9日的部门会议上说道，“部长认为，德国媒体应再次对富豪阶级发起大规模的攻击”。五个月后，在评论英美在法属北非登陆时，他义愤填膺地谴责了“那位黑帮总统臭名昭著的违法行为……英国很乐意同意让美国来掠夺欧洲的资产，因为美国将不择手段地逐渐吞噬英国的殖民地”。法国人必定听到了他的话，他们只能责怪自己的愚蠢，没有和德国联手。他们的矿业主们正在被赶出去，“毫无疑问，美国人现在将永远不会退出北非了”。

即使没有戈培尔博士的提示，在美国的合作伙伴中也还存在着一个令人不安的暗流，它比1918年后那个时期更为活跃。他们或许对正在受到保护或被重新夺回的非洲——亚洲领地上被美国所取代的前景——至少在经济上——感到不安。丘吉尔在1944年初时曾冷冷地告诉罗斯福，“英国的某些人感到忧心忡忡，因为美国希望剥夺英国在近东的石油利益”。罗斯福反驳说，“他自己担心有传言说英国希望‘插手’沙特阿拉伯的石油储备”。殖民列强在政治上的目标是 250
恢复1939年时的态势，而美国则希望迅速结束这场战争，并希望此后可以动员亚洲的民族主义力量站到盟军方面来。美国意识到自己正在膨胀的力量，并过于自信地对自己在战后进行指导和指挥的能力充满信心。在1942年里，随着日本人的推进，那么多美国人曾经崇拜的大英帝国与法国和荷兰一样，显现出了致命的缺陷。那个场面必定让他们像纳粹所预言的那样，消除了任何可能感受到的压力倾向，转而接受实施直接的殖民统治。

和以前一样，印度是一块试金石。罗斯福在德里采用了他于1939年在伦敦和巴黎曾使用过的同样的推动和挤压的手段。为了让印度积极地支持战争而不仅仅限于招募雇佣兵，他先后接连派了两位代表来影响英国人对印度国民大会作出让步，他们的领导人在1942年8月的起义发生后被关进了监狱。那两位代表没有成功，因为他们对当地的现实状况和英国的阻力完全不了解。威廉·菲利普斯[1]于1943年3月向罗斯福提出，应该在美国担任主席的情况下举行一次所有印度政党的会议，以就未来达成协议。毫不奇怪，顽固不化的总督林立斯戈侯爵[2]，对这样的阴谋感到不安，因为大批美国人正在德里召集大型的宣教活动。“他怀疑他们正在尽其所能，以加强美国在战后印度市场的地位，并让英国付出代价。”这可能是一种嫉妒，但并非毫无根据。罗斯福在1943年会见荷兰女王威廉明娜[3]时提醒她说印度尼西亚将被美国的军队解放，他让她承诺印度尼西亚将“拥有国家主权并享有自治和平等的权利”。女王和总督一定都猜到了其中的别有用心。

当老的帝国足够强大可以“维持秩序”时，它们并没有强大到足以阻挡美国企业的渗透，美国一直很愿意与他们进行贸易并进行投资。现在是变革的时候了。在美国自己的影响力范围内，进一步的调整是必要的。随着欧洲战争的来临，出现了一股强大的力量要“将美国的南北邻国融合为经济和军事的集团”。当阿根廷和智利在1942年初在里约热内卢举行的泛美会议上拒
251 绝与敌人断绝关系时，赫尔想把它们赶出会议，但美国代表威尔斯让罗斯福否决了这一点。所有其他的共和国都同意中断关系甚至加入战争。巴西的善意对于为跨越大西洋的作战建造机场非常重要，而墨西哥则获得了诸如建设钢铁厂等设施或建设资金的奖励。华盛顿现在不得不尊重这些大国希望拥有

---

① 威廉·菲利普斯（William Phillips，1878—1968），美国职业外交官，曾两次担任副国务卿。1942年10月，菲利普斯被任命为富兰克林·罗斯福在印度的私人代表（美国直到1947年独立后才在那里设立了官方使团）。菲利普斯因其支持印度独立的观点，在英国非常不受欢迎。

② 维克多·亚历山大·约翰·霍普（Victor Alexander John Hope，1887—1952），林立斯戈第二侯爵，英国统一党政治家、农业学家和殖民地行政长官。1936年至1943年，他担任印度总督和总督。他通常被简称为林立斯戈。

③ 威廉明娜女王（Wilhelmina），全名为威廉明娜·海伦娜·葆琳·玛丽（Wilhelmina Helena Pauline Marie，1880—1962），荷兰女王（1890—1948），1948年4月在女王加冕50周年的时候，宣布让位给女儿朱丽安娜。曾著有回忆录《寂寞但不孤单》。

自己的产业的愿望了。

根据威尔斯的记录，罗斯福认为在亚洲应帮助蒋介石在战后建立起一个强大的中国，成为与盟国在一起的第四大力量。或者，可以换句话说，中国将成为美国在远东的前哨或平台。他发现丘吉尔很不情愿加入其中，因为丘吉尔不愿意看到“曾在20世纪初存在的大英帝国现在已经不复存在了”。然而美国也必须前进到一个新的时代。当格鲁在被任命为东京大使十周年之际消化了“历史的经验教训”后，这一点对他来说是非常清楚的，他当时被拘押在东京。“我们不能允许任何国家通过征服的进程夺取或抢先占领某个地区，那些地区的资源应该对所有人开放。”但是，如果像美国这样的国家只关心自己，不去帮助邻国解决问题，“文明的进步和人类的福祉就会由于不必要和徒劳的战争而长期停滞不前”。现在是该明白的时候了，孤立主义作为一项实用的政策已经一去不复返了，不然就会失去这个“利用我们在物质和道德上的无穷力量来实现文明发展……”的机会。文明和资本主义是可以互换的术语，这是对美国哲学的一个很好的陈述，也是对即将到来的时代的一种规划。

第六篇

美国霸权

第二十一章
资本主义、军国主义和“冷战”

1945年7月底，参议院以八十九票对二票批准了新的《联合国宪章》。这是
265 对美国在第一次世界大战后拒绝加入国际联盟的态度一个巨大逆转，并锁定了美国全面永久参与世界事务的态势。至于这将会或应该预示的是什么，还在战争期间就已经出现了很多不同的想法。温德尔·威尔基在1942年游历了包括西伯利亚在内的各个地方后所写的那本思想开放的书《天下一家》受到了热烈的欢迎。另一方面，许多人正转而接受美国如果参与必定意味着美国领导地位的假设。两位美国人在战争结束后不久写道，“战争让我们处于世界领导地位。人们可以确信，凭借着1941—1945年间的精神，美国将明智并有效地施展其领导能力”。现在到了寻求发达国家理性和谐的引人注目的最后的时刻。在许多人的脑海之中浮现着那样的想法，发达国家将因共同利益而走到一起。尤其是在离中世纪并不久远的欧洲，看到新世界的灾难所带来混乱和浪费，人们将理性、和谐视为理所当然的选择。

但是历史并没有按照人们梦寐以求的形态去发展。世界上还有一些并不热

衷于和平进程的人。一位研究一个世纪之前墨西哥战争的历史学家曾撰文否定了长期以来被普遍接受的一个观点，即无可辩驳那是美国的一次侵略行径，并将那场战争描述为“在将美利坚合众国带到其今日世界地位的历史进程中无法 266
避免并且不应感到惭愧的一步”（越来越多的美国非法移民来自墨西哥，他们回到了他们的祖先失去的地方，提供了削弱美国劳工利益的廉价劳动力）。在科幻小说许多放大的场景中所反映出来的扩张主义已经从星球间的冲突发展到了星际间的冲突，当他们在地球上出现了原子弹而气急败坏之前，好莱坞就已经拍摄了《飞侠哥顿：征服宇宙》的系列电影，战时远在巴基斯坦拉合尔的观众对此看得目瞪口呆。

即使在更缺少诗意的尝试中想象一下美国在世界事务中的新地位，它的特定命运也带有一种旧日神秘信念的痕迹，“上帝召唤的手指”现在与反共产主义和反苏维埃政权的双重主题结合在了一起。如果美国不当领导的话，那个苏维埃政权将会出来领导。根据凯南的看法，美国人应该感谢苏联的挑战，因为这迫使他们承担起了“历史明显地要他们承担的道德和政治领导的责任”。管理主义的先驱詹姆斯·伯纳姆[①]在1947年讲述了与苏联进行不可避免斗争的更为现实的细节。当一个有着一大批国家获得了真正并正式的独立的时代到来的时候，原子弹能让一个国家占据首要地位。“世界帝国已经成为可能，人们将尝试建立一个世界帝国。”他补充说道，人们将会用另一个名字来对此加以伪装。在他的书中，他使用的名字是“民主世界秩序的政策”。

---

① 詹姆斯·伯纳姆（James Burnham，1905—1987），美国哲学家、政治理论家。伯纳姆是20世纪30年代著名的托洛茨基主义活动家，也是著名的孤立主义者。在晚年，伯纳姆放弃了马克思主义，成为美国保守主义运动的公共知识分子。他在1941年出版的《管理革命》一书中对资本主义的命运进行了推测。伯纳姆也是美国保守派刊物《国家评论》（National Review）的编辑和定期撰稿人。

所有这一切都意味着紧接在第二次世界大战之后的是“冷战”及其延续。美国在某些方面有资格获取即将被称为“自由世界”的领导权或指挥权，但在其他方面却显然是不够格的。由于老牌帝国的自杀性行为，美国在没有经过充分内部准备的情况下，突然过早地踏入了资本主义阵营的首要地位。伯纳姆对它的诸如“地方主义和自以为是”以及对外国人的不友好态度等不足之处提出了批评。美国士兵在第二次世界大战战争期间的中国，或在第二次世界大战战后时期的韩国都表现出了傲慢和不端的行为。必须补充说的是，公平而言，不能说是美国士兵到处都是这样。更为根本的缺陷存在于非常状态下的结构和组织之中。

“美国”是社会电路复杂阵列中的一个宽松的“代码词”，它允许可见的高度集中的权力四处横行，或将其真正的社会责任掩盖起来。这让资本膨胀的势
267 力轻易地自我断言。在两次世界大战之间的年代里，经济进一步地走向了集中和垄断，而战争加速了这一进程。一个充斥着富有商人的政府不可能严格限制经济中的被垄断的部分。与欧洲形成对比的是，美国政府自主性较小，自身的存在感也较少。五花八门看得见或看不见的关系将金钱王国与政治联结在了一起。前任副国务卿伯利[①]曾说过，一些与外国政府打交道的大公司保留了美国外交官员的档案，“根据他们的可用性激励他们”。驻古巴的外交官通常都与大企业的利益有关系，所以自然也就为他们工作。员工在公共服务和私人企业之间的流动以及对两者之间界限的隐蔽程度都远远超过了欧洲。政府一直处于过去的法国国王的地位，他们出卖了如此之多的官方职位以至于失去了对自己官僚体系的控制。美国总统可能是世界上最有权势的人物，但很难想象他会在任何远

① 小阿道夫·奥古斯都·伯利（Adolf Augustus Berle Jr.，1895—1971），律师、教育家、作家和美国外交官。他是《现代公司与私有财产》一书的作者，这是一部关于公司治理的开创性著作，他也是美国总统富兰克林·罗斯福“智囊团”的重要成员。

离公众意识的外国问题上抵制一个强大的资本集团所施加的压力。

海军部部长福雷斯特尔认为政府的决策过程“草率，不连贯且零敲碎打”。它似乎或多或少地无处不在，但与大多数首都相比，要在华盛顿决定的政策比哪儿都多，因为从全国各地和全世界各国汇集来了太多的压力，总统要想到的事情太多，而向他提供信息或为他办事的可靠的代理人又太少。当经济学家加尔布雷斯在德里担任大使的时候，他发现国务院对印度事务的原则就是没有具体政策。当发出的紧急电报收到少得可怜的回复时，答复是“建议回避无法回避的问题”。与大英帝国相比更为离奇的是，这个新的霸权除了作出头脑简单的否决之外，很难制订任何连贯的计划。因此，它愿意让公司的董事会或秘密的特工为它制定计划。自1941年以来，国家机构突然大幅地扩张，而像五角大楼那样的庞大机构可能是导致许多政策扭曲的原因。但在任何政治疯狂中，通常都使用资本主义的方法。

确实有一位批评家曾恰如其分地指出：“战后时期的美国外交政策是由一些最富有、最有权势、最具国际头脑的大公司和金融机构的所有者和管理者所提出、计划并实施的”。然而，出自意识形态、民族和经济因素的压力也是一直存 268
在的。可以把美国称为联邦游说联盟。专业的游说者们是一种政客型的动物，他们可能比那些他们运用游说艺术进行说服的立法者们更为重要。他们都已经注册，但没有人来检查他们是如何支付他们的大笔资金的。当强大的希腊游说团体在1975年无视总统的意愿，说动国会对土耳其实行武器禁运后，土耳其以关闭美国军事基地作为报复。据报道有一百五十名前国会议员在从事游说工作，他们深谙国会山运作的诀窍。

战略的实施甚至设计在很大程度上取决于政治史上最令人称奇的组织之一——中央情报局。它的前身是1941年成立的战略情报局，目的是将多个情报网络整合到一起（自此又发展出了新的情报网络）。海军上将金[①]一开始曾担心这个机构可能会获取超出预期的权力，他的话可称得上是高瞻远瞩。由公司警卫和州警察发展出来的包括酷刑在内的侦讯方法，被美国国内的警察部门所沿用。在美国与在它的权杖之下的土地上生活的绝大多数居民之间，互不理解的鸿沟非常广阔。这是所有统治阶级或统治人物的梅特涅式的本能，他们通过特务活动来掌控他们所不了解的臣民，并试图通过摧毁地道的方式来摧毁反抗，他们总是担心人们正在挖掘地道对它进行攻击。拿破仑的警察署曾稳步地扩大，而在沙皇俄国，最终各个部门都有了自己的特务机构。

在美国政府的内部，它的间谍机构正在迅速增加。而在海外，大量的科学资源被用来建立能够监控世界其他地区想法和动向的观察台。但是中央情报局从来也不会在历史画卷展开的时候仅仅满足于收集情报，它一直在创造历史。从近年来我们所了解到的一些朦胧的深层信息中可以看出它的运作通常就像是一个平行的政府，与它名义上的上级的关系还不如与商业利益的关系更为密切。经常会发生这样的情况，必须将中央情报局在海外的行动掩盖起来，然而不管在宪法指导下的美国政府的工作是否是真正的民主，它们是非常公开的。
269 此外，规模庞大的企业公司将专注于近期的目标。中央情报局作为平台可以帮助将政府和公司的目标编织进同一个格局。

美国在广岛亮出了它的利剑。不难使人相信，这主要是要向莫斯科发出警告。中央情报局的哲学一直是使用武力，它想的一直是警察或军事行动。这是美国突然从一个自豪地拒绝成为旧世界军国主义的国家转变为有史以来武器装备最多的国家之后而带来的现实的一个方面。它带着某种尴尬不停地炫耀它增

---

① 欧内斯特·约瑟夫·金（Ernest Joseph King，1878—1956），美国海军五星上将。日本偷袭珍珠港后不久，美国卷入第二次世界大战，金被任命为美国舰队总司令。1942年3月，金接替哈罗德·斯塔克担任海军作战部部长。1944年12月，金成为第二位晋升为五星上将的海军上将。

添的那些装备，就像穿戴着累赘的铠甲站在亚瑟王宫廷里的扬基一样。在和平时期，美国历史上第一次在和平时期保持了一支非常庞大的征募的陆军，以及一支强大的海军和空军。根据1947年通过的《美国国家安全法》，这三支武装力量被纳入一个统一的“防御”系统。此外还有原子弹，巴鲁克计划[①]试图在超越国家权力的伪装下让美国保持垄断。来自军队的领导人物现在成了美国“权力精英”的重要组成部分。在战争期间，罗斯福直接与他的参谋长们一起工作，而把国务院推到了第二线，军队就这样进入了新的权势空间。

在一些观察家看来，军队从那时起就已经掌握了与大企业水平相当的影响力。一位不承认所有的美国政策都来自五角大楼的作家曾评论说，“美国军人无法克制的多嘴巧舌”强化了这样的印象。他承认军队滥用自己的地位来宣传并灌输“最反动的倾向”。公众看到的大多数军事人物当然是非常保守的。美国在第二次世界大战战争和战后期间驻华军事指挥官之一的魏德迈[②]将军曾在纳粹军校待过多年，他离开那里时怀着对“布尔什维克主义”的满腔仇恨。麦克阿瑟[③]将军的父亲是一位当年参加过征服菲律宾战争的将军。钦佩麦克阿瑟的英国参谋长了解到，他“认为苏联人比纳粹分子更具威胁”。麦克阿瑟一生中的大部分

① 巴鲁克计划（The Baruch Plan）是美国政府在1946年6月联合国原子能委员会（UNAEC）第一次会议上提出的一项建议，主要由伯纳德·巴鲁克（Bernard Baruch）撰写，但依据的是《艾克森—利连撒尔报告》（Acheson–Lilienthal Report）。美国、英国和加拿大呼吁成立一个国际组织来监管原子能。巴鲁克的提议被苏联拒绝，苏联担心该计划将维持美国的核垄断地位。它的崩溃导致了“冷战”军备竞赛的开始。

② 阿尔伯特·科蒂·魏德迈（Albert Coady Wedemeyer，1897—1989），美国军人。于1944年底接任史迪威为盟军中国战区参谋长，及驻中国美军指挥官，至1946年3月卸任。1947年再奉命为特使到中国调查。在“冷战”期间，魏德迈是柏林空运的主要支持者。

③ 道格拉斯·麦克阿瑟（Douglas MacArthur，1880—1964），美国著名军事家，1944年麦克阿瑟被授予陆军五星上将。第二次世界大战时期，他历任美国远东军司令，西南太平洋战区盟军司令；第二次世界大战后出任驻日盟军最高司令和“联合国军”总司令等职。

时间是在太平洋地区度过的，并因此养成了“中国通”的心态。他无视杜鲁门总统对中国台湾问题的指示，于1950年公开宣布，“积极、果断和充满活力的领
270 导”是他处理东方人事务的公式。这样的谈话肯定会得到来自退伍军人组织的掌声，也同样会在所有持保守态度的国家和像美国军团或天主教退伍老兵那样的组织那里获得赞同。

一位将军——麦克阿瑟可以被一位总统——杜鲁门解职，像多年后尼克松总统被公众解职一样，是美国帝国的救赎恩典。另一个恩典是出于高度可信的谨慎从事的考虑，尽管只有它拥有原子弹而且苏联正在从战争的创伤中恢复过来，它始终没有和它的巨大的竞争对手开战。然而，这个领导者国家的悖论依然存在。它的使命是用更为明智的措施取代旧的国际间的无政府状态，但同时它又极大地推动了军备生产，军备的销售处于如此无政府的状态。一个与此相关的困惑是美国国内小型武器无限制的销售所造成的高死亡率。美国并不热爱战争，军人仍然是二等的职业选择。但如果它还没有被转化为战神玛尔斯的崇拜者，那么它可能会被称为献身于火神伏尔甘的糊涂人。

强国之间的战争并不会带来任何好处，但武器制造商们却因此赚了大钱。尽管很久以前，欧洲的前陆海军将领们就加入了武器制造公司的董事会，从政府雇员转身为私营公司工作，但美国的军事机构本身在成为商业世界的延伸方面已远远超过了其他任何国家。自1945年以后，这种状况就成了美国的常态。兵器工业在第二次世界大战期间已习惯于难以估算的利润，并且它能够说服公众，它的运营对经济以及国防来说是完全必要的。第二次世界大战前很长一段时间的萧条让雇主和工人们半清醒地意识到不稳定的资本主义天堂只能由无休止的武器支出来支撑。“美国制造业的所有主要部门在‘冷战’的驱使下都已经军事化了。”

在20世纪60年代的那十年间，洛克希德飞机公司是所有军工企业中规模最大的，它获得的合同总额超过了160亿美元。它业务最火爆的一年是1969年，那

正是越南战争的高峰期。对于股东如此有利可图的战争而言，那样的战争不管输赢，几乎不需要寻找任何借口。一些国会议员抱怨五角大楼通过他们州里的军火公司作中介，“迫使”他们为五角大楼投票。即使是从军队进入白宫的艾森豪威尔[1]也感到必须警告整个国家来制衡“那个庞大的军队机构与大型军火商的联合体……每个城市、每个州的议会大厦和联邦政府的每个办公室都能感受到它的总体影响力，它在经济、政治、甚至精神方面的影响力”。但他是在1961年 271
的告别演说中发出那个著名的反对“军队—工业联合体”的警告的。而他的那位继任者肯尼迪[2]是通过对一个假想的“导弹差距”的大肆鼓噪才当选的。美国拒绝苏联提出的限制军备提案的某些论点至少是“非常不起眼的”。军备竞赛在政治和经济方面带来了太多的回报，是不能允许对它发出警报的。

在1957年至1964年期间，美国制造业的产出几乎翻了一番，而产业工人的数量并没有变化。这是因为美国技术发明的土壤肥沃，而军事预算的稳步增长也为它的经济带来了支撑。同样，一个美国人可以将美国海外企业的效率描写为“造成国家间忧虑的主要原因。这种和平时期的侵略……几乎是无法抵御的”。而太过于专业的技能并不是唯一的武器。杜鲁门可能会在1949年1月的就职演说中这样宣布，“老牌帝国主义为了获利在外国进行的开发在民主公平交易的理念中是没有地位的”。在许多外国人看来，美国资本主义的进展似乎非常接

① 德怀特·戴维·艾森豪威尔（Dwight David Eisenhower，1890—1969），美国第34任总统（1953—1961），政治家，军事家。第二次世界大战期间，他担任盟军在欧洲的最高指挥官。1952年作为共和党总统候选人参加竞选总统获胜，成为美国第34任总统，1956年再次竞选获胜，蝉联总统。

② 约翰·费茨杰拉德·肯尼迪（John Fitzgerald Kennedy，1917—1963），美国第35任总统，美国著名的肯尼迪家族成员，他的执政时间从1961年1月20日开始到1963年11月22日在达拉斯遇刺身亡为止。

近于由霍布森[1]开创，并经列宁发展的帝国主义理论所指出的路线。

不可否认，美国的资本主义越来越趋向于垄断结构。在第二次世界大战期间，大公司获得了合同中的大部分份额，而许多小公司被挤出了它们的行业。参议院的一项调查显示，这一过程仍在继续。在1947年，美国上百家最大的企业占了所有工业资本的46%，1962年这个数字达到了近57%。几年之后，50个最大的公司的年销售额达到了国民生产总值的近四分之一。所有这一切都是建筑在一个民主基础之上的，靠的是让玩股票成为被普遍接受的生活习惯。美国仍然是一个正在进行赌博的国家，包括工人在内的中小股东们也可以享受与千万富翁在同一条船上的感觉。从另一方面来看，对企业的控制仍然牢牢地掌握在“极少数自我延续的寡头”的手中，他们共同组成了大企业的精英阶层，那是那个国家和帝国的真正的主人。霍布森坚持认为，为了避免国内的拥堵并在国外获得更高的利润，一个头重脚轻的资本主义将会让资本的出口量不断地增加，而美国的情况似乎完全证实了这一点。在1947年至1955年期间，美国海外的直接投资达到了63亿美元，而在1956年至1964年期间，这个数字达到了
272 158亿美元。1960年的海外股票投资总额为320亿美元，而到1971年时，这个数字增加到了860亿美元。

越多的美国资本从与其他国家的贸易转向在那些国家中投资，美国就越需要确保那些国家的政府对美国是亲善的。在美国海外投资总额中，1960年有57%，1971年有62%是投资在相对独立的国家和地区，诸如加拿大、欧洲或日本等。像拥有白人自治领地和“有色人种”殖民地的老牌大英帝国一样，美国

---

① 翰·阿特金森·霍布森（John Atkinson Hobson，1858—1940），英国政治思想家，经济学家。霍布森是较早研究帝国主义政治的思想家之一。他提出帝国主义就是一个国家为了自己的目的而对他国制度与生活的控制。认为几个势均力敌的帝国互相竞争和商业利益被金融利益或投资利益所左右，是现代帝国主义与老帝国主义的两大区别。

的霸权已经涵盖了这两种形式各异的地区，而其影响也是完全不同的。在大多数拉丁美洲国家中，政府由于经济不发达或民族分裂而处于弱势，任何外国资本几乎不可能不在那儿称王称霸。在这样的背景下，美国的投资规模虽然比在发达国家中的要小，但收益却高得多。同样，资本在国内与有组织的工会签订了保护劳工的工资协议，但同时也使用包括女性、黑人和墨西哥来的季节性工人在内的不受保护的劳工。

作为发达工业国的领头羊，美国毫无疑问对那些国家提供了如果不算很大，但仍是确确实实的帮助。现在是停止欧洲资本主义国家之间无意义争吵的时候了。如果美国无法消除那些争吵，它将尽全力阻止它们发生，并帮助它们将能量转移到生产活动中去（莫斯科已经向东欧国家提供了类似的服务）。西欧和日本的战后繁荣大部分都必须归功于华盛顿，华盛顿可以像保守党领袖麦克米伦①曾对英国选民所说的那样公平地对他们说，“你们从来没有过过这么好的日子”。尽管欧洲所抗议的“人才流失”是一种新的帝国进贡，但对于欧洲人，特别是英国的科学家、技术人员和医生来说，美国工资较高的就业机会多年以来就一直很有吸引力，就像早年间普通工人对美国的向往一样。

在这样的监护之下，主要资本主义国家实际上比社会主义阵营表现得更为团结一致。诚然，霸权没有能够阻止，并且在某些方面还不期而至地促成了像巴基斯坦和印度、塞浦路斯和土耳其，当然还有以色列和阿拉伯国家之间的小规模冲突，但那些都不是真正意义上的资本主义竞赛。尽管有许多马克思主义者曾作出了可怕的预言，然而发达国家之间武装冲突的前景似乎已经消失了。他们害怕受到太大的伤害，害怕为社会主义敞开大门，他们知道任何这样的愚

① 莫里斯·哈罗德·麦克米伦（Maurice Harold Macmillan，1894—1986），英国政治家、首相，保守党成员，教育家、作家。麦克米伦于1957年至1963年出任英国首相。

蠢行为都会被美国否决。在这种新的和谐中，还有一个考茨基所预见的“超级
273 帝国主义”的要素，西奥多·罗斯福曾在伦敦演说中从另一个角度说出了这一点，“我们应该共同来对付世界上的落后人种”。

美国的资金涌入了欧洲，那是因为那里的劳动力比在美国国内更便宜，还因为在那里制造的商品可以规避关税壁垒。到1968年时，美国的资本为50万英国人提供了就业机会，即便这不全部是新的就业机会。欧洲各国政府，尤其是法国政府，可能会像早期的加拿大一样对这次和平的入侵感到紧张。马克思主义者抨击这是帝国主义行径，但普通工人很少会追究他的雇主是谁，他要的只是一份工作。此外，他的雇主的真实身份可能会被一家跨国公司的名字所遮蔽，那是合乎政治和睦逻辑的结果。

跨国公司通过为外国和美国商人安排舒适的舱位消除了许多嫉妒。因此，对澳大利亚经济的远程控制就被掩盖或被忽略了，而当地人也得到了相当份额的好处。与其他地方一样，“美国管理层的目标越来越多地集中在创立跨国公司上，而不是直接的支配”。今天在全球大部分地区，资本的介入是如此的复杂，进入阿拉伯和日本的美国资本，进入美国的阿拉伯和日本的投资，荷兰辛迪加在苏格兰高地购买地产，英国在德国的投资等。就是列宁也很难确认说哪个是帝国主义者，谁又征服了谁。但大多数跨国公司主要是美国人掌控的，他们先驱者是军火贸易商，那是第一批发展国际合伙的商家。在两次世界大战之间的时期，在像美国标准石油公司那样的组织和纳粹德国的公司之间就通过迂回曲折的交易进行着合作。像船舶会使用便利的旗帜去航行一样，跨国公司可以享受双重身份，不受道德或法律责任的限制。

在第二次世界大战行将结束和结束之后的那段时间里，美国和英国轮番出手，在痉挛的搐动中推着另一方进入“冷战”态势。美国人曾暗示英国再次扮演了邪恶天才的角色。垂死的旧世界的帝国主义试图引诱美国，并让那个国家充当它的继承人。1945年3月的英国内阁备忘录指出，英国将欢迎美国和苏联之

间的冲突，而“按照英国的计划将最终实现这一目标”。亨利 · 华莱士[1]作为总统 274
候选人曾就这一点警告过公众。他在1947年警告英国公众不要被美国的反共恐慌所欺骗，大西洋两岸的人民都受到了他们统治者的惊吓。

在那之前半个世纪的时候，参议员霍尔[2]从欧洲回来时被问到英国人对美国进入菲律宾有何观感时曾回答说：“他们认为我们正在自讨没趣，但非常担心我们会继续那样做下去。”最近，一位撰写1945年以后英国政策制定者的英国历史学家曾谈到，“人们在私下对美国的天真、无知和纯粹的不专业所表现出来的轻蔑”。而他的更为婉转的同胞们在“冷战”开始后仍然庆贺英国是“美国的主要支持者和顾问”。当1967年英国因“与美国的关系日益密切”而被戴高乐拒之于欧洲共同体之外后，它甚至希望建立以华盛顿为集团中心的“某种盎格鲁–撒克逊集团”。盎格鲁–撒克逊主义正在摆脱它的分裂趋势。美国一位著名的福音传教士曾说过，“撒克逊人”来源于“以撒”，英美两国是“上帝所选子民”的联合继承人，两个“与生俱来具有权力的国家”，可悲的是他们忽视了“上帝”让他们统治地球的召唤。

“冷战”始于波兰与莫斯科之间的矛盾，和希腊国内在希腊离开东方阵营之后发生的冲突（这不是与莫斯科有冲突，因为莫斯科已同意让希腊成为西方阵营的一部分）。这个问题上，英国发挥了特殊的领导作用，而美国则顾虑重重地跟在后面。英国对希腊内战进行了干涉，以确保通过与希腊人合作建立一个保守的政权，但其中的许多人曾与纳粹合作，这让华盛顿起初感到吃惊。然而

---

① 亨利 · 阿加德 · 华莱士（Henry Agard Wallace，1888—1965），美国政治家，富兰克林 · 罗斯福时期曾任美国农业部部长、美国副总统；杜鲁门时期任商务部部长。他象征着新政民主党人的平民哲学，设计了整个20世纪30年代民主党政府引起争议的农业政策，但在1946年因对苏联的外交政策上的不同看法和民主党决裂。

② 乔治 · 弗里斯比 · 霍尔（George Frisbie Hoar，1826—1904），美国著名政治家，1877年至1904年任参议员。

不久之后，共产主义的狂潮促成了美国“更加理解的态度”。美国自己随后在韩国和越南的干预也将遵循希腊的先例，但在当时它感到事情搞得太过分了。在1947年初时，由于英国无法继续承担行动的费用，美国不得不同意接手。时任助理国务卿的迪安·艾奇逊[1]宣布：“对我们来说，希腊政府并不令人满意，它包含了许多反动的因素”，这成了苏联批评的明显目标。杜鲁门认为，对希腊的援助被用于“扩展党派政治斗争，而不是对国家有利的目标”，他希望统治集团
275 能扩大他们的群众基础并寻求广泛的支持。

曾有一段时间，美国确实坚持希腊政府的部长们应来自在雅典的中间偏右派别而不是极右派。战争年代孕育的争取自由和进步的感觉不可能一下子被扼杀掉，公众比他们的导师更有智慧。必须人为地诱发“冷战”时期的歇斯底里，先是政治的腾挪，然后是麦卡锡[2]发出的雷鸣。杜鲁门虚弱的政治地位让他受到右翼胁迫。他和他的内部顾问团队在公众意见形成之前就采取了行动，利用希腊的冲突来唤起对共产主义的恐惧。他们像在1941年以前人们所看到的罗斯福那样，在公众意见形成之前先操纵舆论，尽管现在是朝着相反的方向。塔夫脱本人是极端的共和党人，他不情愿地默许了希腊事件的进展。他的传记作者说，他提出的那些不得要领的问题从未被认真地讨论过。

无论是否愿意，没有一个国家被允许退出资本主义或封建国家阵营（虽然并不总是强制执行，但马克思主义也采用了类似的禁令）。美国为了不让任何联

---

① 迪安·古德哈姆·艾奇逊（Dean Gooderham Acheson，1893—1971），美国律师、法学家、政治家，民主党人，曾任助理国务卿，美国国务卿，总统顾问、民主党外交委员会主席。

② 约瑟夫·雷芒德·麦卡锡（Joseph Raymond McCarthy，1908—1957），美国共和党人，美国政治家、极端的反共产主义者。1946年他被选为参议员，帮助艾森豪威尔当选美国总统。他还担任过政府活动委员会的主席。以他为典型的“麦卡锡主义”极端反共，恶意诽谤、肆意迫害疑似共产党和民主进步人士甚至有不同意见的人，影响波及美国政治、外交和社会生活的方方面面。

邦成员州走自己的路而进行了南北战争，那个记忆并没有被遗忘。现在，同样的原则被扩大运用到了全球范围。在1947年3月，当华盛顿吞下了对希腊怀疑的苦果时，杜鲁门在国会联合会议上发表了一个讲话，彰显了随即被称之为“杜鲁门主义”的理念。他说道，“我认为，美国的政策必定是支持那些自由的人民，抵抗企图征服他们的拥有武装的少数人或外部的势力”。在结束演讲时，他获得了除一位劳工代表维托·马尔坎托尼奥[1]外的全场起立鼓掌。实际上，正如欧文·拉铁摩尔所写的，那个说法“对任何声称受到俄国或自己国内共产党人压力的国家提供了支持——没有提出进行改革，也不会提出任何问题”。拉铁摩尔还注意到：“杜鲁门主义更多地源于过时的英国的想法，而不是当时的美国思想。”回想起来，它已经开始向美国人以及其他的历史学家们展示了“经常是非理性的反共产主义所导致的美国外交政策制定者扭曲愿景”的症状，尽管没有什么迹象表明这一做法在今天的权力走廊中已经被抛弃了。

为了确保美国能在西欧和中欧展开最为重要的工作，在杜鲁门主义之后马上推出了作为甜味添加剂的马歇尔[2]计划。马歇尔宣称，“我们的政策不是针对
任何国家或学说的，而是针对饥饿、贫穷、绝望和混乱。”但他立即继续谈论创 276
造“可以让自由体制存在的政治和社会条件”，他并没有必要去澄清这样一个事实，居于自由体制中首位的是自由的企业。马歇尔计划中也有真诚的善意，以

① 维托·安东尼·马尔坎托尼奥（Vito Anthony Marcantonio，1902—1954），意大利裔美国律师，左翼政治家。他最初是共和党成员，也是菲奥雷洛·拉瓜迪亚的支持者，后来转投美国工党。在晚年，马尔坎托尼奥在美国政坛中越来越“左”倾，并因在20世纪40年代得到共产党人的支持而闻名全国。

② 乔治·卡特利特·马歇尔（George Catlett Marshall，1880—1959），美国军事家、政治家、外交家，陆军五星上将。在第二次世界大战中，他帮助总统罗斯福出谋划策，坚持先攻纳粹德国再攻日本帝国，为美国在的胜利做了不可磨灭的贡献。1945年退役，后出任美国国务卿和美国国防部长，以出台马歇尔计划闻名，1953年获诺贝尔和平奖。

及为执行那个计划付出代价的人们。但在1918年之后，食物和原材料正在被用来将饥饿的欧洲引向右翼的道路上去。英国的工党政府对太多的社会主义实验发出了警告。

尽管卡努特大帝[1]的指挥得体，但革命的潮流还是在世界的其他地方汹涌澎湃，其中最大的一场革命正在中国正在发生，那里正展开着一场激烈的内战。在与日本的战争中，一些美国指挥官是公开反共的。那些像“醋乔”史迪威[2]一样更关心赢得战争的人都知道，蒋介石及其腐败并压制民众的国民党政府并不像毛泽东的军队那样与日军作战，他们只是把美国的武器藏起来以备以后与共产党人开战。在日本人投降后，杜鲁门和杜鲁门派往中国观察事态的马歇尔都有足够的意识看到那里的情况非常危险。如果不是因为1945年以后美国士兵都像在印度的英国士兵一样急着想要回家，美国毫无疑问会直接参与中国的斗争。在新的美国军队可能被派往远东作战之前，需要几年的时间来进行灌输。至于国民党，外交部的中国问题专家约翰 · 普拉特（John Pratt）曾经说过，扶持它就像试图将苹果冻钉在墙上一样。杜鲁门很快也就形成了类似的观点，并且认识到他后来曾说过的，给它的钱极有可能会被盗用，“他们都是小偷，他们中的每一个人都是小偷”。历史将让美国拥有许多这样的盟友。

正如斯大林也在做的那样，最好的出路就是努力在中国达成妥协。对于杜鲁门来说，不幸的是蒋介石一心想挑起斗争，希望把美国拖下水再次为他打

---

① 卡努特大帝（Cnut the Great，995—1035），丹麦、英国和挪威的国王，通常被统称为北海帝国。

② 约瑟夫 · 史迪威（Joseph Stilwell，1883—1946），美国军事家。史迪威曾多次来华，会讲中文。第二次世界大战的珍珠港事件之后，美国参战，史迪威于1942年晋升中将，并被派到中国，先后担任中国战区参谋长、中缅印战区美军总司令、东南亚盟军司令部副司令、中国驻印军司令，分配美国援华物资负责人等职务，后被晋升为四星上将。

仗。尽管得到了来自美国的大量装备，但蒋介石和他的政府却显示出了彻底的无能。到1947年6月时，国务卿不得不告诉他的同事们，由于“国民政府”的“无能、效率低下和固执”，形势正面临崩溃。到1948年底时，共产党的军队取得了胜利，剩下的国民党正撤往中国台湾。对美国来说，这是在对日本胜利后令人痛苦的逆转。它极大地提升了“冷战”的热度。在当时，美国已经有人认 277
识到亚洲的革命不可能再像以前的义和团那样被武力镇压下去了。《纽约先驱论坛报》在1949年写道，“一些西方的枪炮，甚至很多的枪炮，不再是能吓住并控制成千上百万亚洲人的有效工具了”。但是，有人鼓噪应采取更积极的行动，在那些后来经常出现类似情况的地方，没有人考虑到美国难以理解那里的社会现实。包括最无知缺德的封建地主在内，任何反共产主义的人都被那些人誉为捍卫“自由”的勇士。拉铁摩尔写道，“美国人无法在中国区分封建主义和让中国的资本家、管理和技术人员发狂的资本主义。”

卡努特现在成了巫师的学徒。在所有权衡美国外交政策的过程中，都必须考虑到政治派别的角逐，不管它是否真正有意义。尽管杜鲁门的处境因为杜鲁门主义的提出而得到了改善，但他很快就被共和党人超越了，他们对共产主义的威胁发出了更大的吼声。正如塔夫脱在1951年写给一位朋友的信中所说的那样，共和党人无法在下一次选举中因国内问题而获胜，因此必须抨击美国政府在国外的“失败和无能”。因为与英国的保守党相比，美国的共和党在国内政策上展现新的面貌方面远为逊色，这将成为一个持续出现的要素。尽管塔夫脱对希腊抱有怀疑态度，但他仍然充分利用了中国的“损失”。与印度对大英帝国的重要程度一样，中国曾经一直是美国世界体系中的一座堡垒。

最喧嚣尘上的是“中国院外游说”，那是一个令人印象深刻的院外施压团体开展活动的案例。它是由国民党出钱资助的，而那些钱中的很大一部分原本是从美国纳税人的口袋里掏出来的，因此美国人为自己的受骗上当付出了代价。杜鲁门多年以后告诉一位采访者，公众对中国院外游说有多么强大一无所知。“有一大批国会议员和参议员排着队为他们干活，他们有数十亿美元可花，而那些议员们花了他们的钱。他们甚至收买了一些报纸……”他们的成就达到了重写历史的水平，就像令人惊叹的斯大林所干的一样。描绘国民党中国实际状况的书籍流传广泛，杰克 · 贝尔登[1]在第二次世界大战结束时对中国的
278 描述是美国有史以来最优秀的作品之一。现在，这一切都从黑板上被抹去了，代之以一种共产党人的刻板印象。苏联人拉拢了中国。在那里，曾与西方一体的大家庭正在被摧毁。一个新的带有侵略性扩张危险的黄色人种必须被强行“包藏起来”。一是因为它会像过去的中国一样人口过度增长，二是因为它是共产党领导的。

上层的叛国，尤其是在国务院系统中的叛国罪名，为失败提供了便利的借口。这直接导致了麦卡锡对美国各类进步人士疯狂并具煽动性的指控。保守主义是受益者。它根本不喜欢罗斯福温和的自由主义，现在由于情况更糟糕而变得神经质了。西方的反应充满了恶意，重新回到了20世纪20年代“红色诱饵”的老调，遭到背叛的恐惧使人们以为国内的变革力量可能比所看到的要强得多，社会主义可能会像在其他地方一样在美国获得成功。与此同时，在中国的失败给世界资本主义带来了灾难性的威胁。必须建立一个反社会主义的国际阵营来占领已经解散的共产国际留下的权力真空地带，自由企业将团结全人类。

所有这些都重复了人们所熟悉的症状——确认异议带有疾病。在凯南的语言中，共产主义是“恶性寄生虫”，是正在传播的“病原菌”。本着同样的精神，

---

① 杰克 · 贝尔登（Jack Belden，1910—1989），第二次世界大战期间美国知名的战地记者，作品多反映中国的抗日战争及中国的解放战争。1937年，杰克 · 贝尔登受聘于美联社开始为《时代》杂志撰稿。杰克 · 贝尔登会汉语，可以与中国人直接交流，而不只是转述官方的消息。杰克 · 贝尔登与中国有关的代表作是《中国震撼世界》，该书出版于1949年，书中对于蒋介石在大陆最后的统治进行了揭露和批判，对于共产党及其领导的军队持正面立场，因此这本写给美国人的书在美国的公开发表和出版都遇到了很大阻力。

当他的臣民想要一部宪法时，普鲁士的弗雷德里克·威廉四世[①]谴责自由主义就像脊柱疾病一样。而冯·莫尔克[②]于1914年曾谈到为了欧洲的秩序和文明，必须用战争的烙铁烧掉塞尔维亚“无政府主义”的癌症。美国现在成了全球最出色的外科医生或卫生清洁工，就像以前在美国国内清洗掉同样无情并狡猾的红色印第安人一样，“清洗掉”共产党人。

每个主流群体都需要在它的思想中保留一些神秘的冲动，才能让它对自己所做的事情充满信心。反共思想是美国取代早期帝国主义“文明使命”的意识形态。它可以被嫁接到第二次世界大战捍卫民主的表面目的身上。可以像在古老的帝国建立时期一样，方便地征召宗教入伍。一位讨论亨利·詹姆斯和他的小说《波士顿人》的评论家谈到“清教徒们死心眼儿地想要重建世界”。我们已经听说过很多关于清教主义和资本主义兴起的故事，然而它与帝国主义特别是美国的联系也需要引起注意，尽管在扩张过程中美国的资本主义已经与其他更原始的东西融合在一起，并且远离了马克斯·韦伯[③]所定义的清教主义精神， 279
即秉持清醒理性的理念，对“非法的、政治的殖民地赃物”和“依靠王子和诸侯青睐的资本主义垄断类型的畏惧”。但海内外教会的潜水者们都投身到了“冷战”之中，在这种一致性中可以看到让所有基督徒和解的普世教会合一运动的根源，这是与所有国家的资本家的精神平行的基督教精神。道德的重新武装是

---

① 弗雷德里克·威廉四世（Frederick William Ⅳ，1795—1861），普鲁士腓特烈·威廉三世的长子和继承人，1840年至1861年统治普鲁士。

② 赫尔穆特·路德维希·格拉夫·冯·莫尔克（Helmuth Johannes Ludwig Graf von Moltke，1848—1916），德国将军，1906年至1914年担任德国总参谋长。

③ 马克斯·韦伯（Max Weber，1864—1920），德国著名社会学家，政治学家，经济学家，哲学家，是现代一位最具生命力和影响力的思想家。他对于当时德国的政界影响极大，曾前往凡尔赛会议代表德国进行谈判，并且参与了《魏玛共和国宪法》的起草设计。是同泰勒和法约尔同一历史时期，并且对西方古典管理理论的确立作出杰出贡献，是公认的古典社会学理论和公共行政学最重要的创始人之一，被后世称为“组织理论之父”。

它的最不起眼的起搏器。罗马天主教会急切地希望通过火与剑重现一个有罪的世界，就像西班牙在内战后所做的那样。在他去世前不久，可以成为佛朗哥或皮萨罗牧师的枢机主教斯派尔曼曾以总牧师的身份在越南布施了火与屠杀的圣诞节祷告。

一旦沉浸在马歇尔援助的阳光之下，西欧就有了一个在短视的自我主义驱使下透明的动机，来尽其所能保持美国和苏联之间的关系尽可能地不和。1948年，捷克斯洛伐克发生了一场粗暴且判断错误的共产党人政变，这使美国转向了将西欧建设成为一个武装联盟的政策。过了一年，北大西洋公约组织[①]（简称北约）应运而生。华盛顿通过这一次的成功继续推动欧洲的统一。肯尼迪在1962年提出了在美国和包括英国在内的统一欧洲之间建立一个平等的联盟，一位英国的支持者认为，这是一个“极好的想法”，将会遏制任何怀疑美国“试图支配其盟友，或含蓄地强加任何霸权的企图”。相对于与苏联为敌的目标而言，任何其他的目标的确都是次要的。但欧洲尽管经受过战争的磨难，却仍然习以为常地非常注重细节。

在华盛顿看来，由于维护民主的最终目标是正义的，所有为实现那个目标而采用的手段都是不容置疑的，包括对民主的压制。战争结束后，欧洲人曾普遍认为盟国将把西班牙从轴心国的合作者佛朗哥（和葡萄牙从它的独裁者萨拉查）手中解放出来，佛朗哥将因经济压力而陷入困境。但这不是美国计划的一部分。罗斯福在战争期间曾写信给佛朗哥，作为“真诚的朋友，西班牙不应该对联合国有任何恐惧”。现在已很明显，西班牙政府没有什么可担心的了。为

---

① 北大西洋公约组织，是美国与西欧、北美主要发达国家建立的军事集团组织。第二次世界大战后，美国推行遏制苏联的战略，1949年4月4日与加拿大、英国、法国、比利时、荷兰、卢森堡、丹麦、挪威、冰岛、葡萄牙、意大利共12国在华盛顿签订了《北大西洋公约》，宣布成立北大西洋公约组织，公约于1949年8月24日生效。

了让马歇尔援助表面上好看，西班牙被排除在那个计划外，但它通过另外的途径获得了财政援助，包括向美国出租基地。与此同时，美国的商业利益正在进 280
入西班牙接收纳粹和其他资产，而西班牙的资本家则急于与他们联合起来。由于欧洲的偏见，西班牙没能加入北约，但杜勒斯让它成为实际上的成员。1959年，艾森豪威尔总统访问了西班牙，为既成的事实加盖了印章。三年后，一个关于基地的新协议构成了“除名称以外的实际联盟”。与美国的友谊“一直是佛朗哥外交政策的基石”。

福斯特·杜勒斯是1952年至1959年期间的美国国务卿，他是一位尽责的律师，能够在需要的时候同时提供道义上的愤怒和辩证的智慧，而他对共产主义邪恶的说教甚至让温斯顿·丘吉尔也感到厌烦。鉴于英国的外交实用且为经验所证明，因此英国在世界上的地位历史久远并令人放心，而美国的地位总是更具理论性并招惹议论。然而，它的新秩序已在远离了20世纪初曾在美国徘徊的启蒙运动的氛围中形成了气候。在杜勒斯的管理之下，联合国为美国领导层搭起了一个便利的架构，那是威尔逊没能在国际联盟做成的事情。经济武器，以及私底下对急于不想失去舒适岗位的来自小国首都代表们的“制服”，确保了温顺的多数，并让苏联和共产主义的中国处于孤立。中立主义是不能容忍的。任何一个国家，例如印度，选择了“不结盟”，都会遭受带有怨恨的怀疑。

美国在20世纪30年代时曾与民主主义和法西斯主义都不结盟，但现在与从前坚持孤立主义不同了，它更像法国在1918年之后那样繁忙地建立起联盟的网络。北约在1955年扩大纳入了西德，西德的重新武装是强加在欧洲身上的许多事情之一。希腊和土耳其也是北约成员，与民主相比，它们倒是离大西洋更近。1954年，成立了东南亚条约组织[1]，它与1936年的“反共产国际协定”[2]有着明显的同一家庭的相似性。过了一年，由英国、土耳其、伊朗、伊拉克（它于1958年推翻了反动的君主制后退出了公约）和巴基斯坦组成了巴格达条约组织。在这个组合中，英国提供了民主的体面，而美国则通过军事顾问进行阶段管理。
281 1959年，它被重组为中央条约组织[3]。巴格达条约组织的效用“从不明显”，其他大多数组织的状况也是那样。

这样的策略与18世纪英国在欧洲实行的“补贴制度”并无不同，但美国采取了更为积极的主导行动。一位研究美国与澳大利亚伙伴关系的学生曾强调说，在两国发展的整个进程中澳大利亚能说的话很少。“这个联盟将澳大利亚捆绑在由华盛顿确定的目标上。”美国一直保持着自己的立足点，那是一连串的岛屿，就像当年葡萄牙人曾经统治东太平洋时一样，外加众多盟国提供的基地。1953年，一些持反对意见的人公布了那些基地的列表，旨在“揭示我们在世界各地的军事承诺几乎到达了令人难以置信的程度。这会让大部分即使已经对这

---

① 东南亚条约组织（Southeast Asia Treaty Organization，SEATO）是一个已经解散的国际组织。它是一个根据1954年9月8日签订的《东南亚集体防务条约》于1955年2月19日在泰国曼谷正式成立的集体防卫组织，总部亦设于曼谷。该组织有8个成员国。东南亚条约组织成立的目的是牵制亚洲的共产主义势力，不过组织内部的纠纷使它无法有效履行防务行动，使之未能介入老挝内战和越南战争。1977年6月30日，该组织正式宣布解散。

② “反共产国际协定”是第二次世界大战前，德、意、日三国勾结的协议。1936年，德意秘密签订了《德意议定书》，商定加强在对外侵略过程中的合作，形成了“柏林—罗马轴心”。1936年11月，德日签署了《反共产国际协定》。1937年11月，意大利加入了《反共产国际协定》，德、意、日三国轴心正式形成。

③ 巴格达条约组织是在美国策划下的军事条约组织。1955年2月24日，伊拉克和土耳其在巴格达签订。英国、巴基斯坦和伊朗分别于同年4月、9月、11月加入。美国从1955年11月起，以“观察员”身份参加该组织。1959年3月24日，伊拉克宣布退出。同年8月19日，该组织改名为“中央条约组织”。美国虽非属签字国，但在1959年3月分别与土耳其、伊朗、巴基斯坦签署了内容相同的双边防御协定，被视为不是成员国的成员国。

一趋势感到震惊的人站不稳脚跟”。由于美国的陆军、海军力量和技术优势远远超越了它所有的同伙，美国对保持控制一直很乐观。对不服从它愿望的国家经常会采取行动。布鲁金斯学会[①]1977年发表的一份报告中指出，“自第二次世界大战结束以来，美国至少有215次曾严重威胁以释放某种程度的军事力量来获取外交影响力。”与之对比，苏联的数字是115次。

① 布鲁金斯学会（Brookings Institution），美国著名智库之一，是华盛顿学术界的主流思想库之一，其规模之大、历史之久远、研究之深入，被称为美国“最有影响力的思想库”。

第二十二章
旧日帝国和新殖民主义

在一部第二次世界大战战前的新闻纪录片中，罗斯福的面前放着一只感恩
283 节的火鸡，他虚情假意地说，宁可切割一只火鸡也不能像法西斯的强盗一样切割世界地图。在雅尔塔会议上，他嘲笑丘吉尔对领土占有的痴迷，既没有节制也没有理由。战争结束后，有很多前沿阵地要收缩，华盛顿正在谈论的是“美国帝国”。与1919年时一样，除了因战略需要有一些零星的行动外，美国在外表上看并没有占领任何地方。这比英国1815年的利益分享行动更引人注目。1946年时，美国为殖民主义者们树立了一个很好的榜样，在英国退出印度之前一年实现了让菲律宾独立的承诺。这开启了一场相当困难的讨价还价。通过威胁拒绝支付曾经承诺的战争损失赔偿，它不仅获得了长期租用陆军和海军基地的军事条约，而且获得了保证“平等”机会的商业条约，尽管在一强一弱之间是不可能有平等的。那个新的国家保留了它在美国市场上的好的形象和食糖配额，但延续的仍是原来的关系模式。新的投资很少，而且被送回美国的利润总是远远超过投资的数额。

美国并没有与菲律宾人民谈判独立，它是与以曼努埃尔·罗哈斯[1]为首的统治阶层进行谈判的，其中的许多成员曾与日本人合作，因此可以作为与华盛顿合作的依靠对象。一位美国的辩护士声称，美国“在世界上没有殖民地，更着力地指导着建立民主，并更积极地回应着菲律宾的需要”。但这只是表面现象， 284
完全脱离了社会现实。美国的统治让地主们进一步发了财，就像圣经里的那句老话，那些拥有财富的人应该获得更多。在1918年至1938年期间，农场主的数量减少了一半，但大庄园的数量却增加了。尽管没有关税保护措施来制衡美国的倾销，但低工资还是让一些菲律宾的制造业在第二次世界大战战后时期得到了增长。菲律宾保留了严重的封建偏见。土地资产继续在集中，越来越多的土地由佃农种植，他们拥有的地块也越来越小。

看到胡克巴拉哈普[2]的起义，美国无可避免地会感到一些不安。在共产党的领导下，许多曾经抵抗过日本人的农民开始抵抗他们的地主。派去菲律宾研究情况的贝尔委员会要求进行改革，但菲律宾的寡头政治仍然顽固不化。因为找不到可以替代它的东西，所以美国没有办法强制进行变革。在这种情况下，美国的影响力非常之低，但这是好事而不是坏事。随着美国武器的交付，马尼拉政府获得了镇压叛乱分子的能力。通过这样的方式，美国进行了第二次征服战争。在有些人看来，马尼拉祭出的铁拳镇压鼓动了农民的反抗而不是平息了

---

① 曼努埃尔·罗哈斯·阿库纳（Manuel Roxas y Acuna，1892—1948），菲律宾政治家。菲律宾自治领最后一任总统，从美国独立后的第一任总统（1946—1948）。他任内从事经济复兴工作，对政治犯实行大赦。曾同美国签订《美菲关系条约》《财产法》《贝尔贸易法》《美菲军事基地协定》《美菲共同防御条约》。

② 胡克巴拉哈普（菲律宾语意为反对日本士兵的国民军），是由菲律宾吕宋岛中部的农民组成的共产主义游击运动。它开始于1942年日本占领菲律宾期间，在曼努埃尔·罗哈斯（Manuel Roxas）担任总统期间继续进行，并于1954年在拉蒙·马格塞塞（Ramon Magsaysay）担任总统期间结束。

它。事实上，到1953年时有组织的抵抗运动已经被击败了，但社会动乱被赶入地下，采用了其他更为病态的形式。“游击战和土匪活动”继续猖獗，但它们更像黑手党而不是毛泽东主义者的运动。

这种基本类型的混乱并没有让华盛顿感到不安。也没有像一位美国作家所描写的那样造成了菲律宾国内悬而未决的“不孕症和奖励生育”政策的瘫痪。另一个报道称，菲律宾避免了独裁，但“付出了发展停滞、政治腐败和实际上成了美国殖民地经济体系的代价”。1972年，马科斯[1]总统发布戒严法扩大了自己的权力，但几乎没有带来任何改变，一个几乎独裁的时代即将到来。他的第一批法令之一是处理土地改革问题，但它留下了大量的逃避税收和驱逐佃户的漏洞。菲律宾的统治阶层必然意识到，这和独立后的印度的农业立法是一样的。“与此同时，马科斯总统的亲友和一些高级军官加入了财富超越常人想象的一小群人之中。”

波多黎各在1950年获得了“自由联合州”的政治地位。这部分是对当年
285 10月由不满情绪引发的骚乱的让步，部分反映了美国的投资给那个岛带来了一些产业的事实。与此同时，波多黎各的经济也完全沦入美国的优势地位之下，当地小型竞争对手的实力被削弱了。波多黎各出现了两极分化，一方面是受到剥夺的大众，其中一些人在20世纪60年代后期重新参加了游击活动；而另一方面是那些与美国利益的新纽带息息相关的人。这是第三世界的一个缩影。与此同时，吸引了美国资本的低工资以及进入开放的美国市场带来了在美国不受欢迎的竞争。工会抗议要求提高波多黎各人的工资，但随后又出现了一个新的矛盾，制造商们受到了在远东地区仍然廉价的劳动力的威胁，那些劳动力也是被

① 费迪南德·马科斯（Ferdinand Marcos，1917—1989），菲律宾政治家、独裁者，菲律宾前总统，1965年至1986年统治菲律宾。他因主张经济和社会改革而上台，在任期间以腐败的裙带资本主义和政治打压的威权主义统治而闻名。

美国资本雇用的。此外，在1974年时，波多黎各开始了又一轮经济衰退。

在第一次世界大战期间，欧洲皇朝因经常地互斗而摧毁了自己。在第二次世界大战期间，欧洲帝国在亚洲也以同样的方式瘫痪了它们自己。美国本来希望它们能够在它的带领之下，将权力转交给可靠的殖民地统治阶层。尽管在提供马歇尔援助时充分利用了殖民地以原材料作为交换条件，但从维护美国自身利益的角度来看，这将进一步推动门户开放政策的实施。和苏联一样，美国也赞成在1955年召开的第三世界国家万隆会议，以支持所有殖民地的解放。拥有殖民地的国家不太愿意。远比美国的帝国更小，它们不能轻易指望在放弃政治鞭子之后还能够保持经济鞭挞。它们的目标是恢复亚洲的旧时秩序，它们像在维也纳会议上恢复欧洲旧时秩序的塔列朗[①]一样，呼吁维护合法性的神圣原则。英国（在1815年将比利时交给了荷兰）在日本投降后，积极协助荷兰在印度尼西亚重建权力。艾德礼[②]和贝文[③]取代了丘吉尔，但那并没有带来任何的不同。

迫于重建欧洲所有殖民主义国家的考虑，美国必然对通过剥夺它们在亚洲或非洲的资产从而使他们变得贫穷和对抗非常犹豫。正如一位葡萄牙外交部部长洋洋自得地表示的那样，美国正处于一个极为尴尬的地位，它在支持反殖民

---

① 夏尔·莫里斯·德塔列朗－佩里戈尔引（Charles Maurice de Talleyrand-Périgord，1754—1838），法国资产阶级革命时期著名外交家，为法国资本主义革命的巩固作出了极大贡献。从18世纪末到19世纪30年代，曾在连续6届法国政府中，担任了外交部部长、外交大臣，甚至总理大臣的职务。

② 克莱门特·理查·艾德礼（Clement Richard Attlee，1883—1967），英国工党政治家，首相（1945—1951）。第二次世界大战期间任副首相。1945年接替丘吉尔任首相。在任期间放弃了对印度和巴基斯坦的控制，使英国加入了北大西洋公约组织。对国内执行经济紧缩计划，对大工业实行国有化，并创办国民保健事业。

③ 欧内斯特·贝文（Ernest Bevin，1881—1951），英国政治家，英国工党领导人，20世纪上半叶最有影响力的工会领袖之一。1940年起先后任劳工大臣和外交大臣，积极推动北大西洋公约组织的建立，为战后欧洲经济的复苏作出了贡献。

286 主义的同时不得不注意不要疏远其殖民主义的盟友。“美国似乎并没有成功地解决那个难题。”尽管它在战后好几年里实际上一直倾向于殖民地统治者，但还是试图通过声言寻求殖民地统治者和反叛者之间的正义来回避这个问题。华盛顿确实通过调控经济援助来挤压荷兰，从而将荷兰逐出了印度尼西亚。美国公众的意见也必然对英国人作出从亚洲的主要堡垒印度、缅甸与斯里兰卡撤出的决定产生了一定的影响。然而，英国成功地将马来西亚和它的锡、橡胶资源保留在自己的势力范围之内。马来西亚人有着种族分裂倾向，但对美国人来说，这是一个可以把叛乱分子作为共产党人镇压下去更有说服力的论据。

在亚洲，“冷战”并不是由超级大国，或是由它们之间存在的任何问题（除了中国之外）而发起的，“冷战”似乎源于欧洲帝国主义和左翼民族主义者之间的那些冲突。非洲也将重复同样的故事。在印度支那的法国人很容易以同样的反共借口获利，而失去中国所带来的痛感和对颠覆蔓延的担心，让美国人参与了不合格的合作。其结果是极大地加强了那个地区的共产主义，就像日本人侵中国所产生的结果一样。美国愿意支持法国人而不是让他们退出，那是一个错误估计形势的信号，不久之后它自己也陷入了巨大的麻烦之中。

在第二次世界大战期间，进步的冲动在美国国内更具自由主义倾向的地区得到了极大的发展，从而引发了在第三世界国家进行社会改革和政治解放的思潮，然而那些想法将由于以前曾遭受过的类似的矛盾心理或政府低效而一无所成。在原则上，经历了战争的美国渴望与世界各地的普通人交朋友并赢得他们的信任。美国国防部部长福雷斯特尔与霍奇斯[1]将军在1946年时一致认为不应该让苏联成为对韩国大众有号召力的唯一国家。“美国也必须那样做，不能满足

---

① 考特尼・希克斯・霍奇斯（Courtney Eieks Hodges，1887—1966），美国陆军四星上将，第二次世界大战时的美国第三、第一集团军司令。1945年5月欧洲战事结束后回国，1949年2月退役。

于只和在美国受过教育的富有的韩国人打交道。”在日本，主要在农村进行了一些真正的改革，以使日本更少封建，更资本主义化。美国占领了日本，并想在那里去除与地主阶级有关的军国主义种姓制度。人们一直认为日本商人更“温和”和理智。在任何情况下，试图打破他们的垄断组合都将比在美国国内破除垄断更容易获得成功。

不可能在其他地方复制日本的这个特例，中国台湾是最接近日本的案例。那个岛屿在美国战略边界上处于极端弱势的地位，国民党统治者来自中国大 287
陆，不是有着地方根源的封建主义者。当地地主的土地被政府收购，部分由政府管理的补偿方式让它们转化成为工业化的股东。1950年时，联合国在美国的提议下倡议所有第三世界国家都进行土地改革，这对于提高民众的生活水平和为工业发展提供平台是至关重要的。但是，这个有益的提议被反共产主义的浪潮所淹没，它的倡导者们也被推离了负责任的地位。如果没有政治上的改革，社会改革将很难实现。如果不让左派站在前沿，社会改革几乎是不可能实现的。约瑟夫·康拉德在他的小说的前言中针对南美洲的腐败、混乱和暴政写下了他的名言：“没有一场暴风雨就不会有一个晴朗的天空。”美国人在日本、中国台湾或中东地区不占有任何农地。除了与那些地方占有土地的统治阶级有着密切的政治关系之外，他们在自己的大陆上拥有大片的农地也是原因之一。

一位美国人在对比马歇尔计划与援助第三世界的“第四点计划”[①]后承认：“我们的政策在欧洲取得了成功。但总的来说，它们在其他地方都没有成功，或者说是失败了。”未能为社会改革留出空间是其主要原因。由美国来推动世界

① “第四点计划”是战后初期美国对不发达国家推行的所谓“援助”计划。1950年6月5日，美国国会通过《对外经济援助法案》，“第四点计划”列入这一法案的第四节，称为《国际开发法案》。法案规定，美国将“援助”经济不发达地区，从事开发资源和改善他们的劳动、生活状况，办法是交换技术、知识和技能，向这些国家输出资本，鼓励进行生产性投资。

穷国社会和经济发展的想法将会在非常奇特的时刻复苏，就像美国总统约翰逊[①]在1965年为了让他的越南战争看起来像样而艰难地做过的那样。约翰逊当时承认，如果认为共产党人只是单纯依靠武力，那我们就是犯了“很大的错误”。“和在世界上的其他地方一样，他们在那里向不安于现状的人进行宣传。那些人奋起粉碎那些囚禁了希望的旧的方式，那些人竭尽全力然而公平地从现代知识的树上采摘物质成果。”他派了金融专家尤金·布莱克[②]到东南亚去找出如何应对这一切问题的答案。如果这是对美国政治漫画家协会发表的演讲，其中可能包含了某种无意识的自我讽刺。威斯特摩兰[③]将军在他的越南总部接待一名印度记者时，不遗余力地表明他并不认为这场斗争是纯粹的军事行动，而是需要争取农民的信任。这话听起来不错，但是让这名记者得到更加生动印象的是这名记者刚刚结束和一支经过美国训练的“反恐怖行动”小队一起出巡，“我以前没有在任何地方看到过这样一群凶暴、杂乱的歹徒。”

改革是一回事，慈善又是另一回事了。在人类早期的历史中，皇朝带给大
288 众的好处主要就是秩序。在罗马的眼中，它包含了“文明”，而在西班牙或葡萄牙则是宗教。正如约翰逊所看到的那样，在我们这个时代，人们所期望的是更为物质的东西。从很多方面来看，美国已经非常充分地满足了人们的期望。正

---

① 林登·贝恩斯·约翰逊（Lyndon Baines Johnson，1908—1973），美国第36任总统（1963—1969）。1961年1月，约翰逊就任副总统。在1963年，肯尼迪总统遇刺后，约翰逊接任总统。约翰逊在任时提出了“新政”“公平施政”“新边疆”等改革计划。

② 小尤金·罗伯特·布莱克（Eugene Robert Black, Jr.，1898—1992），美国银行家、商人、经济学家，曾任美国联邦储备委员会主席（1933—1934），世界银行行长（1949—1963）。

③ 威廉·威斯特摩兰（William Westmoreland，1914—2005），美国陆军四星上将，1964—1968年越南战争前期的美军驻越南总司令，用冷血的屠杀战略来对付游击战。威斯特摩兰后半生就没有远离过争议的旋涡。他辩驳说，他领导的军队没有打输过任何一场战役，却因为无知的文人官僚使他失去了整个战争的胜利。

如贡纳尔·默达尔[1]所指出的那样，它的国家形象包装所展现的某些场景可以解释为“对那些不幸人们的一种基本的慷慨宽厚的情绪——对弱者的同情和声援”。他认为美国被要求承担的援助贫穷国家的费用比例太高且数量太大。另一方面，他也指出美国在商业交易中会是“吝啬并自私的”。对比鲜明的是美国人与美国的资本主义。确实，美国有大量的生产盈余，特别是农业的产出需要处理，这已经成为美国援助方案的主要部分。但纳税人必须为此付出代价，这让他们得到了良心上的安慰。也许他的良知得到了太多的满足，以至于无法听到遥远国家中的人们向他们的施主对正在那儿发生的事情所发出的抱怨。太多的“援助”是军用的，在大多数情况下是无用的，或者是完全邪恶的。

1946年时成立了以美国资本为主的世界银行。这是美国和旧日帝国主义之间的一个巨大区别，旧日的帝国主义者们现在不情愿地拔寨归营了，而美国在大规模地进入殖民地时代时就已经非常富有了。美国似乎常常匆忙地赶往国外花费它的财富，那样就能让它保持繁忙并生产更多的产品。它在各种情况下都会给予巨额资金。如果英国政府被要求捐赠几千英镑在它们统治的印度救济饥荒，英国佬就会拉扯下一张可怕的面孔。然而山姆大叔在1974年2月豁免了在过去20年里向印度提供食品所用去的9.77亿英镑债务。没有改变的是坚持反共方针的世界银行也成为“美国全球外交政策中自我利益的一个重要部分”。援助项目一直是臭名昭著地在为美国经济和政治入侵政策服务的前提下安排的。

一位美国评论家也谴责了这种伴随着援助而来的“新殖民主义”症状，

---

① 贡纳尔·默达尔（Gunnar Myrdal，1898—1987），瑞典经济学家，诺贝尔经济学奖获得者、社会学家、政治人物，1974年与弗里德里希·哈耶克一同获得诺贝尔经济学奖，诺贝尔奖委员会称此奖是要“表扬他们在货币政策和商业周期上的开创性研究，以及他们对于经济、社会和制度互动影响的敏锐分析”。他最著名的研究是在美国进行的种族问题研究，并出版经典著作《美国的困境：黑人问题与现代民主》。

“高消费的外国人在援助的幌子下带来了‘智慧’和居高临下的态度。”在20世纪50年代的罗马，人们看到游客们是如何将宾西亚门附近的整个区域变成了
289 一个小的美国。“那些仇恨殖民主义的人实际上不加掩饰地创建了一个他们感到安全并有在家感觉的殖民地……这就是帝国主义的做法。而这一切都起因于我是一个美国公民。”阿诺德·汤因比①曾评论道，他们的生活方式是如何“将那些来到海外的美国人与当地的人们隔离了开来，而美国人正在那里寻求赢得当地人的信任……从数英里之外就可以识别出一个美国人……”，相比之下苏联人则是“隐身”分辨不出的。他当时正在访问阿富汗，美苏两国正在那里竞争。他见到的阿富汗技术人员大多数曾在美国学习过，其中一些人还有美国妻子，他们都“怀念着美国人的生活方式”。“他们在赫尔曼德河畔的沙漠中建起的新世界将成为亚洲的美国。”这些人属于一个新的精英阶层，他们不属于封建阶级，他们期待着能在社会的进步中分享足够的好处。在任何地方，任何形式的精英都是非常小的少数。菲律宾接受的大部分援助都进了统治阶级的口袋里，华盛顿为了更高的和谐而在暗中默默地安排了这一切。一名越南人对一名美国妇女说道，“美国的援助是一条长长的管道，中间有很多窟窿。只有几滴到达了农民手中。”

当凯南认为苏联正犯有的错误是“操纵傀儡国家的机构，并实施一系列可以将国家转化为傀儡的手段，而无须违反或挑战其主权的外表属性及其独立性”时，他正在重复一种我们所熟悉的思维习惯，那就是把他自己的行为模式套在别人头上。没有其他词语可以比这更准确地描述着美国本身正在完美实施的手段和方法了。他们有过曾被19世纪英国广泛使用的“非正式帝国”的先

---

① 阿诺德·约瑟夫·汤因比（Arnold Joseph Toynbee，1889—1975），英国著名历史学家，他曾被誉为“近世以来最伟大的历史学家”。汤因比对历史有其独到的眼光，他的12册巨著《历史研究》讲述了世界各个主要民族的兴起与衰落，被誉为“现代学者最伟大的成就”。

例，尤其是在不进行兼并的拉丁美洲地区，美国人在那里的控制往往更加紧密。对于这样的安排来说，至关重要的是有一个能够理解并满足外国资本要求的在当地占统治地位的阶层。这样的阶层一直存在于拉丁美洲，在美国所接手的后殖民世界中，它是从旧日帝国的体系中经过消化而产生的。

自1945年以后，美国的私人投资就比以前更注重于经济领域，因为面向政府的贷款部分都被官方的援助或贷款所取代了。这意味着美国资本越来越多地与当地的商业利益联系在了一起，并且可以通过他们操纵政府或军队，从而让华盛顿处于后备保留的地位。一名海外开发公司的前雇员指出了这种趋势的一个自然后果，即援助可能会滋养“一个依赖于持续存在的援助和外国私人投资
的阶层，他们将因此成为帝国主义的盟友”。这是一种新型的买办阶层，这种伙 290
伴关系往往会延续那些亟须彻底改革的社会和政治结构，从而阻碍了任何真正的进步。

在实践中，美国的影响力必须依赖于这种与富人或潜在的富人的合作。在通常情况下，如在菲律宾那样，这些阶层与封建起源关系紧密，而外国统治则使之得以保存甚至强化。作为回报，一大群地主、高利贷者、政治冒险家们迅速地转向作为他们新的赞助人的美国，并学会了背诵关于自由的标准语句，那是打开藏有美国纳税人所提供的好东西的山洞大门的芝麻开门咒语。美国很幸运地在开启自己的历史时（除了南方之外）没有封建的群体，它现在正在收养一个头重脚轻溜须拍马的“外部贵族”。“西方帝国主义”常常是东方封建主义的最后退守之地。

在这样一群可疑的人群中，美国很快就选择信任那些能够维护以前由英国或其他政府维持的秩序的独裁者和强人（或军事强人）。必须在可以找到的人中

间选择合适的候选人，例如关在泰国监狱中的銮披汶 · 颂堪[1]，他曾与日本人合作。在那些独裁者中间发生了明显的从文职政府向军事政府转变的现象。美国本身也越来越军事化了，美国发现了佩剑之人的魅力。在那个时期的许多备受战争创伤且摇摇欲坠的国家里，一支军队可能是最接近掌控着美国人生活的巨大的工业—金融组织的事物。现代军队是技术的一种体现，它的装备紧紧地联系着工业。如果不是它的军事目标的话，它的结构和日常工作就像大企业的运作那样理性，也有着类似的指挥系统。军国主义可以像与封建主义一样，与资本主义顺畅地融合在一起。

因此在华盛顿，将武器无休止地供应给发展中国家可以被看作为建设那个国家的行动。但是，在更大、更重要的第三世界国家中，在那些经济增长或开发的边界地区中可以获得巨额利润的地方，美国就无法满足于静止的秩序，或只是那种从旧日殖民地政权延续而来的惯性。它需要更具前瞻性眼光的强人，在腐朽的封建主义泥潭中与资本主义的萌芽混杂，与新的趋势保持一致，并帮
291 助推动它向前迈进。这群，不仅能为外国资本提供新鲜的养料，而且能让既得利益成倍地增长，比所有愚蠢的地主们更好地为维持法律和秩序奠定了基础。就像在中国台湾那样，在一些国家和地区中，真正出现了从封建主义向资本主义的重心转移。在美国投资的导引下，特权阶层开始从旧式的佃租作业转向回报更高的企业经营。

最需要迅速建立独裁统治的是那些在第二次世界大战中有美国军队进入的国家，美国的霸权在那里第一次经历了战斗的考验。罗斯福在战争期间曾考虑过在韩国和其他地区实施托管或独立，就像以前授权体系所做的那样。即使意

---

① 銮披汶 · 颂堪（Pibul Songgram，1897—1964），曾任泰国总理，泰国实际上最高统治者（1938—1944，1948—1957），泰国军事独裁者。

外的分割因素没有出现，国家的管理在任何情况下都不会是一件简单的事情。韩国像中国和越南一样，与印度尼西亚或菲律宾完全不同，在相对短暂的外国占领之前，有着悠久的民族历史以及长期的阶级冲突和农民起义。对于一个局外人来说，他非常容易就会让激烈的爱国精神和社会反抗结合起来。韩国南方立即纳入到了李承晚[①]的统治之下，他是一个长期流亡美国的老的民族主义者，似乎是美国的理想人选。但像其他被霸权雇用的独裁者一样，事实证明他是一个难以控制的傀儡。

华盛顿希望进行温和的社会改革，以避免爆发像中国那样的农民动乱。李承晚虽然并没有陷身于地主阶级之中，但对社会现状却非常不了解，而且也不关心民众的疾苦，他想要的只是控制整个国家。副国务卿萨姆纳·威尔斯带着在美国官场中并不少见的无知大发牢骚，因为1945年以后没有向韩国政府给予足够的武器“去维持甚至只是国内的秩序”，因为没有鼓励韩国政府“去实施激进和有远见的韩国南方人民所要求的改革”。这两件事是互相排斥的，给的武器越多，进行的改革就越少。可以相当肯定地说，如果让韩国人自己选择的话，整个国家将很快就会在北方的领导下走到一起，而地主阶级也将会消失。

武器供应，而不是改革，很快就变得丰富起来。带着对新的信仰的热情，美国试图依靠军事援助来强化南方。部分计划是通过征集一批可靠的当地部队来效仿昔日的帝国。这是在实践艾森豪威尔提出的格言：“让亚洲人去打亚洲 292
人”。有意思的是这是对第一次鸦片战争期间林则徐的策略的一种回应，当时北京希望在西方人之间产生分歧：“以夷制夷”。就在战争爆发之前的1950年6月，美国“军事顾问小组”的负责人曾向记者表示他为每个韩国师都配备了美军顾

① 李承晚（1875—1965），韩国近现代史上著名的政治家、外交家、思想家、独立运动家，大韩民国首任总统。

问，而“投入500名经过实战强化的美国军官是一种明智且高回报的投资，他们可以训练出10万人为你战斗”。

在1月时，一项新的协议将韩国纳入了美国在亚洲的防务边界范围之内。对谁挑起了朝鲜战争一直是有争议的。约翰·普拉特（JohnPrate）爵士失去了他在外交部的职位，因为他认为（就像少数历史学家一样）是李承晚挑起了战争。他在联合国处理战争议案的过程中遇到了各种令人难以置信的意外事件。然而正如他所说的，美国顾问们对南方可以迅速击败北方是非常乐观的。李承晚和金日成[1]都在磨刀霍霍。有关这个问题的最佳答案可能是一位日本学生最近的结论，即战争不是由苏联或美国煽动起来的——尽管双方都指责对方——而是南北敌意的结果，双方的领导人都受到了自己阵营内各个派别的压力。然而，战争开打之后，北方的军队快速地向南行进，就像是一场军事检阅，这可能证明了北方有权利并有能力统一那个国家。但在世界政治舞台上，它看上去就像是一场入侵。与两年前的捷克政变联系在一起，就让“冷战”的宣传者们能够说服人们相信到处都是共产主义的入侵，而美国的保护是必不可少的。

面对这样的争论，联合国通过了让美国干涉朝鲜内战的议案，或者说是走了一下过场，英国和其他一些成员很不情愿地派出了一些军队。边界恢复了，但麦克阿瑟的顽固态度引发了中国的干涉，对麦克阿瑟感到厌烦的杜鲁门后来很后悔自己没有在六个月前就将他解职。杜鲁门认为他可能因此将战争缩短了六个月，并拯救了美国免于濒临进入另一次世界大战。将军们和独裁者们可能很难适应理性的设计。在盟国眼中，一场防御性的战斗正在变成对中国的进
293 攻，没有人想要纠缠于进一步的冒险之中。现在和在其他场合一样，美国的安

① 金日成（1912—1994），朝鲜民主主义人民共和国建国主要领导人以及朝鲜劳动党、朝鲜人民军、主体思想的创建者。

全似乎需要让所有其他国家都非常不安全。越来越多地诉诸暴力，对敌方土地实施恐怖轰炸，这是世界大战方式的重现，而这一切现在几乎就是为了殖民地的征服。在韩国，和后来在越南一样，民众被当成北京和莫斯科的替罪羊而遭受报复。美国自1945年以后在世界上进行了很多建设，但它也进行了很大的破坏。美国正以科学的战争取代那个古老的“文明战争”的理念，而科学的战争是针对敌方人口施行的，这就意味着大规模的屠杀。它是由法西斯主义开创的，随着氢弹的发明使它成为可能，随之而来的是“即时和大规模报复”的威胁。在朝鲜战争期间，一位了解东亚的观察员曾写道：“这丝毫没有夸大，我们的军用飞机在亚洲平民的心中播下仇恨西方的种子。”

第二十三章
越南战争及其带来的影响

朝鲜战争陷入了不安的僵局。在战争结束之前，一位明智的美国历史学家
295 从道德观念的角度提出，以长远的眼光来看，亚洲和平必须“由亚洲人，特别是日本人和中国人来维持”。另一方面，一位不明智的国务院发言人在1954年告诉国会的一个委员会，美国必须“无限期地控制亚洲，并且对中国保持军事威胁，直到它内部分裂为止”。现在回过头去可以看到，华盛顿和北京双方都逐渐并迟疑地变得越来越谨慎并现实主义，危机的强度有节奏地递减着，同时限制了蒋介石从中国台湾对大陆进行骚扰。但是这条路上有许多坎坷和弯道，美国对小国的“殖民”政策并没有改变。对法国人的援助仍在继续，他们在打败印度支那的民族运动的方向上越来越绝望了。美国人可以自以为是地证明胡志明[①]

① 胡志明（1890—1969），越南民主共和国的缔造者，越南劳动党第一任主席，越南劳动党（今越南共产党）中央委员会主席（1951—1969）。

是中国或是苏联的傀儡，就像他们曾想证明毛泽东是莫斯科的傀儡一样。一个在自己的橱柜里藏有那么多牵线木偶的帝国，会本能地怀疑任何与它敌对的殖民地领导人必定是某个更大的对手的工具。

尼克松副总统于1953年在巴黎宣布，“美国不可能放下武器，直到取得完全
的胜利”。艾森豪威尔在那年8月4日曾说：“由于战略和政治原因，印度支那和整
个东南亚对美国来说都是必不可少的。”他没有谈到在那两个原因底下的经济原 296
因，但一本美国杂志解释说：“世界上最富有的地区之一将向印度支那的赢家开
放……锡、橡胶、大米是重要的战略物资，那就是战争争夺的实质”。正如现代
的克劳塞维茨[①]会所说的那样，战争是以另一种方式在延续商业活动的进行。在
越南战争期间，这个看法会一遍又一遍地被重复提起，并对能够引导公众意识
的商业利益产生了相当的影响。1965年时，美国国务卿迪安·腊斯克[②]对众议
院外事委员会强调指出，东南亚拥有“丰富的自然资源”以及“重大的战略意
义”，因此失去它将会“转变势力的平衡从而严重损害自由世界的利益”。尽管在
印度支那埋藏的宝藏最终没有落入自由世界的手中，但由战争本身产生的利润
是难以估量的，而其他国家则以某种方式分享了利润，这就有助于减少官方的
反战意见。比如英国就出售了包括凝固汽油弹在内的大量战争物资。

当法国人在1954年面临失败时，艾森豪威尔得到的军事建议，尤其是来自

---

① 卡尔·菲利普·戈特弗里德·冯·克劳塞维茨（Karl Philip Gottfried von Clausewitz，1780—1831），普鲁士军事理论家和军事历史学家，普鲁士军队少将。著有《战争论》一书，对西方军事思想产生了重大影响。

② 迪安·腊斯克（Dean Rusk，1909—1994），美国著名的外交家。美国助理国务卿和第54任美国国务卿（1961—1968），他在任助理国务卿时，曾促成美国出兵朝鲜，在约翰逊政府进行越南战争期间，他是“最强硬的鹰派人物之一”。

李奇微[①]将军的建议使他确信，在朝鲜发生过“悲剧性的错误”之后不久再陷入越南是愚蠢的，因此就放弃了进行干预的提议。日内瓦会议在最初于1954年4月份举行会议以结束朝鲜战争之后，又于7月份再次举行会议讨论越南问题。法国放弃了争夺，越南暂时处于由胡志明领导的北方和由法国傀儡政权的天主教派继承人吴庭艳[②]领导的南方的分裂状态。1956年将举行全国性的选举，毫无疑问将让胡志明把那个国家联合起来。因此，吴庭艳拒绝举行选举，而美国很快就忘记了明智的劝告转而支持了他。杜勒斯一直忙于组建东南亚条约组织，它将为美国在即将爆发的新一轮战争中进行国际支援提供一块遮羞布，但比在朝鲜用过的那块要小得多。南越的战斗起始于游击队对吴庭艳的抵抗，而吴庭艳只得到了南越军队、地主和天主教徒的支持，他的政府除了杀害和监禁反对者之外别无所为，而他强使农民支付已免除多年的地租激起了他们的反抗。

肯尼迪1961年的就职演说是对任何违背美国愿望的哪怕是琐碎小事的一个威胁。他第一次尝试将威胁转化为行动就是允许从美国领土对古巴发起入侵，
297 那是一场灾难性的失败，其后果是逼着卡斯特罗向苏联寻求援助。在随后发生的“导弹危机”中，肯尼迪迫使赫鲁晓夫[③]撤退，其代价是吓到了西方的盟友们，让它们怀疑美国的保护是不是一种太昂贵的保险。在国内事务上，他发现大企业太大了，以至于让他的1961年税制改革方案无从下手。他需要在某个地方对付一些较弱的对手，赢得另一场战斗，他认为能在越南找到一个这样的对

---

① 马修·邦克·李奇微（Matthew Bunker Ridgway，1895—1993），美国陆军上将，因在朝鲜战争中挽救了“联合国军”而闻名于世。

② 吴庭艳（1901—1963），1955年10月建立越南共和国，并就任第一届总统。在任职期间极力迫害佛教徒，行为令人发指，导致社会矛盾空前激化。1963年11月2日被政变军人杀死。

③ 尼基塔·赫鲁晓夫（Nikita Khrushchev，1894—1971），苏联党和国家最高领导人，曾任苏联共产党中央委员会第一书记以及苏联部长会议主席（苏联总理）等重要职务。1962年，他策划的古巴导弹危机一度使苏联和美国站在核战争的边缘，古巴导弹危机以苏联妥协告终。

手。有许多专业的反共分子和他们的金融界朋友在大声呐喊，全力拖他下水。

还是和以前一样，他陷入了越南的沼泽地，但并不想听取任何的警告。加尔布雷斯试图在德里修补破损的篱笆墙，他在写给总统的私人信件提出过很好的建议。他听说副总统约翰逊访问南亚并接受了很多提议时感到很不高兴。“约翰逊将会听到很多人谈论遏制共产主义的必要性，以及采取军事措施来达到那个目的有效性。听起来非常直接并且简单。”加尔布雷斯最近曾访问了西贡，并看到过吴庭艳政府的工作。他写道：“这肯定是一只装满蛇的罐头。我对东方的政府和政治已经习以为常了，但吴庭艳还是让我大为吃惊。”他的警告毫无作用，对西贡的武器供应和顾问的数量增加了。事实证明希望取得的成功是难以捉摸的。如果能够赢得战争的话，也不会是在吴庭艳的领导之下。两年时间不到，美国驻南越大使洛奇①便在给国务院的电文中写道：“我们发起了一项推翻吴庭艳政府的行动。从那条路上回头将失去所有人的尊重”。吴庭艳被正式废除了，但并不是为了清除“蛇罐头”并引入民主，而是为更加铁腕的统治腾出空间。随后发生了一系列混乱的军事政变，由一位接一位将领建立独裁统治。而那样的做法越来越成为第三世界国家和美国之间伙伴关系的标准成果。

当肯尼迪在1963年末跟随吴庭艳去了另外一个世界时，在南越已有数千名美国顾问，而美国也已接受了对南越的“广泛承诺”。约翰逊对亚洲的了解并不多，很容易就被说服继续这一政策，很快就陷入了不能自拔的地步。从1964年春天开始，他和他的顾问就在策划一场全面的战争，而公众在一年之后才知道那儿究竟发生了什么事情。1965年8月找到了采取行动的借口，约翰逊在对全国

---

① 小亨利·卡伯特·洛奇（Henry Cabot Lodge Jr.，1902—1985），美国政治领袖和外交官，曾担任13年的联邦参议员和美国驻联合国代表。也是1960年共和党副总统候选人，在美国卷入越南战争时扮演主要角色。1963—1964年和1965—1967年他担任驻南越的大使，他赞成军事政变推翻吴庭艳总统，随后担任1969年有关越南问题的巴黎会谈之尼克松总统的谈判代表。

298 发表的演讲中愤怒地宣称，“在北部湾的公海上”，北越的巡逻艇攻击了第七舰队的两支强大的执行任务的部队。他没有说这是否让他想起在墨西哥湾公海上航行的苏联舰队。美国就此开始了对北越的轰炸。

直到很久以后，在1970年4月的一项参议院调查中才发现，美国自1964年以来就一直参与老挝的战斗，其秘密隐藏得如此之深以至于白宫本身可能也没有完全意识到这一点。一位英国记者注意到，“这样的事情可能会吓倒美国的敌人，但同样也会吓倒它的朋友”。俄勒冈州参议员莫尔斯[①]是1965年提出抗议的那些人中的一个，他们宣称发动未经国会批准的战争是违反宪法的。他在1965年9月23日的辩论中进一步争辩道，“我们在越南公然无视法律，无视联合国的宪章”。那一年，冲突愈演愈烈，美国集结了大批军队，而北越军队则在战场上进行了抵抗。越南南方的普通民众都认为这是美国的战争，而他们自己的政府则是一个傀儡。华盛顿正一点一点地被卷入它一直希望避免的直接殖民统治。曾有一位法国记者报道说，“美国大使馆拥有庞大的工作人员队伍和众多的部门，他们在铁丝网和警卫的保护之下，享有比南越政府更大的权力。卡伯特·洛奇先生和在过去的美好日子里的任何一位法国总督一样享有权势。”

越南正在成为美国不愈的溃疡，就像当年拿破仑占领西班牙时一样。然而拿破仑的部队所面对的是牧师煽动起来的贫苦农民，而南越的入侵者们所面对的是一个武器远不如自己，但领导能力和精神面貌远高于自己的对手。即使有50万人在世界的另一边行动，但就美国的道德信誉而言，它的沦丧要比物质资源的流失严重得多。美国对日本入侵中国的野蛮行径非常厌恶，但在很多方面美国在南越的行径要糟糕得多。按照一位编辑的说法，被泄密或遭到盗窃，后

---

① 韦恩·莱曼·莫尔斯（Wayne Lyman Morse，1900—1974），美国政治家，俄勒冈州参议员，他因以宪法为由反对越南战争而闻名。

在1971年发表的五角大楼文件显示美国对“陆地战争规则以及日内瓦和海牙公约对平民伤亡或战争手段的限制没有任何须负责任的感觉”。除了原子弹以外，所有能够创造出来并用钱能买到的东西都在那个国家漫长的战争实验中用上了。至少有一些人是想走到最后那个地步的。一位宗教狂热分子曾大声喊道，
“为什么美国现在在全世界那么多的地方都受到怀疑，鄙视和讨厌？……为什 299
么美国不能鞭打那个小小的北越？”他的回答是，美国“对地球上的所有其他国家来说都是一个巨大的福分”，但当它全力以赴对抗越南的时候这种福分就弱化缩小了，并因此未能实现其目标而招致神的不快。

到了1966年时，国防部部长麦克纳马拉[①]对胜利失去了信心，部分原因是军队无止境地要求越来越多的士兵。他的一位助手麦克诺顿[②]透露了五角大楼在思考时是如何被自己的陈词滥调和似是而非所囚禁的。他是这样写的，“我们在越南犯了巨大的计算错误”。“我们陷入了不断升级的军事僵局”。“我们在每个决定的节点都进行赌博……我们已经加大了赌注……”战争可以完全自动进行的幸福时刻尚未到来，无论公众如何看待战争的必要性，谁都不愿意去参加战争或继续打仗。在国际上，它给了共产党人最好的广告宣传。那不勒斯的共产党女性候选人在1968年发现，对于她的听众：工人、学生、党员和非党派的人士来说，“他们一生中最重要的政治现实是小小的越南打败了美国那个独眼巨人”。

---

① 罗伯特·斯特兰奇·麦克纳马拉（Robert Strange McNamara，1916—2009），美国商人、政治家，美国共和党人，曾任美国国防部部长（1961—1968）和世界银行行长（1968—1981）。他是美国历史上的重要人物，作为国防部部长，麦克纳马拉在越战期间的作为最具争议；就任世界银行总裁后，致力于解决贫困问题，把世行援助重点从发达国家向欠发达国家转移。

② 约翰·西奥多·麦克诺顿（John Theodore McNaughton，1921—1967），是美国国防部部长罗伯特·麦克纳马拉最亲密的顾问。他45岁时，在即将成为海军部部长之前死于一场飞机失事。

在巴黎的马克思主义哲学家阿尔都塞[①]认为，那场冲突对到那时为止仍是社会进步可怕障碍的资本主义意识形态是一个致命的打击。其他的许多不希望有这样后果的欧洲人，对此也非常担心。访问欧洲的国务卿腊斯克在发给约翰逊的电传中这样写道，“我对国际间普遍的反感深感不安”，他希望减少轰炸。但到了那时，美国就像莎士比亚的悲剧《马克白》一样，“在鲜血中已经陷得那么深”，以至于退回去就像继续干下去一样艰难。

尼克松于1968年获得了总统大选的胜利，部分原因是承诺放弃军事解决的方案。不到一年，他就把战争扩展到了柬埔寨，并重新轰炸北越。他把所有的责任都归咎于河内的顽固，非常像亨利五世包围了哈弗勒尔[②]后，召唤那里的民众在血腥的威胁下接受他的条件。到1971年时，已有45 000名美国士兵被打死了，而自1945年以来因战争丧生的越南人总数估计在100万到200万。30年来，美国一直试图以武力来支配远东。但在战胜日本之后，战绩不佳。尼克松最终
300 的战争“解决”方案满足了所有只想忘掉那场战争的人，并让西贡扛着美国武器继续打下去。

这是一种间接战争的策略，是新殖民主义的军事版本，蒋介石的崩溃和李承晚军队最初的溃败使这样的战争显得不切实际。南越的傀儡政权成了又一个迅速破裂的气球。它因腐败和恐怖手段而膨胀，赢得的是俯首从命的人，并使反对者沉默，但却无法激励人们为了一个目标去冒生命危险。没有证据表明，得到数量如此之多美国援助的第三世界国家的军队中会有人做好准备为美国出

---

① 路易·皮埃尔·阿尔都塞（Louis Pierre Althusser，1918—1990），法国马克思主义哲学家。阿尔都塞长期在大学执教，但在政治思想战线上积极参与现实斗争。

② 1415年，继位不久的英王亨利五世，决心顺着先祖爱德华三世的节奏，用火与剑捍卫自己在欧洲大陆的权益。在围攻哈弗勒尔多日后，哈弗勒尔投降。亨利五世精心策划了关于哈弗勒尔的投降仪式，包括对于俘虏的刻意侮辱，比如法国将领们被迫在英军的围观之下走到国王跟前投降，目的是威慑其他妄想顽抗的地方。

战。正如《法国世界报》所写的那样："到这个国家来维持秩序的美国本身正是造成那里动乱的重要因素。国家腐败了，家庭破裂了，社会秩序瓦解了。"旧社会因此而粉碎，即便在物质上非常艰巨，美国压路机使这个过程在道德上更容易实现。共产主义从残骸中建立起了一个新的社会。

星条旗所带来的士气低落的一个突出特点是它在性方面的问题。在西贡的大多数美国军官都有自己的姘头，而且无须隐瞒遮盖。这场战争和朝鲜战争的许多偶然性的后果之一，以及在亚洲大量的美军基地使大批亚洲妇女沦为妓女。在全世界各处，妇女和基地的伴随者一直是战争和帝国主义的一部分，但那样的奇观一定会增加对美国的敌意。这是带着新幌子重复旧日在南方奴隶制下对一部分黑人妇女施行过的性侵占。一位缅甸旅行者曾评论说，如果美军在亚洲停留的时间更长的话，那儿就不会有纯血统的种族留下来了。

离越南或远或近的其他亚洲国家都感受到了战争的漩涡。分享战争带来的商业利润有助于强化包括日本在内的各国的保守主义。新加坡的炼油工业获得了强劲的推动。泰国是现成的战争辅助力量，即便像一位美国怀疑论者所说的那样，"是典型的机会主义盟友……是美国拥有的最具风险的援助加协作外交关系"。今天所有一切都是为了美国，就像昨天所有一切都是为了日本一样。泰国从未沦为殖民地，也从未因此发展出了民族主义运动。1945年以后，君主统治因已不合时宜而被军队推到了后台，军队的首领头脑更加清醒。一位军队的独
裁者沙立·他那叻[①]于1963年被另一位军队的独裁者他侬·吉滴卡宗[②]接替了。 301

---

① 沙立·他那叻（Sarir Thanarar，1908—1963），泰国军事家，独裁者。1957年泰国大选，銮披汶作弊获胜，引起公众强烈不满。陆军司令沙立上将于1957年9月17日发动政变，推翻銮披汶政权，宣布重新选举。但新政府选出后的局势还是很动荡。沙立便在1958年10月20日再次发动政变，于1959年2月正式担任首相，独揽军政大权。

② 他侬·吉滴卡宗（Thanom Kittikachorn，1912—2004）泰国陆军元帅和军政府总理（1963—1973）。他是沙立·他那叻的密友，1963年沙立逝世后，由他侬·吉滴卡宗和陆军司令巴博·乍鲁沙天上将组成军事独裁政府，联合执政。

泰国变成了一个军营，从那里可以很方便地对越南进行轰炸。在20世纪60年代结束之前，估计美国向泰国投入了8.5亿美元，其中一半用于军事援助，其余的大部分用于建设战略公路。这些钱，加上美国军队在泰国花费的钱，对那个小国家的社会和经济结构生了相当大的冲击影响，推动它向资本主义方向发展。对许多泰国人来说，这样的发展给他们提供了机会，尽管他们不可能有像沙立那样大的机会。沙立去世的时候拥有1.5亿美元资产，而更多的人生活更为艰难，贫富差距越来越大，各阶层之间的关系日益紧张。当1973年的学生示威导致推翻了军人统治并建立了民主政权时，泰国离转变成为“真正的美国殖民地”已经不远了。具有“军队和中央情报局背景”的美国特使肯特纳（Kentner）认为泰国的情况非常糟糕，他赞赏韩国的政权，并想让美国能够无限期地在泰国保留它的军事的基地。不久之后，泰国军队又重新掌权，华尔街无疑松了一口气，想必某些中央情报局官员也因此获得晋升。

韩国的军队部署到了越南，这再次开始让亚洲人打亚洲人。他们似乎非常勤勉地杀人并恐吓平民。由于美国军队仍然驻扎在韩国，而且大量的武器供应持续不断，这让独裁的政权更为大胆地实行更加严密和专制的统治。自1961年以后，韩国一直由军人统治着。在1963年时，军队的一名将军朴正熙[①]让自己当选为总统。在新老既得利益集团的支持下，他通过镇压巩固了权力。基于使用廉价并有纪律的劳工使韩国的工业得到快速增长，让新兴既得利益集团的商人们大发其财。

约翰逊和尼克松都认为，美国军队大规模地进入越南，对1965年军队在印

① 朴正熙（1917—1979），韩国第3任、第5届至第9届总统，朴正熙1961年5月16日以政变方式推翻张勉政权，培植特务机构，通过规定总统终身制的《复活宪法》；执政长达18年。朴正熙带领韩国实现工业化和经济腾飞，1979年10月26日遇刺身亡。他的女儿朴槿惠在2012年成功当选韩国总统，同时也是韩国首位女总统。

度尼西亚夺取政权具有积极的影响。又一个民主的多米诺骨牌被击倒了。因此可以说，越南战争为资本主义取得了一次重大的胜利。印度尼西亚的岛屿自然资源丰富，其中石油是最诱人的。而中央情报局从20世纪50年代开始就在那里活动。与在其他地方一样，它的特工和石油公司的那些人一直是紧密合作的。新独立国家的民粹主义领袖苏加诺[①]令美国人反感，因为尽管他只是一个夸夸其谈的人，但他受到一个强大的共产党的支持，并接受来自苏联的援助。这与大公司平静地消化利润所需要的“稳定”是不相容的。那些大公司的顾问们和中 302
央情报局越来越倾与军队建立联系，认为军队是那个极度贫穷、渴望社会进步的国家中唯一可靠的力量。从这样的眼光看出去，像在其他许多不发达的国家一样，军官团体似乎就是那块维持秩序的命运之石。一个自然的精英阶层承载着救世的希望，就像马克思主义寄望于无产阶级解放全人类一样。

印度尼西亚的军队不像印度和巴基斯坦的军队那样，是从殖民地的武装力量转变为独立国家的军队的。但在野心勃勃的指挥官们的带领下，这支军队迅速变成了一支专业化的武装力量。由于这支军队对各种进步思想一无所知，所以对共产主义极度敌视。因为那是从外国输入的思想，而共产主义的无神论对偏执的伊斯兰教义的威胁是很容易就能被煽动起来的。美国人正在与印度尼西亚的军人政权进行密切的接触。一位有影响力的中央情报局特工波克（Pauker）从1958年开始，就一直倡导通过提供经济和军事援助来加强军队从而让它能接管政权。他认为那些军官的“领导素质、爱国主义精神和对道德价值的承诺高于平均水平”，并且也没有掩饰他希望他们不久会“出手，清扫他们的国家，

---

① 苏加诺（Bung Sukarno，1901—1970），印度尼西亚国父。苏加诺致力于民族独立斗争，历任印度尼西亚民族政治联盟主席，印度尼西亚党主席，印度尼西亚共和国总统等职务，被称为“印度尼西亚国父”。一贯主张执行反帝反殖的不结盟外交政策，促进亚非人民的团结合作。1965年，总统权力被军人集团剥夺。1967年3月被撤销总统职权并遭软禁。

并将他们自己奉献于更高的目标……”。“双重标准”的习惯现在已无可救药地成为美国语言的一部分。不喜欢战争的美国人现在可能会对曾被他们鄙视过的那些携带佩剑的人感到着迷，秘密特勤部队可能对自己保护的政客们的预估不准，而对亚洲任何一个政客的预估也就会相应地更差。

如同许多类似的情况一样，不可能将1965年事件的全部责任归咎于美国。印度尼西亚国内有大量的易燃材料。军队和共产党为争夺权力而角力，双方都猜疑对方可能有意图进行攻击。可以说的是美国的影响力被牢牢地放入了那个权力平衡的秤盘之上。印度尼西亚军官团体中有很大一部分人曾经接受过美国人的训练。五角大楼和中央情报局给他们的正是巫师给麦克白的一样的忠告：要血腥、大胆并果断。“美国的政策制定者们事先就知道了军事政变的计划，为其提供了便利，并在政变发生后自称有功……”军事政变的借口是有一个所谓的共产党人阴谋，它采取大规模屠杀共产党人或所谓的共产党人来破除那个阴谋，其中大部分屠杀不是由军人实施的，而是放手让暴徒们去实行，至少有50万人在那场大屠杀中死亡。屠杀形式的白色恐怖并不是20世纪才有的新发明，
303 也不仅限于亚洲，它曾在1919年的芬兰发生过。然而眼下在宗教激情的刺激下，它的规模比现代社会以往任何时候的都更大。如果他们事先知道代价是什么的话，美国的赞助者们是否会犹豫不决将很值得怀疑。美国的舆论也从没有对自那时以来过多的监禁人数进行过调查。

在新总统苏哈托[①]1970年访问华盛顿之前曾有过一段双方谨慎相处的时期。在这段时期中，双方建立起了密切的官方联系，军事援助和军事顾问的人

---

① 苏哈托（Haji Mohammad Suharto，1921—2008），印度尼西亚共和国第二任总统、军事强者、种族主义者。在1967年至1998年间任印度尼西亚总统，为印度尼西亚带来了经济增长，贫穷人口减少，人民生活水平大幅提高。他建立了强大的中央集权政府，透过高压手段打压政治异己来维护稳定。

数迅速增加。可以推测，印度尼西亚就像伊朗和巴西等许多国家一样，华盛顿不仅希望能够依靠它，而且希望当需要对领近地区的任何国家施行惩戒时可以利用它。当1975年底葡萄牙帝国解体时，印度尼西亚的部队入侵了东帝汶。澳大利亚前驻东帝汶总领事詹姆斯·邓恩[①]认为，有5万到10万人在入侵过程中被打死，这占了当地人口的10％到20％。美国国会举行了听证会，国务院承认至少有10 000名东帝汶人被打死，但拒绝减少给予印度尼西亚的任何经济或军事援助。在经济上，与殖民地时代一样，印度尼西亚仍然为外资所主宰，只是现在的外资是美国和日本，澳大利亚的份额也在不断增长，这是资本在“兄弟会”中和谐运作的一个很好的例子。与其他地区一样，可能对美国的方法提出批评的富裕国家将心安理得地受益于其结果。就像在19世纪一样，不管美国对英国的帝国主义提出何等严厉的批评，它总是心安理得地参与英国正在亚洲干的“好事”。

在标志着美国在印度尼西亚获得了更高目标胜利之际的1965年，在印度和巴基斯坦之间发生的一场短暂的战争表明美国霸权在协调亚洲盟友时遭到了失败。那是一次盟友间的误伤，美国没有获得在欧洲那样的成功。由于尼赫鲁[②]的不结盟政策，与印度结成任何联盟的可能都已被排除在外，这对福斯特·杜勒斯的美国是一种深深的冒犯。印度扩大其经济的“国有部分”也令美国人不满，他们认为五年计划是一种异端的想法。华盛顿希望印度繁荣起来，以作为

---

① 詹姆斯·斯坦利·邓恩（James Stanley Dunn，1928—），澳大利亚前公务员和外交官。1962年至1964年，他担任澳大利亚驻葡萄牙东帝汶的领事。1977年，邓恩发表了关于印度尼西亚军队在东帝汶犯下战争罪和反人类罪的报告，引起了国际社会的关注。他指称，1975年印度尼西亚入侵东帝汶时使用了美国的武器。他还认为，澳大利亚对东帝汶的政策是不够的。

② 贾瓦哈拉尔·尼赫鲁（Jawaharlal Nehru，1889—1964），印度开国总理，也是印度在位时间最长的总理，任期为1947年到1964年，其中于1952年印度第一次大选获胜。他是印度独立运动的参与人，主张印度要从大英帝国独立，同时更为人所知的是不结盟运动的创始人。

在亚洲平衡中国的一个力量，但同时又指望它必须严格按照资本主义的道路繁荣起来，印度人必须通过私有化的道路才能进入天堂，否则就根本不可能实现繁荣。与苏联、西德和英国不同，美国拒绝为建设国有的钢铁工厂向印度提供援助。在关于是否允许印度在国家所有的工厂中生产自己需要的肥料而不是进
304 口的问题上也曾经历了无休无止的争论。

对社会主义感到恐慌的印度商人一直热衷于与美国资本建立伙伴关系，并希望随着资本一起带来作为美国最高等级资产的现代化技术，尽管他们也担心会因此被降级成为无足轻重的角色。一位对美国食物援助满怀谢意的印度人感到有必要补充说，“美国一直秘密地帮助私营企业背离国家的发展计划”。集结在印度国大党内的进步人士或更为左翼的政治力量都意识到来自美国的巨大压力，而许多大企业和它们的报纸，以及像印度人民同盟和自由党那样的右翼政党和后来担任总理的莫拉尔吉·德赛[①]那样的保守派国会议员更助长了那种压力。到1959年时这成了更为严重的问题，因为印度的官方外债增加到了92.5亿卢比，其中的60亿卢比是欠美国的，而第三个五年计划预计需要更多的外援。不难看出这些事实与中央政府在1959年决定解散喀拉拉邦选出的共产党人担任领导人的邦政府之间的联系。那里有一个根深蒂固的天主教社区，他们与受到土地改革威胁的大庄园主结成联盟，率先组织反对新选出的邦政府的宣传鼓动。正如在墨西哥或西班牙曾做过的那样，教会提供了慷慨的财政资助。据可靠的消息来源报道，也有来自美国的资助。

从那时开始，印度的反动势力和美国中央情报局就一直在交流对左翼阴谋活动的怀疑，这不仅改变了德里的外交政策，而且也打乱了印度的民主进程。

---

① 莫拉尔吉·德赛（Morarji Desai，1896—1995），印度政治家，曾任印度总理（1977—1979）。

要想否认这样的实际情况是轻率且不负责任的。就像一个管着一群不听话的孩子的女仆一样，华盛顿越来越倾向于相信所有不受它控制的国家都会转向共产主义。这是无意识地在赞扬那个“人类最大的敌人”的阴谋诡计，如果认为那不是美德的话。如果不为中央情报局专业人员的危言耸听所动的话，在更加现实主义的人看来，印度很明显地牢牢固定在私有制上，它的国有经济不是社会主义，而是垄断资本主义的附属物。而它的国会政府，尽管有时可能会放纵地发表一些激进的讲话，仍是一个中间偏右的政府。总之，事态与美国确定的目标是十分接近的。但华盛顿在许多方面已无法再进行理性的估算。当加尔布雷斯于1960年去德里时，肯尼迪总统同意了他的意见，应该为印度的国有企业提供援助。但其他顾问说服了总统，就国内政治的考量而言，那样做是 305
不明智的。

巴基斯坦在早期曾有着更具吸引力的外表，在美国的计划者们看来似乎是一个合格的盟友。加尔布雷斯曾回忆说，“当我们下决心做错误的事情时往往会表现出一种顽固不化的习性，而在任何其他情况下那可能都会使人肃然起敬”。在帝国从伦敦转移到华盛顿的那段时期中，英国在巴基斯坦的影响似乎令人感到悲哀。美国人对南亚次大陆的看法可以一直追溯到1951年奥拉夫·卡罗[①]爵士的建议，让巴基斯坦成为“西方防线”的前哨基地。卡罗是英国在印度的政府撤销时的外交政策专家，前西北边境省的省长。简而言之，虽然他有不错的文笔，但他是一个扎根于即将逝去的过去的人。巴基斯坦在各个方面是一个比印度更为落后的国家，它很快就在受到英国训练的军官和官僚的影响下与美国修

① 奥拉夫·柯克帕特里克·克鲁泽·卡罗爵士（Sir Olaf Kirkpatrick Kruuse Caroe，1892—1981），英属印度行政官。在第二次世界大战期间，他曾担任印度政府的外交秘书，后来又担任西北边境省的省长。他是苏联南部边缘地区“大博弈”和“冷战”的战略家。他的思想被认为对英国和美国战后政策的形成具有很大的影响。

好。那里的社会主义者很少，监狱足够能把他们全都关起来。巴基斯坦要求外国的投资，并且没有会让人彻夜难眠的工会的麻烦。

一位巴基斯坦保守派人士认为，美国的军事和经济援助让巴基斯坦度过了“婴儿期”从而能生存下来，更准确地说它让国家的统治集团在不进行任何社会改革，尤其是土地改革，不对大众作出任何让步的情况下继续统治。像其他地方的亲美群体一样，巴基斯坦人知道如何背诵“冷战”的流行词语。1952年初，即将出任巴基斯坦总理的驻华盛顿大使穆罕默德·阿里·博格拉[①]阐述了伊斯兰教、基督教和犹太教的职责就是共同反对无神论的怪物——共产主义。过了一年，当巴基斯坦处于饥荒的边缘时，美国加快了食品的援助。巴基斯坦加入了东南亚条约组织和中央条约组织，它的由农民组成的军队装备了大量的美国武器。当巴基斯坦总理苏拉瓦底[②]于1957年到华盛顿“朝圣”时，他向美国参众两院报告说在美国的控制下“和平是安全的”，他的国家为能在防止共产主义扩张，保护私有权利（他忘了加上一句，保护封建地主资产）的“伟大冒险”中成为美国的合作伙伴而感到非常自豪。

一年之后，开始了由阿尤布·汗[③]将军主持的长期的独裁统治。它得到了

---

① 伊布扎达·穆罕默德·阿里·博格拉（Sahibzada Mohamed Ali Bogra，1909—1963），孟加拉政治家，职业外交官，第三任巴基斯坦总理（1953—1955）。后被任命为巴基斯坦驻美国大使，直到1959年卸任。1962年，他加入总统阿尤布·汗（Ayub Khan）的政府，担任巴基斯坦外交部部长，直到1963年去世。

② 侯赛因·沙希德·苏拉瓦底（Huseyn Shaheed Suhrawardy，1892—1963），巴基斯坦前总理、人民联盟前主席。1956年9月12日任巴基斯坦总理兼国防、克什米尔事务、教育、卫生、司法、难民和善后工作部部长，1957年10月11日辞职。1962年1月以“危害巴基斯坦完整和安全活动”罪被阿尤布·汗政府逮捕。同年8月获释。1963年病逝于贝鲁特。

③ 穆罕默德·阿尤布·汗（Mohammad Ayub Khan，1907—1974），前巴基斯坦总统、军人、政治家。1954年任巴基斯坦国防部部长。1958年，发动军事政变，出任总统。1960年、1965年又两次当选总统。1962年颁布新宪法，改革农业，发展工业。1966年与印度总理夏斯特签订了《塔什干宣言》。

美国舆论界的青睐，《时代》杂志作出的格言般的总结称那些政客已在“那个国家中最稳定、最廉洁的机构”的影响下转变了。事实上，一个像巴基斯坦那样的国家中的军官队伍，由于在公共机构的各个领域里都充斥着的腐败，很快 306
就被民间力量的诱惑和自我致富的开放所感染了。从它在对印度抗争中的某些失败就可以追溯到这一点。然而，这对正在不断加码的美国的商业利益并无伤害。阿尤布的巴基斯坦获得了较高的信誉评级，投资大量涌入，独立基础比印度小得多的工业界兴旺发达，尽管只是集中在巴基斯坦的西部地区。工业化与军事统治之间的这种联系，保证了劳工的顺从。与欧洲原始工业革命时放任的社会环境相反，这是美国所熟悉的社会特征。巴基斯坦和中国台湾一样，虽然没有进行土地改革，但它的社会发展开始将重心从封建主义转移到资本主义。阿尤布的儿子就是一个发了财的汽车制造商。

这是一个一开始就运气不好的联盟，是华盛顿容易陷入困境的一个客观教训，因为他们没有意识到他们客户的目标可能和自己的大不相同。巴基斯坦可能担心印度正在对它进行颠覆，而华盛顿正在针对中国梳理其南亚和东亚的盟友。另一方面，巴基斯坦的统治者们虽然在国内残暴地反社会主义，却没有华尔街或白宫的全球视野和责任感，并且可能会像两次世界大战之间时的欧洲一样，对自由企业的更高利益并不关注，只是对此敷衍了事。他们认为联盟是获得外交支持和对抗印度所需武器的手段。他们的目标是克什米尔，那个穆斯林省份在独立之后成了两个国家争夺的地方，其中的大部分仍在印度人手中。对克什米尔的要求对盛行的民族主义和穆斯林狂热主义的拥护者们有很大的感召力，这可以用来补偿统治阶层某些不受欢迎的举措。当1962年印度和中国以同样顽固的态度为了争夺喜马拉雅山脉的一小块冰块和岩石之地而开战时，巴基斯坦对美国和英国急于向印度提供武器感到愤怒，尽管那些武器并没有让印度免于失败。巴基斯坦在继续接受美国供应的同时，与中国建立了反对印度的伙伴关系。

在阿尤布看来1965年是安全的，他在渴望权力的外交部部长布托的影响下，冒险采取伪装下的入侵行动来占领克什米尔。印度通过攻击巴基斯坦本土进行反击，而巴基斯坦最终通过苏联的调解接受了一个对它不利的和平协议。
307 所有这些都是在华盛顿策划下所取得的极为荒谬的结果。正如一些比他们的政府更为精明的美国人所看到的那样，美国的行为让印度感到不安，也没有从巴基斯坦那里得到任何感激。其中的一位在1969年建议“计划周密地与南亚地区竞争势力脱离关系”。像以往一样，没人理睬明智的建议。但是，巴基斯坦与中国之间的持续和解可能对美国政策的戏剧性转变产生了重要的影响，1972年的尼克松访华所确定了与北京的和解。巴基斯坦说服了华盛顿，中国的外交政策的底线和所有其他国家一样，顾及自身的利益并且择机而行。

1971年时，三个国家都站在了与印度对抗的共同阵营之中。东巴基斯坦因为反抗西巴基斯坦的剥削而起来反抗，那些美国顾问们开始尝试进行调解，但他们的行动来得太迟且太温和了。尼克松和基辛格表明美国有决心以武力维系巴基斯坦的统一，并继续向在东巴基斯坦进行不分青红皂白屠杀的西巴基斯坦部队运送武器。白宫的决策者们似乎陷入了一种病态，崇尚刺刀，决心在世界的任何地方和所有的地方都维护右翼的军人政权，这对曾经的实现全球法治和非军事化的“美国梦”是一个极大的讽刺。当印度在与苏联签订的防务条约的盾牌下对东巴基斯坦进行干预时，西巴基斯坦很快就失败了。美国切断了对印度的援助。作为一个最后的笨招，第七舰队开进了孟加拉湾，并威胁即将登陆。当这所有一切正在进行时，在国会和新闻界中掀起了非比寻常的抗议活动，这让印度人感受到了某种缓解。德里的一位内阁部部长在给一位英国老朋友的信中写道，“我们相信美国人，但那是美国的人民。他们在这场危机中非常友好。就美国政府而言，那完全是另一回事了”。

第二十四章
中东和非洲

从第二次世界大战时开始，美国就成了“一个对石油饥渴的大国”，因此可以预计到它对中东地区有着强烈的胃口。到20世纪50年代时，美国对油田的投资 309
达到了5.96亿美元，并控制了全球约40％的产量，而英国仍处于领先地位，控制了接近50％的产量。在1951年，由于英国坚持要对伊朗拥有旧日的“权利”，导致摩萨台[1]领导下的伊朗政府对石油工业实行了国有化。他当然受到了英国人的指责，主要是为了煽动美国起来反对他，说他在共产党人的指导下行事。一位美国人在那些事件发生前不久就曾写道：“英国对苏联的恐惧正在把进步变为共产主义的同义词，并让共产主义对正受到剥削的中东人民产生了吸引力。”这几乎就是事实的真相。然而就在那个时刻，他的话对美国也是同样适用的。

---

① 穆罕默德·摩萨台（Mohammad Mosaddegh，1882—1967），伊朗政治家，1951年至1953年间出任民选的伊朗首相，但在1953年被美国中央情报局策动的政变推翻。

正在发生的是一个灵魂的轮回，保守主义从它旧日的尸体里转移到了一个充满活力的年轻躯体上。扎赫迪[1]将军在伊朗国王的支持下正在密谋反对摩萨台的政府，而伊朗军队与美国及其顾问和装备的供应商有着紧密的联系。1953年8月，伊朗发生了军事政变，政变者逮捕了摩萨台，并发起了大规模的镇压行动，国王完全掌握了政权。华盛顿的经济援助已经令人可疑地准备好了。一年之后，伊朗政府与外国石油利益集团达成了新的和解协议，将一家新的伊朗控股公司中40％的股份让给了五家美国大公司。

由于苏联与中东接近，尤其是与伊朗接壤，因此需要迎合石油生产国的
310 意愿，不得不允许他们分阶段地提高原油价格，这对西方经济产生了不利的影响。从这个意义上说，尽管政治进展不大，但他们已经实现了“非殖民化”。伊朗是石油生产国中最西方化的国家，在一个喜欢宣称自己是国家“革命”领导者的新贵君主政体下，利用其财富的一部分进行了比巴基斯坦更进一步的现代化和工业化，而且进行了土地改革。这与坚定的专制和反社会主义的方式结合在一起，非常符合美国的口味。伊朗国王还因为花费了大量金钱从美国购买军备而备受敬重。美国人的军售（后来由苏联人接手）掀起了一股狂热，往往看不到理性的动机。不过，伊朗国王有他的雄心壮志，而华盛顿似乎已经视为它能够信赖的卫星国家之一，可以充当其相邻地区法律和秩序的非正式监护人。

欧洲帝国主义在阿拉伯国家中留下了其他的腐朽遗产。埃及是中东地区人口和知识分子数量最多的国家，民族主义情结根深蒂固，是最敏感的一个地方。1945年以后英国仍然想尽可能地在那里坚持下去。1950年时，苏伊士运

---

① 法兹卢拉 · 扎赫迪（Fazlollah Zahedi，1892—1963），伊朗将军和政治家，他通过政变取代了民主选举的伊朗总理穆罕默德 · 摩萨台，在政变中他发挥了重要作用。

河的控制权仍在英国人手中，英国和埃及开始谈判苏伊士运河区未来的归属。在开罗的英国代表告诉埃及人，“美国和我们之间的安排是一个微妙的问题。但我的理解是就一般来说，美国人将把世界的这一部分留给英国和它的盟友去处理。”他试图用苏联袭击的稻草人来吓唬埃及人，但他们无视这一警告。埃及在1952年推翻了不得人心的君主制，这是对英国希望的一个打击。与此形成对照的是夺取了政权的军官纳赛尔[1]在开始时与华盛顿处得相当好，美国已经准备好了提供援助。他对外国投资友好，可以被视为“阿拉伯世界和中东地区最有效的反共人士”，并拥有“极其强硬的镇压手段”。

然而埃及与美国的关系长期以来一直处于交恶与和解的交替之中。华盛顿希望将纳赛尔纳入针对苏联的区域组合，但纳赛尔希望能自由地走自己的路，成为泛阿拉伯主义的领导人，同时也为非洲大陆提供指导意见。1956年，他承认了中华人民共和国。杜勒斯撤回了为建造阿斯旺大坝提供资金的提议，纳赛尔将运河国有化，保守的英国和法国在垂死的老牌帝国主义的抽搐痉挛中与
以色列勾结进攻埃及，一连串的事件让杜勒斯大吃一惊。他从不责怪自己笨拙 311
的恃强凌弱，但对鲁莽的欧洲人和贪婪的以色列人却非常生气。当英法两国从中东地区突然不体面地消失之后，美国不得不接替了他们的角色。美国国会在1957年初批准了一项“艾森豪威尔主义”的议案，授权政府对任何由国际共产主义控制的国家使用武力。这是一个非常有弹性的概念，第二年，美国海军陆战队在黎巴嫩的登陆以支持黎巴嫩政府镇压完全不是共产党人的起义就马上证明了这一点。阿拉伯人对这种武断地随意设定宗主权的行径感到不满，而苏伊士运河的冲突则为苏联进入中东地区打开了通路。令人惊讶的是，苏联很晚才

---

① 贾迈勒·阿卜杜勒·纳赛尔（Gamal Abdel Nasser，1918—1970），埃及的第二任总统，他被认为是历史上最重要的埃及领导人之一。纳赛尔是不结盟运动的创始人之一。

出现，苏联的目的是防止中东变成反苏联的地区。

苏联人也在中东的沙堆或流沙中挣扎，阻碍美国发挥其优势地位的并不是来自苏联的阴谋，更多的是来自其盟友以色列，以色列是美国的阿喀琉斯脚踵。当美国自身的利益需要它与阿拉伯人结盟时，它却自缚手脚承担了犹太复国主义的义务。阿拉伯国家中的大多数经济欠发达，政治保守，宗教信仰虔诚，阿拉伯人是为美国量身定做的客户。通过武装以色列来反对他们，华盛顿就让莫斯科在中东地区获得了立足之地。这是又一个在让世界理性化的努力中所存在的明显的非理性。把以色列视为美国人的帝国主义工具是完全错误的。毫无疑问，以色列有扩张主义。虽然像通常一样闹剧原本是由欧洲开场的，但美国的犹太复国主义也对此作出了它的贡献。美国带头要求对所有的巴勒斯坦人严加管束，那是魏茨曼[①]在1946年时不得不加以指责的极端主张。后来，可以清晰地看到美国犹太复国主义与“以色列内部的右翼和沙文主义倾向”之间所存在的关联。尽管美国的国家利益和以色列的长期前景要求以色列克制，但美国官方的犹太复国主义似乎在鼓励以色列放肆。所有这些都伴随着许多犹太复国主义先驱者们所提出的社会主义理念的持久侵蚀，但如果要维持输入必要规模的美国武器，就必须放弃那样的理念。非犹太人的美国资本大量地投资到了以色列，但在表面上却伪装成与南非种族隔离政权之间有着紧密的关系。华盛顿对这种向资本主义规范化的转变感到满意，但右翼的权力意味着更加坚定地
312 奉行宗教狂热和吞并主义冲动的外交政策，就像巴基斯坦与克什米尔的情况一

① 哈伊姆·魏茨曼（Chaim Azriel Weizmann 1874—1952），英国犹太裔化学家、犹太复国运动政治家，曾任世界锡安主义组织会长，第一任以色列总统（1949—1952）。他是犹太复国主义的发起者和倡导者之一，并成为以色列犹太复国主义的最高领袖。1948年以色列建国之后，魏茨曼以其在世界犹太复国主义运动中的崇高威望和卓越贡献而被称为“以色列之父”，并成为以色列第一任总统。

样。历史上没有一个国家曾有过比这更为昂贵且更不仗义的盟友。

游说系统的最高胜利成果是它要求一切而不付出代价的能力。杜鲁门在回忆录中表明，在第二次世界大战后的第一年，在有影响力的阵营的推动和激励下，他背离了他自己曾有过的更好的判断和国务院做出的判断，一步一步地走向了支持犹太复国主义。福雷斯特尔（Forrestal）是另一位对事情进展的情况感到痛惜的人。作为海军发言人，他认识到沙特石油的重要性以及与阿拉伯人对抗的不明智。美国发现自己掉进了一个矛盾的木桶里，要同时保护以色列和自己的圣地——油井。每一位在白宫工作的人都有时会感觉到像辛巴德一样肩上扛着一个纠缠不清的人。同样值得注意的是，普通美国人一直对欧洲犹太人在战时遭受的苦难表示出了慷慨的同情，即便"以牺牲C为代价来为B的罪行赔偿A"看起来似乎是很奇怪的逻辑。他们真诚地认为自己是在保护弱者反对强者，一个小个子反对一伙恶霸。

不可避免地，这种令人欣慰的感觉会随着时间的推移和冲突的出现与其他因素混合在一起。当每一次外国的呼唤让他从口袋里往外掏钱时，政府会让纳税人确信他正在守护一个有用的美国力量的前哨基地，一座反对共产主义和苏联的堡垒。然而事实恰恰相反：如果没有以色列，中东地区很少会听到有关共产主义的声音。公众舆论对这个明显的事实是看不到的，因为他们已经养成习惯自动会对那块斗牛用的红布做出反应。也应该看到，通过品味以色列无可否认的胜利，可以为在远东那些组织得更好的对手那里所遭受的失败找到一些安慰。这种替代性的津津乐道或许可以解释，为什么自1967年战争以后，"美国公众舆论的绝大多数对以色列及其事实上的兼并政策都持同情的态度"。与此同时，美国和以色列也一起脱离了宝贵的进步理念，转而支持越南战争，那是需要在犹太复国主义祭坛上作出的另一个牺牲。必须把这种犹太激进能量和理想主义的分流看作是对保守主义的颇有价值的奖励。

尽管如此，以色列的顽固不化令让美国在中东付出了巨大的代价，这在

313 1967年突出地显示了出来。当时，以色列拒不承认美国与苏联不同，必须与冲突双方保持良好的关系。正如越南战争让美国疏远了全世界对美国持有好感的人一样，眼下的这种情况不仅让美国疏远了阿拉伯人，而且疏远了许多远离中东的伊斯兰国家的人。那些伊斯兰国家包括土耳其、伊朗、巴基斯坦、马来西亚和印度尼西亚，这些都是华盛顿急于想保持在它所领导的阵营之中的国家。当利比亚王朝在1969年倒台时，可以看到情绪动荡的总体后果。西方感到极度的震惊，因为中东的王室是支持它们的最坚定的支柱。然而，到了1973年时情况仍是如此："敢于公开反对犹太复国主义或以色列政府政策的总统候选人将是一个草率从事的人"。到了下一年，美国对其主要的西欧盟友施加了异乎寻常的压力，因为它对欧洲不愿意以威胁它们的石油供应国来帮助美国在另一场战争中支持以色列而感到愤怒。美国的"领导"往往在表现出"专制"之前就足够了，然而这次是一大暴露。福特[①]总统于1975年初批准了基辛格的计划，如果因缺少石油而制约了经济的话，将在紧急情况下向中东派出军队，甚至有传言说美国的军队正在亚利桑那州操练沙漠战争。沙特在美国的大量投资或持股，以及它们对美国财政平衡日益增长的重要性，更加剧了明智的自身利益和意识形态承诺之间的矛盾。

许多中东事务与非洲有着千丝万缕的联系。然而与亚洲相比，美国人在很长一段时期内只关心那个大陆大部分地区的丰富的矿物储量。大约在20世纪30年代时，当美国资本似乎试图进入北罗得西亚[②]并控制其铜矿开采时，伦敦

① 杰拉尔德·鲁道夫·福特（Gerald Rudolph Ford，1913—2006），美国政治家，美国第37任副总统和第38任总统。在水门事件高潮时期，当时的副总统斯皮罗·阿格纽辞职后福特被任命为副总统（任期为1973年12月6日—1974年8月9日）。1974年8月9日理查德·尼克松辞职后，福特继任美国总统。他是美国历史上第一位未经选举就接任副总统以及总统的人。他与他的副总统纳尔逊·洛克菲勒是美国历史上仅有的两位并无经过选举就接任的总统和副总统。

② 北罗得西亚是赞比亚的旧称。1964年10月赞比亚独立后，这一名称已废弃。

的人们曾对此感到忧心忡忡。现在，美国工业越来越需要那些矿物，因为美国国内没有或在美国生产费用更高。在第二次世界大战结束时，只有约2％的海外私人投资投入了非洲，对非洲投资的份额一直相对较小。然而，它一直在增长，从1943年的1.04亿美元到1959年的8.34亿美元。而从1957年到1970年，它的增长速度超过了美国对外总投资和增长。在1957年之前，美国资本实际控制了利比亚收益丰厚的油田，甚至还有一些规模有限的制造业投资，虽然这些制造业投资主要局限于南非，但这对一个外国投资仍然稀少的大陆来说却具有重要的意义。

就像在菲律宾和亚洲其他地方一样，美国在利比里亚也有自己的新殖民主
义的关系模式。美国橡胶公司在两次世界大战之间的年代中已经在那里站稳了 314
脚跟。在1942—1945年期间，利比里亚是一个对美国有价值的军事基地。战后，在并非独裁者且颇有声望的杜布曼[①]总统的领导下，美国和欧洲都扩大了在那里的投资。资金可以自由进入，利润在税后可以自由汇出。“利比里亚是非洲唯一一个允许外国利益完全控制其经济的国家。”但是，非洲的民族主义在1945年之后开始发展起来了，甚至比亚洲发展得更快，华盛顿开始准备接受几乎覆盖了整个非洲大陆的欧洲帝国并与它们合作。当阿尔及利亚发生叛乱时，艾森豪威尔和法国人一起表示了温和的抗议。但当他毫无疑问地在印度支那支持了法国人之后，他却无法与他们结成坚定的联盟。然而至少间接地通过让法国获得贷款，美国在实际上帮助法国进行了它的殖民战争。法国为在1956年加入对埃及的攻击而受到了惩罚，纳赛尔这次站在了阿尔及利亚一边。

---

① 威廉·瓦卡纳拉特·沙德拉克·杜布曼（William Vacanarat Shadrach Tubman，1895—1971），利比里亚政治家。他是利比里亚第19任总统，从1944年当选一直到1971年去世。杜布曼被誉为“现代利比里亚之父”，他任总统期间吸引了足够的外国投资，使经济和基础设施现代化，利比里亚经历了一段繁荣时期。

在1956年突尼斯取得独立后的初期，美国的援助帮助布尔吉巴[①]建立了独裁统治，因为他表明自己愿意接受艾森豪威尔主义。但是，较为冷静的一名美国外交官切斯特·鲍尔斯[②]在1956年提出了一个有益的警告，美国未能与新兴的亚非国家建立明智的合作关系，因为外交政策仍然“狭隘地集中注意着“冷战”的军事方面”。摩洛哥与突尼斯不同，当它在那一年获得独立后转向了不结盟运动，并因美国在黎巴嫩的行动而感到愤怒，声称要逐步取消美国的基地。

参议院在1959年进行的一项研究中确认，需要对非洲的反殖民情绪加以考虑。到了下一年，美国政府对面向非洲的投资提供了特殊的优惠，因为那将让它能够在那里发挥更大的影响力，总体目标是帮助建立起一个受人尊敬的非洲版的西方社会，以及一个承担领导责任的商业精英阶层。对非洲的这种同情程度足以引起白人殖民者的强烈反应。他们中的一位领袖在卢萨卡举行的种族关系会议上喝醉了酒后怒吼道，“我痛恨美国的大胆妄为”。从非洲黑人那里可能会引发另外一种敌对反应，有时那是被传教士队伍所激起的。传教士是美国传播文明任务中的辅助力量，他们希望在不那么复杂的非洲取得比在中国更大的成功。一群被带到匹兹堡参加基督教青年会会议的非洲年轻人谴责了他们的东道主，“对刚果所表现出来的狭隘、自私和殖民主义者的态度，邀请他们的儿子到这个国家来主要是为了灌输政治和意识形态”。

紧随之后的是比利时在1960年时突然放弃了在刚果的权力而造成的混乱。比利时人和所有其他的外国人都没有任何意图要退出刚果的经济体系，那个殖

---

① 哈比卜·本·阿里·布尔吉巴（Habib Ben Ali Bourguiba，1903—2000），突尼斯民族主义领导人和政治家，1956年至1987年期间担任突尼斯的领导人。他先是担任突尼斯王国的第二任总理，然后在1957年宣布成立突尼斯共和国，从而成为突尼斯的第一任总统。

② 切斯特·布利斯·鲍尔斯（Chester Bliss Bowles，1901—1986），美国外交家、大使、康涅狄格州州长、国会议员。

民地国家拥有一些非洲最富有的矿藏，而美国也不愿意放弃它的权利。它可能需要一个反殖民主义的前哨，但它似乎与欧洲人一样不喜欢卢蒙巴[1]，他是唯一一个象征着民族地位的刚果人，一个可能让那个国家过于独立的人。在朦胧隐晦的情况下，卢蒙巴被抓起来交给了采矿省份卡坎加的分裂主义领导人，最后被杀害了。那个人就是冲伯[2]，他曾在一所美国教会学校中接受教育，并在美国得到了大力的支持，许多保守派都认为他是抵抗社会主义的最佳堡垒。然而华盛顿的决定是支持联合国的干预反对他，当然这样做还有助于防止左翼领导下的斯卡利维尔[3]一带另一个地区的分离。

长期存在的令人困惑的冲突和外国利益之间的激烈竞争交织在了一起，美国的资本挑战比利时和英国的资本，而法国和德国的资本也挤了进来。华盛顿的声明有时是前后不一致的，它的目标也不清晰。它可能在让刚果保持完整而没有瓦解这一点上获得了一些信誉。但最终的结果是由外国扶植在金沙萨（利奥波德维尔[4]）建立了“国家”政府。登上总统高位的是一名叫蒙博托[5]的军人，他将证明他是一位出色的幸存者（与他的许多对手不同），他主持了一个由精英组成的右翼政权，对外国投资表示了热诚的欢迎。那个国家改名为扎伊

---

① 帕特里斯·卢蒙巴（Patrice Émery Lumumba，1925—1961），非洲政治家，刚果民主共和国的缔造者之一。扎伊尔民族英雄，刚果民主共和国（原扎伊尔）首任总理（1960）。

② 莫伊兹·卡奔达·冲伯（Moise Kapenda Tshombe，1919—1969），刚果共和国政治家、军阀，刚果共和国原总理。他利用武装哗变而宣布矿藏丰富的加丹加省（今沙巴）独立，面临联合国和刚果的双重压力下，他在比利时隐僻的军事和经济援助和白人雇佣兵的协助下抵抗了三年之久。

③ 斯卡利维尔（Stanleyville），刚果民主共和国基桑加尼的旧称。

④ 利奥波德维尔是比利时殖民地刚果的首都，1966年更名为金沙萨。

⑤ 蒙博托（Mobutu，1930—1997），扎伊尔总统（1965—1997），1960年在美国支持下发动军事政变，接管卢蒙巴政权，任国民军总司令，1965年再次发动政变推翻卡萨武布，自任总统，元帅。此后致力于恢复刚果经济，提倡本国人名和地名非洲化。要求“恢复民族真实性”，实行经济“扎伊尔化”。

尔，但结构没有改变，仍然是殖民地式的，仍与比利时和欧洲密切相连，而美国也在那里获得了不可忽视的地位。

对葡萄牙统治不满的安哥拉人在1955年吁请美国在联合国授权下进行托管。“如果‘上帝’给了所选子民权力、财富和智慧，那是为了人类或被压迫人民的利益。”这种对伟大民主的单纯信仰，让人回想起1919年时在美国保护下的一些土耳其人曾有过的愿望，并显示出它在战后的年代里仍然具有的信誉。然而，当葡萄牙的三大领地中最富有的安哥拉发生严重骚乱时，其战后早期改革
316 的冲动已经烟消云散了。当肯尼迪时代开始的时候，他们曾有过一种新鲜的闪念，明智地迫使葡萄牙人接受某种程度上的间接统治，或者向他们展示出路并由可靠的民族主义者来取代他们。对于葡属几内亚极具天赋的游击队领袖卡布拉尔[1]来说，在1961年可以看到“美国帝国主义走出了阴影，对它的合作伙伴的虚弱感到惊讶，正试图以不同方式的微妙手段在所有的地方取代它们”。

一位合格的安哥拉候选人是罗伯托·霍尔登（Robert Holden），他以前曾多次前往美国寻求支持。就连美国中央情报局以其严格的标准对他进行审查后，也出面为他的可靠担保。据说他有美国顾问，一位曾在越南服役过的军官。霍尔登的总部设在金沙萨，他在那里过着舒适的生活，与蒙博托关系友好，蒙博托帮助他的运动抵抗更军队化更左翼的安哥拉人民解放运动。尽管有了那样的基础，华盛顿仍然决定倒回去走一条容易的路，继续让葡萄牙人施行他们不当的统治。刚果的事件有了一个美好的结局，但它们表明任何一次大的动荡可能带来的危险。里斯本在美国的战略规划中有一张极有价值的亚速尔群岛的牌可

① 路易斯·塞韦里诺·德·阿尔梅达·卡布拉尔（Luís Severino de Almeida Cabral，1931—2009），几内亚比绍第一任总统。他从1974年到1980年任职，当时由若昂·贝尔纳多·维埃拉领导的军事政变推翻了他。1956年，他与同父异母的兄弟阿米尔卡·卡布拉尔共同创立了几内亚和佛得角独立非洲党（PAIGC）。

以玩弄。里斯本还在20世纪60年代初作出了精明的举动，废除了旧的限制性政策，并将殖民地向外国投资开放。外国资本大量地涌入，主要去了安哥拉，既得利益集团将抵抗力量镇压下去的愿望急剧地增强了。美国的投资在那时可能已超过了英国，迄今一直处于领先地位。葡萄牙军队使用的主要是美国或北约的武器，西德和南非也对非洲的自由主义运动作出了贡献。卡布拉尔在1968年谈到了“葡萄牙反对非洲的殖民地战争的国际化特征”。

在20世纪60年代后期，华盛顿专注于越南问题，并倾向于认为“欧洲应对非洲安全负起主要的责任”，援助非洲国家的拨款减少了。所有肯尼迪倡导的更多进取的做法都消失了。抵抗运动被迫继续作战的时间越长，他们就不得不越转向共产党人来找到理念和武器。葡萄牙可以将它的反叛分子涂成红色，而华盛顿也自然而然地对此做出了反应。其他人也可以玩同样的游戏。法国率先跳出来为阿尔及利亚战争辩护，假装那是为了保护西方不受共产主义的影响，这比为在印度支那进行的战争辩护更为荒谬。南非的比尔曼[①]海军上将曾写道，“我们必须说服西方，共产党人对南半球的渗透将是对西欧和自由世界的直接 317
威胁。”有些美国人也加入了增加色彩和哭喊的队伍。1967年，另一位杂志作家出身的外交官阿特伍德[②]在他担任大使的肯尼亚遭到了抗议，因为他自称帮助执政的肯尼亚非洲民族联盟清除了其左翼。他的回忆录书名是《红与黑》，他认为每个灌木丛下都藏有红色的左翼分子。

---

① 雨果·亨德里克·比尔曼（Hugo Hendrik Biermann，1916—2012)，南非海军上将。1952年至1972年担任海军司令，1972年至1976年担任南非国防军司令，是唯一担任此职的海军军官。

② 威廉·霍林斯沃斯·阿特伍德（William Hollingsworth Attwood，1919—1989），美国记者、作家、编辑、外交家。肯尼迪总统上任之初任命阿特伍德为驻西非国家几内亚大使，后因病被迫返回美国，康复后回到几内亚一段时间。后在约翰逊政府期间第二次被任命为驻肯尼亚大使。

带着这样的情绪，华盛顿对1966年加纳恩克鲁玛[①]的倒台感到宽慰。恩克鲁玛沉迷于谈论社会主义并对美国施行了严格的限制，他与西非的另一个领导人塔布曼形成了鲜明的对比。那些推翻他的人早已取得了美国的默许。在非洲的另一个地区，美国像葡萄牙的帝国主义一样毫不犹豫地与埃塞俄比亚重新建立的封建王朝合作。在那里，最吸引人的是它的战略位置。到了20世纪50年代初，美国在埃塞俄比亚建立了一个庞大的军事使团，取代了英国在那里的影响力。据报道，到1963年时，全埃塞俄比亚约有一万名美国人，其中将近一半人穿着军队制服，在国家运作中扮演着重要的角色。1970年的一份参议院报告披露，根据1960年的协议，美国承诺秘密地向埃塞俄比亚军队提供援助，以换取许可建立一个大型的监测站。这导致美国参与了埃塞俄比亚军队的行动，并在镇压厄立特里亚武装分子方面间接地发挥了作用。在君主制崩溃之后，一切都很清楚地显示出，在亚的斯亚贝巴[②]的皇帝统治的二十年期间，当革命运动正在出现的时候，美国并没有做过多少努力来推动改革。因此，君主制的垮台就意味着美国影响力的消退，并由苏联取而代之。

在葡属非洲，美国遭遇了又一次失败。1971年延长了亚速尔群岛协议后，里斯本获得了新的贷款，葡萄牙军官在美国接受“反党派争端”的训练。1973年时，葡萄牙飞行员仍在美国接受训练，而美国向葡萄牙供应了用于莫桑比克的直升机和轻型飞机。复仇之神在下一年降临了，葡萄牙军队终于厌倦了无休止的战争，推翻了一个持续了五十年的独裁统治。在新的葡萄牙，共产党是一

---

① 夸梅·恩克鲁玛（Kwame Nkrumah，1909—1972），加纳政治家、革命家。他是加纳的第一任总理和总统，1957年领导黄金海岸从英国独立。恩克鲁玛是泛非主义的重要倡导者，也是非洲统一组织的创始成员之一，1962年获得列宁和平奖。

② 亚的斯亚贝巴是埃塞俄比亚的首都。1974年9月12日，海尔·塞拉西一世在宫中被政变的陆军部队逮捕，并宣布退位。

支不容忽视的力量。而在殖民地，马克思主义政党在短暂的内战后在安哥拉执政。由于无法在结束越南战争之后很快就进行直接干预，华盛顿通过扎伊尔向安哥拉北部的反安哥拉人民解放运动的军队提供秘密援助。那是由美国中央情报局组织的。中央情报局的当地主管斯托克韦尔[①]是一个忧愁但聪明的人，他在 318
那次行动之后就辞职了。美国的参与遭到了古巴部队的反击，他们为安哥拉人民解放运动带来了更有效的救援。美国的“小鸡们”不得不回家栖息了。

在那以后，罗得西亚[②]的白人统治又陷入了危机之中，而它的保护者南非则受到了世界舆论的孤立和谴责。罗得西亚一直热烈欢迎外资的进入，部分原因是为了争取外国的朋友，它在这方面取得了相当大的成功。美国人和欧洲的投资者们都看中了那个种族主义警察国家所提供的廉价劳动力。1968年，美国在非洲的贸易和投资中有近三分之一是在非洲南部的那个角落里进行的。对华盛顿来说，推翻一个虚弱的政府比控制一个美国大公司在国外的运作更为简单。但是在过去的几年里，它不得不在自己与白人至上主义之间划出一个真实的或想象中的距离，甚至试图推动南非在纳米比亚和罗得西亚问题上作出切实的让步。葡萄牙的经验表明，不这样做的话，情况可能很快就会变得更糟。到那时为止，非洲的大部分地区都仍然安全地保留在“自由世界”之中。但非洲南部深处这个悬而未决的种族问题成了影响整个非洲大陆保守主义的一个令人不安的因素，正如犹太复国主义仍然是整个阿拉伯和伊斯兰世界中令人不安的因素一样。

---

① 约翰·斯托克韦尔（John R. Stockwell，1937—），前中央情报局官员。他在13年的时间里执行了7次任务，后成为美国政府政策的批评者。在1975年安哥拉特遣部队秘密行动期间，作为特遣部队的首领，他成功地让美国参与了安哥拉内战。

② 罗德西亚（Rhodesia），位于南部非洲的英国殖民地，1965年11月11日单方面宣布独立后取的新名，沿用至1979年5月31日。1980年4月18日再更名为津巴布韦，并沿用至今。

第二十五章 拉丁美洲

萨姆纳·威尔斯在1951年曾写文章，高兴地称颂睦邻友好政策及其为新世
319 界所带来的愉悦成果。“我们的武装干预所引起的不满情绪，因我们愿意加入一项禁止一个美洲共和国干涉另一个美洲国家事务的公约而消散了。”事实上，美国的霸权主义在它的主要行动区域——拉丁美洲最突出地表现出了它的恶劣本质。美国在拉丁美洲的投资增速低于在加拿大或欧洲的水平。到了20世纪60年代，美国对拉丁美洲的投资总量实际上从260亿美元下降到了180亿美元，但投资获得的利润非常之高，很快就替代了本金。虽然投资逐渐转向了工业界，但美国企业在很大程度上就像是寄生虫，他们所关注的只是以最便宜的价格获取原材料或食品，从美洲大陆剥夺比他们所带来的要多得多的财富。美国在美洲会议上谈论互利，听起来往往就像是日本在第二次世界大战时期对“大东亚共荣圈”的宣传。“拉丁美洲的经济一直受到美国的控制，就像殖民地国家受到发达国家的控制一样。”

控制一直是通过慈善和强制的结合来维持的。援助有时是有益的，但从

20世纪60年代在秘鲁进行的项目中，人们经常会看到不少缺陷。从建设丛林
公路中直接获益的是美国承包商和他们的秘鲁合作伙伴，普通百姓曾被许愿 320
可以期望很多的改变，但实际上并没有得到太多的好处。太多的“援助”包含了向当地精英们提供的武器，而那些武器通常被用来执行强制措施。所有的帝国主义都实行某种形式的分而治之。如果没有美国的存在，拉丁美洲就会产生过多的阶级冲突，因为那里的局势通常会因种族关系的紧张而更加恶化。但在没有外界干预的情况下，它的政治后果可能不会那么极端，也不会出现社会发展的倒退。

当尼克松副总统于1958年访问拉丁美洲时，他在公开讲话中表达了美国将反对独裁的立场，“但国务卿杜勒斯坚持认为不干涉主义者的原则将禁止美国那样去做”。像他那样的人几乎不会在任何其他政府的治理范围内感到安全。美国以一种奇怪的方式接受了与马克思主义者在两次世界大战间隔年代中所持有的同样的信条，但那些信条现在已经落后了。共产主义和法西斯主义之间可能没有任何联系，马克思主义者坚信革命是暴力的，而美国继承了这一信念以暴力来镇压革命。这种越来越凶猛的趋势在19世纪的美国达到了逻辑极端的最高潮，要继续“帝国的进军”显然不能容忍这样的状况。伯纳姆在1947年时曾提出遏制并逐步削弱从20世纪20年代起在美洲站稳脚跟的共产主义应该是最低的要求。而在战争时期，西半球的资源也必须由美国来支配。美国在亚洲和非洲所遭遇的挫折只能使华盛顿痛下决心，更加残忍地压制在美洲大陆的任何异见。结果，尽管拉丁美洲的经济在发展，但在政治上却与“自由世界”的任何其他部分一样愚昧无知，它的大片地区被置于一百年前曾被认为是不可思议的野蛮统治之下。

不久，“冷战”就将美国带往中美洲进行了干预。以前曾经是为了制止“无政府状态”而进行干预，现在其目标是半真半假的防止共产主义扩张。像以前一样，美元的胃口正在推波助澜。危地马拉是第一个受害者。尽管在1951年之

前那里甚至还没有共产党，但自从1954年那个臭名昭彰的统治者[1]倒台之后，危
地马拉的自由主义政府所取得的进步足以让它被戴上“共产主义者”的帽子。
1953年，曾在美国国务院拉丁美洲地区部门工作过，而当时正在联合果品公司
中赚取更好薪金的斯普鲁尔·布雷登[2]痛诉了“国际共产主义”在危地马拉的存
321 在，他争辩说使用武力反对共产主义并不是干预。危地马拉政府正在接管公司
所有的一大片未开垦的荒地，而公司一向认为所提供的补偿是远远不足的。那
是美国发动日益频繁的权力整合信号的一刻。杜勒斯和他的兄弟——中央情报
局局长艾伦·杜勒斯[3]以及那位助理国务卿都与联合果品公司有着密切的联系。
那几张脸必定会激发起人们对杜勒斯的疑惑，他是否真的因为不断鼓吹共产主
义的威胁而成了自我诱发的偏执狂的受害者，还是一直以精明的眼光等待着重
大机会的出现。然而萨满教的道长（Shaman）们布施了礼法，快速地在狂想的
飞行和注重平淡无奇的细节之间切换状态。

华盛顿不希望被人看成是在单独或直接地采取行动。杜勒斯在1954年3月举行的一次温和的美洲会议上高谈阔论，并促使会议通过了一项谴责共产主义的

---

① 危地马拉前独裁者豪尔赫·乌维科·卡斯塔涅达于1944年被推翻。此处应为1944年，疑为作者笔误。编者注。

② 斯普鲁尔·布雷登（Spruille Braden，1894—1978），美国外交家、商人、说客、外交关系委员会成员。他曾担任驻拉丁美洲各国大使，并担任负责西半球事务的助理国务卿。他以干涉主义活动和在几次政变该中扮演的重要角色而闻名。1948年开始，布雷登成为联合果品公司的一名受薪说客，当公司在危地马拉的利益受到雅各布·阿尔本斯·古兹曼（Jacobo Arbenz Guzman）总统的威胁时，布雷登帮助构思并执行了1954年推翻他的政变。

③ 艾伦·威尔士·杜勒斯（Allen Welsh Dulles，1893—1969），美国外交家、律师，美国中央情报局（DCI）首任文职局长，也是迄今为止任职时间最长的局长。“冷战”初期，作为中央情报局（CIA）局长，他领导了1954年危地马拉的政变、阿贾克斯行动、洛克希德公司的U-2飞机计划和猪湾入侵。他的哥哥约翰·福斯特·杜勒斯是艾森豪威尔政府时期的国务卿。

决议。美国找到了摆脱危地马拉总统阿本斯[①]的人选，那就是在他的政治对手卡斯蒂略·阿马斯[②]。阿马斯和他的追随者们在洪都拉斯和尼加拉瓜扎营，他们装备着美国慷慨提供的武器。六月份发动了对危地马拉的入侵，重新恢复了“秩序”。杜勒斯为英国帮助阻挠联合国介入此事而感谢艾登[③]。但是，所发生的事情是“众所周知的，美国的不知廉耻让它的许多盟友们感到震惊”，英国的工党就是其中之一。卡斯蒂略·阿马斯确实不是一个纯粹且完全的美国特工。当国家处于分裂状态时总会发生这样的情况，处于少数的人将利用外部的支援。

独裁统治在薄薄的宪法纱幕后面继续进行着，控制对象主要是渴望土地的印第安农民。它一直依赖着美国的物资供应，包括曾在越南广泛使用的直升机以及“反暴乱”的专家，在这样的国家中它们可能被称为政府的机器。1954年至1966年期间，危地马拉每年获得约两百万美元的军事援助，另外还有1.7亿美元的经济援助。游击抵抗运动爆发了，并于1968年8月成功地暗杀了美国大使，

---

① 哈科沃·阿本斯·古斯曼（Jacobo Arbenz Guzmán，1913—1971），危地马拉总统。1951年3月开始就任总统的阿本斯·古斯曼坚持维护国家主权与民族利益的立场，规定征收闲置地与出租地，没收美资联合果品公司闲置地，多次揭露美国干涉危地马拉内政的阴谋。1954年6月，美国雇佣军自洪都拉斯入侵，危地马拉军队在美国策动下发动政变，推翻了雅各布·阿本斯·古斯曼政府。

② 卡洛斯·卡斯蒂略·阿马斯（Carlos Castillo Armas，1914—1957），陆军上校、独裁者、危地马拉总统。总统任内，阿马斯废除了之前政府的民主改革法令，特别是1952年土地改革法，把被征用的土地归还美国联合果品公司和本国大庄园主；取消合作社和农民组织，镇压农民运动；颁布新的石油法，给外国石油公司在危地马拉勘探和开采石油的权利；宣布进步政党为非法，取消进步工会，迫害民主人士。执行追随美国的对外政策，重新加入中美洲国家组织，同意加拉加斯第10届泛美会议的反共决议案，并同美国签订了技术合作协定、军事互助协定和开发援助协定。

③ 罗伯特·安东尼·艾登（Robert Anthony Eden，1897—1977），英国政治家、外交家。第二次世界大战时期曾任英国国防委员会委员、陆军大臣、外交大臣和副首相等职。在1955—1957年出任英国首相。

但最终被不受控制的官方恐怖镇压所扼杀了。危地马拉政府的一项行政“改良”措施是建立起一个通过非正常手段迅速处理嫌疑犯的“死亡小队”，这在其他地方被加以复制，最近的是在乌拉圭。它和在越南进行的“凤凰行动”是并行的。在1968年8月之前的两年中，各类谋杀、处决、私刑或游击队杀戮的总数估计为2 000至4 500人。1971年有报道称，“当地的报纸每天都会刊登那些已经
322 失踪的人的照片，以及对在各处发现的身份不明的尸体的描述。”1978年2月22日，国际特赦组织详细报道了在1977年最后一个季度发生的113起“死亡小队杀人和失踪事件”。所有这一切所带来的红利之一是政府对一家美国—加拿大公司获取丰厚利润的让步。

1957年时，美国在古巴的投资已经超过10亿美元。它们受到了1952年重新上台的独裁者巴蒂斯塔的保护，“他是许多美国人眼中稳定的象征……美国政府充分认识到对巴蒂斯塔的军事援助主要是为了维持秩序”。“秩序”意味着它与美国的殖民地关系扭曲了停滞不前的经济。卡斯特罗领导的革命在1958年结束了那个暴政，加上反对奴隶制和外国统治的长期斗争以及一种新的社会哲学的影响和苏联的实际援助，古巴靠自身的力量摆脱了美国人的霸主地位。1961年时，华盛顿试图重复在危地马拉实施过的伪装下的干预。由美国装备起来的古巴右翼流亡者所发动的猪湾入侵的惨败对美国的形象造成了极大的破坏。一位加拿大人写道：“在所有的拉丁美洲国家中，美国的声望都惨遭衰退，因为人们在这一事件中看到了美国‘美元帝国主义’的证据”。美国人所感受到的古巴的“病态仇恨”就像是一个待在病房中的人居然敢抛弃其监护人，就像是当年美国在中国所得到的仇恨一样。美国组织了经济封锁，只是在晚些时候华盛顿才显露出来它究竟准备走多远。中央情报局在迈阿密非法地建立了基地，由古巴流亡人员指引突击队对海岛进行攻击，并认真筹划了刺杀卡斯特罗的方法。

部分原因是为了反击，古巴试图将革命扩散到邻近的加勒比海国家，因为它怀疑它们可能成为敌对势力的基地。然而，华盛顿则再次强调古巴是对那个地区

的安宁或那个地区统治阶级的安宁的威胁。下一次当看到一个危险的信号，即便是一个相当微弱的信号时，美国也会更加迅速地采取行动。在多米尼加共和国，拉斐尔·特鲁希略[1]漫长而残忍的暴政也于1961年因他被谋杀而遭到终结。在那个时刻，他和他的家人已经在国外累积了一笔巨大的财富。他的继承人巴拉格尔[2]很快被赶下了台。流亡的自由主义者胡安·博什[3]被请回来当选了总统，但遭到了特鲁希略派别、军队和教会的仇视，很快就被军事政变推翻了。1965年4月，为了防止他的回归，军人们发动了事先得到美国批准的又一次政变。

然而，好景并不长久，因为多米尼加的军队很快就分裂了，其中一部分人
站到了大多数人民的一边，所以这一次直接干预就变得不可避免了。华盛顿对 323
此毫不犹豫，众议院在那一年以312票对52票通过了一项提案，它非常符合神圣同盟的精神，“美国或任何其他美洲国家都有权实行单方面的干预，以保持西半球不受共产主义的入侵。”约翰逊派出了军队，表面上起初是为了保护美国公民，然后是为了避免虚构的共产主义的入侵。据称，博什的拥护者们受到了一

① 拉斐尔·莱昂尼达斯·特鲁希略·莫利纳（Rafael Leónidas Trujillo Molina，1891—1961）多米尼加政治家、总统、大元帅、独裁者。特鲁希略对多米尼加的统治达20多年，是美国扶植起来的拉丁美洲国家中寿命最长的独裁者之一。

② 华金·安东尼奥·巴拉格尔·里卡尔多（Joaquín Antonio Balaguer Ricardo，1906—2002），多米尼加政治家、总统。1961年拉斐尔·特鲁希略被刺杀后，巴拉格尔力图对政府实行自由化措施，但是改革对于旧势力来说过于迅速，他于1962年被军事政变推翻。

③ 胡安·埃米利奥·博什·加维尼奥（Juan Emilio Bosch Gaviño，1909—2001），多米尼加政治家、历史学家、作家、革命家、教育家、总统。1963年，博什当选为多米尼加总统。由于博什的为政举措侵害到了国内大资产阶级和美国的利益，他们害怕多米尼加受到社会主义的影响而成为“另一个古巴”。1963年9月25日，美国策动埃利亚斯·韦辛上校，推翻了博什政府，博什被迫流亡波多黎各，取而代之的是一个由3人组成的军政府。不到两年之后，日益增长的不满情绪引发了1965年4月24日的另一场军事叛乱，要求恢复博什任职。4月28日，由弗朗西斯科·卡马诺上校指挥的叛乱分子推翻了军政府，以阻止博什回归。在随后的内战期间，美国向多米尼加派遣了4.2万名士兵，以支持反对博世的部队。

些“从国外接受指示的阴谋家”的操纵。美洲国家组织[①]发起了对多米尼加干预的支持，若干成员国还派出了军队。作为一种伪装，他们和美国军队是在一位巴西将军的指挥下进入多米尼加的。那些国家所加入的是一个相互保障反对他们自己国家人民的联盟，美国宣传了那么久的泛美主义的伪装终于露出了其真实的面目。而对于多米尼加共和国来说，当靠美国恢复权位的巴拉格尔在1974年重新选举自己连任第三任总统时，一名记者报道称，“巴拉格尔博士极其谨慎且极为高效的镇压模式已成为西半球神奇传说中的一部分。”毫不奇怪，美国的利益一直在控制着多米尼加的经济。对人民来说，有些人在那个政权的统治之下过得不错，部分原因是20世纪70年代初期制糖业的繁荣，但是阶级分化加剧了，对社会的不满情绪蔓延到了以前曾是一潭静水的农民中间。

西奥多·罗斯福曾经说过，门罗主义不应该导致让拉丁美洲国家退化为“渺小、邪恶且低效的匪巢”。然而正是这种类型的政权，在实施镇压时才会有效，而华盛顿在过去的三十年里一直在中美洲扶植这样的政权，甚至认为世袭专政似乎也是促进稳定的力量。在那些产业和经济基本上都还属于资本主义前的小国家，政治演变由于外部势力的阻断而被停止了，出现了一种明显的由家族实施个人统治的倾向，这种混杂的君主制并不完全符合企业阶层的利益。

在尼加拉瓜，索摩查家族[②]于1936年掌握了政权。当父亲在1956年被谋杀

① 美洲国家组织（Organization of American States）是由美国和拉丁美洲的国家组成的区域性国际组织，其前身是美洲共和国国际联盟。成立于1890年4月14日，1948年在波哥大举行的第9次泛美大会上改称现名。目前有34个成员国，并先后有58个欧美及亚非的国家或地区在该组织派有常驻观察员。

② 索摩查家族（Somoza family），在尼加拉瓜实行43年的封建买办、“考迪罗”式的独裁统治的家族。索摩查家族第一个独裁统治者索摩查·加西亚于1937年1月攫取了尼加拉瓜共和国总统职位，直到1956年9月被刺身亡。路易斯·索摩查·加西亚死后，其长子索摩查·德瓦伊莱代理总统，直至1967年4月死于心脏病。同年，其弟安纳斯塔西奥·索摩查·德瓦伊莱当选总统，直至1979年7月17日被桑地诺民族解放阵线所推翻。从1936—1979年的43年间，尼加拉瓜军政要职几乎完全由索摩查家族所占据。他们对内实行独裁统治，残酷镇压民主势力，对外追随美国，使尼加拉瓜成为美国镇压中美洲民族解放运动的基地。

后，由一个儿子接掌了权位。当地的商界人士是美国的天然盟友，他们被那家人决意垄断营利所激怒，索摩查家族拥有自己的银行、矿场、牧场和种植园。如果
一个国家这么做了，那么私营企业的生存哲学就将受到打击。然而，那个政权所 324
依赖的具有特权的国民警卫队中的许多军官都曾在美军的训练中心受过训，主要是训练镇压叛乱。农村中的游击战争阴森恐怖，叛军“桑迪纳斯塔”运动不可避免地表现出了马克思主义的倾向，而美国的战术将有助于产生他们原本应该驱除的危险。1978年初时，发生了为期两周的总罢工，抗议对反对派报纸编辑P.J.查莫罗（P.J.Chamorro）的谋杀。在半个世纪前曾有过这样的报道，“许多尼加拉瓜人相信，在现行的体制下尼加拉瓜承受着从属的弊端但却没能得到受保护的好处”，他们宁愿被完全吞并。他们现在可能仍然会有同样的感受。

除了他们自己以外，从任何人的角度看来最臭名昭著且最没有存在价值的是由黑暗的“汤顿 · 马库特”[①]准军事组织所支撑的，从1957年开始在海地由杜瓦利埃家族实行的长期统治。年复一年，成千上万名遭受迫害或饥饿的难民悄悄地逃到了美国旅游者们的乐园——巴哈马，很多人因为乘坐不适宜航海的船只在中途消失了。正如一位美国历史学家在1968年所写的那样，在中美洲，所有非共产主义的政府都是美国可以接受的，“包括暴虐并腐败的海地杜瓦利埃总统的政权在内，所有的政府都得到了援助，以强化他们的军队和经济”。那个政权疯狂的过激行为有时让美国国务院感到尴尬，一位美国公民在1957年被海地警方殴打致死之后，援助暂停了一段时间。但是当1971年杜瓦利埃总统去世时，华盛顿对他儿子继承总统职位给予了祝福，美国大使诺克斯（Knox）直截

① 汤顿 · 马库特（Tonton Macoute）是1959年由独裁者弗朗索瓦 · 杜瓦利埃创建的海地准军事部队的一个特别行动单位。1970年，该民兵组织改名为“国家安全志愿者”。海地人将这支部队命名为海地神话中的妖怪“Tonton Macoute”，它绑架并惩罚不守规矩的孩子，把他们套在麻袋里，然后在早餐时把他们带走吃掉。

了当地表达了他对杜瓦利埃[①]王朝的支持。美国在海地并没有什么重大的经济利害关系，这样做的目的可能只是出于阻止海地效仿古巴的某种盲目的负面因素。几十年来，美国的政客们似乎无法找到任何其他的选择。他们感到担心的是，如果允许那样的政府倒台，可能会带来的一系列后果。不可见人的秘密太多了。当然，一个统治者越是专横而不受人民欢迎，他对华盛顿就越忠诚。

在中美洲形成的习惯不可能不对美国在美洲更南地区更大的国家和更复杂的问题上的战略产生影响。自1945年以来，关于拉丁美洲地区在整体上是否
325 应摆脱或者更深地接受美国的宗主权一直存在着疑问，这种猜疑情绪的波动是广泛且频繁的，不能草率地假定它尚未达到最后的阶段。最迟在1973年，由秘鲁和阿根廷带头的军队领导人似乎具备了与华盛顿抗衡的决心。然而很明显的是，反抗华盛顿的行动从一开始就带有强烈的本地色彩，而那些政府在1945年以后几乎不需要任何警告就会对激进的趋势压制。特别是在像智利那样的国家，工业正在萌芽发展期，第二次世界大战给它带来了动力。1945年时，自1934年以来就担任巴西总统的温和激进的瓦加斯[②]得罪了巴西的工商界。“美国大使馆几乎无须插手，瓦加斯就被军队将领们推翻了。”巴西共产党在1946年的

---

① 弗朗索瓦·杜瓦利埃（François Duvalier，1907—1971），海地总统、独裁者。1957年高票当选海地总统，就任后开始进行独裁统治，1961年操纵选举再次当选为总统，1964年修改宪法，授予自己终身总统，禁止一切政党活动，1971年再次修改宪法，将担任总统的最低年龄降至18岁，并指任儿子让-克洛德·杜瓦利埃为继承人，同年4月21日去世。

② 盖图里奥·多奈尔斯·瓦加斯（Getúlio Dornelles Vargas，1883—1954），原巴西总统（1930—1945、1951—1954），他最终在总统职位上自杀身亡。自1930年至1945年，他以铁腕手段，统治了巴西15年。1945年10月，因政变被迫下台。1951年，瓦加斯复出，参加大选获胜。在此任上，他建立了国立石油公司独家开采巴西石油，引起跨国公司的强烈不满；将劳工最低工资提高了百分之一百五十，引起雇主阶层的强烈不满。1954年8月2日的一起政治谋杀中，瓦加斯总统府的卫队长涉嫌谋杀。在美国策动下，反对党借此大做文章。1954年8月24日，瓦加斯自杀身亡。

选举中曾获得了80万张选票，但在1947年被取缔了。在智利也发生过同样的情况，在人民阵线政府的成员中曾有共产党人。

随着政治进步的进程受到阻碍，而封建主义仍然还只是在让步于资本主义的过程之中，社会进步主要局限于民粹主义领导的形式。这可能会使其具有非常不平衡的特征，但也有可能会像具有类似经济结构的印度那样，走向工业增长和一定程度的土地改革相混合的经济模式。瓦加斯是这种民粹主义思潮的先驱。尽管他在1950年被允许重新回到总统职位，但他不得不留意军队的意向并谨慎行事。而1946年在阿根廷当选为总统的胡安·庇隆[①]则拥有更加稳固的地位，因为他本人就来自军队。他与佛朗哥称兄道弟，并被欧洲左派视为法西斯主义者，但他相当依赖于工会的大力支持，是属于那种小说里才有的人格混杂的类型，而他的经济政策有时也是头脑发热的产物。华盛顿并不喜欢他，并花了一段时间准备来幽默他一下。华盛顿之所以这样做是有一个原因的，共产主义并不是美国在拉丁美洲唯一的打击目标。在1945年以后，美国为了防止英国在阿根廷或墨西哥等国家重新获得竞争地位而处心积虑。

与此同时，美国政府和商人正在充分利用有用的关系，而那些关系常常是与军界有关的。当拉丁美洲渐渐不再是平静的封建领主和神父的养息之地而资产阶级尚未成熟之时，军队可以起到某种类似于两次世界大战之间时法西斯主义运动在欧洲曾起过的作用。但他们的军官团队不能自动就被看作是“秩序”的朋友。他们来自早期的中产阶级，分享着他们异类的观点，并可能拥有反对 326
美国的民族主义情结。因此，对他们需要进行稳定的培养和诱导，将他们塑造成华盛顿可以合作并依靠的人。并像做媒人一样，让他们和处于领导地位的工

① 胡安·庇隆（Juan Perón，1895—1974），阿根廷民粹主义政治家，1946年至1955年、1973年至1974年期间三次出任阿根廷总统。

商企业结合在一起。运送的武器是一种可以接受的贿赂。而那些精心制作的武器只是玩具，用来满足实际上正在充当宪兵的将军们的虚荣心。可能会出现这样的情况，其中的一些会被用来对付那些步伐不一致的相邻国家。

第二次世界大战给了华盛顿一个机会，让它能在拉丁美洲的许多首都部署军事使团，其中的一些国家以前曾经雇佣过欧洲的军事顾问。在去美国军事院校参加受训的人员中就有秘鲁的军官，他们接受了适合美国政策的想法。普通的秘鲁人可能会对带来军事和经济援助的美国人感到不满，"美国大使馆被称为'总督府'"。瓦加斯抵制了某些压力，但作出了一个妥协的安排，"使巴西军队对美国的政治渗透开放"。玻利维亚的政府起初非常反对帝国主义，但在20世纪50年代初也为美国说服，"允许五角大楼广泛控制那个国家，并在玻利维亚领土上建立起大规模的军事基地"。没用多久，那些国家就陷入了陷阱之中。瓦加斯从未公开反抗，但在1954年被再次废黜时带着尊严自杀身亡。1955年，庇隆也被他的军队放逐。

随着社会不满的增加，古巴的榜样明显地更具吸引力了，因民族主义情绪转而反对美国的风险使美国不得不给它的强大的外表罩上更好的伪装。1961年时，美国在乌拉圭召集了一次组成"进步联盟"的会议，提供了一笔可用于贷款和发展的基金以灭除革命的病毒。但正如在大多数第三世界国家所发生的情况那样，美国的政策或其保护者所采取的主动行动实际上正在走向更为激烈的方式。1962年7月，军队在秘鲁发动政变，在美国接受过训练的一位上校带领军队进攻了总统府，大门被美国造的谢尔曼坦克轰开。在玻利维亚，曾进行过土地改革的帕斯·埃斯登索罗[①]总统的政府于1964年晚些时候被军队赶下了台。这

① 维克多·帕斯·埃斯登索罗（Vector Paz Estenssoro，1907—2001年），玻利维亚总统兼武装部队最高统帅，民族主义革命运动领袖。四次出任玻利维亚总统。

场军事政变得到了华盛顿的批准，因为玻利维亚的锡矿对美国有价值，华盛顿对玻利维亚政府向左走得太远感到担忧。“只有使用武装力量才能够捍卫美国所追求的利益和特权的时刻来到了。”旧日的反动派们从国外涌了回来，并被授予“安第斯兀鹰”的丝带以示安慰。兀鹰以腐肉为生，它比老鹰更为凶残。 327

最重要的是就在同一年，被指控要将共产主义走私进巴西的古拉特[1]总统被军队推翻了。1976年末解密的文件显示，华盛顿在其中所起的作用并不仅限于表达善意。一支美国的海军特遣部队被派驻在巴西的海岸边，美国武官与巴西军队领导人保持着密切联系。不言而喻，中央情报局是非常活跃的。随后，一位前美国外交官提供了进一步的细节，包括当时的国防部副部部长、日后的国务卿万斯[2]等人也参与其中。美国要确保它的影响力和利益在一块非常巨大并颇有前景的土地上占有一席之地。像拉丁美洲有时在遵循美国愿望时所做的那样，一个宪法统治的脆弱外表被保留了下来以免遭受国际社会的批评。在因为礼仪而更倾向于文明统治外表的美国国务院和五角大楼之间也存在着摩擦，五角大楼对国外的看法毫不在意。因为那里几乎没有华盛顿可以像依赖士兵那样加以信赖的政党，所以五角大楼最终占了上风，右翼的政策更多地转向了赤裸裸的暴力统治。中央情报局也不甘落后，当玻利维亚的游击队抵抗运动在1967年开始后，它就接管了官方的大部分情报机构。

尽管出现了所有这些警讯，进步的冲动并不是到处都遭受抑制。有时由于美国霸权在新世界和旧世界的所作所为，部分国家被进一步推向“左”倾。1968年在秘鲁发生了非常不同的军事政变，主要是受到了民族主义者的鼓动。

---

① 若昂·古拉特（João Goulart，1919—1976），巴西政治家，1961年成为巴西总统，直至1964年在军事政变被推翻为止。他是巴西历史上著名的左翼总统。

② 赛勒斯·罗伯茨·万斯（Cyrus Roberts Vance，1917—2002），美国政治家，曾任陆军部部长和吉米·卡特总统的国务卿。国务卿任内与中华人民共和国建交。

军官们不满于他们的政府向美国的石油利益投降，长期占有秘鲁的最大的外国公司被收归国有。为了争取社会的支持，军队进行了广泛的土地改革。玻利维亚的左翼军官们在1970年至1973年期间主导了政府，美国的一些资产被收归国有。如果看到那些军队在啃咬向他们喂食的那只手将令人惊讶的话，那在看到一位同情马克思主义的政治家在1970年作为民主党派广泛阵线的领导人被选为智利总统时就更会感到震惊。就像在印度喀拉拉邦选出了共产党政府一样，这是一种威胁，但这一次离美国更近。这显然需要采取行动，并且美国很快就做好了准备。由外国的阴谋者人为地制造出革命运动是不可能的，但习惯于用杠
328 杆和齿轮的机制来进行思考的美国人却认为那是很容易就能令人信服的理由。此外，像中央情报局那样的机构能与当地的反动派携手合作，有效地组织起反革命的行动。

这在他们的行话中被称为“颠覆稳定”的外国政府。当这一切在智利发生的时候，美国人几乎没有做任何事情来加以掩盖。福特总统在1974年9月以他的坦率亲自向全世界通报了这一点，这样的行动的目的之一就是为了恐吓其他可能的冒犯者。要组织起对阿连德[1]政府实行“经济扼杀”的计划并不难，“美国企业已渗透了智利经济中所有重要的部门，在某些情况下甚至控制了它们”。1973年嗜血的军事政变是致命的最后一击，像在巴西或印度尼西亚发生的情况一样，美国在表面上并不承担任何责任。一旦军队采取了行动，强烈的阶级仇恨就显现了出来，中产阶级对劳工阶级侵犯了它的特权而加以报复。封建统治

---

① 萨尔瓦多·吉列尔莫·阿连德·戈森斯（Salvador Guillermo Allende Gossens，1908—1973），智利政治家、总统。1970年他作为人民团结阵线的候选人当选为总统，总统任内实行国有化政策、土地改革、加强同第三世界国家的团结，执政后期经济形势恶化，政局动荡。1973年9月11日，以陆军总司令皮诺切特为首的军人集团发动军事政变，阿连德在军事政变中以身殉职。

已经转变成或被取代为资产阶级的统治，工业发展为越来越多的专业或白领雇员创造了空间。他们以及他们的雇主欢迎军队夺取权力并实行恐怖统治。尽管如此，美国的干预至少促成了这样的现状，而在智利的历史上，这样高调的残忍是前所未有的。

美国人兴高采烈地批准了1973年由乌戈·班塞尔①上校在玻利维亚进行的另一场嗜血的军事政变。他是一名非常适合华盛顿口味的士兵，“无可挑剔的保守派和反共产主义者”，并曾在美国接受过训练。而阿根廷在经历了庇隆主义的最后一次痉挛之后，军队于1976年3月夺取了全部权力，并建立了不久之后成为拉丁美洲所有国家中最为恐怖的政权。到1974年时，有七万名拉丁美洲国家的军官已经在美国的军校接受过培训，在巴拿马运河区福特古力克非法设立的专门从事反暴乱活动的学校是其中最为抢眼的一个。“150多名来自拉丁美洲国家的从内阁部部长到军队总司令级别的领导人都曾经进入过这个独特的机构。”由于军事统治的蔓延而带入公众生活的凶残在巴西尤其引人注目，因为巴西曾一直以其温和而自傲于其他讲西班牙语的邻国，而现在它似乎成了华盛顿对整个地区的第二号指挥官。巴西警察迅速地向智利的军政府提供了帮助。随后，在背后隐含着美国的威胁的情况下，这两个国家和玻利维亚对秘鲁施加了压力，终结了正在那里进行的改革。 329

巴西在1965年签署了一项协议，给予美国投资者非常有利的条件。欧洲和日本的投资也紧随其后流入，巴西的资本市场显现出其新的国际友好的姿态。一场巨大的经济繁荣开始了，巴西的资源被大量地利用，外国人获得了丰厚的

① 乌戈·班塞尔·苏亚雷斯（Hugo Banzer，1926—2005），玻利维亚军人和政治人物，曾任总统（1971—1978、1997—2001）。1971年8月22日，他通过政变推翻了左翼将军胡安·何塞·托雷斯（Juan Jose Torres）。他鼓励外国投资，但限制工会活动与立宪自由的政策引起劳工领袖、教士、农民和学生的反对。他镇压一切的反对势力。此处疑为作者笔误。

利润，而巴西的商业和专业阶层也获得了回报。这是像伊朗那样的新型独裁政权，它吸收了美国人经济扩张的信条，并且理解必须通过创造新的既得利益并满足富裕的中产阶级来扩大其基础。由于工人的所得被压低了，这样的模式可能会行得通，技术工人的阶层也会得到一些好处。军事统治加速了经济发展的历史车轮。玻利维亚的班塞尔政权也进入了这样的状态，因为巴西的影响力和企业早已越过了国界，并一直在玻利维亚异常活跃。

这些国家的政府必须有新的行业和更多的工作机会才能获得人民的信任。外国投资者愿意利用当地的材料和受到控制的劳工市场。美国的资本做了相当广泛的调整，从采矿业转向工业生产，制造消费品、机器零部件和汽车等。尽管美国的资本主义带着其所有的原罪，但它始终具有一种建设性的本能。而随着时间的推移，重点将会转移，因此投资量也必须增加。在20世纪60年代，尽管人们普遍地认为墨西哥、巴西和委内瑞拉是“美国商人的宠儿”，但美国在阿根廷的投资增加到了约13亿美元，这比美国在其他所有拉丁美洲国家的扩张速度都要快。在当地人和外国人相互促进的冲动之下，人们希望南美的部分国家可能会由此走上真正的工业化道路。需要大量的暴力和强制手段才能让资本主义走向世界各处。眼下，当社会主义思想已经传播到世界各处，而且往往与民族主义交织在一起的时候，要在新的地方推行资本主义，就必然要求比以往任何时候都更高程度的强制性。在这个方向上，武力成了历史的助产士。

在这些发展中地区的国家里，当今的独裁者与欧·亨利故事中的拉丁美洲将军是完全不同的，那些将军的枕头底下会放着一瓶早餐享用的白兰地。而当今的独裁者对自由企业和高额股息有着严格的责任感，为他的警察职责做好了
330 充分准备，并且绝对无情。随着镇压手段的不断完善，只要他们能够保持其经济运转，受到美国支持的独裁政权是安全的。在可以预见将发生全球经济衰退之前，某些独裁者会承通过“经济奇迹”给人民带来财富。但在1976年中期，当美洲国家组织在军政府掌权的智利举行会议时，观察家们可能会发现“难以

回想起这个大陆曾有过这样的时刻，给华盛顿带来的头痛是如此之少”。反动的潮流十分强烈，各地的右翼分子都心态良好。例如在昔日的英属加勒比海殖民地区，据信美国的稳定破坏者们正在进行工作。与在东亚的情况一样，由于智利军事政变的需要，美国强调了“多米诺骨牌理论”，而其不允许再次发生脱离控制的决心是明确无误的。

对曾经被认为是文明的政府而言，其代价是很高的。新的权力结构所代表的是暴政所使用的整个现代技术，拷打已从艺术上升为科学。1945年以后早些日子的那个时代早已远去，当时杜鲁门还能够一脸无辜地悲叹蒋介石及其警察正在迫害“人民中的自由派人士”，谋杀了与民主同盟有关系的教授。一位中央情报局的专家可能会大声惊叹，警察是拿来干什么用的！最重要的是，早年美国人曾极为厌恶的印第安人使用的酷刑，已经变得非常普遍，尽管这不仅仅是只发生在美洲大陆上。国际特赦组织在20世纪70年代后期发表的一份报告中写道，“人们早就知道酷刑在海地是一种惯例”，但阿根廷“在过去十年的军政府期间其系统性的酷刑案例迅速地增加”。同样的情况也出现在反革命浪潮席卷以后的巴西和智利。

那些措施毫无疑问是有效的，但也树立了新的、有时甚至是非常意想不到的敌人。他们挑起了天主教教会中最好的那部分人的抗议，甚至在实际上完成了一项似乎不可能的任务，把其中的一些人推向了同情马克思主义和反叛的一边。阿根廷的一位神父代表他的教会抗议保罗六世于1968年对哥伦比亚的访问，以及“由他们的老板约翰逊所领导的……。为庆祝教皇抵达美洲而召集了那么多国家元首的可耻的政治活动”。除非洲以外，教会作为实施霸权辅助手段的重要性正在减弱，使用最新的镇压机制维持秩序不需要宗教的帮助。1977年6月，尼加拉瓜主教宣布在北部丛林中有200名农民在“恐怖统治”中遇害。来自美国的天主教神父说，他们地区的二十八个乡村教堂被国民警卫队变成了兵营 331

和实施酷刑的地方。在邻近的萨尔瓦多，军事独裁者卡洛斯·温贝托·罗梅罗[①]将大主教奥斯卡·罗梅罗[②]作为共产党人加以拷打，因为他对数以百计的被捕和失踪事件进行了抗议。

在世俗的领域里，霸权也一直在导致分裂。它的弥达斯[③]触摸，让一些人将所有的东西都点石成金，而对于其他人来说，所有的东西都变成了灰烬。尽管民族主义风潮汹涌，上层社会更容易接受外部的监护，因为社会的，往往是种族的鸿沟会将他们与大众分开。“拉丁美洲的精英们是世界上最自怜不息的人”，他们会对没有出生在欧洲或北美而感到非常的遗憾。一名法国调查人员发现，在美国接受过教育或与美国人持有相同看法的拉丁美洲的专业和技术人员中，有很大的文化层面上的模仿性，并且从美国人那里的借来了自己的意向。但他同时也发现，由于他们国家的状况和“无处不在的扬基巨人”的压力，许多知识分子和艺术家正在转向马克思主义。

一个国家近期的历史证明，欧洲也无法保证自己豁免于新世界里那么多人所遭受过的命运。1967年时，一群军官组成的军政府在希腊实行了严厉的军事统治。大多数希腊人理所当然地认为这是中央情报局长期以来工作的结果，而中央情报局在那个时候已经声名鹊起。这看起来可能是一个错误，因为华盛顿

---

① 卡洛斯·温贝托·罗梅罗·梅纳（Carlos Humberto Romero Mena，1924—2017），萨尔瓦多政治家，1977年7月1日至1979年10月15日担任萨尔瓦多总统。罗梅罗执政期间的主要特点是不断升级的暴力和不稳定。20世纪70年代末，由于萨尔瓦多政府没有解决严重的社会经济不平等问题和对政府政策的普遍不满，导致政治动乱加剧，最终导致广泛的抗议和叛乱，政府部队对此进行了报复。

② 奥斯卡·罗梅罗（Oscar Romero，1917—1980），萨尔瓦多天主教会教士，曾任圣萨尔瓦多第四任大主教。他公开反对贫穷、社会不公、暗杀和酷刑。1980年，罗梅罗在天意医院的礼拜堂举行弥撒时被暗杀。

③ 弥达斯，希腊神话中的佛律癸亚国王，以巨富著称。关于弥达斯的神话中最有名的是点石成金的故事。

最喜欢的是国王和高级将领，不是那些成为新贵的上校们。但它毫不犹豫地接受了新政权，“在全球范围内或多或少的机械式应用”是一种自然而然的外交手段。第六舰队需要希腊的港口，而在五角大楼的哲学中，在希腊发生的事情只是平衡中的一件鸡毛蒜皮的小事。一位美国将军在接到报告后曾说，“那将是伯里克利[①]以来最好的政府”。

华盛顿继续向希腊提供武器，美国的金融界以严格的条件出资提供美元贷款，从而维持了希腊经济的稳定。美国公司加入了这个新的警察管制良好的伊甸园，官方和商界的人士展示了他们如何协调合作的典范。许多私营企业的代表曾是前国务院与希腊有关的官员。1970年时，尼克松的兄弟在雅典为一家他曾担任过副总裁的美国公司签合同。过了一年，商务部部长来到了那里，表达了美国商人对希腊政府给予他们的“安全感”所感到的愉悦。军政府对五角大楼的明显依赖激起了反美的情绪，超过一半的北约成员希望将希腊赶出去，但 332
这遭到了美国的拒绝。当传出了希腊监狱中施行拷打的消息时，美国的反应是“在可能的情况下加以否认，在不可能否认的情况下尽量减少其影响”。参议院在世俗和精神两个方面都干得非常出色。先是在1969年底拒绝通过一项旨在中止援助的提案，然后一致通过一项毫无意义的动议，赞成恢复宪政的政府。1971年众议院投票通过反对援助。尽管议案的条款模棱两可，但无论如何这是自1945年以来的第一次，国会中的众议院“采取了行动来反对右翼的专政”。

军政府邪恶统治的终结并不是因为美国人对希腊民主的关注，而是因为它在1974年试图争夺塞浦路斯的愚蠢行径引发了土耳其对那个岛屿的干预。当然，中央情报局似乎无意中通过鼓励军政府进行那场赌博而成为其掘墓人。

---

① 伯里克利（Pericles，约前495—前429），古希腊奴隶制民主政治的杰出代表者，古代世界著名的政治家之一。伯里克利毕生致力于经营奴隶制民主政治，扩张雅典的势力。他促进了雅典奴隶制经济、政治、军事和文化的繁荣，在历史上占有比较重要的地位。

冲突的后果是显而易见的，两个北约伙伴接近宣战，美国在土耳其的地位也受到了破坏，这再次证明了霸权浅薄的智慧和它所经受的困扰。当土耳其不听话时，无法采用安置一个右翼军事独裁政权那样的简单解决办法，因为土耳其早已经有一个军事独裁政权了。华盛顿似乎应对它自己表示感谢。根据土耳其外交部部长1976年的说法，他在1971年时也担任着同一职务，当年策动推翻了德米雷尔[①]内阁军事政变的正是无处不在的中央情报局。

① 莱曼 · 德米雷尔（Suleyman Demirel），土耳其政治家和土木工程师，1965年10月至1971年3月五次出任土耳其总理，1979年11月第六次出任总理，1980年9月，被军方发动的政变推翻下台。1980年9月11日，土耳其军队在政变中夺权。在美国官员称之为一次“拯救民主”的尝试中，土耳其军方发动一次显然是不流血的政变，罢黜了苏莱曼 · 德米雷尔总理及其政府，解散了议会。1993年至2000年，他任土耳其第九任总统。

第二十六章
回顾与展望

托马斯·皮科克[①]在1829年时曾赞扬杰斐逊在新世界中为自由的原则辩护。 333
在反对法国大革命的战争期间，那些原则曾在欧洲被谴责为无政府主义的学说。“自由的原则所反对的是‘维护社会秩序’的口号和‘为了上帝和国王’的呼喊所要保护的那些东西，我们为此在三十年里打掉了价值将近三十亿的弹药”。在过去的三十年里，美国为了遏制同样的原则而使用了更多的火药，并进行了更为暴力的行动。当国家和社会反抗的运动风起云涌时，美国正在进入一个世界大国的地位。那些运动所受到的惩罚将不是所罗门[②]的鞭挞，而是罗波安[③]的蝎子。

---

① 托马斯·洛夫·皮科克（Thomas Love Peacock，1785—1866），英国作家。在他的小说里以对话为主，人物描写和故事情节居于次要地位，讽刺了当时一味凭理智行事的倾向。

② 所罗门（Solomon），是古代犹太王国的国王，约公元前971—公元前931年在位。《旧约·列王纪》称他有超人的智慧。所罗门在位期间，把首都耶路撒冷建成圣城，成为犹太教的膜拜中心，也为基督教、伊斯兰教奉为圣地。

③ 罗波安（Roboam，？—前910年）是古代中东国家犹大国的首任君主。他的父亲是以智慧称著的所罗门王。罗波安用严厉的话对请求减轻工作重负的民众说：“我父亲使你们负重轭，我必使你们负更重的轭；我父亲用鞭子责打你们，我要用蝎子鞭责打你们。”

但这还远未结束。就霸权最为雄心勃勃的目标而言，必须设置某种限制。美国和苏联之间的军事平衡以及苏中之间的分裂，使华盛顿在20世纪70年代初期愿意接受某些条件。因此以限制战略武器谈判的协议为基础，在1972年5月宣布了超级大国和平共处的声明。通过一个令人称奇的迂回，美国又回到了它从前的梦想，所有大国都能相互理解并有序地管理这个世界，现在这已包括了苏联和中国，然而这并没有让美国放松对仍然在其掌控之下的任何国家的控制。缓和并不意味着一个静态的平衡。缩短战线是必要的，那是一个“被描述为在
334 很久以前就应该完成的，从一个暴露的位置上后撤，根据新的形势做出现实的调整……从而解除责任”的过程。基辛格关于缓和的概念反过来暗示，苏联应该满足于现状而不再扩张，它的责任是放弃它所感受到的任何外部世界的影响力所招致的扩张冲动。在经历了那么多年的紧张局势之后，要调整看法可能不会那么轻快，因为还牵涉到那么多的利益。并不是所有的人都看法一致，希望尽快达成协议。

由于未能成为全球唯一的霸权，因为疏漏或委托代理人，也因为经济实力的变化，即使在“自由世界”中美国也开始失去某些优势。早在1966年时，曾有一个美国人警告说，美国或整个西方世界都将“注定要重复”英国从霸权到衰落的命运。直至1972年时，美国在贸易和服务交换方面仍然保持着盈余，但帝国巨大的间接成本已经远远超过了盈余的数字。如果不是这样的话，就无法理解尽管有着巨大的国外投资的收入，美国的国际收支却一直承受着压力，现在似乎已经成了一种长期的症状。人们可能曾预见它的困难可以通过想方设法，将收入吸收到一个大部分仍然自给自足的经济体系中去，同时抵制工业制成品的进口来加以解决。但对形式不同的所有帝国来说，如何将利润从附属国转移到大都市，一直是一个问题。

很久以来，美国就一直是越来越依赖于进口的原材料，其中工业使用的金属除了铁以外，一半以上是进口的。美国对不发达地区提供的战略原材料的依

赖程度对华盛顿的战略选择造成巨大的影响，案例之一就是朝鲜战争。石油也成为非常突出的因素。然而无论是这种情况，还是看起来仍在持续出口的资本都无法平衡美元下行的趋势。在国外的投资每年都有所回报，但大部分收益都被再投资到了国外。当越南战争进入高潮时，资金外流以应付帝国的开支也达到了其顶峰。许多人认为，1968年春天约翰逊想要结束那场战争的主要动机是银行家们已经注意到它给经济所带来的沉重负担。

除了维持霸权所需的开支（包括国内外上百种不同形式的腐败和贿赂）以外，其他一些经济后果也有待考虑。当这一切开始时，美国除工业原料以外，仍不愿意开放其他的进口市场。随着共同市场和日本的财富不断地增加，因为 335
害怕遭到报复，美国不得不改变自己的态度以接受对他们有利的条件。双方在保护各自利益方面都取得了进展，尤其是日本，像以前的美国一样积极地出口同时尽可能少地进口。其他大陆也一直希望得到发展，使用他们自己的原材料或为他们的原材料获取比美国提供的更好的价格。由于军事和经济实力方面的原因，他们一直习惯于付钱购买。在这方面，美国从一开始就不愿意看到新兴国家的工业兴起，但它必须向发展中地区作出一些让步。此外，尽管美国在海外投入生产的大部分资本都集中在发达国家，但它参与新兴国家工业建设的倾向，例如在南美部分地区，却在不断地扩大。这有助于在那些国家中抑制进入工业国有化的进程，同时也是资本投资海外可能采取的半自治管理的一种表现形式，这与投入资本的国家的体系是完全不同的。越来越多的殖民地工业化和廉价劳动力的开发可能会对美国国内的生产能力形成竞争，从而在霸权体系内产生新的矛盾。

所有这些因素的共同作用以及资金的长期外流，都最终在美元汇率的下跌上反映了出来。到20世纪70年代初时，美国的霸权得以繁荣昌盛的以黄金和美元为基础的漫长的货币稳定时期，由于世界贸易的快速增长而行将结束。一个“过度生产的普遍危机”似乎即将到来，资本主义世界内部的相互竞争已经超出了美国的控制能力，发展新的贸易模式成了寻求缓和的又一个动机。在政治关系方面，这样的情况不得不进一步加紧已在进行之中的松动进程。在1960年时，要求每个国家要么成为忠实的门徒，否则就被认为是反对派的做法得到了改善，国务卿赫脱[①]告诉美国国家新闻俱乐部，美国必须设法支持“未向美国承诺”但是非社会主义的国家和盟友。从那时起，这些盟友中的一些国家，其中包括了苏联的一些盟友国家，被允许享有更多的话语权。

这不是一个切合不断变化的现实而有序的重组过程。美国一直不愿意承认自己“收养的儿童们”在成长壮大。1973年4月，基辛格在面临强化最重要的
336 堡垒而同时必须退出其他堡垒时发表了他的《欧洲之年》的演讲，目的旨在巩固大西洋联盟，并让欧洲承担更多的费用开支。对他的讲话的反应很糟糕。一位欧洲人评论道：“美国实际上已经停止咨询其欧洲盟友了”。事实上，在同一年爆发的中东战争期间，美国试图让欧洲屈从于它的意愿。然而许多人认为，两个由超级大国控制的武装集团之间永久对抗的概念已经过时了。在帝国的边缘地区，也出现了一些国家由于自身变得强大，开始不再遵从他们监护人的意愿了。其中的一个例子就是华盛顿试图否决巴西与西德缔结的一项原子能合作协议，尽管在当时的情况下，是有理由去那样做的。

这对华盛顿来说可能是一个问题，但对跨国公司来说可能无关紧要。这同样也适用于由美国投资刺激起来的制造业增长所带来的一些后果。不发达国家的生产能力很快就遇到了需要比他们自己国内更多的客户的问题。美国在南美的子公司所生产的汽车一直在寻求古巴的买家，这就违反了华盛顿希望对古巴保持的禁运。阿根廷和巴西都与苏联或中国进行了商业往来。随着时间的推移，所有这些都可能导致霸权的不稳定，虽然贸易往来本身并不能缓和那些国家内部的压制。

---

① 克里斯蒂安·赫脱（Christian Archibald Herter，1895—1966），美国政治家，在政坛沉浮40余年，六次当选马萨诸塞州众议员，五次当选国会众议员，二度当选马萨诸塞州州长，最后成为艾森豪威尔政府的副国务卿、国务卿和首任美国贸易代表。

非律宾的马科斯必定也有类似的理由来寻求与共产主义国家的接触，以缓解他对美国的依赖。1975年，他与北京建立了外交关系。在某些情况下，可能可以预见本地的资本主义能借此获得动力从而达到与外国投资者们平起平坐的地位，而这整个过程将为实现“非殖民化”铺平道路。这是从马克思到罗莎·卢森堡[①]的古典马克思主义曾经预见过的，欧洲资本出口到殖民地的过程所将带来的结果。与欧洲相比，美国资本在进入殖民地时就已经高度发展了。

在那段时间里，美国公众似乎是透过暗色的玻璃来观察外面的世界的。正如威廉·亚伯曼·威廉斯[②]在他的对19世纪美国的观点和帝国的研究中所写的那样，新的社会现实需要新的社会意识，“但这个新的愿景并不会自动产生”，它也没能得到充分的发展，而且在1945年以后又再次遭到失落。毫无疑问，1945年因胜利而爆发的第一次欢天喜地的狂欢以后人们冷静了许多。当时，众议员
约翰·戴维斯·洛奇[③]曾高喊道：“美国人的观点应该以充满活力的热情、充满 337
激情的信念，以及对美国生活方式具有坚定信念的方式表现出来。”然而作为弱者对抗强者，道德对抗贪婪的无私保卫者，美国在全世界的形象需要长期地保持下去。埃尔德里奇·克利弗[④]曾以讽刺的口吻写道，“美国人在评价他们自己时，是把所有的人当作一个群体来看待的”。他们把美国看成是一个庞大的24

---

① 罗莎·卢森堡（Rosa Luxemburg，1871—1919），国际共产主义运动史上杰出的马克思主义思想家、理论家、革命家，被列宁誉为“革命之鹰”。代表作品包括《社会改良还是革命？》《资本积累论》《狱中书简》。

② 威廉·亚伯曼·威廉斯（William Appleman Williams，1921—1990），20世纪美国最著名的修正主义历史学家之一。他在威斯康星大学麦迪逊分校历史系任职期间，获得了极高的影响力，并被认为是“威斯康星外交史学院”最重要的成员。

③ 约翰·戴维斯·洛奇（John Davis Lodge，1903—1985），美国律师、演员、政治家、外交家。1951年至1955年，他是康涅狄格州第79任州长，后来担任美国驻西班牙、阿根廷和瑞士大使。他的家族中还有许多其他政治家，包括他的弟弟小亨利·卡伯特·洛奇。

④ 勒罗伊·埃尔德里奇·克利弗（Leroy Eldridge Cleaver，1935—1998），美国作家，政治活动家，黑豹党早期领袖。

小时待命的救援队，随时准备奔向全球任何可能爆发争议和冲突的地方。一位爱尔兰作家曾指出，在美国的“漫画”中，人类的其余部分只是“无辜的旁观者，无助且恐慌的人群”，等待着超人的出现来拯救他们，就像那些流行的“西部”电影场景一样，一个小镇“被坏蛋吓怕了”，直到英雄出现才解放了它。

即使在麦卡锡的飓风之中，美国也没能像在它所能影响的许多地方那样，让所有的持异见者都保持沉默。总有一些信仰坚定的社会主义者和独立评论家认识到追逐幻影将把国家引入泥潭，并会把地球带到毁灭的边缘。一位英国的激进分子曾在1949年写道，“一个直言不讳、有勇气并有头脑的少数毫不留情地谴责了美国外交政策的虚伪和罪孽”。那些少数人中的一位就是托马斯·安德鲁·贝利①，他当时正在针对“昭示目标的邪气”撰写文章。随着越南战争的进程，新闻记者伊萨多·斯通②的抗议就显得更加尖锐了。他在1963年写道，“肯尼迪政府就像之前的艾森豪威尔政府和杜鲁门政府一样，在官方制造的浓厚烟幕背后实行他们的印度支那政策”。另一位是揭露了美国政府掩盖美莱村屠殺真相的记者西摩·赫什③，“他毫不犹豫地在公众场合说亨利·基辛格是一名战犯”。

在20世纪60年代，人们的疑虑更大了。1963年时，一位撰写有关古巴事

---

① 托马斯·安德鲁·贝利（Thomas Andrew Bailey，1902—1983）是他的母校斯坦福大学的历史学教授，著有许多关于外交史的历史专著。贝利认为，外交政策受到公众舆论的显著影响，当前的政策制定者可以从历史中吸取教训。

② 伊萨多·范斯坦·斯通（Isidor Feinstein Stone，1907—1989），政治进步的美国调查记者、作家和作家。

③ 西摩·迈伦·赫什（Seymour Myron Hersh，1937—），美国调查记者、政治作家。赫什首次获得认可是在1969年，他揭露了美莱村大屠杀及其在越南战争期间的掩盖行为，并因此获得1970年的普利策国际报道奖。20世纪70年代，赫什为《纽约时报》报道了水门事件，并揭露了对柬埔寨的秘密轰炸。2004年，他报道了美军虐待阿布格莱布监狱（Abu Ghraib prison）囚犯的事件。他还获得了两项国家杂志奖和五项乔治·波尔克奖。2004年，他获得了乔治·奥威尔奖。美国与北越在越南战争中，美军在越南广义省美莱村制造了“美莱村大屠杀”，杀害了五百多名手无寸铁的妇女和儿童。据统计，当时遇难人数在504人左右。

务，并非卡斯特罗朋友的作家，认为正在那里发生的事情将会让美国感到震惊。因为他看到了美国行为的愚蠢，“对拉丁美洲的实际情况全然不顾，自满自足于支持摇摇欲坠的现存政府，高喊‘友好邻国’的口号并只提供军事援助……不可能在古巴重新起建立旧日的秩序”。过了一年，参议院外交事务委员会主席富布赖特[①]声称是时候应对古巴问题进行一些反思了，“陈旧的往事和禁止对‘不可思议’的想法进行思考已经造成了沉重的负担”。不久之后，他发现美国人对革命的看法陷入了“一个简单但却无法逾越的困境：我们在敌视共产
主义的同时却同情民族主义”。他可能还可以补充说，任何对美国利益持有敌意 338
的民族主义都早已被归类为实际上的共产主义者了。

尽管约翰逊总统在1969年时似乎还希望美国能像在拉丁美洲一样，对整个东南亚地区保持间接的控制或监管，但在他派出银行界的权威人士，前世界银行行长尤金·布莱克前往那个地区调查之后，布莱克在他所写的报告中就对此表达了一定程度的疑虑。在同一年，一位经验丰富的观察家深入了解了东南亚的现实状况。他认为美国人非常清楚地意识到那里存在着共产主义，但不清楚他们自己干的事情为共产主义的发展起了多大的作用。他们确认其他国家的帝国主义行径，“但却不承认他们自己的行为已接近帝国主义的性质”。参议员弗兰克·丘奇[②]在1971年10月29日的议会辩论中宣称：“我们在维护和平的名义下，

---

① 詹姆斯·威廉·富布赖特（James William Fulbright，1905—1995），美国政治家，从1945年1月到1974年12月担任阿肯色州参议员。富布赖特是参议院外交关系委员会历史上任职时间最长的主席。富布赖特反对麦卡锡主义和众议院非美国活动委员会，后来因反对美国卷入越南战争而出名。

② 弗兰克·福里斯特·丘奇三世（Frank Forrester Church Ⅲ，1924—1984），美国律师、政治家。他是民主党成员，1957年至1981年担任爱达荷州联邦参议员。他是美国外交政策的重要人物，并于1979年至1981年担任参议院外交关系委员会主席。他是最早公开反对越南战争的参议员之一，并与人共同发起了限制战争的立法。1975年，丘奇领导了教会委员会，该委员会负责调查美国情报机构内部的滥用职权行为，推动通过了《外国情报监视法》，并成立了参议院情报特别委员会。他还牵头批准了《托里霍斯—卡特条约》（Torrijos–Carter Treaties），将巴拿马运河区归还给巴拿马。

发动了一场无休止的战争。在充当‘自由世界’卫兵的幌子下，我们一直在站在那里袖手旁观，从我们巨大的霸权帝国的一头到另一头，一个接一个国家的自由政府让位于军事独裁。”

利希海姆[①]在1971年谈论过“美国帝国主义的问题和前景所引发的争议”。1972年进行的一次对美国与印度和巴基斯坦关系较为客观的研究指出，人们对军火援助的效用持有越来越大的怀疑，并希望能建立起“更为公正、更少危险的国际社会”。当年出版的另一本由伯纳德·彼德·基尔南（B.P.Kiernan）撰写的书中的观点超越了这一点，他认为美国并不是真正为了捍卫自由而反对共产主义：“我们正在捍卫我们巨大的财富和权力，免于新兴国家的革命性转变所带来的挑战。美国应该接受并进一步推进这样的改变。”基尔南嘲笑了对于共产主义阴谋策划者的恐惧以及“政治事件都是由间谍和特工的阴谋所挑起的”错觉，认为那只适用于“电影和电视剧的幻想世界之中”。

斯通注意到报纸读者非常喜欢报上所透露出来的那些类似入侵古巴的阴谋或间谍活动。批评的对象大多局限于个人和团体，并没有被数量足够多的人所接受从而具备一定的分量。对此可以找到很多原因。美国长期以来一直将自己视为新文明的代表，并因此而感到自豪，以为有无数的理由可以用来教训旧的世界。这虽然已为历史所证明，但它自己却因为煽动者的蛊惑而堕入了危险的境地。当第二次世界大战的胜利曾如此戏剧性地证明了它的辉煌时，它似乎
339 就过度继承了俾斯麦德国对德国文化的自豪风格，将“文化”变成了技术的“诀窍”。就像英国人以前曾有过的优越感一样，美国人的优越感来自与对世界其他地区的高度隔绝和无知。令人称奇的是，美国有着数百万不久前来自欧

---

① 乔治·利希海姆（George Lichtheim，1912—1973）是德国出生的英国知识分子，他的作品集中在社会主义和马克思主义的历史和理论。他将自己定义为一名社会主义者。他在1971年出版了《帝国主义》（*Imperialism*）。

洲的家庭，但他们好像来自金星或火星那些十分遥远因而无法记起的地方。杰出的战地记者玛莎·盖尔霍恩[①]曾说过，“美国把自己隔绝在它的安全区域之中，……一个与大峡谷一样宽的海湾将美国与所有知道他们自己国家战争的人分隔开来了。”

这样的距离感使现代的美国知识分子更能感受到与现实生活或历史事件的距离。对持不同政见者来说要想打破壁垒并不容易。虽然通常都有激进且诚信的人们出现，但在记载两次世界大战之间年代中的抗议活动的文献中，还是存在着不少瑕疵，远未达到新闻报道的标准。当意大利共产党的创始人葛兰西在狱中阅读辛克莱·刘易斯和厄普顿·辛克莱[②]的小说时他认识到了这一点。它们都缺少那种只能从敏感的环境中才能获得的想象深度或共鸣。不过，斯坦贝克[③]在20世纪30年代大萧条的推动下写出的《愤怒的葡萄》是一个例外。从第二次世界大战开始以来，知识分子越来越多地被吸引到公众活动之中，而军工企业体系是那些活动的最终的发动机。他们参加了战略规划、战争和反叛乱手段的技术研发，他们的参与受到了白宫的欢迎，他们的忠诚受到了多位总统的赞扬。在“冷战”期间的大部分时间里，从事拉丁美洲研究的学者们都按照“好邻居”的思路撰写

---

① 玛莎·埃利斯·盖尔霍恩（Martha Ellis Gellhorn，1908—1998），美国小说家、旅行作家、记者，被誉为20世纪最伟大的战地记者之一。在她60年的职业生涯中，她几乎报道了每一场重大的世界冲突。盖尔霍恩也是美国小说家海明威的第三任妻子，从1940年到1945年。“玛莎·盖尔霍恩新闻奖”就是以她的名字命名的。

② 厄普顿·辛克莱（Upton Sinclair 1878—1968），美国现实主义小说家。辛克莱以创作“揭发黑幕”的小说闻名，他揭露社会黑暗的长篇小说如《屠场》和《石油》等是比较优秀的作品，在现代美国文学史上占有一定的地位。

③ 约翰·斯坦贝克（John Steinbeck，1902—1968），20世纪美国作家。代表作品有《人鼠之间》《愤怒的葡萄》《月亮下去了》《伊甸之东》《烦恼的冬天》等。《愤怒的葡萄》以经济危机时期中部各州农民破产、逃荒和斗争为背景，突出描写破产农民的互助友爱的精神。互不相识的难民只要走在同一条逃荒路上，就有了共同的语言，就可以在同样困苦的人们中间得到支援和接济。他们以切身的经历表现出阶级觉悟的提高，体会到团结战斗的重要。

报告，描述美国与拉丁美洲大陆上其他国家之间利益的和谐。乔姆斯基有充分的理由谈论“压倒性的紧迫感”以抵消“对一代人的灌输和长期自恋所带来的影响”，他呼吁知识分子们睁开眼睛看看“天真和自以为正确的传统对我们的思想史所造成的破坏”。那个欺骗和自欺欺人的时代所带来影响和腐败，就像在苏联的斯大林主义所带来影响和腐败一样，将会长期存在下去。

劳工运动中的政治堕落同样阻碍了对美国海外政策组成广泛的反对阵线。劳工运动的领袖们主动地对政府的行动给予支持，而劳工运动的各级领导者们至少也是被动地参与其中。与欧洲帝国时代的工人阶级政党相比，美国的劳工
340 运动对政府提出的质疑更少。美国的帝国几乎没有旧日帝国的浪漫色彩或魅力。但在另一方面它更为隐蔽，所有选择忽视它的存在的人都可以做得到。尽管如此，世界霸权还是让人兴奋不已。由于劳动阶层已被融入国家生活之中并获得了充分的公民地位，换来的就是接受统治者对世界的看法。1965年12月的美国劳联—产联大会没有对约翰逊升级越南战争或他对多米尼加共和国的干预表示出任何抗议。对于劳联—产联的各级领导者们来说，他们可能会选择战争，因为那会加速工业的发展，带来经济的利益。尽管劳工运动领导人试图去抑制，但批评的声音增大了，尽管那只限于言语的抗议。就像在1967至1968年期间一样，物价和税收开始上涨，抵消了充分就业所带来的收获。

任何国家的普通民众都无法理解外国人发出的指责，因为他们无法意识到在他们自我的善意与他们的政府以他们的名义所做的事情之间所存在的巨大差异。美国人对世界其他地区的抽象认知使这个差异格外地巨大。在处置现代社会的所有复杂事务时，人们会因为那些事务超出了他们的眼界而感到缺乏信心，从而放弃自己的责任让所谓的“专家们”来处理。在英国，公众和议会把他们的殖民地让给那些“在现场的人”来管理。同样的设置也在很多年里为确保对越南战争的支持而发挥了基本的作用。与美国革命时期英国的反战抗议相似，反对越战的抗议行动也经历了令人痛苦的低迷阶段。许多人的感受就像当

年霍勒斯·沃波尔[1]在得知康沃利斯[2]军队投降时的感受一样，“我不能把那一天发生的事情在脸上显露出来，我不能表现出悲哀”。

但是任何国家都不会轻易厌弃它自认为正表现良好的战争。约翰逊可以在1965年吹嘘说，没有美国人对战争持有反感。“经济繁荣，财富增长，国家正蓬勃发展。”他对派遣年轻人去打仗表示遗憾，那确实是一个严重的缺陷。由学生发起的一场反战运动始于1965年，他们既受到了理想主义的启迪，也不愿看到被送往远东去杀人或被杀死的前景。1970年初时，即将退休的参谋长联席会议主席承认他看到了公众对军事工业体系日益敌视的危险。“惠勒[3]将军声称，就越南本身而言，那里的军事形势从未如此好过”，这在某种意义上可能是真实的。然而，一旦上前线服务的风险消失以后，对越南人民所遭受的痛苦的愤慨和关切也就突然消失了。过了一两年后，越南就被遗忘了。同样被遗忘的还有 341
在战争结束时通过援助去重建越南，从而实现某种恢复的承诺。智利的血腥政变给欧洲人留下了深刻且持久的印象，但对美国人似乎没有什么困扰。

尽管抗议活动有限并且在整体上无效，但所有那些抗议活动都是19世纪美国国内抗议黑人和美洲印第安人所受待遇的重演。自1945年以后，这两个族群的人民就开始把自己的命运掌握在自己手中，组织保护自己的活动，而那些活动有时也会对外向的霸权形成不利的挑战。让聆听“美国之音”的外国人产生

---

① 霍勒斯·沃波尔（Horace Walpole，1717—1797），英国作家、艺术史学家、文学家、古生物学家和辉格党人。

② 查尔斯·康沃利斯（Charles Cornwallis，1738—1805），英国陆军上将和官员。在美国独立战争中，率领英军与以华盛顿为总司令的大陆军作战，1781年在约克镇围攻战中战败，向美法联军投降。

③ 厄尔·吉尔摩·惠勒（Earle Gilmore Wheeler，1908—1975），美国陆军上将，1962年至1964年担任美国陆军参谋长，1964年至1970年担任参谋长联席会议主席，在越南战争期间担任参谋长联席会议主席。

怀疑的一个来源是美国黑人的状况，他们的状况得到了不同程度的报道。尽管状况的改善可能停滞不前，但人们不会忽视美国正朝着改善的方向进展。美国的记录比白人统治下的南非的所有地方都要好得多。这当然是由于美国需要向世界，特别是非洲和亚洲的有色人种国家展现一个更好的形象，因为那些国家在联合国拥有越来越多的席位。在1958年时在印度举行的庆祝保罗 · 罗伯逊[①]六十诞辰的活动使美国人感到震惊，印度人“比美国人更像美国人”成了“表明印度正在走向共产主义的又一个证据”。正如一位荷兰观察家所指出的那样，提高黑人社会地位和机遇的措施，“与第二次世界大战时起，美国就自主担当起来的道德带领是密切相关的”。

美国的黑人武装常常希望他们的运动能与非洲仍然没有获得自由的人民，以及所有反殖民主义的斗争团结在一起，但这与美国军队中黑人新兵数量的持续增长给人一种相互矛盾的印象。他们可以成为一流的士兵，但他们却一直被当作二等公民来对待。直到第二次世界大战结束以后，这样的状况才得以改观。1942年，英国的印度事务大臣在英国的印度总督面前挖苦美国军人对“印度人的友情表现”时说：“你知道虽然我们一直在这里（英格兰）努力让人们从肤色的偏见中解脱出来，但我们听到美国人在抱怨我们的老百姓对他们的有色人种军人太友善了！”在经历了第二次世界大战和朝鲜战争之后，军队放弃了种族隔离，因为它发现那会引起很大的敌对情绪。军队生活对黑人产生了吸引力，这有助于让越来越多的黑人士兵进入驻越南美军的战斗行列。但当他们
342 感到自己被当作炮灰时，他们对公民权利的诉求就更强烈了。波多黎各人也曾有过同样的经历，约有43 000名波多黎各人参加朝鲜战争，其中许多人是因为

---

① 保罗 · 罗伯逊（Paul Robeson，1898—1976），1898年4月9日出生于美国普林斯顿，美国著名男低音歌唱家、演员、社会活动家。1925年在纽约哈伦剧院举行第一次黑人灵歌独唱会，大获成功。1927年，他在美国著名音乐剧《游览船》中演唱了《老人河》一曲，由此一举成名。

寻求摆脱贫困而志愿去朝鲜的。一些美国黑人民权运动的领袖人物，例如马丁·路德·金[①]，对越南战争持完全谴责的态度。他们意识到美国黑人民权运动的主要反对者往往就是战争的支持者，而黑人部队在印度支那的存在也可能会让殖民地人民对他们产生对白人一样的感觉。

在越南，掩护游击队的地区有时被称为“印第安人的地盘”。1940年时，一位同情红色印第安人的历史学家在回顾历史并预言未来时曾指出，“即使是忠诚的美国人也偶尔应该知道他们的政府所做的一些令人难以置信的事情。”1975年时，另一位历史学家曾写道：“即使在今天，访问纳瓦霍兰德时所感受到的印第安人对白人的强烈仇恨仍然是令人震惊的。”1945年以后，通过同化来解决印第安人问题的观念开始有了转变。二三十年以后，75万印第安人口中的近四分之一成了城镇人口。而正是那些生活在城镇里的印第安人成了“新印第安人民族主义的最前沿战士”。许多印第安人因为过度拥挤和贫穷而被挤出了保留地，大多数人发现适应城市生活是很痛苦的。民族或民族运动正从更没有前途的生活中衍生出来。

1969年时，一群印第安人声称根据尘封多日的旧条约而占领了阿尔卡特拉斯岛。1971年时，华盛顿州的印第安人部落成员因试图恢复捕捉鲑鱼的权利而遭到攻击并被逮捕。那些鲑鱼在印第安人的日常生活、文化、宗教和艺术中占有绝对中心的地位。“美洲印第安人协会”就是为了保护这个捕鱼权利而建立起来的。而在此次事件之后，一个委员会制订了一项全体印第安人运动的十五点计划。到了下一年时，一些部落的发言人前往斯德哥尔摩，在联合国会议上表达他们的不满。11月时，一群打着追寻“破碎条约痕迹”旗号的印第安人前往华盛顿的并占领了印第安人事务局的办公大楼。更为戏剧性的是在1973年时，

① 马丁·路德·金（Martin Luther King，Jr，1929—1968），非裔美国人，美国牧师、社会活动家、黑人民权运动领袖。

美国印第安人运动在南达科他州的伤膝村与政府对抗了数月，那里曾是1890年屠杀印第安人的流血现场。那里现在又有了一些战斗，而这一事件也成为所有
343 美洲印第安人对现实不满的象征。当参议院于1975年9月9日以苏族语言的祷告开始会议议程时，那可能是一个愿意更加认真地对待印第安人问题的征兆。

那些抗议者们正在探索如何保持自己的传统特色。正如去了斯德哥尔摩的一位印第安人所说的那样，“白人的价值观念对我们已不再有吸引力了”。许多生活在城镇的印第安人也认为工业化的生活“把人变成了没有思想的机器人”。他们为消失的森林和被污染的河流而沉思，“大多数非印第安人将那些看成是生活进程中理所当然的一部分，但印第安人认为那是价值体系的变态和无谓浪费的表现”。至少有一些美国人已经开始重新认识到了一种文化元素，它已超出了仅仅是一种建立在尊重自然基础之上的人类互助而不是激烈竞争的诗话般的生活的意境。毫无疑问，在文明白人的标准指控中，年迈的红种人总是在与之战斗。但在第二次世界大战中，约有25 000名印第安人应征入伍，与白人一起投入了战斗，因鲑鱼捕捞而被逮捕的那些人中有不止一人曾在越南服役，一名抗议活动的领导者曾在越南受伤。“当阿拉斯加完全成为美国的一个州时，年轻的因纽特人正好赶上被征召去越南。”

不管那些变革和批评的多重力量所能激起的寻求一个新世界是怎样一种冲动，像卡特[①]那样没有过去政治包袱的新总统可能会被认为是最勇于负责的领导人。他让国内外的公众知道他的愿望是创建一个更为灵活、更加现实的外交政策。人们很快就看到了正在框架设置之中的一些正面的努力。美国拿出了一个

① 吉米·卡特（Jimmy Carter，1924—），美国第39任总统（1977—1981），美国著名政治家与社会活动家。在卡特总统任期期间，其政府重要的外交政策成就包括巴拿马运河条约、戴维营协议、埃及和以色列的和平条约、与苏联的双边限制战略武器条约、中美两国正式建立外交关系等，并积极在世界各地倡导人权。2002年获诺贝尔和平奖。

运河区条约以满足巴拿马人的民族情感，那曾是一个长期存在的问题。当1964年初在运河区发生骚乱而巴拿马向安理会提出上诉之后，美国不得不使用否决权，而那使美国的形象受到损害。但是，像各个时期的所有改革一样，对过去的任何重大背离都将面临惯性的重压，而且往往会伴随着巨大的阻力。新政府早期的一个良好决策是遏制武器的出售，因为美国供应的武器已经淹没了全球（而别人也正在模仿美国的做法）。但在神秘的外交说辞的遮盖下，那个决策似乎很快就从人们的视野中消失了。面对现实人们必然会怀疑，之所以会那样是因为军火商或“制造死亡的商人们”对此极力反对。

自由主义者们一直在要求，如何能让美国的外交决策，尤其是有关拉丁美洲的决策，摆脱大公司的控制。近几年来，有关中央情报局的不当行为已经引起了很多关注，而中央情报局在习惯上往往是那些大公司的同盟者。今天的一 344
位美国人可能会听到1806年在马耳他完成了政府工作任务之后的柯尔律治[①]说：“我知道许多活着的杰出人物的内心世界，并知道我们在完成所有国外事务时所使用的那些愚蠢且邪恶的伎俩。”1976年时，白宫承诺将对中央情报局通过传教士收集情报的做法进行审查。1977年11月下旬公布了一大批中央情报局文件，尽管文件经过了“大量的编辑”，但揭示出来的真相还是推动了进行改革的要求。像间谍卫星那样的新设备正在减少对真人间谍的需求，这让中央情报局的新局长海军上将特纳[②]更容易来施行一次部分的清除。1978年初时他让大家知

---

① 塞缪尔·泰勒·柯勒律治（Samuel Taylor Coleridge，1772—1834），英国诗人和评论家，他一生是在贫病交困和鸦片成瘾的阴影下度过的，诗歌作品相对较少。尽管存在这些不利因素，柯勒律治还是坚持创作，确立了其在幻想浪漫诗歌方面的主要浪漫派诗人地位。1804年，他前往西西里岛和马耳他，担任了一段时间的马耳他代理公共秘书。

② 斯坦斯菲尔德·特纳（Stansfield Turner，1923—2018），美国海军上将，1972—1974年任海军战争学院院长，1974—1975年任美国第二舰队司令，1975—1977年任北约南欧盟军最高指挥官，1977—1981年任卡特政府中央情报局局长。

道，中央情报局将减少在国外进行的政治阴谋和干涉，因为人们不再像以前那样认为那是有用的了，然而并没有彻底排除那样的行动。

已经确认的事实是在1974年葡萄牙的独裁统治结束后，美国的资金通过中央情报局的渠道流向了葡萄牙的反对共产主义的党派。而在1977年11月公布的文件中所暴露出来的一个真相是，在20世纪60年代初期，联邦调查局在墨西哥境内干扰共产党的活动超过了中央情报局，而联邦调查局并没有在海外运作的合法权力。中央情报局也同样慷慨地向意大利的党派或政客捐赠。这样做的结果肯定会加剧执政阶级的腐败现象，而华盛顿因为自己也深陷相似的腐败丑闻之中，所以无法对此加以遏制，最终就助长出了一个大众追随的共产党。在那时，共产党的力量已经达到了将要进入政府内阁的地步。对于那样的前景，卡特公开地做出了愤怒的反应，从而给北约组织带来了新的压力。他的干涉不仅让共产党人或意大利人感到讨厌，甚至在法国也招来了普遍的愤慨。很显然，在欧洲不能运用曾在南美洲所采用过的破坏稳定的战术。

卡特最为明智的改变承诺是他开始了“维护人权”的行动。人们不可能知道政客们所作出的任何人道主义承诺是否真诚。野心应该是通过严酷无情而形成的，而通常也正是那样的。很久以来，美国所有的各种类型的公众人物都被迫遵奉崇尚道德的风格。福特总统在宣布对前总统尼克松赦免时曾郑重地说道，“我们是遵奉上帝的国家”。听美国政客讲话的人必然经常想起约瑟夫 · 塞菲斯[①]和他的感慨。华兹华斯曾写道，“地球有病，天堂疲惫”，这是人们在政府宣称真相和正义时所有的感受。人们必然会欢迎维护人权的呼吁，但不容置疑的
345 是在经历了越南战争和水门事件之后，这几乎不可能快速地修复美国的道德形

① 约瑟夫 · 塞菲斯（Joseph Surface）是《丑闻学校》里的角色。《丑闻学校》是一部戏剧，由理查德 · 布林斯利 · 谢里丹编剧。它于1777年5月8日在伦敦德鲁里巷剧院首次上演。

象，并让美国在与苏联的对峙中占据上风，即便对缓和来说那也是一个巨大的风险。从这个角度来看，它与“冷战”时期保卫民主的言论有很多相似之处。

为在“自由世界”中恢复受到如此广泛压制的自由将作出多少真实的努力将是一项真正的检测。美国人的坚持不久就因战略和其他因素的考虑而化解了。在1964年时还没有被埋葬的称为“施瓦茨主义”的那些东西，自1945年以来就一直是华盛顿盛行的正统理念，不应去干涉那些违宪但却反共的政权。换句话说，对波兰人或苏联人而言，人权是必不可少的，但对伊朗人或印度尼西亚人来说则完全不是。1978年2月9日，国务院表示美国不会切断或对中国台湾、韩国和其他一些人权状态恶劣的政权的军事援助，因为必须把国家安全放在首位。国务院认为伊朗只有约2 200名政治犯，它也希望菲律宾警方尽管还没有结束使用酷刑，但数量将开始下降。韩国的朴正熙总统在1972年拥有了绝对的权力，并通过他自己的情报局迫害各种背景的异见人士。朴正熙的权力在很大程度上取决于美国军队在韩国的存在，因此有许多人呼吁撤回美国军队。但根据1976年披露出来的消息，韩国正通过贿赂渗透进入美国国会山，这让人们回想起当年中国的游说和贿赂。其他的独裁者们有他们的手段，通过那些在他们的国家获利的公司让自己在华盛顿的形象更为正面。这是霸权的一个维度空间，欧洲帝国曾把它作为一项统治规则，那就是不去涉及或限制一个总统或国家名义上的权威。

美国对拉丁美洲承担有特殊的责任，然而战略性的请求并不容易获得批准。1977年，美国切断了对尼加拉瓜的军事援助，那是一个充满希望的开始，但索摩查在国会里的朋友很快就让军援恢复了。精力充沛的美国驻联合国大使安德鲁·杨[①]访问了海地和多米尼加共和国并获得了一些承诺，但那些承诺是否

① 安德鲁·杰克逊·杨（Andrew Jackson Young Jr.，1932—），美国政治家、外交家、活动家。他是民权运动的早期领导者，后来作为美国佐治亚州的国会议员，然后是美国驻联合国大使，最后是亚特兰大市长。杨离开政界后，在许多致力于公共政策和政治游说问题的组织中建立或服务。

真有价值还有待观察。在智利，皮诺切特[①]政府通过了取消其恐怖的秘密警察组织DINA[②]的动议，但人们一致认为除了名称改变之外没有任何实质性的进展。1978年初时，埃克森美孚公司宣布在智利进行巨额投资而没有受到国务院的谴责。在1977年6月的美洲国家组织会议上，智利、乌拉圭和阿根廷都对万斯国
346 务卿谈论人权问题感到愤怒。正如他们所说的，华盛顿直到最近才认为他们的方法有问题，而在以前华盛顿经常都是他们的导师。阿根廷和乌拉圭放弃了援助，从而不让那种异端邪说在他们的国界内散布开来。巴西的盖泽尔[③]将军也终止了与美国签订的军事协议。

那些政权可以很放心，确信他们不需要害怕会遭到报复。由于各种原因，中美洲的那些小匪帮和南美洲的那些大鲨鱼都不可能被误认为自由派的政府。吴庭艳并不是一个有价值的先例，他是在战争的高潮中被策划替换掉的，杀死这样一位文职总统为军队的独裁者们腾出了空间。在1978年3月底的拉丁美洲巡视中，卡特给人留下的印象是人权仍在他的脑海中浮现，但那已是在他的脑海

---

① 奥古斯托·何塞·拉蒙·皮诺切特·乌加特（Augusto José Ramón Pinochet Ugarte，1915—2006），智利政治家、军人、总统、独裁者。1973年8月起出任智利陆军总司令，获上将军衔，同年9月11日发动军事政变，推翻民选总统萨尔瓦多·阿连德，成立军事执政委员会并出任委员会主席，1974年12月出任智利总统，同时晋升大元帅军衔。皮诺切特掌权期间，实施大规模新自由主义经济改革并取得显著成效，创造了智利经济奇迹，对智利的行政区划进行改革，制定1980年宪法。

② DINA（National Intelligence Directorate）是奥古斯托·皮诺切特（Augusto Pinochet）独裁时期的智利秘密警察，被称为皮诺切特的盖世太保（Gestapo）。DINA成立于1973年11月，开始时是智利军队的情报机构，后来从军队中分离出来成为独立的行政单位。DINA一直存在到1977年，之后被重新命名为中央国家信息中心（CNI）。

③ 埃内斯托·盖泽尔（Ernesto Geisel，1908—1986），巴西总统（1974—1979）、陆军四星上将。1964年参与推翻若昂·古拉特总统的军事政变，1966年晋升上将，再次任总统军事办公室主任。1967—1969年任最高军事法院院长。1969年退役后任巴西石油公司经理。1974年3月15日—1979年3月15日任总统。

的后面了。即将公布的是美国历史上最差的月度贸易赤字。

每个帝国都具有双重人格，即是杰基尔，也是海德[①]。然而美国人却因为拥有几乎无限制的能力，他们的善和恶已远远超过了所有的前辈。如果说20世纪曾注意到了野蛮社会中的某些文化因素的话，那么它必然会看到有多少野蛮已潜伏在文明之中。这两样东西在19世纪曾被视为是对立的，但现在已经归于一体。美国中央情报局的伊阿古们[②]所激起的怀疑和仇恨的情绪已使美国成了与托马斯·潘恩[③]曾想象的完全不同的国家，阿基米德推动地球的杠杆所需要的理性和自由的支点将被收回欧洲。这更像列宁在1917年时所写的那样："作为盎格鲁－撒克逊的没有军国主义和官僚主义的'自由'在整个世界中最伟大且最后的代表，英国和美国已经完全陷入了全是欧洲人的肮脏并血腥的泥沼之中。"

列宁自己建立的新国家在某些方面甚至陷得更深，而且它和美国一样，在其势力范围内的国家的管理方面，在错误的道路上走得太远。它原本希望在它的势力范围内看到更多的真正的社会主义，但实际上存在的是左翼独裁统治。美国原本希望建立一个福雷斯特尔想要的真正的"资本主义的、民主的"社会，但事实证明那两个术语是相互排斥的，最终产生的是右翼独裁政权。因为

---

① 英国著名作家史蒂文森《化身博士》主角。《化身博士》讲述了亨利·杰基尔医生喝了一种试验用的药剂，在晚上化身成邪恶的海德先生四处作恶，他终日徘徊在善恶之间，其内心属灵的内疚和犯罪的快感不断冲突，令他饱受折磨。书中人物杰基尔和海德善恶截然不同的性格让人印象深刻，后来"杰基尔和海德"一词成为心理学中"双重人格"的代称。

② 伊阿古（Iago）是莎士比亚的悲剧《奥赛罗》中的反面人物，他是阴谋家、辞令家、行动家，同时又是心理学家。伊阿古被认为是莎士比亚笔下最阴险的恶棍之一，莎士比亚把伊阿古与奥赛罗的高贵和正直作了对比。他是一个马基雅维利式的阴谋家和操纵者，因为他经常被称为"诚实的伊阿古"，展示了他欺骗其他人物的技巧，这样他们不仅不会怀疑他，而且指望他是最有可能诚实的人。

③ 托马斯·潘恩（Thomas Paine，1737—1809），英国裔美国政治活动家、哲学家、政治理论家和革命家。作为美国的开国元勋之一，他在美国独立战争开始时撰写了两本最有影响力的小册子，并在1776年激励爱国者从英国争取独立。

苏联远不是完全的社会主义国家，而美国在国内也远非是完全的民主，所以就导致了上述两种状态的发生。美国因为更富有且更强大，所以在国外的行动就
347 更具暴力性和破坏性。而且正如天主教和新教徒处于争斗时期的状况一样，美苏两国都没能表现出坚持人类解放的一贯立场，自由在它们之间的碰撞之中部分地存活了下来。现在回顾起来，事情并不是黑白分明的。双方都取得了很多的成就，双方都可以从对方学到很多，而世界则可以从这两个国家的经验中学到很多。

苏联的缺陷让反共宣传变得非常容易。“寻求真相”所发动起来的运动如此痴迷且激烈，以至于在1953年时就被批评为过于喧嚣，吵闹和高高在上而没有达到预期的效果。到20世纪60年代初时“美国之音”已以38种语言播出，每周播出700小时，但世界性事件的真相往往与它的广播内容相抵触。而在另一种较不直接联系政治的方式中，通过可以被描述为“一个全新维度的‘文化帝国主义’的渠道”对人们产生了更大的影响。在第三世界受过教育的人群中，拥有一本像《文汇》（Encounter）那样的高端杂志或被邀请为它写作，可能具有很大的吸引力。在大众的层面上，现在和以前一样，美国的流行文化是一股强大的力量。它可以被用来进行宣传，像迪士尼漫画曾经做过的那样，使用粗略的漫画将越南共产党描绘成“邪恶的、次人类”的动物。当1975年越南南方临近最后解放时，越南共产党领导人对长期以来一直在南方城镇受到追捧的那些充满性感的杂志表现出了相当的紧张。霸权没能建立起美国的世界，但它推动了美国化世界的到来。

对美国的大多数批评都是对资本主义的批评，因为在那里进行的就是资本主义的方式。它已经存在了很长的时间，足以让国家的本质带上了它的色彩，但又需要不被人们认为那是资本主义的。西奥多·罗斯福和进步主义者以及威尔逊都曾告诫他们的同胞，需要对美国国内的资本主义加以监督和限制。自1945年以来，它就一直应该在海外受到管束。那将是一个更为困难的任务。在

国内，它不得不接受大量的监管并接受来自劳工组织的检查，这一事实一定是它转向海外的动机之一。因为在海外它仍然可以以专横的方式行事，并获取没有限制的利润。任何如尊重人权那样的改革是否能取得成功，首先取决于如何调动公众舆论，支持对在国外经营的美国资本家的控制，其次将取决于资本主义的本性是否会让它接受改革。

就第二个因素而言，一个可能有指望的考量是所有社会的某些黑暗行为都
是由幻想或意识形态，而不是基于实用的需要所导致的。阿兹特克人牺牲囚犯 348
是为了让太阳照耀在墨西哥的上空，审判官焚烧异教徒是为了避免来自西班牙的神的震怒。扔到亚洲某个村庄上的凝固汽油弹可能也出于同样的缘由。“美国现在的经济体系提供了需要它成为帝国的理由。”这句话或许有一种反复重言式的元素。显然，不同的公司都能够从“殖民地”产出中获得丰厚的额外利润，这可以是锡、铜，或是香蕉。但整个系统的间接成本太惊人了，以至于人们开始怀疑那些利润是否应该被看作是整个美国资本主义体系固有的活力因素，还是仅仅是边缘的或是可选择的因素。当政府在国外的支出打乱了国际收支平衡时，主要是为了维护私营企业能够继续获利的状况，政府的处置必须显现出那是一个循环的过程，与国民经济的任何真正需求没有关系。

美国的资本主义作为一个整体，无论是在霸权政策的庇护下表现出色，或是如果没有霸权政策将表现糟糕，几乎没有人怀疑，这个国家并没有从霸权政策身上得到什么收获，除了某种如果没有霸权政策，国家的很大一部分就会失业的假想之外。正如乔姆斯基提醒我们的那样，“帝国的成本通常将分散到整个社会身上，而收获的利润则汇集到了其中一小部分人的手上。”这里证实的是与较小规模的直接殖民统治的实验相同的结果。人们普遍认为，“菲律宾的殖民地得不偿失”，这意味着美国资本主义的一小部分将由纳税人买单。实际上，可能会有人揣度如果没有那些政策，20世纪30年代的大规模失业将会重新出现，甚至猜测整个巨大努力背后所隐藏的，潜意识的目的就是为了避免大萧条以及随

之而来的社会动乱的出现。国内的繁荣和庞大的军事和帝国机器都可以用一个简单的事实来加以解释：20世纪30年代闲置的数百万人已经恢复了工作，或者穿上了军装，由于害怕现实将像以前一样崩溃而被劝诱接受他们现在拥有的幸福，这样的恐惧也可以被用来转向反对海外敌人的威胁。

随着世界的过度生产，可能会产生一个新的陷阱，并由于越来越多的美国卫星国家的廉价大量生产而不断加深。一个结果可能是说服美国的劳工，尽管
349 有些迟了，他们在反对共产主义的旗号下，让他们的雇主自由地去剥削“殖民地”的工人是短视的。从长远来看，除了通过扩大消费，切断与第三世界大多数居民的社会和政治关联从而让他们继续保持贫困之外，几乎没有出路。这只是对资本主义不得不在工业国家内自行学习的一种重复，因为资本主义比它的某些反对者所能理解的更具适应性。在第二次世界大战后会发生的类似事情就是当时的美国共产党领导人厄尔·布劳德①的乐观预言。他的预言很快就被证明是错误的，但其原因可能与社会心理学，而不是经济科学有关。除非在强烈的民意推动之下，否则现在将不会发生。鉴于此，关于资本主义在本质上是否注定它在国外将永久处于侵略态势，还是可以受到控制，这个列宁和考茨基曾经在第一次世界大战期间争论过的问题现在仍然没有答案。在面对着人类的多样形式和多种场合时，是选择人类的必需，还是选择自由意志，这是美国面临的一个大问题。

① 厄尔·罗素·布劳德（Earl Russell Browder，1891—1973），美国政治家，美国共产党领袖。布劳德是第二次世界大战期间美国和苏联密切合作的坚定拥护者，并设想这两个军事大国在战后继续合作。

后记

美国的帝国主义：从“冷战”到“基地”组织和“伊斯兰国”的时代

约翰·特伦波尔

帝国的反击：用“圣战”来对抗“冷战”

在1970年出版的《两个时代之间：美国在电子技术时代的角色》一书中，兹比格涅夫·布热津斯基[①]承认：

> 在第二次世界大战之后……美国在国家安全、政治和经济问题上创造了一个体系。在许多方面，包括在规模上和表面上都模仿了过去的大英帝国、罗马帝国和中华帝国……。这个“帝国”至多只是一个以平等和不干涉为幌子的非正式的体系……。
>
> 美国的帝国主义不是仅仅依赖强制性的制度，“而是通过经济体制的相互渗透，政治领袖和政党的和睦共处，顶尖的知识阶层的共同理念，官僚阶层利益的交换来实现的……”。

① 兹比格涅夫·布热津斯基（Zbigniew Brzezinski，1928—2017），波兰犹太裔美国人，作家，民主党人，美国前总统卡特的国家安全顾问，美国著名地缘战略理论家，以极端反苏著称。

在第二次世界大战期间，《财富》[1]杂志于1942年5月曾收入了一本题为《新世界中的美国：与英国的关系》的小册子，那本小册子预测了布热津斯基日后界定的美利坚帝国：

> 因此，如果那就是那个被称为新的美国“帝国主义”的话，它
> 364 将会，或者说可能是，与英国的帝国主义完全不同的。它也很可能与美国在西班牙战争期间表现出来的不成熟的美国式扩张不同。美国帝国主义有能力完成英国人开始的工作。它的代表人物不再只是推销员和种植园主，他们可以是决策的大脑和推土机，是技术人员和机械工具。美国帝国主义不再需要更多的疆域。如果当地的那些精英们都待在家里的话，它就能在亚洲与人相处得更好。

特别需要强调指出的是，新的美国帝国将比它之前的帝国更依赖于“软实力”。负责国际安全事务的美国国防部前助理部长兼国家情报委员会主席约瑟夫·奈[2]所创造的那个概念，包括了政治思想的传播、教育传授的领先，有时是无所不在的流行文化。然而，即使是最富有激情的“软实力”倡导者们也承认，带着天鹅绒手套的说服需要铁腕的强制。正如曾三次获得普利策奖的“纽约时报”记者托马斯·弗里德曼[3]在1999年出版的《雷克萨斯和橄榄树》一书中

---

① 《财富》（Fortune Magazine）是一本由美国人亨利·鲁斯创办于1930年，主要刊登经济问题研究文章的杂志。现隶属时代华纳集团旗下的时代公司。《财富》杂志自1954年推出全球500强排行榜，历来都成为经济界关注的焦点，影响巨大。

② 约瑟夫·奈（Joseph Nye，1937—），1964年获哈佛大学政治学博士学位后留校任教。美国著名国际政治学者、哈佛大学肯尼迪政府学院教授。约瑟夫·奈是国际关系理论中新自由主义学派的代表人物，以最早提出“软实力”（Soft Power）概念而闻名。

③ 托马斯·罗兰·弗里德曼（Thomas Loren Friedman，1953—），美国政治评论家、作家。他曾三次获得普利策奖。他写了大量关于外交事务、全球贸易、中东、全球化和环境问题的文章。弗里德曼于2005年出版的影响深远的著作《世界是平的》，他的影响力早已不限于美国。

欢庆全球化时所强调的那样：

> 如果没有隐藏着的拳头，市场的看不见的手就无法奏效。如果没有美国空军F-15战斗机的制造商麦克唐纳—道格拉斯公司[①]，麦当劳就不可能走向世界。那只保证让硅谷的技术蓬勃发展的隐藏着的拳头就是美国的陆军、空军、海军和海军陆战队。

美国在1938年时在境外拥有14个军事基地。截至2014年时，尽管五角大楼近期关闭了在阿富汗和伊拉克的1 300多个军事设施，美国在海外仍有约800个军事基地。《美国海外军事基地：它们如何危害全世界》一书的作者社会科学家大卫·韦恩[②]指出，“美国在境外所拥有的基地无疑是世界历史上数量最大的”。在20世纪70年代后期，吉米·卡特的国家安全顾问兹比格涅夫·布热津斯基发现自己正处于一个对于美国自由主义来说是性命攸关的十字路口，“如果没有隐藏的拳头，市场的看不见的手就无法工作……”。正如国际关系学者哈利迪[③]在以下的列表中所列出的那样，在1974年至1980年期间，第三世界国家中发生了一波惊人的革命和动乱：

---

① 麦克唐纳—道格拉斯公司（McDonnell-Douglas Corporation）是美国制造飞机和导弹的大垄断企业。1939年由詹姆斯·麦克唐纳创办，称麦克唐纳飞机公司。1967年兼并道格拉斯飞机公司，改为麦克唐纳—道格拉斯公司，后于1997年与波音公司合并。它生产了一些知名的商业和军用飞机，如DC-10客机和F-15战斗机。

② 大卫·韦恩（David Vine），美国大学人类学教授，《纽约时报》《华盛顿邮报》《卫报》等报纸专栏作家，代表作有《美国海外军事基地：它们如何危害全世界》《耻辱之岛：美国迭戈加西亚军事基地变迁史》。

③ 西蒙·弗雷德里克·彼得·哈利迪（Simon Frederick Peter Halliday，1946—2010），爱尔兰作家、学者，主要研究国际关系和中东问题，尤其关注“冷战”、伊朗和阿拉伯半岛问题。

365 1974—1980年期间第三世界发生的革命和动乱

国家	事件	日期
1.埃塞俄比亚	废除海尔 · 塞拉西国王	1974年9月12日
2.柬埔寨	红色高棉夺取金边	1975年4月17日
3.越南	越南南方民族解放阵线进入西贡	1975年4月30日
4.老挝	巴特寮[①]接管国家	1975年5月9日
5.几内亚比绍	从葡萄牙获得独立	1974年9月9日
6.莫桑比克	从葡萄牙获得独立	1975年6月25日
7.佛得角	从葡萄牙获得独立	1975年7月5日
8.圣多美	从葡萄牙获得独立	1975年7月12日
9.安哥拉	从葡萄牙获得独立	1975年11月11日
10.阿富汗	阿富汗人民民主党发动军事政变	1978年4月27日
11.伊朗	霍梅尼政府成立	1979年2月11日
12.格林纳达	新宝石运动执政	1979年3月13日
13.尼加拉瓜	桑地诺民族解放阵线占领马那瓜	1979年7月19日
14.津巴布韦	从英国获得独立	1980年4月17日

上述列表经哈利迪许可，转载自《第二波“冷战”的形成（第二版）》（伦敦：Verso，1986年）

回顾这样的革命骚动及所谓的对美国在越南战败后军队部署的担忧，新

① 巴特寮（The Pathet Lao）是20世纪中叶在老挝成立的共产主义政治运动和组织。该组织最终在1975年老挝内战后成功地夺取了政权。

保守主义评论家诺曼·波德霍雷兹[1]在1983年曾斥责“对使用武力的病态性抑制”，这响应了理查德·尼克松早些时候的担心，反对干预会让美国恶化成为“一个可怜、无助的巨人”。尼克松在1970年4月30日的总统讲话中曾警告说，极度胆怯将强化“极权主义和无政府状态的力量”，“对全世界的自由国家和自由制度形成威胁”。尼克松谴责“国内外的无政府状态时代”，他谈到了“对过去500年来由自由文明所创建的所有伟大体制的没有头脑的攻击”。尼克松强调说，无政府状态的泛滥已超越了第三世界的热点地区，“即使在美国，那些出色的大学也被系统性地摧毁了”。

新右翼将寻求适当的时机在国内加紧政治角力。他们在国外的努力，则
由于吉米·卡特的外交政策团队在多米诺骨牌倒下时如此优柔寡断而得到了加 366
强。为了打破这种瘫痪的局面，布热津斯基制订了一项计划来支持反阿富汗亲苏政权的反革命战争。在1998年1月15日至21日，接受法国《新观察家》新闻杂志采访时，布热津斯基解释了这项计划是如何形成的：

> 问：中央情报局前局长罗伯特·盖茨[2]在他的回忆录中说，美国情报部门在苏联介入前六个月就开始援助阿富汗的“圣战者”了。在那段时间里，你是卡特总统的国家安全顾问。因此你在那件事上发挥了作用。是那样的吗？

---

① 诺曼·波德霍雷兹（Norman Podhoretz，1930— ），美国新保守主义评论家，《评论》杂志撰稿人。波德霍雷兹从1960年开始担任《评论》杂志的主编，直到1995年退休。从1981年到1987年，波德霍雷兹是美国新闻局的顾问。从1995年到2003年，他是哈德逊研究所的高级研究员。2004年，他被乔治·布什授予总统自由勋章。该奖项表彰了波德霍雷茨作为《评论》杂志主编和哈德逊研究所高级研究员的学术贡献。

② 罗伯特·盖茨（Robert Gates，1943— ），美国职业特工，资深情报分析专家，在情报界工作超过四分之一世纪，历任中央情报局局长（1991—1993）和国防部部长（2006—2011），是美国历史上唯一任期跨越总统换届并同时跨越两党的元老，也是继罗伯特·麦克纳马拉之后最具革新精神的国防部长。

> 布热津斯基：是的。根据历史的官方版本，中央情报局在1980年开始援助“圣战者”，也就是说，是在苏联军队于1979年12月24日入侵阿富汗之后。但在今日之前一直被保密的现实则完全不是那样的。卡特总统确实于1979年7月3日签署了第一项指令，向喀布尔亲苏政权的反对者们秘密提供援助。就在那一天，我给总统写了一张便条，我向他解释说，我认为那样的援助将会引起苏联的军事干预。

令美国人高兴的是，苏联随后掉入了陷阱并开始入侵，布热津斯基谈到了类似越南式的失败对苏联所造成的伤害。卡特总统假装对苏联军队涌入阿富汗感到震惊，并立即发表声明：“这种对阿富汗内部事务的严重干涉公然违反了公认的国际行为规则。”中央情报局很快就从伊斯兰教中一些最反对革命的成分中集结了更多的武装力量。招募不仅在阿富汗进行，而且远至阿拉伯半岛的国家。

罗纳德·里根[①]在1980年的大选中碾碎了佐治亚州那位不再受人爱戴的种花生的农民[②]，部分原因就是指责卡特对共产党人和劫持人质的伊朗人过分溺爱，但共和党政府还是继续进行布热津斯基启动的项目。来自得克萨斯州的众议员查理·威尔逊[③]对此作出了特别的贡献，他通过国会运作为阿富汗的叛乱活动提供了大规模的拨款。威尔逊的豪饮是出了名的，他被一群称为“查理的天使”
367 的漂亮女性和随行人员围着，与中央情报局一位“蓝领詹姆斯·邦德”——希

① 罗纳德·威尔逊·里根（Ronald Wilson Reagan，1911—2004），美国杰出的右翼政治家，曾担任第33任加利福尼亚州州长，第40任（第49—50届）美国总统（1981—1989）。

② 此处指吉米·卡特，他于1924年10月1日生于美国佐治亚州普兰斯市一个花生农场主家庭。

③ 查理·内斯比特·威尔逊（Charlie Nesbitt Wilson，1933—2010），美国海军军官，政治家。威尔逊以领导国会支持“旋风”行动而闻名，这是美国中央情报局（CIA）有史以来规模最大的秘密行动。在卡特和里根政府时期，该机构向阿富汗“圣战者”提供军事装备，他们的特别行动部门在苏联阿富汗战争期间向阿富汗“圣战者”提供武器。

腊裔美国人古斯塔夫·阿伏拉科托斯[①]合作，将牧羊人、部落成员和从全球招募而来的穆斯林们组成为一支有效的战斗力量。1985年3月下达的166号国家安全指令，升级了里根政府对抵抗运动的支持，巩固了其作为一个全球性的伊斯兰运动和国际“圣战”组织的地位。

根据严格的定义，自19世纪末以来在伊斯兰教之中还从未有过全球性的武装“圣战”，在过去的九个世纪里也许只有过四次。在19世纪80年代，马赫迪曾呼吁发动“圣战”，以动员反殖民地的武装力量起来反抗英国将军戈登和侵占了苏丹的奥斯曼帝国和埃及人。而在这之前的三次武装“圣战”包括了萨拉丁[②]将基督教十字军驱逐出圣地的运动，苏菲[③]在17世纪时在西非粉碎贩卖奴役并制造混乱的贵族分子，以及从他们认为已经颓废的奥斯曼占领者手中夺回阿拉伯半岛控制权的瓦哈比运动[④]。政治学和人类学家马哈茂德·马达尼[⑤]对

---

① 古斯塔夫·拉斯卡里斯·阿夫拉科托斯（Gustav Lascaris Avrakotos，1938—2005），美国中央情报局阿富汗特遣部队指挥官，美国情报官员。20世纪80年代，阿夫拉科托斯领导了“旋风”行动，中央情报局通过中间人，主要是巴基斯坦的三军情报局（ISI），为阿富汗的“圣战者”提供武器。阿夫拉科托斯和查理·威尔逊合作，大幅增加了对“圣战者”的资助，并帮助说服埃及、巴基斯坦、以色列、沙特阿拉伯等国的官员增加对“圣战者”的支持。

② 萨拉丁·阿尤布·本（An-Nasir Salah ad-Din Yusuf ibn Ayyub，1138—1193），中世纪伊斯兰世界著名军事家、政治家，埃及阿尤布王朝首任苏丹（1174—1193年在位）。萨拉丁因在阿拉伯人抗击十字军东征中表现出的领袖风范、大将风度和军事才能而闻名基督徒和伊斯兰世界。萨拉丁对历史进程的影响主要是夺取了耶路撒冷（耶路撒冷围攻战），使穆斯林和基督徒在这里的争夺发生了转折性的变化。

③ 苏菲派是伊斯兰神秘主义派别的总称。苏菲派赋予伊斯兰教神秘奥义，主张苦行禁欲，虔诚礼拜，与世隔绝。其足迹遍及全世界。

④ 瓦哈比派运动是18世纪兴起的一股伊斯兰运动。瓦哈比教派是以18世纪的传教士和活动家穆罕默德·伊本·阿卜杜勒·瓦哈比（1703—1792）的名字命名的。他的追随者和穆罕默德·本·沙特的继任者（沙特王室）之间的联盟是一个持久的政治——宗教联盟。

⑤ 马哈茂德·马达尼（Mahmood Mamdani，1946—），乌干达学者、作家和政治评论家。他是Makerere社会研究所的主任，哥伦比亚大学国际与公共事务学院的赫伯特·雷曼政府学教授，哥伦比亚大学人类学、政治学和非洲研究教授。

这四次持续的武装“圣战”给予了特别关注，他向我们显示，除了萨拉丁对十字军的抵抗之外，“圣战组织”主要针对的是穆斯林信徒。即便是马赫迪与大英帝国的对抗，也包括有对奥斯曼和埃及穆斯林的重大攻势，因为他们居然敢质疑他的天下无敌的预言。

中央情报局向“国际圣战”投入了数十亿美元，使那项行动成了中央情报局历史上规模最大的项目之一。中央情报局与巴基斯坦的三军情报局密切合作，转向整个阿拉伯世界征募“圣战者”，其中包括在沙特阿拉伯阿卜杜勒—阿齐兹国王大学当讲师的巴勒斯坦人谢赫·阿卜杜拉·阿扎姆（Sheikh Abdullah Azzam）。他对那个只是开会讨论的学术界表示厌倦，而他的生活公式对中央情报局和巴基斯坦三军情报局的特工来说却极具诱惑力。“只有‘圣战’和步枪：没有谈判，没有会议，也绝不对话。”阿扎姆成功地将他的一名出色的学生奥萨马·本·拉登[⑥]带入了阿富汗的战斗之中。本·拉登原是管理和行政学的学生，他利用他所学到的组织技能建立了一个反对苏联暴政的志愿者网络数据库。在加入“圣战”之初本·拉登就已经认识到，许多母亲和兄弟姐妹都在询问加入
368 兴都库什冲突战斗但却长期失去联系的家庭成员的信息，他开始建立起有条理的记录和名册。在建立他未来的抵抗网络——“基地”组织时，那些材料可能都派上了用处。“9·11”事件独立调查委员会的报告则进一步揭示了商业管理课程对这位沙特的反叛者成长为恐怖的企业家的价值。根据报告，拉登20世纪90年代初期以苏丹为基地时，就将创建“一个庞大而复杂的企业和恐怖主义组织交织在一起了”。当他的建筑公司建造一条从喀土穆到苏丹港的高速公路时，他会让“基地”组织的成员利用他们“在本·拉登企业中的职位，来获取用于

---

⑥ 奥萨马·本·拉登（Osama bin Laden，1957—2011），前“基地”组织首领，该组织被认为是全球性的恐怖组织。他被美国政府指控为1998年美国大使馆爆炸案和2001年“9·11”事件的幕后主谋。

恐怖主义行动的武器、炸药和技术设备”。

虽然与美国的中央情报局相比他更接近巴基斯坦的三军情报局，但本·拉登对美国特工在他最初期成功的阿富汗行动中所发挥的作用给予了相当的肯定：“我在那里建立了我的第一个营地，志愿者由巴基斯坦和美国的军官加以培训。那些武器是由美国人提供的，而钱款是由沙特阿拉伯人提供的。”沙特阿拉伯驻美国大使班达尔王子[①]曾回忆起他在20世纪80年代中期与奥萨马的会面：“他感谢我出力让我们的朋友们美国人来帮助我们反对无神论者，他指的是共产党人。”据几十年来一直在研究中亚地区伊斯兰极端主义发展的艾哈迈德·拉希德[②]的分析，“在塔利班出现之前，伊斯兰极端主义从未在阿富汗盛行过”。

本·拉登作出了两项决定命运的选择。首先，他在20世纪80年代后期与他的伊斯兰极端主义的导师阿卜杜拉·阿扎姆分道扬镳。本·拉登认为现在是加紧对阿拉伯世界中腐朽的穆斯林政权发起暴力抵抗的时候了，但阿扎姆反对他的理由是他们的运动不应该采取最终会杀害穆斯林同胞的行动。阿扎姆和他的两个儿子在1989年前往白沙瓦的途中遭遇汽车炸弹袭击遇难，一般都认为那是对那些在运动中缺乏勇气去大胆惩罚腐败的王子和政客们，从而沾污了伊斯兰教义的人发出的警告。伊拉克入侵科威特是第二个决定性的时刻。本·拉登认为萨达姆·侯赛因是一个无可救药的恶棍，他策划使用不久前在阿富汗抵抗苏联取得胜利时精心组织起来的那些勇士来对抗伊拉克对科威特的占领。当沙特政府舍弃了他的战略转而同意在沙特阿拉伯本土囤积美国的武装力量时，本·拉登爆跳如雷，发誓要

---

① 班达尔·本·苏丹（Bandar bin Sultan，1949—），沙特王室成员，1983年至2005年担任沙特驻美国大使。2005年至2015年1月29日，他担任国家安全委员会秘书长，2012年至2014年担任沙特情报局局长。

② 艾哈迈德·拉希德（Ahmed Rashid，1948—），记者、作家，主要关注巴基斯坦、阿富汗和中亚地区的地缘政治。国际媒体称他为“巴基斯坦最佳和最勇敢的记者”。著有多本关于阿富汗、巴基斯坦和中亚地区外交政策的常销书，代表作有《塔利班》。

对沙特政权和现在已融为一体的美国“异教徒”们进行报复。

在尼克松时代，美国国防部部长梅尔文·莱尔德[1]曾解释说，美国霸权在中
369 东地区主要是充当“地区的警察”。他指的是协调美国在那个地区的三个盟友：沙特阿拉伯、以色列以及国王领导下的伊朗政府，因为他们在文化上似乎注定是同床异梦的伙伴。尽管特拉维夫国防部确保德黑兰的秘密警察接受了最尖端的酷刑艺术培训，但沙特阿拉伯的瓦哈比逊尼派却拒绝与以色列人和什叶派的企业合作，只接受世俗的伊朗国王。随着1979年伊朗革命的胜利，美国不顾一切地设法要找到一个新的警察。想着萨达姆·侯赛因可能成为区域的宪兵之一，里根的团队随后就开始向伊拉克的暴君提供重要的情报支持。在打破了限制给予第三世界其他国家少量外援的情况下，华盛顿向埃及提供了数十亿美元的资金，希望能够促进反纳赛尔主义和对犹太复国主义绥靖的缓解，以及未来可能成为地区警察的地位。

尽管如此，在伊拉克和埃及的安排依然不能令人满意，一些鹰派分子渴望美国的军事力量能在那个地区有更直接的存在。即使是持不同政见的自由派人士乔治·鲍尔[2]，也谴责尼克松—莱尔德“地区警察”的做法，呼吁增强美国直接干预的能力：“如果伊朗的崩溃证明了任何事情的话，那就是我们不能保证——正如尼克松主义所假定的那样——在落后的国家囤积大量武器将提供战

---

① 梅尔文·莱尔德（Melvin Laird，1922—），美国政治家、军人，美国共和党成员。莱尔德在第二次世界大战时参加美国海军，荣获过紫心勋章和总统自由勋章。战后开始从政，曾担任州参议员（1946—1952）、美国众议员（1953—1969）和美国国防部部长（1969—1973）。

② 乔治·怀尔德曼·鲍尔（George Wildman Ball，1909—1994），美国外交家、银行家。1961年至1966年，他在美国国务院（State Department）任职。1968年6月26日至9月25日，鲍尔还担任美国驻联合国大使。在尼克松政府期间，鲍尔帮助起草了美国对波斯湾的政策建议。

略地区的安全。”鲍尔促请美国提高从自己在印度洋的军事基地进行打击的能力，要求华盛顿找到途径扩大向沙特阿拉伯出口监视设备。最终，美国在向沙特出售预警机方面取得了成果。20世纪80年代末苏联的解体最终开辟了在中亚新兴国家建立军事基地的机会，也消除了超级大国竞争带来的阻碍美国在中东地区军事扩张的限制。

科威特在20世纪80年代的后半期抵制了美国派驻军事基地的请求，而华盛顿当时正忙于鼓动伊朗和伊拉克之间的大规模流血战争，那场战争造成了近百万人的死亡。在第一次海湾战争之后的1991年9月，美国与科威特签署了联合防务协议，那个阿拉伯王国现在基本上就是美国的保护国了。莱昂·哈达尔[①]1996年1月在《当代历史》杂志上写道，作为“依赖于美国力量的军事侏儒”，海湾国家通过巴林庇护美国在海湾地区的海军第五舰队，这成 370
了当时本·拉登领导下的“基地”组织的主要目标。2000年10月，“基地”组织的成员在亚丁港驾驶一艘装载着重型炸药的橡皮艇在美国海军第五舰队的导弹驱逐舰“科尔”号上炸出了一个大洞，炸死了十七名水手。据2001年11月19日《爱尔兰时报》记者劳拉·马洛（Lara Marlowe）的报道，联邦调查局的特工约翰·奥尼尔[②]曾“对美国国务院以及布什总统周围的石油利益

---

① 莱昂·哈达尔（Leon Hadar），全球事务分析师、记者、博客作者和作家。哈达尔长期以来一直批评美国在中东的政策，哈达尔发表了许多有关美国全球外交和贸易政策的分析和评论，特别关注中东和东亚及南亚。

② 约翰·帕特里克·奥尼尔（John Patrick O’Neill，1952—2001），美国反恐专家。1995年，奥尼尔在协助抓捕了策划1993年世贸中心爆炸案的头目拉姆齐·尤瑟夫（Ramzi Yousef）之后，开始深入研究1993年世贸中心爆炸案的根源。随后，他了解了“基地”组织和奥萨马·本·拉登，并调查了1996年发生在沙特阿拉伯的霍巴尔塔（Khobar Towers）爆炸案和2000年发生在也门的美国“科尔”驱逐舰爆炸案。

游说者们阻止试图证明本·拉登对此有罪的行动怨声载道。美国驻也门大使芭芭拉·博丁[①]女士禁止奥尼尔和他所带领的被称为兰博的小组（也门当局也这样称他们）进入也门”。对在也门遭受的冷遇和布什的自满感到愤怒，奥尼尔于2001年8月从联邦调查局辞职，转而担任世界贸易中心的安全负责人，并于2001年9月11日在世界贸易中心殉职。在整个20世纪90年代，因为担心第一次海湾战争削弱了被乔治·H.W.布什[②]称为底格里斯河畔希特勒式的独裁者从而让阿亚图拉变得更加强硬，美国一直在加强对伊拉克和伊朗所采取的“双重遏制”政策。

随着十年过去了，在美国军队仍然待在沙特阿拉伯和伊斯兰教最神圣的地点近旁的情况下，本·拉登在1998年发布了一项指令呼吁杀死美国人，据称在他的内部圈子里充满了实施“广岛”式攻击美国本土的想法。本·拉登在“基地”组织中最亲密的副手之一阿布乌比德·艾尔—库列西（Abu ‘Ubeid Al-Qureshi）曾对“基地”组织内部对他们的作战手段越来越有信心作出过这样的解释：

---

① 芭芭拉·博丁（Barbara Bodine，1948—），美国学者，前外交官。1997年11月7日，博丁被任命为驻也门共和国大使，于2001年8月30日以大使身份离开也门。在“科尔”驱逐舰爆炸案的调查过程中，约翰·奥尼尔认为也门是一个严重的威胁，也门内战不稳定，拥有大量武器，艾曼·扎瓦希里（Ayman al-Zawahiri）领导的“圣战组织”规模庞大，还有许多参加过阿富汗战争的“圣战者”，而博丁则相反，她认为也门是一个新生的民主国家，是“美国在这个动荡但具有重要战略意义的地区的一个有希望的盟友”。奥尼尔还对也门安全部队采取了强硬立场，认为他的任务是一项刑事调查，而博丁则认为奥尼尔不计后果，不利于外交。当奥尼尔带着150名调查人员和其他工作人员抵达也门时，博丁非常愤怒。她原以为自己与奥尼尔达成了一项共识，即奥尼尔手下的员工总数不会超过50人。

② 乔治·赫伯特·沃克·布什（George Herbert Walker Bush，1924年6月12日—2018年11月30日），美国第51届第41任总统，常被称为“老布什”。他提出“超越遏制”战略，1991年美军在第一次海湾战争中取得胜利，老布什以此为契机，提出了建立“世界新秩序”的主张。

> 伊斯兰国家在很短的时间内就取得了绝大多数的胜利，这是自奥斯曼帝国兴盛以来从未出现过的情况。在过去20年里，在对抗世界上装备最好、最为训练有素、经验最丰富的军队时（在阿富汗的苏联军队、在索马里的美国军队、在车臣的俄罗斯军队、在黎巴嫩南部的犹太复国主义军队）取得了那些胜利……在阿富汗，“圣战组织”当时战胜了世界第二大的武装力量……同样，一个索马里的部落就羞辱了美国，并迫使它从索马里撤出其部队。在此之后，车臣的“圣战者”羞辱并击败了俄罗斯。在此之后，黎巴嫩的抵抗（真主党）驱逐了黎巴嫩南部的犹太复国主义军队。

当“圣战”组织在这场被一些军事专家称之为“第四代的战争”中不断喧嚣伊斯兰无敌时，美国在整个20世纪80年代和20世纪90年代扩大了自己对“低强度冲突”（LIC）战术的使用，这一策略旨在防止1974年至1980年期间曾发 371
生的壮观的革命重演。里根的外交政策团队资助了尼加拉瓜的反对派，让他们杀死了数千名农民，炸毁了医疗诊所，并施行了切割生殖器的暴行，从而确保桑迪尼斯塔[①]革命者们没有机会为一个在资本主义管控下的贫困热带地区小国提供替代的模式（尽管自由主义者们提出了很多警告，但里根本人向反对派致以敬意，称他们“保持着与我们的开国元勋同等的道德水准”，一些持有屠杀肖尼人和易洛魁人热情的开国元勋可能会对此衷心认可）。在安哥拉，里根的团队依

① 桑地诺民族解放阵线是尼加拉瓜的一个社会主义政党。其成员在被称为桑迪尼斯塔。1979年，桑地诺民族解放阵线推翻了安纳斯塔西奥·索摩查·德瓦伊莱（Anastasio Somoza DeBayle），结束了索摩查王朝，取而代之的是一个革命政府。桑地诺民族解放阵线掌权后，从1979年到1990年统治尼加拉瓜。1981年，一个由美国支持、名为“反政府武装”（Contras）的组织成立，旨在推翻桑地诺政府，该组织由美国中央情报局资助和培训。

靠乔纳斯·萨文比[①]的部队发动了对马克思主义政权的战争，而那个马克思主义政权也诧异地发现自己自卡特年代开始就转向依靠古巴军队的帮助来保护雪佛龙石油公司的石油设施和其他跨国企业巨头。在20世纪80年代和20世纪90年代几乎没有什么革命性的突破，那是对1968年那一代人[②]的一次逆转，他们对全球世界秩序将转型的预测显得苍白无力了。与此同时，在伊斯兰的世界里，曾经支持过阿亚图拉推翻国王的虔诚的专业人士和中产阶级的孩子们越来越趋于失望，因为新秩序带来了大规模的失业和任人唯亲的模式，对于技术专家的奖励来自关系而不是技术上的竞争。

当本·拉登于1996年完成了他的逆行出走，从麦加先去了苏丹然后返回阿富汗山区时，可以说作为政治和经济秩序典范的伊斯兰教极端主义不仅在伊朗，而且在埃及和阿尔及利亚都遭受了巨大的挫折。阿尔及利亚伊斯兰叛乱分子的所作所为表明，他们替代僵硬统治秩序的是被法国的吉尔斯·凯佩尔[③]称之为“血腥噩梦”的那一套东西。他补充说道，“阿尔及利亚暴力的爆发”受到了来自阿富汗“圣战”分子的煽动。“9·11”事件发生之后，塔利班和本·拉登的阿富汗战士们发现自己最初遭到了打击，然而残存的队伍重新发展并变得更加胆大妄为。尤其是对伊拉克的笨拙占领更激发了全球对最新版的美国监管下的和平的抵制。

尽管在“9·11”事件后，意图让新保守派治国方略取得成效的少数伏

---

① 乔纳斯·萨文比（Jonas Savimbi，1934—2002），安哥拉反共产主义、反殖民主义的政治和军事领袖，创建并领导了争取安哥拉彻底独立全国联盟（安盟）。安盟首先在1966年至1974年对葡萄牙殖民统治发动游击战，然后在安哥拉内战期间对抗安哥拉人民解放运动（MPLA），直到2002年萨文比在与政府部队的冲突中丧生。

② 指美国第二次世界大战后的“婴儿潮一代”。

③ 吉尔斯·凯佩尔（Gilles Kepel，1955—），法国政治学家、阿拉伯学家，主要研究当代中东和西方穆斯林。

尔甘人不会承认卡特—里根对阿富汗的政策与后来的“基地”组织恐怖行动
有任何关联，但美国在阿富汗建立“圣战国际组织”的行动成了一个“适得
其反”的教科书范例。在保守派的民间传说中，他们的先驱经常指责德国人
在第一次世界大战结束时为列宁和俄罗斯布尔什维克主义的胜利提供了资 372
金。欧洲的法西斯主义更将这种指控扩大到了具有“犹太—布尔什维克”倾
向的国际银行家身上。然而右翼在解释马克思主义胜利的时候马上就找出了
外国同谋和外界鼓动者的原因，却不愿承认他们在建立“圣战国际”中曾经
起过的作用，“圣战国际”所获得的资金规模让可能落入俄国革命者手中的任
何金额显得相形见绌（据估计，德国在俄罗斯进行的宣传和破坏活动的花费
只是它在破坏法国和英国等其他同盟国时的花费的十分之一）。与列宁一直
被指控为“德国间谍”相似，将本·拉登归类为“美国特工”可能是极其荒
谬的。尽管阿亚图拉·霍梅尼喜欢将奥萨马的塔利班盟友视为一种“美国化
的伊斯兰教”而严加鞭笞，但列宁和本·拉登都不会轻易接受有野心的资本
家或不同信仰付款人的命令。然而美国决定转向“圣战”，并以此作为赢得
“冷战”的手段将继续在21世纪引起震荡。

“冷战”的结束和新保守主义的攻势

苏联的解体和“冷战”的结束成了自我庆祝资本主义西方优越的巨大场景，但它也在精英圈子内产生了焦虑的暗流。

首先，一些最顽固的新保守主义者们并没能预见“胜利”的到来，即使他们后来雇用了改写历史的团队来祝贺他们自己的洞察力和决心。在柏林墙倒塌

前四周，里根的苏联问题首席智囊理查德·派普斯[①]在1989年10月9日《纽约时报》发表了一篇题为《俄国人仍在推进》的评论，宣称戈尔巴乔夫[②]的改革是一种旨在让西方沉睡，从而使苏联的共产主义可以追求新的全球扩张浪潮的策略。派普斯写道，“利用在其支配之下的所有宣传手段”从而“达到模糊苏联作为敌对势力形象的预期效果”，戈尔巴乔夫的改革将“以牺牲美国的盟友为代价”，让苏联及其“在柬埔寨、安哥拉、尼加拉瓜和阿富汗的盟友”发展壮大。乔治·威尔[③]和其他人经常称赞派普斯在“冷战”议题上的天才和先见之明，
373 而派普斯在他自己的哈佛大学校园里也不会错过任何一个机会来确认他在整个“冷战”期间的预测都非常准确。他把这归功于对克里姆林宫政策的学术研究主导潮流，而不是自由主义左翼的谎言。

1989年1月，新保守主义的旗舰刊物《评论》发表了让-弗朗索瓦·雷维尔[④]的文章《共产主义是可逆的吗？》那篇文章轻率地扼杀了共产主义世界转向任何形式民主的希望：“尽管在西方有那么多人把这看作为一个非常简单的过程，我们仍然无法找到一个完整的共产主义可逆性实例。”在此之前10年，珍妮·柯

---

① 理查德·埃德加·派普斯（Richard Edgar Pipes，1923—2018），波兰裔美国学者，研究俄罗斯历史，特别是苏联历史。1976年，他领导一个由中央情报局组织的被称为B组的分析小组，专门分析苏联军事和政治领导层的战略能力和目标。

② 米哈伊尔·谢尔盖耶维奇·戈尔巴乔夫（1931—），他在1985年至1991年间担任苏联总书记、总统，推动苏联的经济、政治和军事等多项领域体制改革。

③ 乔治·弗雷德里克·威尔（George Frederick Will，1941—），美国政治评论家。乔治·威尔定期为《华盛顿邮报》撰写专栏，并为NBC新闻和MSNBC提供评论。他获得过1977年的普利策评论奖等诸多奖项。

④ 让－弗朗索瓦·雷维尔（Jean-François Revel，1924—2006），法国记者、哲学家，1998年6月起为法兰西科学院院士。他年轻时是一名社会主义者，后来成为欧洲古典自由主义和自由市场经济的杰出支持者。

克帕特里克[①]在为《评论》发表过一篇题为《独裁与双重标准》的文章，曾被广泛认为是知识界对里根政府外交政策最具影响力的力作。她在文章中辩称有理由支持甚至是充满血腥的右翼独裁政权，因为在她看来，他们可能会朝着民主的方向发展，而共产主义政权将一直冻结在极权主义的方式之中。里根高度评价了她的论点，并任命她担任美国驻联合国大使，而她在那里则经常为对农民和政治叛乱分子进行大规模酷刑和屠杀的中美洲和其他地方的美国盟友们辩护。即使是强奸、谋杀修女或大规模屠杀耶稣会牧师也不会让柯克帕特里克和里根的团队与他们的右翼独裁盟友决裂。

别去关注那些知识界和政策的背景，各种政治流派只是想宣告取得了“冷战”的胜利，但一个坚定的少数派却在担心没有了敌人的美国可能会陷入长期的颓废并丧失国家的目标。在20世纪的早期，门肯[②]曾发现美国似乎在寻找敌人时情绪高涨，而那些敌人中有一些是真实的，但很多是虚假的：

“这个国家的整个历史就是一部戏剧化地追赶一群巨大怪兽的历史，其中有一些是想象出来的：穿红色军装的英国人，银行，天主教

---

① 珍妮·杜安·柯克帕特里克（Jeane Duane Kirkpatrick，1926—2006），美国外交家和政治学家，在罗纳德·里根政府的外交政策中发挥了重要作用。她是一名狂热的反共主义者，在罗纳德·里根（Ronald Reagan）1980年竞选时担任外交政策顾问之后，她成为第一位担任美国驻联合国大使的女性。她以“柯克帕特里克主义”（Kirkpatrick Doctrine）而闻名，主张支持世界各地的独裁政权，前提是它们与华盛顿的目标保持一致。她认为可以通过榜样的作用引导独裁政权走向民主。

② 亨利·路易斯·门肯（Henry Louis Mencken，1880—1956），美国记者、散文家、讽刺作家、文化评论家、美式英语学者。他广泛评论社会舞台、文学、音乐、著名政治家和当代运动。他犀利地抨击那些他认为愚蠢、伪善的现象以及美国社会生活中文化的匮乏。在他的文章和著作里，他捍卫正义、抵制偏狭；但是他的日记却表明他其实是个种族主义者和反犹太主义者。

> 徒，西蒙·列格里[①]，奴隶主的权势，杰弗逊·汉密尔顿·戴维斯，摩门教派，华尔街，朗姆酒恶魔[②]，约翰牛，富豪的地狱猎犬，信托，韦勒[③]将军，‘潘乔’·维拉[④]，德国间谍，扮演多重角色，凯撒皇帝，布尔什维克主义。这份清单可以无限制地加长，可以用它来撰写一部完整的共和国编年史而不会遗漏任何一个重要的场面。”

以《谍网迷魂》而闻名的间谍惊悚小说家理查德·康登[⑤]解释说，“现在共
374 产党人已经入睡了，我们将不得不发明出另一个可怕的威胁”。哈佛大学的政治科学家，曾在吉米·卡特总统的国家安全委员会中负责安全策划的塞缪尔·亨廷顿[⑥]公开谴责了“西方的自由主义在没有了马克思列宁主义那样具有系统思想

---

① 西蒙·列格里（Simon Legree），《汤姆叔叔的小屋》里的大反派。他里是一个残忍的奴隶主，他的目标是使汤姆灰心丧气，使他丧失信念。

② 1919年1月16日通过的《美国〈宪法〉第十八修正案》，主要内容是禁止致醉酒类的酿造和销售。在推动《美国〈宪法〉第十八修正案》立法过程中的宣传，将酒指认为万恶之源。朗姆酒就成了恶魔。

③ 瓦莱里亚诺·韦勒·尼可劳（Valeriano Weyler y Nicolau，1838—1930），西班牙将军和殖民统治者，曾任菲律宾和古巴总督。

④ 弗朗西斯科·“潘乔”·维拉（Francisco "Pancho" Villa，1878—1923），墨西哥革命将军，墨西哥革命最杰出的人物之一。他塑造了自己作为国际知名革命英雄的形象，在好莱坞电影中饰演自己，并接受外国记者的采访，其中包括约翰·里德。

⑤ 理查德·托马斯·康登（Richard Thomas Condon，1915—1996）是一位多产的美国政治小说家。虽然他的作品是讽刺的，但在其他媒体，如电影中，它们通常被转换成惊悚片或半惊悚片。

⑥ 塞缪尔·菲利普斯·亨廷顿（Samuel Phillips Huntington，1927—2008），美国政治学家、顾问、学者。他在吉米·卡特（Jimmy Carter）担任总统期间，担任国家安全委员会（National Security Council）安全规划的白宫协调员，为当时国家安全事务顾问布热津斯基的左右手。他最著名的理论是1993年的“文明冲突”理论，即“冷战”后的世界新秩序。他认为，未来的战争将不是国家之间的战争，而是文化之间的战争，伊斯兰极端主义将成为世界和平的最大威胁。亨廷顿被认为帮助塑造了美国对文武关系、政治发展和比较政府的看法。

体系的竞争意识形态挑战的情况下所出现的衰败。分裂和多元文化主义现在正在蚕食作为约束美国社会基石的整体思想和哲学”。对于新保守主义者欧文·克里斯托尔①来说，“多元文化主义和纳粹主义与斯大林主义一样，是一场‘反对西方的战争’”。美国在1965年后实行的移民改革导致了来自亚洲和拉丁美洲的移民浪潮。多元文化主义的意识形态认为，那些文化应在学校的课程中得到相对平等的待遇。而在多元文化主义的某些版本中，西方应对奴隶制、帝国主义和法西斯的野蛮行径等历史罪行负有责任。

对于克里斯托尔来说，自由主义正助长着多元文化主义，他大义凛然地提出那应当就是新的敌人。美国的资本主义可能在意识形态和经济领域赢得了反对共产主义的战争，但胜利的果实却被美国自由主义的贪婪过度给挥霍了。克里斯托尔在一次庆祝“冷战”结束的会议上解释说，他发现反对共产主义是显而易见的，而且太容易了，持不同政见的自由主义者莱昂内尔·特里林②则看到了更深层的现实：“自由主义的肮脏的小秘密是在其进步的形而上学中存在的那些本质上是腐烂的东西，那些东西将导致想象力的贫乏和精神的干涸。”事实上，他承认“我越来越加以关注的是在美国社会中萌发的腐败和颓废的明显迹象——腐败和颓废不再是自由主义的结果，而是当代自由主义的真实目标”。克里斯托尔再次确认真正的敌人总是自由主义，他很高兴有机会回到这个更为长

---

① 欧文·克里斯托尔（Irving Kristol，1920—2009），美国记者，被誉为“新保守主义教父”。作为各种杂志的创始人、编辑和撰稿人，他在过去半个世纪的知识分子和政治文化中发挥了重要作用。在他死后，《每日电讯报》将他描述为“也许是20世纪下半叶最有影响力的公共知识分子”。

② 莱昂内尔·末底改·特里林（Lionel Mordecai Trilling，1905—1975），美国文学评论家、短篇小说家、散文家，20世纪美国著名社会文化批评家与文学家，他追踪了文学在当代文化、社会和政治方面的影响。他生前为美国哥伦比亚大学著名教授，“纽约知识分子”群体的重要成员。

久的战场：“我的‘冷战’还远未结束，它的力度已经增强，因为从一个部分到另一个部分的美国人的生活已经被自由主义的社会思潮所侵蚀腐败。”注意到美国的资本主义倾向于宣扬对物质的极度崇尚，而只有“冷战”才能抑制那种胃口，英国《每日电讯报》的佩雷格琳·沃斯索恩[1]承认，“与军事上的对抗相比，在理性上对共产主义感到担忧就像一条巨大的红色鲱鱼，它转移了对自由主义的理性关注，而那是一个对文明更为危险的敌人。”

在里根的年代，“自由主义”一词染上了臭味，马萨诸塞州州长迈克尔·杜
375 卡基斯[2]在1988年与乔治·布什竞选总统时寻求与自由主义的传统保持距离，但收效甚微。在20世纪90年代，一个右翼“谈话电台”的新闻网络继续进行着针对自由主义的“24/7”战争，把20世纪50年代反共产党人的那一套东西全都倾倒在自由主义者的头上。《评论》杂志的诺曼·波德霍雷茨[3]誓言将“挑战污染了我们所有人呼吸的精神和文化空气的左翼文化统治，并将全心全意、全力以赴与之斗争”。

为了实现美国的精神复兴，新保守主义的领军人物争辩说美国必须重新致力于一个具有历史意义的全球项目。20世纪90年代末，“新美国世纪项目”

---

① 佩雷格琳·沃斯索恩（Peregrine Worsthorne，1923—）英国记者、作家和广播员。沃斯索恩职业生涯的大部分时间都是在《每日电讯报》上度过的，他是《每日电讯报》的编辑。1991年，沃斯索恩因对新闻业的贡献获得了爵士头衔。

② 迈克尔·杜卡基斯（Michael Dukakis，1933—），美国政治家，民主党成员。曾任马萨诸塞州州长（1975—1979，1983—1989），是马萨诸塞州在任时间最长、政绩最卓著的州长之一。同时，杜卡基斯是1988年美国总统大选民主党总统候选人，但负于乔治·赫伯特·沃克·布什。

③ 诺曼·波德霍雷茨（Norman Podhoretz，1930—）美国新保守主义评论家，《评论》杂志撰稿人。波德霍雷茨最初是一位坚定的自由主义者，当他接管《评论》杂志时，他的评论转向了左翼。然而，随着20世纪60年代的过去，他对新左派的批评越来越多，并逐渐向右靠拢。到20世纪70年代，他是新保守主义运动的主要成员。他是1997年成立的“新美国世纪计划”《原则声明》的最初签署人之一。

（PNAC）[①]呼吁将萨达姆·侯赛因从伊拉克的权力高位上驱逐出去，这一干预将为中东的民主化提供平台。PNAC在2000年9月发布的一份题为《重建美国的防御：新世纪的战略，力量和资源》的文件中宣称，自里根时代以来美国一直对“军需采购放假”，而这可能需要“一些灾难性的或具有催化作用的事件的发生，譬如一次新的珍珠港事件”，才能让国家从因自由主义的背信弃义和克林顿的自满自足而引发的沉睡中苏醒过来。随着波音767和波音757喷气式飞机撞入了双子塔高楼和五角大楼，那些忠实于PNAC，不久前还将这种“催化事件”视为一种不太可能发生的情况的人，得到了他们的“新珍珠港事件”。

经济紧缩和劳工运动的沉沦

在第二次世界大战战后的初期，杜鲁门政府对于迅速削减军费开支将使美国重新陷入大萧条时的经济困境的可能性感到非常紧张。随着美国国家安全目标和计划书的制订（NSC-68）和朝鲜战争的爆发，美国开始实施持久的战争经济，采取的措施将让美国能够在世界范围内投放军力，并为国内经济提供刺激。

① “新美国世纪计划”（Project for the New American Century，PNAC）是创建于1997年的“新保守主义”智囊库，大本营设在美国首都华盛顿。“新美国世纪计划”是“提升美国的全球领导地位”。该组织表示，“美国的领导作用对美国和世界都有好处”，并寻求为“一个具有军事实力和道德清晰度的里根主义政策”提供支持。其主要成员包括后来的副总统迪克·切尼、国防部部长唐纳德·拉姆斯菲尔德和副部长保罗·沃尔福威茨，企业界巨头福布斯，还有布什的弟弟。这个机构有一个非常清晰的目标：要确保二十一世纪是美国世纪，就应该加强对中东石油的控制，以油制欧，以油制亚。

“冷战”的结束带来了很多关于和平红利的讨论。威廉·杰斐逊·克林顿[①]在1992年总统竞选期间曾频繁地提出将对国家的“基础设施”进行升级，并设法找到途径为3 800多万没有健康保险的美国人提供健康保险，但他很快就失去了利用和平红利进行社会重建的决心。克林顿可能是被国会中崛起的共和党右
376 翼所牵制，他对财政部部长罗伯特·鲁宾[②]出自华尔街的经济秘方感到痴迷，鲁宾让总统的注意力集中到减少赤字上。受到股票市场不断攀升的鼓舞，克林顿带领美国走出了里根－布什时代赤字的泥潭。到20世纪末时，民主党内的活动家们谈论的是“财政盈余”而不是十年前的“和平红利”了，因为那将有助于支撑社会保障，并可能完成一些宏伟的国家项目。

在20世纪80年代早期，白宫管理和预算办公室（O.M.B.）主任大卫·斯托克曼[③]曾向记者承认，里根政府对赤字的支持是以限制社会服务支出的策略为基础的。通过同时推动国防开支的增加和对富人收入的减税，里根的团队可以积累赤字，然后用来证明减少对卫生和人类服务预算拨款的合理性。当美国最高法院宣布乔治·W.布什成为2000年总统选举的胜利者时，他回到了里根计划，通过大幅减税来抵消潜在的盈余，而从减税中获利的主要是最富有的那些人。随着“9·11”事件危机的爆发，他可以更自由地将原本会减少的预算资源拨给五角大楼。然而，布什无法更多地削减健康和人类服务的支出，这让他的一些

① 威廉·杰斐逊·克林顿（William Jefferson Clinton，1946—），美国律师、政治家，美国民主党成员，曾任阿肯色州州长、全美州长联席会议主席、联合国海地事务特使、克林顿基金会主席、第42任（第52届、第53届）美国总统。

② 罗伯特·爱德华·鲁宾（Robert Edward Rubin，1938—）美国银行家，在克林顿时期担任第70任美国财政部部长。鲁宾曾供职高盛26年，从普通交易员开始一直升职到了高层。

③ 大卫·艾伦·斯托克曼（David Alan Stockman，1946—），美国政治家、前商人，曾于1977年至1981年任密歇根州共和党众议员，1981年至1985年任罗纳德·里根总统时期的管理和预算办公室主任。

怀念里根的支持者们指责布什背叛了竞选的初衷。

过去20年中所有联邦支出忽视了一个问题，那就是有很大一部分中产阶层和劳工阶层的经济状况恶化了。所有这一切之所以会发生的一个重要因素是工会成员的减少。1970年时工会成员占美国劳工总数的29.6％，到2003年底时下降到了12.9％，2014年时下降到了11.1％。在2003年时，美国劳工中的工会成员的平均每周收入中位数比非工会成员同行要多出27％，比拉丁美洲来的劳工要多出51％，而拉丁美洲来的劳工发现自己被大批推入“汗流浃背”的劳动环境。

在20世纪60年代末和20世纪70年代初期，劳工们曾表现出一种激进的态度，这震惊了企业高管甚至许多工会的领导人，他们无法控制劳工们自行发起的罢工。1970年时，涉及1 000名以上工人的停工事件共有381起，导致了52 761 000工作时日的闲置。1974年时，这个数字依然很严峻：1 000名以上工人的停工事件共有424起，导致31 809 000工作时日的闲置。但是到了2002年时，美国劳工运动只能召集起19次1 000名以上工人的停工事件，总共只有66万工作时日的闲置，2003年时减少到了只有14次大规模停工事件。在经济衰退的 377
2009年中仅发生了5次大规模的罢工，而在2014年时略有反弹，达到了11次。作为美国劳工武器的罢工似乎正走向几乎灭绝的境地。面对几乎不存在的劳工阶层战略力量的挑战，企业继续将员工的工资和福利向下推降。

需要一篇单独的论文来解释工会成员的密度是如何降低的，而罢工武器又是如何钝化的。然而20世纪60年代末和20世纪70年代初期的一些罢工激起了要求国家和企业对拒不合作的工人予以反击的呼吁。1968年2月纽约清洁工人的罢工使那个城市充斥着冻干了的、害虫野物肆虐的大堆垃圾；美国通用电气公司在1969年至1970年期间发生的罢工使美国第四大的雇主陷入瘫痪；1970年尼克松试图通过召集国民警卫队、陆军和空军预备役人员来制服邮政罢工，但被召集的人中有许多人选择推卸让他们充当工贼的职责。通用电气公司的高管们哀叹说，罢工者不仅一直可以使用工会的罢工基金，而且可以使用政府的福利待遇来帮助自己渡过难关。通用电气公司的首席执行官托马斯·李维勒（Thomas Litwiler）说出了雇主们的恐惧："这是令人难以置信的情况。罢工者们依靠福利待遇可以生活得相当不错……"。

通用电气公司的全国大罢工持续了101天，估计从公共资金中获得了3 000万美元的援助，这包括了食品券、失业救济金和福利援助，相当于美国劳工联合会一产业工会联合会从特别罢工基金中提供援助的十倍，从而推动了罢工运动。仅在马萨诸塞州的2万名罢工人员中就有5 000多人依靠福利金提供的援助坚持了下来。当后来罢工进入了建筑业以后，工人的工资继续获得上涨，美国劳工部部长乔治·舒尔兹[1]宣称："这样做必定会导致灾难。""美国的最后一位自由派总统"理查德·尼克松试图通过对各种监管进行改革来平息一些工人和活动分子的骚动，例如职业安全与健康法案、环境保护局、消费者产品安全委员会，以及矿山执法和安全管理局等。尼克松的叛离让最为保守的那些人感到震惊，正如中左翼的共和党参议员休·斯科特[2]轻声自嘲道："我们（自由派）采取了行动，而保守派则有机会发表了豪言壮语。"

1972年组成的商业圆桌会议，是制定企业对劳工运动更加统一的应对举措，并扩大国家福利监管触角的重要一步。一些有名望的知识分子建议，除了
378 工人运动之外，其他方面也必须加以限制。民主党人塞缪尔·亨廷顿在他哈佛教授的栖息地诊断出了由"人口中以前处于被动状态或无组织的群体"所造成

---

① 乔治·普拉特·舒尔茨（George Pratt Shultz，1920—），美国政治家和经济学家，曾任美国劳工部部长（1969—1970）、管理和预算委员会主任，美国财政部部长（1972—1974）和第60任美国国务卿（1982—1989）。

② 休·道格特·斯科特（Hugh Doggett Scott Jr.，1900—1994），美国律师、政治家。作为共和党成员，他在美国众议院和参议院都是宾夕法尼亚州的代表。1969年至1977年，他担任参议院少数党领袖。

的“民主的瘟疫”和“民主的危机”，这包括“黑人族群、奇卡诺人族群、白人族群、学生和女性，”他们“现在已经开始协同努力，以确保他们对机遇、职位、奖励和特权的要求，而那些都是他们以前认为自己无权获得的东西”。他断定公众具有挑战“政府运作过程不可避免的属性——等级制度、强制性、纪律性、保密性和欺骗手段的合法性”的意愿，他总结道：“民主政治系统的有效运作通常需要某些个人和团体某种程度的冷漠和不参与”。由大卫·洛克菲勒[①]于1973年创立的三边委员会后来有多人加入了卡特政府的领导核心。在提交给三边委员会的一份报告中，亨廷顿的诊断遭到了被边缘化了的极右翼和极左翼的强烈批判。

随着去工业化的势头越来越大，进步的劳工积极分子对《汉弗莱－霍金斯充分就业法案》[②]获得国会通过抱有了希望，劳工历史学家杰斐逊·考伊[③]认为那个法案可能“会将白人和黑人的劳工阶级利益结合在一起”。但是在他看来，这项法案“让吉米·卡特和国会彻底摆平了劳工阶级”。1978年，联合汽车工人

① 大卫·洛克菲勒（David Rockefeller，1915—2017），美国银行家，大通曼哈顿公司董事长兼首席执行官。洛克菲勒家族第三代成员。他以广泛的政治关系和海外旅行而闻名，其间他会见了许多外国领导人。他创建的三边委员会（The Trilateral Commission）是由北美、西欧和日本三个地区14个国家的学者以及政经要人联合组成的国际性民间政策研究组织，旨在促进日本、西欧和北美之间更紧密的合作。

② 《汉弗莱－霍金斯充分就业法案》，又称《充分就业和平衡增长法案》，该法案规定了创造临时政府工作以减少失业的措施，就像大萧条时期所尝试的那样。该法案还鼓励政府制定一项健全的货币政策，将通胀降到最低，并通过管理流通中的货币数量和流动性，推动充分就业。

③ 杰斐逊·考伊（Jefferson Cowie），范德堡大学历史系教授，著有《大例外：新政与美国政治的局限性》（The Great Exception: The New Deal and the Limits of American Politics）。

联合会（UAW）的道格拉斯·弗雷泽[①]辞职离开了约翰·邓洛普[②]的劳工管理集团，那是一个在尼克松政府时期成立的旨在鼓励工人与企业达成共识的机构，他注意到企业对劳工运动的新的反制开始变得越来越强势："我认为商界的领导者们，除了少数人以外，现在选择在这个国家里发起一场单方面的阶级战争，一场针对劳动人民、失业者、穷人、少数民族，非常年轻和非常年老的人，甚至是我们社会中产阶级中的许多人的战争。"弗雷泽的愤怒是因为商界成功地阻挠了劳动法改革法案的通过而引起的，对此他曾说道：

> "那是一个非常温和、公平的立法，只有那些不守法的公司才需要担心。劳动法改革本身不会将任何一个工人组织起来。相反，它将开始限制的是那些流氓雇主通过拖延或直接违反现行劳动法来阻止工人民主选择让工会代表他们的能力。"吉米·卡特新任命的联邦储备委
> 379 员会主席保罗·沃尔克[③]将向工人们传递初始的打击。沃尔克大幅提升

① 道格拉斯·安德鲁·弗雷泽（1916—2008），苏格兰裔美国人。他担任美国汽车工人联合会（United Auto Workers）主席（1977—1983），并在韦恩州立大学（Wayne State University）担任劳工关系副教授多年。1979年，他大力游说美国国会提供贷款，并说服工人做出让步，使克莱斯勒免于破产。

② 约翰·邓洛普（John Dunlop，1914—2003），美国行政管理学家、劳工学者。邓洛普于1975年至1976年间担任美国劳工部部长。他曾于就职于哈佛大学，1961—1966年任经济系主任，1969—1973年任文理学院院长。邓洛普在战后的美国被公认为工业关系领域最具影响力的人物。虽然邓洛普最初是一位劳动经济学家，后来又在哈佛大学担任教务长，但从富兰克林·D.罗斯福（Franklin D. Roosevelt）到比尔·克林顿（Bill Clinton），他在历届美国总统任期内都担任过顾问。在第二次世界大战后，他调解和仲裁了许多行业和一系列问题的争端。他的"劳资关系体系"框架对劳资关系的研究也产生了影响。

③ 保罗·阿道夫·沃尔克（Paul Adolph Volcker Jr.，1927—），美国经济学家。1979年8月至1987年8月，他在吉米·卡特和罗纳德·里根总统任内担任美联储主席。人们普遍认为，他结束了20世纪70年代和80年代初美国出现的高通胀。2009年2月至2011年1月，他担任巴拉克·奥巴马总统领导下的经济复苏咨询委员会主席。

了利率，暗示被宠坏的工人现在需要面对经济衰退了，而这很快就会成为20世纪30年代以来最严重的衰退。沃尔克于1979年10月17日在美国国会联合经济委员会的证词中断言，“普通美国人的生活水平必须下降，我不认为任何人能够逃避……”

前演员工会领导人罗纳德·里根使劲吞下了沃尔克的良药，很快就将一大批反工会的积极分子任命到了联邦法官和国家劳工关系委员会的职位上去了，他们将向大部分有组织的劳工发起致命的打击。当然，里根最引人注目的行动是他在1981年解雇了所有罢工的空中交通管制员，而对劳工最大的伤害来自常规化了的不执行劳动法和尼克松任期内扩展了的监管框架。

这让人模糊地联想到阿富汗“圣战”中的模式，那个模式由卡特的民主党人所制定，然后由“里根的牛仔们”所完成。华盛顿在一场同样带有团队标签类型的两党合作的操作中熄灭了劳工的希望。基本情况是卡特政权开始了对劳工阶级权力的某些基础进行限制，然后里根的人挥舞着电锯完成了那项工作。美国劳工组织领导人曾以为民主党人会以某种方式来拯救他们的命运，但事实证明那只是幻想。道格拉斯·弗雷泽在反对眼下正在进行的“单方面的阶级战争”的爆发中暗示说，不能再依赖罗斯福的政党了。弗雷泽指出，“除了博茨瓦纳之外，世界上没有一个民主国家的选民参与率低于美国。共和党依然受到商业利益的控制，而民主党则受到商业利益的巨大影响。现实情况是，作为政党两者都很软弱且无效。由于商业利益的支配地位，他们之间没有明显或明确的意识形态差异。”在谈到参与投票的“阶级倾向”时，他补充说，“与工人相比，富人的投票率大约高出50％。与贫困人口、黑人、年轻人和西班牙裔人相比，有钱人的投票率要高出90％至300％。”

即使消除了投票障碍，弗雷泽仍然怀疑，由于当代美国政治特殊的冷漠和意识形态倾向，选举会对社会的改变产生巨大的影响。例如，在2000年的总统

大选中，全国最贫穷的那个县有将近80％的票投给了工会讨厌的乔治·布什，
380 他的得克萨斯生牛皮式的竞选风格吸引了贫穷的农村白人，并将人们对道德和文化的堕落所产生的不满转而对抗势利且好莱坞星光熠熠的民主党阵容。在2004年的大选中，被称为“布什大脑”的总统首席竞选策略家卡尔·罗夫[1]动员了数百万崇敬上帝的基督教福音派人士抵制会讲法语的伪艺术家约翰·克里[2]当选，克里试图表明他曾担任过祭坛男孩并一直参加天主教会的弥撒，但这并未能打动正蜂拥而至的道德派多数。在艾奥瓦州的初选中，一个臭名昭著的右翼广告展示了将会击败克里的那种怨恨。那个广告指责自由派的佛蒙特州州长霍华德·迪恩[3]是一个“寻求增加征税、扩张政府，喝咖啡、吃寿司，开沃尔沃车，读《纽约时报》，耳鼻穿孔，喜爱好莱坞和左翼怪胎秀”的人。

在20世纪90年代克林顿当政时期，民主党人可能由于采取了严厉的监禁政策而侵蚀了他们的部分选民基础，并对“公民死亡”的形成产生了影响。由于对非洲裔美国人、拉丁美洲裔美国人和城市贫民实施了严格的毒品量刑法，克林顿团队使美国成了世界人均监禁人数最高的国家，美国的囚犯人数从1993年的1 351 000名增加到2002年中期的2 019 234名。2013年时，美国的监狱人口为2 305 900人（各州和联邦监狱关押了1 574 700名囚犯；另有731 200人被关

---

① 卡尔·克里斯蒂安·罗夫（Karl Christian Rove，1950—），美国共和党政治顾问、政策顾问。在2007年8月31日辞职之前，他是小布什政府的高级顾问和副参谋长。他曾在1994年和1998年帮助小布什赢得在得克萨斯州的州长选举，并在2000年和2004年帮助小布什成功竞选总统。小布什在他2004年的竞选胜利演说中称罗夫为“架构师”。

② 约翰·福布斯·克里（John Forbes Kerry，1943—），美国政治家，第68任国务卿，马萨诸塞州参议员。克里于2004获民主党提名为该党2004年美国总统选举的候选人。2008年12月，克里当选为美国参议院外交委员会主席。2013年1月29日，接替希拉里出任新一任美国国务卿。

③ 霍华德·布拉什·迪恩三世（Howard Brush Dean Ⅲ，1948—），美国医生、作家、退休政治家，1991年至2003年担任佛蒙特州州长，2005年至2009年担任民主党全国委员会（DNC）主席，现任政治顾问和评论员。

在县和地方监狱之中）。美国的人口占世界人口总数的5％，但美国的监狱人口占了全球监狱人口总数的25％。1991年时有3 437 000名美国成年人曾在州或联邦监狱中服过刑。到2001年时，这个人数已经达到了5 618 000人，这还不包括数百万在当地监狱中服过刑的人。共和党人认识到，在美国的许多州里可以剥夺重罪犯的投票权，他们采用了执行“公民死亡”这一至关重要的策略从而在佛罗里达州帮助布什取得了选举的胜利。众所周知，和蔼可亲的克林顿会对那些向他挑战软化禁毒政策或使大麻合法化的人大发雷霆。

与此同时，国内单边的阶级斗争有着与国外的经济政策相对应的部分。自20世纪80年代初以来，公共企业的贸易自由化和私有化一直在被称为华盛顿共识的旗帜下进行着。于20世纪90年代制定的《北美自由贸易协定》[1]、世界贸易组织[2]以及后来的美洲自由贸易区[3]是为供奉华盛顿共识[4]而设置的机构和框架。商业圆桌会议国际贸易和投资工作小组主席哈罗德·麦格劳三世[5]引用世界银行的估 381

---

① 《北美自由贸易协议》（North American Free Trade Agreement，NAFTA）是美国、加拿大及墨西哥在1992年8月12日签署的关于三国间全面贸易的协议。该协议由美、加、墨 三国组成，经过几年协商，在1994年1月1日正式生效。2018年12月，美国与墨西哥和加拿大两国首脑签署的《美国－墨西哥－加拿大协定》（USMCA），北美自由贸易协议终止。

② 世界贸易组织（World Trade Organization，WTO），前身是前身是《关税与贸易总协定》，是当代最重要的国际经济组织之一，拥有164个成员，成员贸易总额达到全球的98%，有“经济联合国”之称。

③ 美洲自由贸易区（The Free Trade Area of the Americas，FTAA）是一项拟议的协定，旨在消除或减少古巴除外的所有美洲国家之间的贸易壁垒。但是由于各国在建立自由贸易区的问题上存在较大分歧，并未达成协议。

④ 华盛顿共识（Washington Consensus），是指20世纪80年代以来位于华盛顿的三大机构——国际货币基金组织、世界银行和美国政府，根据20世纪80年代拉丁美洲国家减少政府干预、促进贸易和金融自由化的经验提出来并形成的一系列政策主张。

⑤ 哈罗德·惠特西“特里”麦格劳三世（Harold Whittlesey“Terry”McGraw Ⅲ，1948—），美国商人。他是国际商会主席，在世界舞台上对贸易问题非常积极。他曾担任商业圆桌会议主席，这是一个由美国公司首席执行官组成的协会。

计，到2015年时，消除贸易壁垒“可为世界经济增加28 000亿美元的价值，其中15 000亿美元将增加在发展中国家之中，将使3.2亿人口摆脱极端贫困的状态”。

然而，在“华盛顿共识”广泛扩展以来的几十年中发生了什么？1980年，最富有的10％的国家的中位数收入比最贫穷的10％的国家高出77倍。到1999年时，这个数值已经增长到了122倍。在“华盛顿共识”达成之前，拉丁美洲和加勒比地区从1960年到1980年的人均国内生产总值增长了75％。但从那以后，拉丁美洲和加勒比地区的人均国内生产总值在接下来的20年中停滞不前，总增长率仅为7％。从1960年到1980年经历了34％的总体增长后，撒哈拉以南的非洲大陆实际上在接下来的20年中下跌了15％，而1960年到1980年的那个年代曾被认为繁重的关税和过度的监管扼杀了商机。在2002年至2008年，原材料价格的飙升让撒哈拉以南的非洲大陆享受了2.5％的人均GDP年增长率，而GDP总量的增长则更为壮观。

现在看来富裕国家在释放自由市场方面表现得相当不错。但可惜的是大多数获利都流向了社会中最富有的那一块。据《商业周刊》报道，1980年时大型企业首席执行官的收入比美国工人的平均收入高出42倍，到1990年时高出了85倍，到2000年时高出了531倍。当民主党人控制白宫时发生了对劳工利益的巨大侵蚀。比尔·克林顿设计通过了北美自由贸易协定以及有利于执行官们股票期权的新立法。首席执行官与美国普通工人的工资比从1991年的113：1飙升至克林顿任期结束时的449：1。学者卢西恩·伯切克①和杰西·费里德②解释说，1992年至2000年“标准普尔500指数公司首席执行官的平均实际（通货膨胀调

① 卢西恩·伯切克（Lucian Bebchuk，1955—），哈佛大学法学院教授，主要研究经济学和金融学。他与杰西·费里德合著了《无功受禄：审视美国高管薪酬制度》一书。

② 杰西·费里德（Jesse Fried），加州大学伯克利分校法律、商业和经济中心的副主任，法学教授。

整后的）工资增加了四倍多，从350万美元攀升至1 470万美元。基于期权的薪酬增加占了收益的绝大部分份额，在此期间，首席执行官的股票期权价值翻了9倍”。同时，国会预算办公室报告说，从1979年到1997年，处于最低五分之一水平的平均家庭收入从9 300美元下降到了8 700美元，而最高1％的平均家庭收入从256 400美元飙升至644 300美元。处于中间五分之一的家庭收入勉强从
31 700美元上升至33 200美元。是的，有人在华盛顿共识的成功中收获丰硕，但 382
显然不是蓝领的劳工大众。

这个时代的新亿万富翁的富有导致了争夺游艇战争的爆发，美国的软件贵族们、俄罗斯的石油寡头们和阿拉伯的王子们争夺着世界历史上最大的私人游艇。微软的保罗·艾伦①拥有一艘名为“章鱼”，长达413英尺的游艇，它被一位竞争对手称为“航空母舰”。他的巨型游艇估计耗资2亿美元，差不多需要250 000美元才可灌满游艇的油箱，它有两个直升机着陆甲板，一个最先进的音乐工作室和一个为最新电影设置的放映室。据报道，甲骨文的拉里·埃里森②以6 800万美元的要价出售了他的244英尺游艇“卡塔娜”（后改名为“恩尼格玛”），这样他就可以腾出地方来容纳一条新的452英尺长的游艇“旭日”，那条游艇取代了“章鱼”作为世界上最大游艇的地位。随后，马克图姆酋长③建造了一艘名为“迪拜”，长达531英尺的游艇，但随后俄罗斯的资本家罗曼·阿布拉莫

---

① 保罗·艾伦（Paul Allen，1953—2018），美国企业家，Vulcan Inc.的创始人、主席，与比尔·盖茨创立了微软公司的前身。保罗·艾伦是世界上最富有的人之一。到2006年，他在福布斯杂志排名第六，拥有资产大约227亿美元，其中50亿是微软股票。

② 拉里·埃里森（Larry Ellison）是世界上最大数据库软件公司甲骨文的老板，2019年3月，拉里·埃里森以625亿美元财富排名2019年福布斯全球亿万富豪榜第7位。

③ 谢赫·穆罕默德·本·拉希德·阿勒马克图姆（Sheikh Mohammed bin Rashid Al Maktoum，1949年—），阿拉伯联合酋长国副总统兼总理，迪拜酋长国第10任酋长。

维奇[1]建了一艘536英尺长的游艇“日蚀”超过了他。在谢赫·哈利法·本·扎耶德·阿勒纳哈扬哈利法·本·扎耶德·阿勒纳哈扬酋长[2]建造了597英尺长的超级游艇“阿扎姆”之后，一位匿名的亿万富翁已经开始在建造728英尺长的“三重平手”，这艘价值十亿美元的游艇明确地要设计得如此之大，以至于任何王子或资本家都无法再超越它。德国卢尔森造船厂[3]的销售总监迈克尔·布雷曼（Michael Breman）曾在2004年说道，“十年前，一艘50米长的船就很大了。但现在它只是一艘普通的船。”

世界贸易组织、北美自由贸易协定和美洲自由贸易区引发了反对并抵制华盛顿共识的社会运动，在西雅图、魁北克、华盛顿和迈阿密等城市聚集起了大批环境保护主义和工会的示威者。媒体大亨康拉德·布莱克[4]将反对贸易自由化的活动分子称为“足球流氓的政治等同物”，他坚持认为“他们无法进行连贯的表达，而当他们制造混乱时，应该使用尽可能少的武力来加以消除。在讨论严肃的问题时，不应该对他们给予任何信任”。当外交评论家托马斯·弗里德曼在谴责“那些反世界贸易组织的抗议者——他们是‘地球是平的’诺亚方舟的倡导者，工会的保护主义者和寻找20世纪60年代药方的雅痞”时，他是在为大多

---

① 罗曼·阿布拉莫维奇（Roman Abramovich，1966—），俄罗斯—以色列亿万富翁商人，投资者和政治家。据《福布斯》报道，2018年阿布拉莫维奇的净资产为115亿美元，成为以色列首富，俄罗斯富豪榜第11位，世界富豪榜第140位。

② 谢赫·哈利法·本·扎耶德·阿勒纳哈扬（Sheikh Khalifabin Zayed AlNayan，1948—），阿布扎比酋长国酋长，现任阿拉伯联合酋长国总统。迪拜的哈利法塔以他的名字命名。

③ 卢尔森（Lurssen）造船厂创始于1875年，主要设计建造游艇、海军军舰和特殊船只。其制造的超级豪华游艇屡获世界大奖，在业界拥有较高的地位。

④ 康拉德·莫法特·布莱克（Conrad Moffat Black，1944—），前报纸出版商、作家，曾被判重罪。加拿大霍林格公司的前任董事长兼总裁，他自20世纪80年代冲出加拿大，进入世界新闻出版领域，曾先后接管了英国影响最大的《每日电讯报》，控制了澳大利亚报业主力军约翰·费尔法克斯集团，控制了美国数百家城镇报纸。

数北美精英们讲话。然而，即使在世界银行和国际货币基金组织内部，也有一些声音承认米尔顿和托马斯·弗里德曼的一系列政策处方导致了世界大部分地区的苦难。

被对华盛顿共识的热情所挟裹，国际货币基金组织曾试图取消资本管制，背离1944年创立时所确定的每个国家应保留某种制定其经济目标机制的原则。《国际货币基金组织协定条款》第六条允许资本管制，批准了约翰·梅纳 383
德·凯恩斯[⑤]当时关于金融市场不可信赖的论点。在20世纪90年代后期召开的三边委员会会议上，英国《金融时报》的马丁·沃尔夫几乎重复了凯恩斯的观点：“当资本市场高兴的时候，它们就会完全忽略坏的消息。而当它们受挫的时候，它们就会完全忽略好的消息。无论出现哪种情况，它们都会过度反应，并且在反应的过程中破坏东道国的稳定。即使是在柏林出席同一个三边委员会会议的亨利·基辛格也担心市场原教旨主义会对美国的许多盟友造成政治问题：

> “我相信通过庞大的经济改革计划解决货币问题已经成了一个巨大的政治问题，从而使经济问题无法解决。这意味着每一项经济提议都得通过外部世界正企图进行政治革命的棱镜而加以观察。难道西方的每一个经济机构都必须是通往其他国家的交通工具吗？……即使在那些看起来好像我们正在解决问题的国家，比如韩国，我们正在掀起一股强烈的民族主义反对情绪，这将在第二轮解决问题的过程中引起亚洲和美国之间的问题。那是欧洲和美国必须讨论的一个问题。”

---

⑤　约翰·梅纳德·凯恩斯（John Maynard Keynes，1883—1946），英国经济学家，现代经济学最有影响的经济学家之一。他的思想从根本上改变了宏观经济学的理论和实践以及政府的经济政策，他被广泛认为是现代宏观经济学的创始人，他的思想是凯恩斯主义经济学学派及其各种分支的基础。代表作为《就业、利息与货币通论》。

基辛格对“华盛顿共识”的温和异议可能是美国统治阶层更深层次分裂的预兆。随着新保守主义在乔治·布什政府内占据了上风，更加强调美国采取单方面的行动或签订双边条约，而不再依赖于第二次世界大战后建立起来的政治、军事和金融架构。感到威胁的基辛格与哈佛大学校长劳伦斯·萨默斯[①]一起参加了一系列关于维护美欧合作的秘密会议，他们认为布什采取的行动过于粗暴，而对北约和联合国的态度也带有蔑视的成分，这些都会使美欧的合作受到威胁。至少，美国帝国开明的那些人将会指出，在第一次海湾战争耗费的610亿美元中由其他国家支付了540亿美元，包括日本支付的130亿美元。第二次海湾战争需要拨款870亿美元，而估计未来几年的总计费用将超过10 000亿美元。这
384 一次，其他国家拒绝补贴布什和布莱尔的巨大冒险行动，美国支付了90％以上的费用。

20世纪初，卡尔·考茨基为了反对列宁曾提出了资本主义可能会发展他所谓的超帝国主义的理论。他的理论认为超帝国主义的合作形式将有助于在避免各个帝国之间爆发战争的情况下分享帝国主义的成果。在第二次世界大战战后初期，美国和秉持大西洋主义的欧洲统治阶级创建了一系列机构（北约、国际货币基金组织、世界银行、联合国）以强化类似的想法。布什的人开始认为那是一种制约和“旧的思维”：美国每年的军费开支是世界上第二大军力国家的6倍，美国没有必要与布什—切尼[②]所认为的欧洲的胆小鬼和第三世界的煽动者达成共识。

---

① 劳伦斯·萨默斯（Lawrence Summers，1954—），美国著名经济学家，美国国家经济委员会主任。在克林顿时期担任第71任美国财政部部长，曾任哈佛大学校长。

② 理查德·布鲁斯·切尼（Richard Bruce Cheney，1941—），昵称迪克·切尼（Dick Cheney），老布什总统的国防部长，小布什总统的副手。

在占领伊拉克时，布什的外交政策团队喜欢指出日本和德国在第二次世界大战后从法西斯军国主义过渡转向议会民主制的事实。然而，他们方便地忽略了一些重要的差异。麻省理工学院的历史学家约翰·道尔①指出，日本“没有受到试图操纵占领政策以服务于私人利益的政客的影响。但在石油资源丰富的伊拉克，外国资本有望在政治和经济领域发挥重要的作用”。在德国，美国占领当局曾警告许多美国公司将不会允许他们去接管德国的工业。如果某些美国产业对于受战争破坏的欧洲资产阶级来说太过于强势，那么那个业界在看到复苏的前景时将会受到制约。在最糟糕的情况下，某些资本主义的国家可能会陷入终极的衰退，从而使西欧更容易受到激进思潮的感染。正如美国国务院占领地区司的尤金·安德森（Eugene Anderson）在1946年2月7日的一份秘密备忘录中所解释的那样，他之所以拒绝接受派拉蒙电影公司接管德国电影业的提议是因为“派拉蒙的提议相当于经济帝国主义，只是披着一件希望协助对德国人的再教育的外衣”。他随后补充说道：

> “利用德国的失败，借用第三帝国的马克来获取对德国电影的控制权可能会被其他所有的行业模仿，而德国最终可能通过其被封闭的货币贷款来提供资金，以便将其所有的资产出售给外国人。这样的政策可能会彻底摧毁德国复兴成为一个繁荣和独立国家的可能性。这将破坏我们再教育政策的基础，并将为某种纳粹主义的复兴提供良好的 385
> 土壤。”

---

① 约翰·W. 道尔（John W. Dower，1938—），美国作家、历史学家，美国麻省理工学院历史学教授，美国艺术科学院院士，美国历史学会委员。主要研究领域是近现代日本史和美日关系，是相关领域最重要的学者之一。他的研究著作多次获包括普立策奖和美国国家图书奖在内的重要学术奖项。

在此之前两年半时，未来的美国派驻德国的高级专员约翰·麦克洛伊[①]告诉前商务部部长，罗斯福的顾问哈里·霍普金斯[②]说，“扎纳克[③]废除德国工业的提议……应当引起国务院的关注……那个提议合乎逻辑的结果将会要求盟军对德国工业和文化的持续控制，我认为那是行不通的。”相比之下，在伊拉克发生了什么？美国公司收到了巨额的无竞争的重建合同，或者在竞争性招标方面受到严格限制的安排。在应付那些因干预和重建的巨大开支而感到不安的人时，政府的辩护士们向他们保证，伊拉克的石油财富很快就会开始回流，并可以支付一个没有萨达姆的政权的开支。新保守主义者保罗·沃尔福威茨在战争开始时曾在美国国会作证时表示，“我们正在与之打交道的是一个真正可以为自己的重建相对较快地提供资金的国家。”与在德国发生的情况不同，布什政府的官员们并不担心确立美国对伊拉克经济制高点的统治地位。盟军临时管理局在2003年颁布了第39号令，除了自然资源以外，允许外国公司完全拥有伊拉克的公司和资产。盟军临时管理局还采取了特别措施来执行1987年的一项法律，禁止在公共企业中建立工会。他们利用了这项在萨达姆·侯赛因时代发明的法律拘留

---

① 约翰·杰伊·麦克洛伊（John Jay McCloy，1895—1989），美国律师、外交官、银行家、总统顾问。第二次世界大战期间，他在亨利·史汀生（Henry Stimson）的领导下担任战争部部长助理，帮助处理德国的破坏、北非战争中的政治紧张局势以及反对广岛和长崎的原子弹爆炸等问题。战争结束后，他担任世界银行行长，美国驻德国高级专员、美国大通曼哈顿银行的主席，外交关系委员会主席，沃伦委员会委员，以及从富兰克林·罗斯福到罗纳德·里根的总统顾问。

② 哈利·劳埃德·霍普金斯（Harry Lloyd Hopkins，1890—1946），美国社会工作者，第8任商务部部长，富兰克林·罗斯福总统最亲密的顾问之一。他是“罗斯福新政”的设计者之一。在第二次世界大战期间，他是罗斯福的首席外交顾问和纠纷调解人。

③ 达里尔·弗朗西斯·扎纳克（Darryl Francis Zanuck，1902—1979），美国电影制片人、制片公司经理，20世纪福克斯公司的联合创始人。

了伊拉克工会联合会和伊拉克失业者联盟的主要成员。尽管伊拉克失业人数众多，但美国分包商们仍从南亚进口了大量低工资的工人，一位伊拉克建筑经理对此甚为不满。他说道，“美国承包商们正在进口劳工，并将福利待遇扔在一边。伊拉克人的利益在哪里？”

伊拉克有着估计是世界第二大的石油储量，切尼副总统公然否认第二次海湾地区干预的动机是希望控制伊拉克的石油。新保守派的理论家威廉·克里斯托尔[①]告诉肯尼迪政府学院的听众们，切尼所关心的是法国和俄罗斯的公司将会主宰未来的伊拉克石油工业。虽然新保守主义对石油政治的兴趣可能不如美国右翼的其他部分那样强烈，但布什政府却难以让世界其他国家接受这样的解释，即这场干预仅仅是为了消除“大规模杀伤性武器”并传播民主。 386

毕竟，在哈肯能源公司的布什和哈里伯顿油田服务公司的切尼领导之下的美国政府早已被称为“石油王朝”，有8名内阁成员以及国家安全顾问本人都曾在石油行业担任过高管。但是，共和党对石油利益的特殊服务不应被视为美国政治史上的独特之作。与迈克尔·摩尔[②]以沙特为中心的关于布什式共和党人的纪录片所表现的截然不同的是，民主党长期以来一直对沙特王朝有着特殊的感情，这是从罗斯福与伊本·沙特[③]国王在美国军舰“昆西号”上的历史性会

---

① 威廉·克里斯托尔（William Kristol，1952—），美国新保守主义的领军人物，经常作为政治评论员出现在新闻网络上，并曾任新保守主义旗舰出版物《标准周刊》（Weekly Standard）的特约编辑。他为许多致力于推动“亲以色列”美国外交政策的压力团体提供建议。他是欧文·克里斯托尔（Irving Kristol）的儿子。

② 迈克尔·摩尔（Michael Moore，1954—），美国作家、演员、编剧、导演。2004年，他执导的纪录片《华氏911》（Fahrenheit 9/11）尖锐的批评布什政府的反恐和伊拉克战争政策，揭露布什家族与拉登家族政治金融关系，该片获第57届戛纳国际电影节最高奖金棕榈奖。

③ 阿卜杜拉·阿齐兹·伊本·沙特（Abdullah Bin Abdul-Aziz，1880—1953），于1932年建立沙特阿拉伯王国。1943年5月沙特与美国建交，1945年，他和罗斯福在美国“昆西号”巡洋舰上会面，美国从这次“坐在各自轮椅上的两个病人的直面交谈”中获得了自由使用波斯湾港

见开始的。在那次会见中，美国总统承诺向沙特王国提供长期的军事支持，以换取沙特的保证向美国运送大量的原油供给。吉米·卡特总统后来阐述的所谓卡特主义，就声称任何对中东石油供应的阻碍都将引发美国对那个地区的军事干预。

环保记者杰弗里·圣·克莱尔[①]曾指出，“布什政府贪图的三大石油和天然气资源——阿拉斯加石油储备、墨西哥湾和粉河盆地——都是由克林顿政府发起勘探的。”布什因为希望在北极国家野生动物保护区进行钻探而受到谴责，但克林顿早已向石油高管们交付了阿拉斯加州的国家石油储备。那个地区是被圣·克莱尔称之为“北美最大的未开发之地”，实际上“无法与北极国家野生动物保护区的神圣场地区分开来”。虽然以圣·克莱尔的话说，尼克松、福特、里根和老布什一直“不愿意或无法向石油大亨们提供这笔2 400万英亩的奖品”，但克林顿却毫不犹豫地将微笑带到了8个石油高管们的脸上。1994年他们去怀俄明州杰克逊霍尔会见正在度假的民主党总统时，他们的愿望清单上就列有这项特别的要求。在此前一年，克林顿在白宫向大西洋里奇菲尔德公司的前首席执行官路德维克·库克[②]赠送了一个巨大的会堵塞动脉的生日蛋糕，并祝愿他获得许多快乐的回报。美国当时正在成为一个SUV汽车的国家，而克林顿和戈尔将确保石油供应继续畅通。

口、修建巨型空军基地和修建横贯阿拉伯的输油管等诸多方面的特权。

① 杰弗里·圣·克莱尔（Jeffrey St. Clair，1959—），美国调查记者、作家和编辑。他是《反击》（Counterpunch）的联合主编。他还为《华盛顿邮报》《旧金山观察家》《国家》和《进步派》等杂志撰稿，他的报道集中在自然政策和军工联合企业上。他曾担任“地球之友”“净水行动计划”和“印第安人环境委员会”的环境保护组织的发起者。

② 德维克·库克（Lodwrick Cook，1928—），美国商人，他于1986成为美国第七大石油公司——大西洋里奇菲尔德公司董事长兼首席执行官。在库克的领导下，大西洋里奇菲尔德公司被誉为管理最好的美国公司，利润率几乎无人能及，股本回报率更是无人能及。他在这个职位上呆了9年，直到1995年6月退休。

随着布什入侵伊拉克后中东所出现的混乱局面，自由派电视评论员克里斯
托弗·马修斯[①]在节目中先是语气平和，然后悲楚地说道：“我们的石油怎么样
了”。即使是自由派的民主党人也会无可奈何并承认“我们的石油”绝不能受到
威胁。他们坚信他们的多边政策将比某些共和党人的单边主义政策更能确保宝 387
贵的“黑金”供应。

在21世纪，处于美国文明核心的一个更深层次的矛盾正在浮出水面。美国的文明传播已经向世界其他地区展示了它的普世愿景。也就是说，只要他们接受美国的生活方式，全世界都会过得更好。乔治·布什宣称“我们发动了一场拯救文明的战争”。然而，正如安德森[②]对那个项目所依据的掠夺性过度消费主义经济模式所作的尖锐评价，“如果地球上的所有人都拥有与北美和西欧相同数量的冰箱和汽车，这个星球将变得无法居住。在今天的全球资本生态中，少数人的特权需要许多人忍受痛苦才能持续。”

他补充道：“如果地球上所有的人只是拥有相同数量的食物，而食用的动物卡路里消耗量不到美国消耗量的一半，并且不改变任何其他物品的分配——这几乎不是一个激进的要求——地球将无法维持现有的人口生存。如果美国的食物消费量被推广至全球，人类的一半将不得不遭受灭绝——地球只能支持25亿居民的生存。”

---

① 克里斯托弗·约翰·马修斯（Christopher John Matthews，1945—），美国政治评论家、脱口秀主持人、作家。马修斯以他在MSNBC上每晚一小时的脱口秀节目《Hardball with Chris Matthews》而闻名。

② 弗朗西斯·罗里·佩里·安德森（Francis Rory Peregrine “Perry” Anderson，1938—），英国散文家、知识分子，著名的马克思主义史学家，思想家和活动家。他的著作涉及历史社会学、思想史和文化分析。安德森最为人所知的或许是新左派评论背后的推动力量。他是加州大学洛杉矶分校的历史学和社会学教授，曾为《新左派评论》（New Left Review）杂志的编辑。

面对这种生态模式限制的挑战，甚至连乔治·布什也承认美国最终可能需要救援，尽管他认为美国人在技术方面的聪明才智可以救赎美国。两个政党都在宣扬即将到来的NBIC革命（纳米技术、生物技术、信息技术和认知科学）将解放生产力。当人类在这些领域里取得显著进步的时候，将它们视为仅仅是“技术的混杂物”是错误的。当美国人面临限制的挑战时，需要将21世纪黄金时代的到来看作是人类共同的主题。1953年时，《女士家庭杂志》曾预测，核能将很快带来一个使地球变得“没有疾病……没有饥饿……食物永不腐烂……‘污垢’成了一个过时的词汇……所有地方的空气都像在山顶上那样清新，从工厂那边吹来的微风像从玫瑰那边吹过来的一样甜蜜”。在德里罗[1]的小说《白噪音》中，后现代人物莫里·杰·伊西斯金[2]恳求人们“要相信技术”：“它让
388 你实现了昨天的梦想。它也可以让你明天出局。这是掌握技术的全部要点。它创造了追求不朽的胃口。它也威胁着另一些人的普遍灭绝。技术已经从大自然中消失了……杰克，让自己适应它。相信它”。

对于美国技术乐观主义的所有缺陷而言，美国仍在从音乐到医学，从田径运动到天体物理众多的领域被视为奋进的标杆，它的社会生活仍然是每年吸引了数百万移民的极点。尽管存在着大量的贫困地区，但它也生产了惊人水平的财富，这仍然是对任何提出替代性社会秩序的运动的巨大挑战。拥有世界人口

---

① 唐·德里罗（Don DeLillo，1936—），美国小说家、短篇小说家、剧作家、编剧、散文家。他的作品涵盖了电视、核战争、体育、语言的复杂性、表演艺术、“冷战”、数学、数字时代的到来、政治、经济和全球恐怖主义等各种主题。1985年发表的《白噪音》（White Noise）是他最著名的代表作，获得美国国家图书奖，被誉为后现代主义文学的巅峰之作。

② 莫里·杰·伊西斯金（Murray Jay Siskind），《白噪音》中的人物，小说的主角与叙述者杰克·格拉迪尼的同事。他想创造一个以猫王为中心的研究领域，就像杰克·格拉迪尼创造了一个以希特勒为中心的研究领域一样。他教授一门关于车祸的电影课程，痴迷地看电视，兴致勃勃地对许多主题进行理论化，包括媒体饱和、专注力和超市的意义。

5%的美国，却拥有超过全球40%的百万富翁。引用德国、加拿大和斯堪的纳维亚国家的数据表明，那些国家的社会流动性可能比美国更高，世纪基金会对“美国梦”的“白手起家”光环提出了质疑。与其他先进工业国家（包括几乎所有西欧国家和日本）相比，美国在人口统计学上是一个比其潜在竞争对手更为年轻的社会，这将成为整个21世纪持续活力的源泉。在未来的几十年间，中国可能会产生比美国更多的科学和工程博士。但中国是一个老龄化的社会，由于老年人社会安全网络架构的水准远低于主要发达工业国家的水准，因此将面临沉重的压力。

与此同时，中国对石油需求的不断增长帮助推动了全球石油价格在21世纪的前十年间达到了创纪录的水平。这最初加大了拙劣占领伊拉克对全球经济所产生的不利影响，因为伊拉克曾一度承诺将源源不断地供应世界经济的命脉之源。在伊拉克的博物馆和政府部门遭到大肆抢掠的同时，美国留下了战争中最令人难忘的记忆之一，那就是确保了石油部门得到充分的保护，紧密的保护和安全。即便如此，值得重申的是，美国的外交政策不仅仅局限于石油政治。不然的话，既得利益集团中那些要求对以色列采取更强硬路线的现实主义者们可能会在华盛顿获得更多的听证会机会。新保守主义认为频繁的军事干预只是为了巩固美国的霸权，并确保潜在的不听话的国家将继续忠实地奉行华盛顿共识。正如新保守主义运动中最受尊敬的人物之一迈克尔·莱丁[①]于20世纪90年代早期在美国企业协会的一次公开演讲中所表述的观点那样：“每十年左右，美国
就需要找出一些弱小的国家并把它们逼到墙角，这只是为了向世界展示我们是 389

① 迈克尔·亚瑟·莱丁（Michael Arthur Ledeen，1941—），美国历史学家，新保守主义外交政策分析家，哲学博士。他曾是美国国家安全委员会、美国国务院和美国国防部的顾问。他在美国企业研究所担任自由学者的主席，在那里他做了20年的学者，现在在捍卫民主基金会担任类似的职位。

有能力的。”新保守主义的支持者们谴责了老布什在第一次海湾战争中所表现出来的决心不彻底的行为，并拒绝了他发自内心的呼喊：“听从‘上帝’，我们一劳永逸地剔除了越南综合征。”新保守主义的防务专家艾略特·科恩[①]在他2002年发表的论文《战时的最高指挥：战士，政治家和领导力》中感叹道：“海湾战争并没有结束越南综合征。然而如果有任何影响的话，只是加强了越南综合征”。在那个圈子里，美国掌控世界的权力被认为是好事，而且本身就是目的。对他们来说，未能及早发挥军事力量，往往是国家衰退和颓废的前奏，这将会危及他们自豪地称之为“为开创新美国世纪而进行的项目”。

帝国意味着永远不必说你很抱歉

布什王朝的选举胜利让全世界批评美国帝国的人感到一种挫败。许多自由主义左翼的分析都强调了这样一种信念，即布什是一个智商不高的人，一个更适合莫罗尼卡[②]国家而非现代民主政体的领导人。在2001年2月出版的《Z杂志》[③]激进的中，芝加哥的社会政策研究员保罗·斯特里特称布什“是美国历史上最肮脏，当然也是最愚蠢的总统之一”。这种把战后共和党的总统视为傻瓜的普遍看法

---

① 艾略特·阿瑟·科恩（Eliot Asher Cohen，1956—），美国军事史学家、政治学家。2007年至2009年，他在康多莉扎·赖斯（Condoleezza Rice）领导下的美国国务院担任顾问。科恩是约翰·霍普金斯大学高级国际关系学院教授、战略研究项目主任。

② 莫罗尼卡（Moronica），由美国滑稽剧团队“活宝三人组”（the Three Stooges）主演的电影《你这个纳粹间谍！》中的法西斯乌托邦。

③ 《Z杂志》是1986年创建的一个以左翼活动为导向的Z传媒集团下属的刊物，其大部分内容集中在对外交事务的批评性评论，它的意识形态是自由社会主义、反资本主义的。该杂志的撰稿人包括诺姆·乔姆斯基、爱德华·S.赫尔曼、杰克·拉斯马斯等。

可能给人快感，但并没有解释为什么这样的候选人却对许多美国选民如此有吸引力。布什和其他共和党人，比如艾森豪威尔、里根、福特，甚至是笨拙的丹·奎尔[①]，可能踩到了电影大亨哈里·科恩[②]所说的真理：“如果你没有从我那里学到任何东西，那就学一下这个：永远让旁人认为他比你更聪明。”作为哥伦比亚电影公司的负责人，运作了“活宝三人组”二十五年的电影工作室，科恩曾被认为是文盲，但他的传记作者表明这完全是一种假象。克里、戈尔、杜卡基斯、蒙代尔[③]或阿德莱·史蒂文森[④]都已被证明在共和党人不过度显示聪明的低调形象面前是如何的虚弱。乔治·布什后来说过，“他们低估了我”。他有恶搞英语的天资，这为在未来的各种场合通过自嘲让公众愉悦提供了机会。

在某些圈子里，对布什的厌恶可能是很尖锐的。好莱坞演员亚历克·鲍德温[⑤]和导演罗伯特·奥特曼[⑥]曾威胁说，如果布什当选，他们将在2000年离开美国。2004年时，在许多欧洲盟国的民意调查中给予布什的支持程度低于他们对 390

---

① 詹姆斯·丹·奎尔（James Dan Quayle，1947—），美国政治家、律师，1989年至1993年任美国第44任副总统，当时的总统为第41任总统老布什（1989—1993）。1977年至1981年，奎尔还担任美国众议员，1981年至1989年担任印第安纳州参议员。

② 哈里·科恩（Harry Cohn，1891—1958），美国哥伦比亚公司创始人、总裁、制片总监，好莱坞电影工业家。

③ 沃尔特·弗里茨·蒙代尔（Walter Frederick “Fritz” Mondale，1928—），美国政治家、外交家、律师，美国第42任副总统（1977—1981）。美国明尼苏达州参议员（1964—1976），1984年美国总统大选民主党总统候选人，但在选举团中以压倒性优势输给了罗纳德·里根。里根赢得了49个州的支持，蒙代尔赢得了他的家乡明尼苏达州和哥伦比亚特区。

④ 阿德莱·尤因·史蒂文森（Adlai Ewing Stevenson Ⅱ，1900—1965），美国律师、政治家、外交家。在1952年和1956年的选举中，史蒂文森都被共和党人德怀特·戴维·艾森豪威尔以压倒性优势击败。

⑤ 亚历克·鲍德温（Alec Baldwin，1958—），美国男演员、制片人。代表作包括《纽伦堡审判》《欲望号街车》《冷却者》《特务风云》《爱很复杂》《碟中谍5：神秘国度》。

⑥ 罗伯特·奥特曼（Robert Altman，1925—2006），美国电影导演、编剧、制片人。代表作包括《人生交叉点》《高斯福庄园》《幕后玩家》《陆军野战医院》。

极右翼政党的支持：在挪威，克里的支持度为74％，布什为7％；在德国，克里的支持度为74％，布什为10％；在法国，克里的支持度为64％，布什为5％；在荷兰，克里的支持度为63％，布什为6％，其他的西欧国家也都是如此。美国作家莫特利曾这样评价过西班牙国王菲利普二世①，如果“他有一点美德的话，那些做过不苟研究的历史著作的作者们从未提起过。如果他有恶行的话，那是完全可能的，但他可以得到豁免，因为即使在邪恶中人性也不会让它达到极致”。极端自由派和欧洲的公众可能也是这样来谴责小布什的。正像莫特利在其他地方承认菲利普二世“大方地向布鲁塞尔的穷人施舍”一样，布什也有表现出同情的时刻，例如他曾反对右翼禁止移民子女加入得克萨斯州学校的企图。仍然有人认为，与美国的其他政治阶层相比，老布什和小布什表现出了不同寻常的缺乏吸引力。正如小说家亨利·米勒②所写的那样：

> “有一次，我在商店橱窗里看到了我们所有副总统的照片。那看上去就像是一个恶棍的画廊。他们中有些人看上去就像是罪犯，有些人看上去意志薄弱，有些人看上去就是一个白痴。说实话，总统们看上去也好不到哪里去。可以肯定的是，全世界的政客和政治家都有着沉闷或狡猾的外表。就是丘吉尔也不例外。”

---

① 菲利普二世（Philip Ⅱ，1527—1598），西班牙国王（1556—1598），葡萄牙国王（1581—1598），那不勒斯和西西里国王（1554），英格兰和爱尔兰国王乌索利（1554—1598，他与玛丽女王一世结婚）。他也是米兰公爵。从1555年起，他是荷兰17个省的统治者。他的帝国包括当时欧洲人所知的所有大陆，包括与他同名的菲律宾。在他的统治期间，西班牙达到了其影响力和权力的顶峰。

② 亨利·米勒（Henry Miller，1891—1980），美国作家。代表作包括《北回归线》《黑色的春天》《南回归线》。

美国公众中有很大一部分人认为维护帝国是一种巨大的牺牲，是人道主义对传播民主和全球福祉的投入。撰写了充满赞誉之词的前美国国防部部长传记《拉姆斯菲尔德：个人肖像》的作者米吉·迪克特[①]是这样说的：“毕竟，美国人总体上都是好人，可能是世界上最好的人，他们害怕别人的恶意，甚至可能更害怕被别人指责他们有恶意。”美国人普遍以为美国将国家预算的15％用于外援，他们不知道真实的数字是0.1％，美国政府是经济合作与发展组织[②]22个国家中最小气的。但公平地说，美国人在教会和私人慈善形式的援助方面比经济合作与发展组织中的其他许多国家都更无私并更自告奋勇。

很少美国人会意识到频繁发生的“外科手术式打击”、空中轰炸以及以他们的名义资助的镇压叛乱的死亡小组所造成的破坏程度。仅在越南战争中，估计越南人的死亡人数从较低的130万人到较高的300万人以上。然而一项调查显 391
示，普通的美国人并不知道越南人的死亡人数，最常见的猜测是10万人。正如一组社会科学家所得出的结论那样：“在我们的调查中，受访者对越南伤亡人数的估计中值约为10万，这个数字差不多比真实数字小了近20倍。这就像估计纳粹大屠杀的受害者人数是30万而不是600万。”许多人知道有58 000名美国军人的死亡，其中的一些人不断地被媒体、电影和政界人士提及。为了证明美国拒绝道歉是有道理的，更不用说不会为越南的灾难作出任何赔偿，吉米·卡特总统曾淡然说道：“破坏是相互的。”

卡特代表了战后美国总统所展示的人权和人道主义情操的最高点，但他也

---

① 米吉·罗森塔尔·迪克特（Midge Rosenthal Decter，1927—），美国记者、作家。她和唐纳德·拉姆斯菲尔德一起，是自由世界委员会的前联席主席，也是新保守主义运动的最初倡导者之一。

② 经济合作与发展组织（Organization for Economic Co-operation and Development，OECD），其前身为欧洲经济合作组织。成立于1961年，目前成员国总数36个，总部设在巴黎。旨在共同应对全球化带来的经济、社会和政府治理等方面的挑战，并把握全球化带来的机遇。

拒绝了伊朗提出的，美国须为1953年扶植巴列维国王执政，并让秘密警察组织萨瓦克持续数十年的酷刑作出道歉的要求。亨利 · 基辛格曾断言道，“我认为我们没有任何歉可道”。卡特的白宫主要助理，在整个人质危机期间处理伊朗事务的加里 · 西克[1]先生承认，从美国政策制定者的角度来看，“在四分之一世纪以前所发生的任何事情，即使是一个具有特殊重要意义的事件，都将给人以一种古代历史苍白且遥远的外表。在1978年的华盛顿，1953年发生的事件就像书页中夹着的枯花一样”。在不到一年之前，伊朗人民推翻了那个现代化的暴君，但卡特仍将国王尊称为“稳定的孤岛”，他称那是“你的人民对你的尊重，赞赏和热爱的体现”。当美国击落了一架载有290名平民的大型伊朗客机后，带挑衅意味的乔治 · 布什宣称，“我绝不会为美利坚合众国道歉。我不在乎事实是什么。”

当比尔 · 克林顿于1998年对乌干达进行短暂访问时，他对250年殖民时期和美国历史上对非洲人的奴役表达了某种程度的忏悔，但他遭到了美国右翼直接了当的严厉斥责。为了回应克林顿的讲话：“欧洲人和美国人通过奴隶贸易获利，我们那样做是错的”，一位重要的共和党国会议员托马斯 · 迪莱[2]指责总统就像是一个不负责任的嬉皮士：“这个头发灰白的花童正在做他20世纪60年代做过的事情：无论他走到哪里，都要为美国的行为道歉。美国总统在外国的土地上
392 直接或间接地攻击他自己的国家，这使我感到极为愤怒。”迪莱的政治盟友后来在采访和广告中要求非裔美国人感谢美国白人废除了奴隶制。保守派的活动家

---

① 加里 · 西克（Gary Sick，1935—），美国学者和中东事务分析家。在伊朗问题上具有特殊的专业知识，曾在福特总统、卡特总统和里根总统的国家安全委员会任职数周。伊朗伊斯兰革命后，美国大使馆被占领，52名美国外交官和平民被扣留为人质的一次危机。这场人质危机始于1979年11月4日，一直持续到1981年的1月20日，长达444天。

② 托马斯 · 戴尔 · 迪莱（Thomas Dale DeLay，1947—），美国前众议院议员，1985年至2006年代表得克萨斯州第22国会选区。2003年至2005年，他是共和党众议院多数党领袖。

大卫·霍洛维茨[①]在克林顿第二任任期结束时仍在继续叫喊，“美国黑人及其他们领导人的感激之情在哪里？”

同样是那些人还指控克林顿在外交政策方面像小猫一样软弱。克林顿保留了对伊拉克的严格制裁措施，从而使伊拉克经常无法得到在严重轰炸之后修复供水、水净化和污水处理系统的设备。有消息称萨达姆·侯赛因将新运入的金属管道用于制造导弹和大规模杀伤性武器。在1996年5月12日的“六十分钟”节目中，当哥伦比亚广播公司的记者莱斯利·斯塔尔[②]引用联合国关于伊拉克的数据表明“有50万儿童因此而死亡……死亡的儿童比广岛的死亡人数还要多”时，美国国务卿马德琳·奥尔布赖特[③]冷冷地回答道：“我认为这是一个非常艰难的选择，但这就是代价。我们认为这个代价是值得的。”克林顿在西欧比野蛮的布什家族更受欢迎，他们认为他更有人性。当克林顿在极少出现的情况下在媒体面前否认美国对过高的伊拉克儿童死亡率负有责任时，他向他们保证这是萨达姆·侯赛因一个人造成的问题，因为萨达姆转移了原本可以用来改善伊拉克人民痛苦的资金去做其他用途。运送给正在受难的伊拉克民众的药物也经常受到阻挠，包括英国政府在内也声称，出口破伤风、白喉和黄热病的疫苗可能会被萨达姆·侯赛因的疯狂的科学家们用来制造对抗以色列和西方的生物武

---

① 大卫·乔尔·霍洛维茨（David Joel Horowitz，1939—），美国保守主义作家。他是智库大卫·霍洛维茨自由中心（DHFC）的创始人和总裁；中立刊物《头版》（FrontPage）杂志的编辑；追踪政治左派的个人和团体的网站——“发现网络”（Discover the Networks）的主管。霍洛维茨还创立了“学生学术自由”组织。

② 莱斯利·斯塔尔（Lesley Stahl，1941—），电视记者。她自1972年以来一直在哥伦比亚广播公司（CBS News），踏实CBS王牌电视节目《60分钟》（60 Minutes）资深女记者。

③ 马德琳·奥尔布赖特（Madeleine Albright，1937—），美国政治家、外交官。1992年克林顿赢得总统大选后，她帮助组建了他的国家安全委员会。1993年，克林顿任命她为美国驻联合国大使，直到她1997年接替沃伦·克里斯托弗（Warren Christopher）担任国务卿，直到2001年克林顿卸任。她是美国历史上第一位女性国务卿。

器。从1989年到1996年，伊拉克的婴儿死亡率从每千人47人增加到每千人108人，每月有多达5 000名儿童丧生。尽管奥萨马·本·拉登可能夸大了曾经引起争议的联合国统计数据，但他在解释“9·11”事件的公开演说中将美国造成了伊拉克儿童可怕的死亡人数作为攻击的引子。阿拉伯媒体不停地展示一个放松的奥尔布赖特的画面，声称美国认为数十万伊拉克人的生命代价是“值得”的。

在美国历史的大部分时间里，美国的公众一直不接受美国是一个帝国这样一种观点，因为那将是对美国殖民地革命并建立共和国的历史遗产的彻底背叛。尽管如此，沃尔特·李普曼在1927年出版的在《人的命运》中认为，在世界舆论的法庭上，实际情况是完全不同的：

> “除了美国人以外，全世界都认为今天的美国是一个帝国。我们
> 393 在‘帝国’这个词面前畏缩，并坚持认为它不应该被用来描述我们在
> 从阿拉斯加到菲律宾，从古巴到巴拿马以及其他地区所施行的控制。
> 我们觉得，应该还有其他名称可以用来描述我们在那些落后的国家勉
> 强进行的文明工作。”

对于那些倾向于认为帝国主义已经死亡或是一个垂死怪物的人来说，它是一具有着复活能力的僵尸。在20世纪90年代，英国保守派理论家保罗·约翰逊[①]说出了那些对后殖民政权不满，因而渴望更多的美国干涉来维护和平的西方人

① 保罗·比德·约翰逊（Paul Bede Johnson CBE，1928—），英国记者、流行历史学家、演讲撰稿人和作家。虽然在他早期的职业生涯中与政治左派有联系，但他现在是一位保守的通俗历史学家。代表作包括《知识分子》《乔治·华盛顿传》《摩登时代：从20世纪20年代到20世纪90年代的世界》《美国人的历史》等。

的心里话。他1993年4月18日在《纽约时报》杂志发表的一篇文章中阐述了他的观点，那篇文章的标题是《殖民主义回来了，就在眼下》。根据已退休的美国外交官罗伯特·A. 林肯（Robert A.Lincoln）的说法，“保罗·约翰逊的文章说出了我们在外交领域中服务的一些人……越来越感到是真实的，但却因害怕在职场遭到放逐而不敢说的话”（《纽约时报》杂志，1993年5月9日）。在1996年8月18日《观察家》中的《为什么帝国必须反击》一文中，牛津大学历史学家诺曼·斯通[①]特别赞扬了法国在整个非洲地区实行“一种开明的，得到当地精英合作的再生帝国主义”。2014年4月，罗伯特·卡普兰[②]为《大西洋月刊》撰写了一份名为《为帝国辩护》的分析报告，那份报告有一个很长的副标题：《帝国比其他任何形式的秩序更能带来稳定并保护少数族裔，这就是为什么奥巴马总统必须培养一个适度的帝国主义》。正如一位愤怒的来自加利福尼亚州克雷斯特莱思，名叫迈克·麦克英泰（Michael McIntyre）的读者所回应的那样，卡普兰可能已经忘掉了美洲土著人民是如何被西班牙和早期的美国帝国所屠杀的，而亚美尼亚人又是如何被奥斯曼帝国所屠杀的，爱尔兰人、苏格兰盖尔人，以及澳大利亚的原住民和托雷斯海峡岛的原住民又是如何在大英帝国的统治下历尽苦难的。

---

① 诺曼·斯通（Norman Stone，1941—），苏格兰历史学家、作家。他目前是比尔肯特大学国际关系系欧洲历史教授，曾任牛津大学教授、剑桥大学讲师和英国首相撒切尔夫人的顾问。

② 罗伯特·大卫·卡普兰（1952—），美国作家。他的文章主要是关于政治、外交和旅游的。30多年来，他的作品发表在《大西洋月刊》《华盛顿邮报》《纽约时报》《新共和》《国家利益》《外交事务》和《华尔街日报》等报纸和出版物上。

虽然不可能再召唤加里·库珀[1]扮演的英勇的火枪手或埃罗尔·弗林[2]扮演的冲锋轻骑兵回来，但新帝国主义者们仍然有很多可以随意使用的武器。与斯通相呼应的是大众媒体有一种把第三世界描绘成黑暗的心脏地区的倾向，一个全球性的文化产业旨在创造兰博[3]或印第安纳·琼斯[4]式的人物，他们是为帝国反击而战的星际战士。美国中央司令部前总司令安东尼·辛尼[5]将军曾告诉记者达娜·普里斯特[6]，他确实“已成为现代的统治者，一个统治着罗马帝国边远疆
394 土的勇士政治家的后裔，从尊重法律的罗马带来了秩序和理想”。美国人最终赢战胜了自己，想出了新保守主义运动，他们现在喜欢帝国了。占领伊拉克的巨大失败似乎重新开启了一个历史性的抵抗空间。

---

① 加里·库珀（Gary Cooper，1901—1961），美国知名演员。曾经获得5次奥斯卡最佳男主角奖提名，夺得2次奥斯卡最佳男主角奖（《约克军曹》与《日正当中》）与1次金球奖最佳男主角，1961年获得奥斯卡终身成就奖。他从影三十余年，共拍了上百部影片，坚毅、果敢、言辞简约是加里·库珀留在广大影迷心中的印象，在银幕上他重新定义了好莱坞的英雄形象。

② 埃罗尔·弗林（Errol Flynn，1909—1959），澳大利亚演员、编剧、导演、歌手。从1933年起在英国从事戏剧表演，1935年从影。主演了影片《布拉德船长》（1935）后名声大振。弗林所扮演的角色大都是惊险片和军事片中的浪漫而勇敢的人物。代表作品为《侠盗罗宾汉》。

③ 约翰·兰博（John Rambo）是《第一滴血》男主角。他是退伍越战军人，多年在越南战争中洗礼，已无法融入美国社会，重返原居的故乡小镇，又遭小镇警长诸多挑剔及无理指责。最后，他无法忍受。他要站起来对抗警长的挑衅，还要对抗警长召来的大批特警。兰博用他在越南常用的军事知识，来对抗这一批人。

④ 印第安纳·琼斯（Dr. Henry “Indiana” Jones, Jr.）是《夺宝奇兵》系列电影的主角。

⑤ 安东尼·查尔斯·辛尼（Anthony Charles Zinni，1943—），美国海军陆战队前将军，美国中央司令部前总司令。2002年，他被选为美国驻以色列和巴勒斯坦权力机构的特使。

⑥ 达娜·路易斯·普里斯特（Dana Louise Priest，1957—），美国记者、作家、教师。她为《华盛顿邮报》工作了近30年，并于2014年成为马里兰大学菲利普·梅里尔新闻学院公共事务新闻学教授。

奥巴马时代的希望和变化

部分是由于当时正在发生的金融体系的崩溃，奥巴马于2008年11月当选为美国总统，他承诺将提供“希望和改变”。他在那个21世纪第1个10年的初期就有远见反对小布什入侵伊拉克，这一立场让他对往日的民主党竞选领跑者希拉里·克林顿[1]提出了挑战，她作为来自纽约州的美国参议员与其他的许多民主党人一起在国会授权布什的团队开战。

一旦掌权，奥巴马就表明布什时代的许多政策将会继续存在，比如：不关闭关塔那摩监狱；不拒绝将被捕的嫌犯送到第三方国家从而更容易践踏人权；不起诉布什—切尼政府的酷刑，或被委婉地称之为“强化的审讯技巧”的实行者；不减少对美国和更广泛的全世界的侵入性通信监视。然而在奥巴马时代，战士参与很快就让位于由无人机作为首选的打击力量。由于在阿富汗和伊拉克的流血和财政负担，美国开始强烈反对占领地域，转而寻求高科技的无人驾驶轰炸，最终将使用机器人作为恢复秩序的手段。对外关系委员会2013年初的一项研究表明，奥巴马政府的无人机袭击数量比强硬的布什时代增加了7倍。在总统任期结束时，奥巴马的无人机袭击总数超过了布什时代的10倍。《华盛顿邮报》与美国广播公司（ABC新闻网）2012年2月的新闻民意调查显示，83％的美国公众表示支持使用无人机来对付恐怖分子。《华盛顿邮报》的克里斯·希利扎[2]认为没有太多的人反对停止大屠杀：“简而言之，美国人喜爱无人机。”

---

① 希拉里·黛安·罗德姆·克林顿（Hillary Diane Rodham Clinton，1947—），美国律师、民主党籍政治家，第67任美国国务卿，纽约州前联邦参议员，美国前第一夫人。

② 克里斯多夫·迈克尔·希利扎（Christopher Michael Cillizza，1976—），美国CNN政治评论员。在加入CNN之前，他曾为《华盛顿邮报》的每日政治博客The Fix撰稿，是《华盛顿邮报》政治问题专栏的定期撰稿人。

尽管这位获得诺贝尔和平奖的总统与布什相比轰炸了更多的国家，但人们普遍认为奥巴马在外交政策上更加克制并更趋和平。奥巴马的战争区域包括了阿富汗、伊拉克、巴基斯坦、索马里、也门、利比亚、叙利亚以及菲律宾（非常短暂）。虽然布什通常喜欢将嫌疑人围捕之后运往关塔那摩，但奥巴马的团队更喜欢使用炸弹直接杀死他们。无人机操作员将屏幕上代表那些被杀的人的颗
395 粒状图像俚称为："虫子图标"。左翼杂志《反击》的专栏作家克里斯·弗洛伊德（Chris Floyd）在评论激进自由主义指导下的有针对性的暗杀计划与无限制肮脏战争的共谋时曾这样写道："他们不能真正有效地对抗军事帝国的强大体系，因为对他们来说最重要的不是制止那个体系——而是确保最终由'他们中的'一个来操作它。"

美国国防部的一名雇员，在美国海军战争学院为海军高级军官教授国家安全事务的马丁·库克（Martin Cook）教授坦率地承认，美国的干预行动已经把中东的大部分地区变成了杀戮肆虐的恐怖之釜："那些带领我们进入伊拉克的人对那里将会发生什么的预计全然是一派妄想。副总统切尼曾说'我们将作为解放者进入伊拉克'，沃尔福威茨也说入侵伊拉克不会增加我们的任何负担，因为石油收入将为整个行动买单。这真是太疯狂了，事实证明它就是一种疯狂"。以个人身份而不是代表国防部的看法，库克对"伊斯兰国"①的崛起补充说道："从某种意义上来说是我们创造了它们，这是毫无疑问的。我能理解试图尽可能地遏制它们的愿望，但是我们不应该去那里并试图在军事上打败它们。即使我们那样做了，也不会因此结束当年创造出'伊斯兰国'的思维过程。另一个使用不同名称但具有类似意识形态的群体将会出现在它的位置上。我们必须让穆

① "伊斯兰国"（Islamic State），全称为"伊拉克和大叙利亚伊斯兰国"，是一个自称建国的活跃在伊拉克和叙利亚的极端恐怖组织。2017年11月21日，伊朗总统鲁哈尼宣布，极端组织"伊斯兰国"已经被剿灭。

斯林自行解决自己的问题。”“伊斯兰国”凭借其自己的“震撼与惊惧”社交媒体，充分利用了沙特阿拉伯的君主制伊斯兰主义与伊朗的共和制伊斯兰主义之间的分歧所带来的政治空间。

对于库克来说，奥巴马及其西方盟友在2011年对利比亚的干预已经破坏了未来对保护责任的诉求，这一法律原则曾让全球社会能够动员力量来制止种族灭绝和大规模的暴行：“根据它实际上发挥作用的方式，这可能是我一生中能看到的最后一次保护责任行动，因为中国和俄罗斯都认为我们已超出了安理会给予的授权，他们将永远不会再给予授权，他们将会行使否决权”。毫无疑问，美国的国家安全事务官员将寻找并发现其他的合法途径来推翻他们认为是可恶的领导人。

是中国和俄罗斯对美国外交政策某些方面的反对引发了对金砖四国[①]崛起的质疑，也引发了美国的压倒性优势是否会在21世纪受到挑战的疑问。奥巴马呼吁美国应针对东亚和中国的挑战重新调整其外交政策和军事架构。 396

虽然股市的动荡和膨胀的房地产市场仍然对其发展有着某种威胁，但中国经历了30多年的经济增长，并在很大程度上避免了经济衰退，而那些经济衰退让发达的资本主义经济经历了多年的停滞。2014年下半年时，中国宣布了将建一条连接北京和莫斯科的高速铁路的计划，这条长达4 300英里的铁路将耗资2 300亿美元，它将有助于在这两个国家之间建立更强大的贸易关系，并摆脱美国对世界海上通道的控制。地缘战略力量的理论家们推测北京和莫斯科已经在

---

① 金砖国家（BRICS），因其引用了巴西（Brazil）、俄罗斯（Russia）、印度（India）、中国（China）和南非（South Africa）的英文首字母。由于该词与英语单词的砖（Brick）类似，因此被称为“金砖国家”。2001年，美国高盛公司首席经济师吉姆·奥尼尔首次提出“金砖四国”这一概念，特指世界新兴市场。2010年南非（South Africa）加入后，其英文单词变为“BRICS”，并改称为“金砖国家”。

认真考虑对付华盛顿的北大西洋公约组织向俄罗斯西部边境的扩张以及奥巴马在东亚地区的重新调整军事和外交政策的挑战。中国已经建成了10 000英里长的高速铁路，并正在寻求成为在发展中国家建设先进铁路系统的出口大国。尽管加利福尼亚有一个雄心勃勃的计划寻求建立连接旧金山和洛杉矶的子弹列车系统，但美国拥有0英里的高速铁路仍然成了先进工业世界的笑柄。

许多观察家都对以GDP考量中国将成为世界上最大的经济体一事印象深刻。尽管如此，世界体系的理论家们和其他一些人宣称中国将在21世纪后期不可避免地成为世界霸权的结论可能是太快了。截至2013年，在对全球2 000家最大公司进行分析时，美国在25个行业中的18个占有总盈利的主导份额，而中国仅在3个行业中占有领先地位：①基建；②银行；③林业、金属和采矿业。尽管中国是世界上最大的计算机硬件和软件市场，但中国的公司在全球盈利份额中所占的比例仅为2％，而美国高科技公司的这一比例为72％。美国公司占了航空航天和国防工业领域总盈利的54％。在这个关键领域，所有金砖四国合计的盈利只占1.2％。与此同时，鲜明的数据反映出了中国的可口可乐殖民化程度，中国87％的软饮料销售量都是可口可乐公司和百事可乐公司的产品。

中国正在世界经济的价值链上努力向上攀登，但在许多领域，它仍然扮演着全球性企业的低端装配角色。麻省理工学院研究全球资本主义的访问学者肖恩·斯塔尔斯（Sean Starrs）通过分析中国在富士康使用庞大的中国劳动力组装当代全球经济中最闪亮的小玩意——苹果iPhone——时所获得的回报来解释中国经济的这一软肋：“2010年时，苹果支付的iPhone3元器件价值为172.46美元
397（其中的三分之二给了日本的东芝、德国的英飞凌和韩国的三星），而最终的组装成本仅花费了6.50美元（全部给了富士康）。iPhone3GS（32GB版本）的最初售价为非AT＆T客户699美元和新AT＆T客户499美元，苹果预计将从每个手机的销售中获得几百美元的利润。中国将继续看到普通工人的工资在增长，但国家的企业仍然从属于占据全球供应链指挥位置的美国和外国公司。”

尽管如此，美国的资本主义仍有许多令人不快的特征，使它很容易就会停滞不前。经济历史学家和管理专家威廉·拉佐尼克[1]在他2014年9月为《哈佛商业评论》撰写的题为《没有带来繁荣的盈利》的研究报告中指出，美国资本主义的转型正迫切地需要改革的推动。在20世纪80年代初，标准普尔500强企业中不到一半的企业净收入被用于股息分派和股票回购。在2003年至2012年期间，91％的企业净收入转向股息，尤其是股票回购，这是首席执行官们梦寐以求的行动，旨在让现在由公司顶级高管和金融资本家们所持有的股票价值最大化。这样做的结果是只留下了少量的企业收入来提高普通工人的工资或加大研发活动。这一危机部分源自华盛顿在20世纪80年代和20世纪90年代时期对新自由主义立法的诉求，那让企业的管理者们有了更大的自由来追求股票回购。但世界资本主义存在着更深层次的弊病，许多行业的生产过剩使高管们不愿进行现代化的投资。因此，对于某些资本代理人来说，股票回购成了唯一可以玩耍的游戏。

即便如此，在全球前2 500位公司2013年的研发支出方面，美国公司占了全球总量的36％，日本公司占了15％，德国公司占了11％，法国公司占了5.2％，而中国公司仅占3.7％。中国缩小与主要资本主义企业在这一方面的巨大差距的能力将成为中国政府管理的国家能否最终挑战美国主导地位的一项重要指标。中国在扩大公共和私人研发支出方面取得了巨大的进展，按购买力平价计算，中国2015年在整体研发支出中排名世界第二。

随着2020年建立永久性空间站计划的推出以及谈论关于飞往月球和火星的载人航天项目，中国认为它的科技和航空航天设备最终可以赶上美国现有的优

① 威廉·拉佐尼克（William Lazonick，1945—），全球经济创新和竞争的经济学家，“创新企业理论”的创始人，他还对支持或禁止创新企业的社会条件进行了跨国比较研究，特别关注英国、日本、中国和美国的经济。

398 势。更为重要的是考虑到爱德华·斯诺登[1]揭示的美国对全球通信监视活动所给予的启示，中国拥有四个卫星发射中心：酒泉、西昌、太原和文昌。截至2015年1月，美国有528颗卫星在运行，其中229颗商业卫星、160颗军用卫星、121颗政府卫星和18颗民用卫星。中国已经上升到第二位，总共拥有132颗卫星，比俄罗斯的131颗多出1颗。华盛顿通过国家航空航天局[2]和国家安全局[3]的成果取得了全方位的主导地位，但北京可以通过自己在太空时代军事化方面的举措不断加强应对的能力。

在他于1902年去世前不久，帝国主义的预言家和牛津奖学金的创始人塞西尔·罗德斯曾推测，“世界几乎已全部被分割完了，剩下能做的就是让它继续分裂、被征服，并被殖民。想象一下你在夜间看到的那些星星，那个我们永远无法触及的浩瀚的世界。我常常会想到，如果可能的话，我会把自己贴附到那些星星上去。”对于罗德斯来说，凝视着遥远的星球和星星，“看到它们如此清晰而又那么遥远让我感到难受”。在罗德斯的时代，帝国主义注重于宏伟的领土野心。对于今天的政治寡头们来说，外层空间是实现监视世界与军事指挥和控制的开放领域。

---

① 爱德华·斯诺登（Edward Snowden，1983—），曾是CIA（美国中央情报局）技术分析员，后供职于国防项目承包商博思艾伦咨询公司。2013年6月，斯诺登将美国国家安全局关于“棱镜计划”（PRISM）监听项目的秘密文档披露给了《卫报》和《华盛顿邮报》，随即遭美国政府通缉。2013年6月21日，斯诺登通过《卫报》再次曝光英国“颞颥”秘密情报监视项目。

② 美国国家航空航天局（National Aeronautics and Space Administration，NASA），又称美国太空总署，是美国联邦政府的一个行政性科研机构，负责制定、实施美国的太空计划，并开展航空科学暨太空科学的研究。

③ 美国国家安全局（National Security Agency，NSA）是美国政府机构中最大的情报部门，专门负责收集和分析外国及本国通讯资料，隶属于美国国防部，又称国家保密局。它是1952年根据杜鲁门总统的一项秘密指令，从当时的军事部门中独立出来，用以加强情报通讯工作的，是美国情报机构的中枢。

乔治·布什的一位高级顾问，有时被指认为是卡尔·罗夫，拒绝了他称之为“基于现实世界”的概念，他认为那些人无法看到“我们现在已是一个帝国，当我们采取行动时，我们就能创造自己的现实世界”。“帝国信使”托马斯·弗里德曼曾是众多的推动计算机大规模使用并使之成为世界上不可抗拒的民主化力量的理论家之一。然而适得其反的是太空时代监测，GPS跟踪系统和无人机战争机器正在证明，新技术可以是增强实行强制并维持等级社会的手段，这是由公众和私企人物推动的新兴的监视式资本主义的最新成就。透过这一切，21世纪发出的抵抗的轰鸣声仍使人们保持着希望，另一种的世界是有可能实现的。请看斯诺登的蔑视行为，在无数地方发生的反现状运动，以及渴望战胜新自由主义蹂躏而动员起来的民众。